슈퍼펌프드

일러두기

- 이 책은 국립국어원의 표준어규정 및 외래어 표기법을 따랐으나 일부 인명, 브랜드명, 마케팅 용어 등은 실제 발음을 따랐다. 통상 약칭으로 사용하는 경우 원어 그대로 표기했다.
- 독자의 이해를 돕기 위한 옮긴이의 주석은 본문 내 괄호 안에 '–옮긴이'로 표기했다.

슈퍼펌프드
Super Pumped

마이크 아이작 지음 | 박세연 옮김 | 류현정 감수

우버, 위대한 기회는 왜 최악의 위기로 돌변했는가

ℐNFLUENTIAL
인플루엔셜

새러와 브루나에게

세상에는 두 가지 유형의 대결이 있다. 하나는 법에 의한 대결이고, 다른 하나는 힘에 의한 대결이다. 첫 번째 방법은 인간에게 어울리고, 두 번째 방법은 짐승에게 어울린다. 그러나 첫 번째 방법으로 충분하지 않은 경우가 종종 있기에 두 번째 방법도 고려해야 한다.

—니콜로 마키아벨리, 1513

슈퍼펌프드된 상태에서 우리는 놀라운 힘을 발휘하여 가장 어려운 위기를 가장 위대한 기회로 바꾼다.

—트래비스 캘러닉, 2015

공유경제의 아이콘에서 이사회에 의해 쫓겨나는 비운의 CEO로…. 이 책은 뉴욕타임스의 IT 담당 기자 마이크 아이작이 우버의 창업자 트래비스 캘러닉의 비상과 추락을 지근거리에서 관찰하여 쓴 연대기다. 스타트업 사상 최고 가치 기업을 만들어낸 그가 왜 그리 허무하게 추락했는가?

영웅이 첫 번째 대승을 거두고 천하를 얻으면 더 큰 시험이 기다리기 마련이다. 그리고 그 시련은 영웅 자신에 의해 잉태되는 경우가 많다. 캘러닉은 자신이 생각한 악, 즉 기득권과 시대에 동떨어진 규제와 싸워 이겨 큰 승리를 거두지만, 이번엔 스스로가 악이 되어 간다. 창업자에 대한 맹목적인 숭배가 하나의 전통이 된 실리콘밸리에서 싸워 이기고, 열광적이고, 언제나 서두르기를 원하는 캘러닉의 강한 개성이 우버의 기업 문화로 자리 잡았고, 그 그늘에서 무절제와 편법, 공감력의 결핍이 자라났다. 캘러닉은 견제와 균형을 원하지 않았다. "죽이지 않으면 죽는다"는 마인드세트, 택시 업계의 기득권, 정부 규제, 그리고 투자자의 변덕과 싸워야 하는 업의 속성이 그를 더욱 그렇게 만들었다.

그러나 캘러닉이 미처 깨닫지 못한 것은, 큰 성공은 큰 책임을 수반한다는 사실이었다. 실패를 다룬 경영서가 많지 않기에 한 천재 경영자의 비상과 추락을 함께 다룬 이 책이 더욱 귀중하게 느껴진다.

— **이지훈**(세종대 경영학부 교수)

고성장 유니콘 스타트업의 대명사로 전 세계적인 주목을 받았던 우버. 이 책은 그 성장 과정의 이면에서 누구보다도 욕심 많고 저돌적인 한편 공감능력이 떨어졌던 CEO 트래비스 캘러닉과 투자자들 간의 치열한 파워게임을 상세히 전한다. 성장을 위해서 온갖 불법적인 일들을 저지르고 임직원들의 성희롱 사건에도 눈감아온 우버의 사례는 전 세계 스타트업 창업자와 투자자들에게 반면교사가 될 만하다. 이제껏 우버에 대해 이렇게 깊숙이 들어간 분석은 만나보지 못했다. 실리콘밸리 스타트업 세계의 속살을 가감 없이 들여다보고 싶은 분들에게 강력 추천하는 책이다.

— **임정욱**(TBT파트너스 공동대표)

　　세계 최대 승차공유 플랫폼이자, '데카콘' 기업으로 독보적 지위를 누렸던 우버. 그런 우버의 탄생과 성장과정, 최근의 불명예스러운 파문을 극적이면서도 솔직하게 담아낸 이 책은 500페이지가 넘는 책장을 쉬이 넘기게 한다. 수백억 달러의 투자금을 업고 승승장구하던 우버는 2017년 직장 내 성희롱 파문을 비롯한 부도덕적이고 오만한 기업문화가 세상에 드러나며 기업 이미지에 큰 타격을 받았고, 난관은 계속되었다. 한동안 예비 창업자와 창업자에게 성공의 아이콘이자 닮고 싶은 대상 1순위였던 우버가 절대 절명의 위기를 피할 수 없었던 이유는 무엇이었을까? 이 책은 화려한 성장지표 뒤 원칙과 정의, 그리고 기업 윤리가 흔들릴 때 위기는 필연적으로 찾아올 수밖에 없음을 생생하게 보여준다. '무슨 수를 써서라도 한다'는 캘러닉의 신조는 매력적인 양날의 검이었던 셈이다.

　　참신하고 혁신적인 아이디어와 카리스마 넘치는 리더들은 계속해서 등장하며, 이렇게 실리콘밸리 스타트업의 탄생과 성장 사이클은 반복된다. 창의적이고 열정적이며 세상을 바꾸겠다는 꿈을 꾸게 하는 실리콘밸리 이면에 드리워진 지나친 탐욕과 자기기만이라는 쓸쓸한 그림자를 극명하게 보여주는 책이다.

— **김도연**(실리콘밸리 비영리단체 심플스텝스 대표)

우버의 이야기는 권력 투쟁에 관한 비유다. 맛깔나는 글과 우리를 격분케 하는 놀라운 스토리로 가득하다. 지금의 실리콘밸리를 이해하려면 이 책을 읽어라.

— 존 캐리루《〈배드블러드〉》 저자)

어떤 대가를 치르더라도 성공하겠다는 실리콘밸리의 이념이 어떻게 잘못된 방향으로 나아가는지 보여주는 흥미롭고 뛰어난 보고서다.

— 실라 코하카《〈블랙 에지〉》 저자)

트래비스 캘러닉은 산업 전체를 바꾸고 수십억 달러를 벌어들여 회사를 성장시켰다. 그리고 자기 길을 가로막는 이라면 누구든 부숴버렸다. 브로문화에 일침을 가한다.

— 닉 빌튼《〈배니티페어〉》 특파원)

우버의 파란만장한 궤적과 캘러닉의 몰락을 추적하면서 우리가 새로운 인프라를 구축할 때 수반되는 비즈니스 관행과 문화적 가치, 신화의 일부를 조명하고 고발한다.

— 에나 위너《〈언캐니밸리〉》 저자)

실리콘밸리의 우상에서 기술 악의 전형으로 추락한 캘러닉의 궤적을 세심하게 기록함으로써 실리콘밸리의 구조적 문제를 파헤친다.

— 〈와이어드〉

긴박한 사건의 전개 끝에 빅픽처를 제시하는 최고의 작품! 택시 산업을 무너뜨리고 공유경제에 혁명을 일으킨 신생 기업의 이야기 그 이상을 담았다.

— 〈뉴욕타임스〉

마이크 아이작은 실리콘밸리에서 성공하기 위한 조건에 대해 일관된 설명을 제공한다. 캘러닉의 분투기를 단순한 기업 프로파일이 아니라 할리우드 영화에 버금가는 이야기로 그려냈다.

— 〈로스앤젤레스타임스〉

우버가 어떻게 그렇게 빨리 성장했는지, 그 회사를 일군 캘러닉이 어떻게 무너졌는지 알고 싶다면 이 책을 읽어라. 지금까지 스타트업 이야기를 이렇게 철저하고 객관적으로 그려낸 책은 없었다.

— 〈샌프란시스코 크로니클〉

차례

우버 그 이후

2019년에 이 책을 마무리하고 나서, 나는 우버의 흥망성쇠가 투자자와 스타트업 창업자들에게 기업의 오만한 비전을 경고하는 경종으로 울려 퍼질 것이라 기대했다. 또한 우버의 급격한 몰락은 실리콘밸리의 젊은 기술 전문가들에게 중대한 기업 범죄에 관한, 그리고 잘못된 조직 운영 방식에 관한 사례로 받아들여질 것이라 생각했다.

하지만 내 예상은 빗나가고 말았다. 이 책을 세상에 처음 내놓았던 2019년 가을에 또 다른 스타트업인 위워크WeWork가 허물어지고 있었다. 그들의 이야기 역시 낯설지 않았다. 유명 벤처캐피털과 사모펀드에서 어마어마한 투자를 받은, 그리고 타고난 카리스마와 매력으로 투자자와 직원들에게 일종의 현실 왜곡장reality distortion field을 만들어낸 리더가 이끄는 수십억 달러 규모의 스타트업이 추락하고 있다는 소식이었다.

한때 위워크가 보여준 놀라운 성장세는 투자자들에게 저항할 수 없는 유혹이었다. 위워크는 단지 공동 사무실 임대 스타트업이 아니었다. 위워크의 매력적인 창업자이자 CEO인 애덤 노이만Adam Neumann의 설명에 따르면, 그 기업은 '성장과 경험 공유, 그리고 진정한 성공을 가능하게 하는 전 세계적인 플랫폼'이었다. 실제로 그는 위워크의 기업공개와 관련된 서류에 그렇게 적시했다. 위워크의 사명은 "'우리'라고 하는 에너지로 세상 사람들의 의식을 고양시키는 것"이었다. 우버와 트래비스 캘러닉Travis Kalanik에게 투자했던 이들을 포함하여 많은 투자자가 그의 비전에 매료되었다. 그들은 위워크야말로 차세대 우버라 믿었다.

하지만 우버가 수백만 고객에게 그들이 중요하게 여기는 서비스를 실질적으로 제공했다면, 위워크가 제시한 가치는 다소 애매모호했다. 노이만은 위워크의 핵심 비즈니스인 공유 사무실 임대와는 어울리지 않는 소규모 스타트업을 인수하는 데 수백만 달러를 썼다. 위워크는 물론 그와 관련된 부가적인 프로젝트의 규모가 점차 성장하고 경비 지출 속도가 빨라지면서 투자자들은 위워크가 전 세계 근로자를 위한 업무 공간이 될 것임을 의심하지 않았다. 이런 상황에서 소프트뱅크 CEO 손정의가 위워크에 엄청난 규모로 투자하면서 기업의 시장가치는 470억 달러에 육박했다.

하지만 시나리오가 꼬이기 시작했다. 위워크가 무너지기 시작하면서 언론은 경영자로서 노이만의 기이한 행동을 비판적인 시각으로 바라보게 되었다. 그는 출장 중에 대마초를 피우는가 하면, 시리얼 봉지에 마리화나를 넣고 해외로 나가기도 했다. 또한 한 전직 기술 CEO의 증언에 따르면, 노이만은 기업공개 서류와 관련해서 재정적인 꼼수를 부림으로써 수백만 달러의 돈을 개인적으로 유용하기까지 했다. 노이만의 개인적인 문제와는 별개로, 위워크는 엄청나게 많은 돈을 빠른 속도로 태워버리고 있었다. 투자자들은 노이만의 비전이 실체가 없는 것이 아닐까 하는, 다시 말해 수익에 눈먼 사람들에게 그들이 보고 싶어 하는 것만 보여준, 말만 번지르르한 사기꾼이 만들어낸 허깨비가 아닐까 하는 의구심을 갖기 시작했다.

결국 우버의 경우와 마찬가지로 모든 것이 한꺼번에 멈춰서고 말았다. 위워크 이사회는 마치 갑자기 혼수상태에서 깨어난 듯 분연히 들고 일어섰다. 노이만은 상당한 의결권을 확보하고 있었지만(캘러닉이 그랬던 것처럼) 일련의 스캔들이 터지면서 결국 CEO 자리에서 물러나야 했다. 당시 그가 갖고 있던 지분은 10억 달러가 넘었다.

우버와 위워크는 벤처캐피털의 막대한 투자를 받은 대표적인 스타트업이었다. 벤처캐피털이 투자한 많은 스타트업의 대차대조표는 돈을 쏟아부어서라도 규모를 확장해야 더 많은 돈을 벌 수 있다는 창업자의 약속이 만들어놓은 붉은 숫자로 가득했다. 이들 창업자는 '규모'야말로 성공의 핵심이라 주장했다.

그러나 우버와 위워크가 잇달아 흔들리면서, 실리콘밸리는 새천년 무렵에 벌어진 닷컴 붕괴와 맞먹을 만한 문화적 변화를 겪게 되었다. 우버의 투자자들은 기업공개 전에 그 가치가 1,200억 달러(원화로 약 130조 원—옮긴이) 이상일 것이라 예상했다. 그러나 현실은 암울했다. 투자자들은 어떻게 해야 재정 상태를 수익으로 전환할 수 있을지 알지 못한 채 기업이 계속해서 돈을 잃는 모습을 그저 바라만 봐야 했다. 2020년 초 우버의 시가 총액은 투자자들의 기대를 절반밖에 채워주지 못했다. 게다가 그해 만우절에는 3분의 1 수준으로 떨어졌다. 위워크의 상황은 이보다 더 비참했다. 나중에 손정의 회장은 위워크에 수십억 달러를 투자한 것을 후회한다고 말했다. 위워크의 시장가치는 정점을 찍었던 470억 달러에서 80퍼센트 넘게 빠진 50억 달러 아래로 추락하고 말았다.

투자자의 불안 심리는 손실을 내고 있던 다른 기업들로 확산되었다. 손정의가 비전펀드를 통해 투자한 기업들 모두 어려움을 겪고 있었다. 그중 몇몇 사례는 잘못된 투자인 것으로 드러나기 시작했다. 가령 자율주행 트럭 운송 스타트업인 플렉스포트Flexport는 수십 명의 직원을 해고했고 반려동물 비즈니스 스타트업인 웨그닷컴Wag.com은 실적이 하락하면서 CEO를 해임했다. 게다가 로봇 피자 스타트업인 줌Zume마저도 직원 절반을 해고했다. 작년에 손정의는 투자자들에게 이렇게 말했다. "제 투자 판단이 정말로 좋지 못했습니다. 여러 가지 측면에서 후회가 막심합니다."

실리콘밸리 전반이 긴축 재정으로 전환하던 무렵, 아무도 예상치 못한 일이 벌어지고 말았다. 다름 아닌 코로나19의 발병이었다. 2020년 초 미국 정부는 바이러스 확산을 막기 위한 일련의 조치를 시행했고 이에 기술 산업은 직격탄을 맞았다. 처음에 시애틀을 강타한 코로나바이러스는 이후 캘리포니아 북부 지역으로 급속히 확산됐다. 많은 기술 기업이 문을 닫고 직원들은 재택근무로 전환했다. 주지사와 시장들은 시민들에게 집에 머물도록 권고하면서 실질적으로 외출을 금지했다. 오직 '생존에 필수적인 비즈니스'만 운영을 허락했다. 이로 인해 유통과 서비스 그리고 운송 분야가 치명적인 타격을 입었다. 많은 기업이 하루아침에 문을 닫으면서 수백만 명의 근로자가 실업급여를 신청했다. 거의 찾아보기 힘든 승객을 태우기 위해 용감하게 거리로 나선 우버 운전자들은 마스크를 써야 했다. 이 글을 쓰는 지금도 병원들은 환자로 넘쳐나고 있다. 월스트리트 또한 혼란에 휩싸였다. 2008년 금융위기보다 더 심각한 경기 침체가 이어질 수 있다는 우려가 고개를 들면서 트럼프 행정부가 내세운 경제적 성과는 불과 몇 주 사이에 모두 잊히고 말았다. 코로나19는 사람의 생명은 물론 글로벌 경제의 생명까지도 위협하고 있다.

이런 상황에서 실리콘밸리의 한 벤처캐피털 기업이 경종을 울렸다. 2020년 3월 3일, 역사와 전통을 자랑하는 유명 투자 기업인 세쿼이아캐피털Sequoia Capital이 그들의 포트폴리오 기업 창업자들에게 공개서한을 보냈다. 여기서 그들은 코로나바이러스를 '2020년의 블랙스완Black Swan'(발생 가능성이 지극히 낮지만 일단 벌어지면 엄청난 파급효과를 갖는 사건)이라고 칭했다. 세쿼이아캐피털이 그 서한을 보낸 목적은 창업자들이 앞으로 다가올 사태에 대비하도록 촉구하기 위해서였다. 그들은 특히 수익 창출과 보수적 회계 방식 그리고 인력 감축을 강조했다.

실리콘밸리를 향한 세쿼이아의 메시지에는 중요한 의미가 담겨 있었다. 이제 방만한 경영과 무모한 낙관주의의 시대가 끝났다는 선언이었다. 기업들은 이제 힘든 선택의 기로에 섰다. 그리고 모두가 올바른 선택을 하지는 못할 것이다.

세쿼이아의 파트너들은 창업자들에게 이렇게 말했다. "어떤 점에서 비즈니스는 생물과도 같다. 다윈이 지적했듯이, 살아남는 자는 '가장 강한 자도, 가장 똑똑한 자도 아닌, 변화에 가장 잘 적응하는 자다.'"

실리콘밸리에서 변화는 실제로 일어나고 있다. 노이만이나 캘러닉과 같은 리더들이 퇴장하면서 실리콘밸리의 오만을 상징하는 브로bro 문화는 이제 옛이야기가 되었다. 기술 분야에서 일하는 사람들은 예전에 우버에서 그랬던 것처럼 직장에서 노골적인 여성 혐오를 더 이상 드러내지 않는다. 또한 환락의 도시에서 일주일 동안 흥청망청 파티를 벌이는 관행도 사라졌다. (혹은 은밀한 방식으로 진행되고 있다. 적어도 기업의 이름은 내세우지 않는다.)

그러나 이런 변화에도 불구하고 창업자들의 마음가짐은 크게 달라지지 않은 듯하다. 우버는 물론 그에 앞선 다른 기업의 경영자들과 마찬가지로, 오늘날의 창업자들 역시 세상을 바꾸는 기업을 구축하기 위해 원칙을 외면하고 지름길을 택하는 모습을 그대로 보이고 있다.

가령 화상회의 서비스 기업인 줌 비디오 커뮤니케이션Zoom Video Communications의 경우 최근 코로나바이러스 확산과 더불어 호황을 맞고 있다. 재택근무를 하는 직장인으로부터 학교에 가지 못하는 청소년에 이르기까지 그 어느 때보다 많은 사람이 온라인 공간으로 모여들고 있다. 이들은 줌의 완벽한 소프트웨어가 제공하는 편의성과 단순함에 만족했다. 하지만 줌의 인기가 치솟으면서 보안 전문가들은 줌의 앱에서 수많은 프라이버시 침해 사례를 발견했다. 그 원인으로 허술한 보안 체계와 악명 높은 데이터 공유 관행, 혹은 잘못된 암호화 방식이 지목되었다. 이에 대한 언론의 공세가 거세지면서 줌은 개선을 약속했다. 그리고 올바른 시점에 올바른 장소에서 공격적인 행보를 이어나감으로써 시장점유율을 크게 끌어올렸다. 미국 역사상 최악의 약세 시장을 잘 헤쳐나가면서 줌의 시가 총액은 2020년 4월 현재 350억 달러(약 40조 원—옮긴이)를 넘어섰다(2020년 9월 현재 줌의 시가 총액은 1,000억 달러를 넘겼다—옮긴이).

아마도 이전 창업자 세대에게 영감을 불어넣었던, 세상을 구하겠다는 유토피아적 세계관이 잘못된 것은 아닐 것이다. 어쨌든 줌과 같은 기업들은 우버가 등장했을 때는 불가능했던 방식으로 사람들의 의사소통을 도와주는 시스템을 개발했다. 차세대 창업자들은 캘러닉처럼 '끊임없이 들이댈 것'이라고 크게 외치고 다니지는 않겠지만, 그들의 세계관은 기업 문화 속에 녹아들어 있을 것이다. 기술 분야에 대한 사회와 언론의 감시가 강화되는 가운데, 기술 업계는 더 고립되고, 더 방어적이고, 덜 오만한 방향으로 나아가고 있다. 게다가 언론의 비평가들이 사정을 잘 알지 못하는 '혐오자'로서 역할을 하고 있는 동안, 스타트업의 가장 든든한 옹호자들은 젊은 창업자들이 부정적인 냉소주의의 희생양이 되지 않도록 그들을 더 강하게 보호하고 있다.

기술 세상의 문화는 여전히 살아남아 있다. 캘러닉은 닷컴 버블의 폐허로부터, 그리고 새로운 모바일 세상의 등장으로부터 자신의 비즈니스를 구축했다. 2020년에 우리를 찾아온 재앙은 이미 새로운 기술 유니콘을 위한 무대를 마련하고 있다. 이제 남은 질문은 그들이 어떤 방식으로 모습을 드러낼 것인가다.

샌프란시스코 마켓스트리트 1455번지

그날 밤, 집에 걸어가고 싶은 사람은 없었다.

2014년 포틀랜드의 어느 추운 겨울날이었다. 도심은 학생과 직장인, 그리고 선물을 사러 나온 쇼핑객으로 붐볐다. 브로드웨이 거리에 늘어선 가로수들이 깜빡이는 흰색 전구를 매달고 크리스마스 시즌을 축하하고 있었다. 하지만 버스를 기다리기에는 좋은 날이 아니었다. 주초에 내린 눈으로 길은 미끄러웠다. 그날 포틀랜드 교통국 직원들은 춥고, 눅눅하고, 짜증 나는 날씨에 거리로 나와 차를 잡기 위해 발을 동동 구르고 있었다.

하지만 그들이 기다리는 것은 택시가 아니었다. 말하자면 그들은 임무 수행 중이었다. 그날 그들이 맡은 임무는 빠르게 성장하는 차량 호출 스타트업startup인 우버의 운전자를 적발하는 일이었다. 우버는 이미 몇 달 전부터 포틀랜드에서 합법적으로 비즈니스를 운영하기 위해 교통국과 협상을 진행해왔다. 하지만 그런 노력은 결실을 맺지 못했다. 결국 우버는 그날 저녁부터 교통국 승인을 받지 않은 채로 비즈니스를 강행하기로 결정했다.

사실 그건 우버에게 일상적인 상황이었다. 2009년부터 우버는 정치인과 경찰, 택시 회사 및 운송 노조와 마찰을 빚어왔다. 우버의 공동 창업자이자 최고경영자인 트래비스 캘러닉이 보기에, 전반적인 시스템은 우버와 같은 스타트업에 대단히 불리한 구조였다. 그러나 실리콘밸리의 많은 창업자와 마찬가지로, 캘러닉도 기술의 힘을 믿었다. 그는 IT(스마트폰, 데이터 분석, 실시간 GPS 정보)의 혁신적인 위력을 기반으로 사람들의 삶을 개선하고, 서비스의 효율성을 높이고, 구매자와 판매자를 연결하고, 사회를 개선하고자 했다.

캘러닉은 기존 시스템과 낡은 사고방식을 고수하려는 사람을 만날 때마다 좌절감을 느꼈다. 오늘날 택시 산업을 유지하고 규제하는 부패한 시스템은 19세기와 20세기에 완성되었다. 이러한 시스템 속에서 우버는 시대에 뒤떨어진 사고방식을 뒤엎고 21세기를 향해 달려갈 준비를 하고 있었다. 하지만 교통 당국은 정치인의 눈치를 봤고, 정치인은 후원자의 눈치를 봤다. 후원자 중에는 운송노조와 대규모 택시 회사가 포함되어 있었다. 그리고 그들 모두 우버의 실패를 간절히 원했다.

◣

포틀랜드에서 우버는 이미 평화적인 접근방식을 시도했었다. 24

시간 전, 캘러닉은 데이비드 플러프David Plouffe를 통해 포틀랜드 교통국과 협상을 시도했다. 플러프는 정치의 논리를 잘 이해하는 인물이었다. 많은 사람이 2008년 대선에서 오바마의 승리에 그가 중요한 기여를 했다고 믿었다. 플러프는 정치적인 협상 포인트를 정확하게 알고 있었다. 플러프는 먼저 포틀랜드 시장 찰리 헤일즈Charlie Hales에게 전화를 걸어 우버의 향후 계획에 대해 간략하게 보고하고 싶다는 뜻을 전했다. 그날 헤일즈 시장은 시청 사무실에서 플러프의 전화를 받았고, 그 자리에는 교통국 위원인 스티브 노빅Steve Novick도 함께 있었다.

노빅은 헤일즈의 실무자로, 140센티미터가 조금 넘는 키에 두꺼운 안경을 쓰고, 화가 날 때면 항상 언성이 높아지는 불독 같은 인물이었다. 태어날 때부터 왼팔과 양쪽 종아리뼈가 없었던 노빅은 장애를 딛고 한층 더 호전적인 인물로 성장했다. 그리고 18세에 오리건 대학을 졸업한 뒤 21세에 하버드 법대에서 학위를 받았다. 특유의 유머 감각을 지닌 그는, 선거 캠페인에서 자신을 '왼팔에 갈고리를 장착한 파이터'라고 소개하기도 했다. 실제로 그는 왼쪽 팔에 후크 모양의 보철을 착용하고 있었다.

그날 통화에서 플러프는 특유의 친근한 어조로 말을 꺼냈다. 그는 두 사람에게 우버가 이미 오랫동안 기다려왔으며, 내일 비즈니스를 출범할 계획이라고 설명했다.

플러프는 말했다. "우리는 이미 포틀랜드의 여러 교외 지역에서 서비스를 운영하고 있습니다. 이 대도시에서 우리의 서비스를 원하는 많은 이들이 목소리를 내지 못하고 있습니다." 플러프가 합류한 이후 우버는 합리적이고 포퓰리즘적인 접근방식을 취하기 시작했다. 그들의 설명에 따르면, 우버는 개인 운전자가 자신의 차량을 이용해 스스로 일정을 조율하면서 돈을 벌 수 있도록 하는 시스템을 제공하고 있었다. 이러한 서비스를 통해 음주운전을 크게 줄이고, 도시를 보다 안전한 공간으로 만들고, 대중교통이 제대로 갖춰지지 않은 지역에서도 편리한 선택지를 승객에게 제공할 수 있었다. 플러프의 설명은 계속되었다. "우리는 포틀랜드 시민에게 서비스를 제공하기 위해 노력하고 있습니다."

그러나 노빅은 수긍하지 않았다. "플러프 씨, 기어코 법을 어기겠다는 말씀이군요. 기업이 법 위에 있다고 생각하는 겁니까?"[1]

수개월 전부터 헤일즈 시장과 노빅은 우버의 서비스를 허용할 수 없다고 통보해왔다. 우선 택시 연합이 들고 일어날 것이다. 또한 우버의 일부 서비스에 적용되는 기존 규제를 해결해야 했다. 최근에 등장한 차량 호출 서비스는 포틀랜드의 많은 법규와 충돌했고 그 서비스를 위한 법률은 아직 마련되지 않았다. 우버는 더 오랜 시간을 기다려야 할 것이다.

하지만 헤일즈와 노빅은 꽉 막힌 사람은 아니었다. 그들은 이미 교통 규제를 전체적으로 손보겠다고 약속했었다. 게다가 포틀랜드는 홈셰어링 서비스인 에어비앤비Airbnb를 초기에 허용한 도시이기도 했다. 포틀랜드는 앞서가는 도시로서 향후 차량 호출 서비스까지 허용할 준비를 하고 있었다.

그러나 포틀랜드의 계획은 캘러닉이 생각하는 일정과 맞지 않았다. 양측 모두 이제 타협이 불가능한 지점에 이르렀다는 사실을 깨달았다. 노빅은 스피커폰에다가 이렇게 소리를 질렀다. "그 빌어먹을 회사와 함께 당장 꺼져요!" 플러프는 아무 말도 하지 못했다.

우버의 평화적인 접근방식은 결국 성공하지 못했다. 하지만 어쩌면 그럴 수밖에 없었을 것이다. 지난 5년 동안 우버는 샌프란시스코의 아파트에서 몇 명의 기술자를 채용한 스타트업으로부터 전 세계 수백 개의 도시에서 비즈니스를 운영하는 글로벌 거물로 급성장했다. 우버는 이 도시에서 저 도시로 체계적으로 비즈니스를 확장해왔다. 그들은 먼저 선발대를 파견해 수백 명의 운전자를 채용하고, 스마트폰 사용자에게 무료 쿠폰을 나눠주고, 행정 당국보다 훨씬 더 빠른 속도로 시장을 넓혀나갔다. 시장과 그의 실무자가 어떻게 나오든 간에, 캘러닉은 포틀랜드에도 똑같은 방식으로 진입할 생각이었다. 이제 더 이상 기다림은 의미가 없었다.

⁎

포틀랜드에서 남쪽으로 약 1,000킬로미터 떨어진 샌프란시스코 마켓스트리트 1455번지. 캘러닉은 이곳에 자리 잡은 우버 본사 안을 부지런히 걷고 있었다.

이 38세의 최고경영자는 언제나 걸었다. 친구들의 기억에 따르면, 그는 언제나 그렇게 걸어 다녔다. 그의 아버지는 어릴 적 그가 방안을 하도 걸어 다녀서 침실 바닥에 구멍이 날 정도였다고 했다. 걷기 습관은 나이가 들어도 그대로 남았다. 오히려 점점 더 심해졌다. 걷기는 그의 일상이었다. 잘 모르는 사람과 회의를 할 때에도 그는 양해를 구하고 회의실을 돌아다녔다.

캘러닉은 의자에서 일어선 채로 이렇게 말하곤 했다. "죄송합니다. 걸어 다니는 습관이 있어서요." 그리고는 회의실을 부지런히 돌아다니면서 대화를 이어나갔다. 우버 본사 직원들은 그가 사무실 안을 돌아다니는 모습에 익숙했고, 방해가 되지 않게 신경을 썼다.

우버 본사 건물도 그의 습관을 반영하여 설계되었다. 샌프란시스코 심장부에 위치한, 2만 제곱미터에 달하는 본사 부지 내에는 총 길이가 400미터에 달하는 실내 원형 트랙이 마련되어 있었다.[2] 그 트랙 주변으로 입식 책상과 공유 회의실 탁자가 줄을 지어 있었다. 캘러닉의 설명에 따르면, 그곳은 '걸으면서 일하기 위한' 공간이었다. 한번은 일주일 동안 그 트랙을 160바퀴나 돌았다며 자랑하기도 했다. 그건 64킬로미터에 해당하는 길이였다.

물론 걸으면서 이야기를 나눈다고 문제가 쉽게 해결되는 것은 아니었다. 포틀랜드 교통국은 새로운 법안을 무려 1년 넘게 질질 끌고 있었다. 이러한 상황에서 우버는 결국 시장의 동의를 받지 않은 채 비즈니스를 론칭하기로 결정했다. 우버 대변인은 나중에 포틀랜드 사례와 관련하여 이렇게 언급했다. "규제는 혁신을 따라잡지 못합니다. 우버가 론칭했을 때, 차량 호출 서비스와 관련된 법률은 하나도 마련되지 않은 상태였습니다."[3]

문제는 이미 여러 도시에서 운영되고 있던 우버의 블랙카 서비스가 아니었다. 그 서비스는 기존 리무진 서비스에 적용되는 규제를 그대로 따르고 있었다. 문제는 우버X 서비스였다. 이는 혁신적인 저비용 비즈니스 모델로, 제대로 정비된 차량을 소유하고 신원 확인에 문제가 없는 사람이라면 누구나 운전기사가 될 수 있는 사업 모델이었다. 불특정 시민이 다른 사람에게 운전을 해주고 돈을 벌도록 하는 우버X 서비스는 여러 문제에 부딪혔다. 무엇보다 아무도 그것이 합법인지 불법인지 몰랐다. 물론 우버는 그 문제에 신경 쓰지 않았지만.

캘러닉은 정치인들은 언제나 똑같은 방식으로 움직인다고 믿었다. 그들은 기존 질서를 지키고자 했다. 그들은 아이폰을 몇 번 터치하는 것만으로 다른 사람의 차를 얻어 타게 해주는 우버의 혁신적인 서비스에 관심이 없었다. 또한 우버의 새로운 비즈니스 모델은 택시 회사와 운송 노조의 심기를 불편하게 만들었다. 그들은 시장의 집무실에 성난 이메일과 전화 세례를 퍼부었다. 하지만 그런 와중에도 우버는 돈을 긁어모으고 있었다. 이는 서비스의 편리함과 단순함을 사랑하는 시민들의 뜨거운 지지가 있었기에 가능한 일이었다.

캘러닉은 기다릴 만큼 기다렸다. 이제 행동에 나설 시간이었다. 그는 포틀랜드의 우버 관리자들에게 메시지를 전했다. 운전자를 보호하고, 경찰을 속이고, 비즈니스를 마음껏 확장하라는 것이었다.

다음 날 저녁, 에릭 잉글랜드는 포틀랜드 브로드웨이 번화가에 있는 알린슈니처 콘서트홀Arlene Schnitzer Concert Hall 앞에 서 있었다. 그는 스마트폰을 뚫어져라 바라보면서 우버 앱을 계속해서 새로 고침 하고 있었다.

그날 잉글랜드는 음악회를 보러 거기에 간 것이 아니었다. 그는 우버 운전자를 적발하기 위해 집으로 가려는 음악 팬 행세를 하고 있었던 것이다. 그는 우버 앱을 열고는 승객을 찾는 우버 기사들을 물색하기 시작했다.

노빅은 플러프와의 통화를 마치고 나서 직원들에게 행동 개시 명령을 내렸다. 우버 운전자들을 잡으라는 것이었다. 그의 시나리오에 따르면, 잉글랜드와 같은 교통국 직원이 우버를 호출한 다음, 보험에 가입하지 않았다거나, 교통 질서를 위반했다거나, 택시 면허가 없다는 등의 이유로 운전자에게 수천 달러에 달하는 민형사상 처벌을 내린다. 그리고 차량을 압수하겠다는 위협까지 한다. 물론 노빅은 이런 방법으로 우버를 완전히 막을 수 있다고 생각하지는 않았다. 다만 포틀랜드 운전자들에게 겁을 줌으로써 우버의 진입 속도를 늦추고자 했다.

우버는 준비가 되어 있었다. 새로운 도시로 진입할 때마다, 우버는 매번 확실한 전략을 실행에 옮겼다. 먼저 우버 본사에서 파견된 관리자가 새로운 도시에서 '총관리자'를 고용한다. (일반적으로 열정적인 20대, 혹은 호전적인 기업가 정신으로 무장한 사람이다.) 그 총관리자는 수주일 동안 크레이그리스트Craigslist(미국 생활정보 사이트―옮긴이)에 운전자를 모집하는 광고를 낸다. 여기서 운행거리 기준을 충족시키면 수천 달러에 달하는 보너스를 받을 수 있다고 유혹한다. 실제로 광고에는 이런 문구가 있었다. "우버X로 첫 승객을 태우면 500달러를 현금으로 지급해드립니다."[4] 대부분의 경우 총관리자는 실무 경험이 거의 없는 사람들이었다. 하지만 우버는 채용 과정에서 경력을 문제 삼지 않았다. 그들이 주목했던 것은 신규 지역의 현장 책임자가 되겠다는 야심, 하루에 12~14시간 일할 수 있는 체력, 그리고 필요할 때 기꺼이 규칙(심지어 법)을 어기려는 의지뿐이었다.

잉글랜드는 계속해서 우버 앱을 새로 고침 했다. 마침내 한 운전자가 요청을 승낙했다. 그 차량은 5분 거리에 있었다. 하지만 그 차량은 끝내 나타나지 않았고, 운전자는 승낙을 취소했다. 앱 화면으로 보면 그 차량은 분명히 잉글랜드를 지나쳐갔다. 하지만 그는 그 차량을 보지 못했다.

그때 잉글랜드가 알지 못했던 것은 우버의 지사장과 엔지니어 그리고 보안 전문가가 수개월에 걸쳐 정교한 시스템을 개발했다는 사실이었다. 그들은 이 시스템을 통해 포틀랜드를 포함한 모든 도시에서 규제 당국의 존재를 확인하고, 그들을 감시하고, 그들이 우버 앱을 통해 차량을 잡지 못하도록 몰래 방해했다. 덕분에 우버 운전자들은 단속에 걸리지 않고 차량을 운행할 수 있었다. 잉글랜드와 같은 단속 공무원들은 우버 운전자의 활동을 확인할 수 없었고, 우버가 속임수를 쓰고 있다는 사실을 입증할 수도 없었다.

잉글랜드를 비롯한 포틀랜드의 단속 공무원들은 자신이 누구와 상대하고 있는지 알지 못했다. 그들은 우버를 단지 열정이 과도한, 그리고 그 기업이 운송 시장에 몰고 올 변화를 과대평가하는 젊은 기술자들의 집단 정도로 봤다. 그리고 그들의 오만함을 젊은이들의 치기 정도로 폄하했다.

하지만 우버는 그렇게 순진하지 않았다. 그들은 전직 CIA, NSA, FBI 요원들을 채용해서 고도의 산업 스파이 조직을 구축했다. 우버 보안팀은 단속 공무원을 염탐하고, 그들의 디지털 활동을 감시하고, 때로 퇴근길까지 추적했다.

우버는 문제가 되는 인물을 특정한 뒤 가장 효과적인 무기를 활용한다. 바로 우버의 사용자 계정과 연결된 코드인 그레이볼Greyball 이었다. 이는 위험 인물임을 알려주는 일종의 꼬리표 기능을 한다. 우버가 그 꼬리표를 붙이는 대상은 경찰이나 의원 보좌관, 혹은 잉글랜드와 같은 교통국 직원 등이다.

그레이볼이 적용되면, 잉글랜드와 같은 교통국 직원이 사용하는 우버 앱은 유령 차량으로 가득한 가짜 버전의 우버 앱으로 전환된다. 그러면 실제 운전자를 확인할 수도, 단속할 수도 없다. 심지어 운전자들이 정말로 운행을 하고 있는지조차 알 수 없다.

이런 방식으로 우버는 이후 3년 동안 포틀랜드에서 무사히 비즈니스를 운영할 수 있었다. 적어도 2017년 〈뉴욕타임스〉의 폭로로 우버가 그레이볼을 활용하여 당국의 단속을 피해왔다는 사실이

드러나기 전까지는 말이다. 그 기사가 나오고 나서야 포틀랜드 당국은 우버가 어떻게 그들을 속여왔는지 분명하게 이해하게 되었다.

그러나 2017년은 너무 늦은 때였다. 우버는 이미 포틀랜드 거리를 합법적으로 활보하고 있었다. 그 편리함에 반한 시민들은 우버를 일상적으로 사용하는 도시 시설로 받아들였다. 캘러닉과 그의 조직은 포틀랜드의 교통법을 위반했지만, 쫓겨나기는커녕 시장을 뒤엎는 어마어마한 성공을 거뒀다.

✖

캘러닉과 그의 팀은 포틀랜드를 비롯한 여러 다른 도시에서 법을 위반했다. 그러나 우버 직원과 일부 투자자는 그렇게 생각하지 않았다. 그들은 그레이볼 기술이 우버의 열네 가지 기업 가치 중 하나인 '소신 있는 반대'에 부합하는 것으로 봤다. 그들이 보기에, 우버는 그 기술을 활용하여 관료주의와 시대에 뒤처진 규제가 비호하는 '부패한' 택시 산업에 맞서 운전자를 보호하고 있었던 것이다. 그들은 우버가 법을 위반한다고 생각하지 않았다. 문제는 잘못된 법에 있었다. 캘러닉은 모두가 우버 서비스를 이용하게 되면 문제는 저절로 해결될 것이라고 확신했다. 언젠가 기존 방식이 비효율적이고 비경제적이며, 자신의 방식이 정답이라는 사실을 인정받을 것이라 믿었다.

어떤 면에서 캘러닉의 생각은 옳았다. 이 글을 쓰고 있는 지금,

우버는 전 세계 수많은 도시에서 서비스를 운영하고 있다. 오늘날 우버는 캘러닉이 이끌었던 8년간의 성장을 모방하려는 경쟁사와 더불어 거의 모든 대륙에서 비즈니스를 이어가고 있다. 그리고 대중교통만큼이나 보편적인 도시 시스템이 되기 위해 각국 정부와 협상을 벌이고 있으며, 또한 사람들이 바라는 무인자동차 시대를 준비하고 있다.

하지만 우버의 역사를 성공 스토리로만 볼 수는 없다. 특히 2017년에는 급속한 성장세를 이어가지 못했다. 그해 우버는 캘러닉의 도를 넘어선 행동, 노골적인 호전성, 그리고 캘러닉 개인의 몰락에 따른 여파로 큰 어려움을 겪었다. 오늘날 많은 창업자와 벤처 투자자는 우버의 이야기를 실리콘밸리의 최고와 최악을 상징하는 경고의 이야기로 받아들이고 있다.

우버 이야기(본질적으로 캘러닉의 이야기)는 지난 10년 동안 실리콘밸리에서 논의되었던 화두를 건드린다. 그것은 기술 발전이 오랫동안 고착된 노동 시스템을 얼마나 빨리 허물어뜨리는지, 얼마나 급격한 사회 변혁을 이끌어내는지, 그리고 산업 전체를 얼마나 순식간에 뒤집어놓는지를 말해준다. 또한 우버 이야기는 깊숙이 뿌리내린 성차별에 관한 이야기이기도 하다. 기술 분야의 성차별은 스스로의 편향을 능력주의로 포장한 사람들의 잘못된 믿음으로 인해 강화되었다.

우버 이야기는 스타트업이 투자를 받는 일반적인 방식에 관한 이야기다. 그리고 이러한 투자 방식이 급속하게 확장하는 조직의 경영자와 직원, 고객에게 어떤 영향을 미치는지에 대한 이야기다. 또한 기술 기업이 고객 데이터를 활용하는 과정에서 내린 잘못된 의사결정에 관한 이야기다. 그리고 무엇보다도 스타트업 창업자에 대한 맹목적인 숭배가 얼마나 잘못된 방향으로 나아갈 수 있는지, 얼마나 엄청난 재앙으로 이어질 수 있는지를 경고하는 이야기다.

캘러닉과 우버 경영진은 토머스 홉스Thomas Hobbes, 그리고 영화 〈애니멀 하우스의 악동들Animal House〉과 〈더 울프 오브 월스트리트〉를 합쳐놓은 듯한 조직 문화를 창조했다. 이런 악질적인 스타트업 문화는 예스맨과 추종자 들에게 둘러싸인 젊은 리더가 무제한적인 재원을 바탕으로 윤리적, 법적 감시 없이 사업을 운영하면서 벌어진 문제였다. 수십억 달러 제국의 막강한 권력과 지위를 차지하기 위해 내부 혹은 외부에서 전쟁이 벌어진 동안, 우버는 다양한 첩보 활동과 음모 그리고 소송전에 얽히게 되었다.

또한 우버는 캘러닉의 무모한 행동으로 수백억 달러에 이르는 시장가치를 잃었고, 궁지에 몰린 경쟁사들에게 재기의 여지를 내어주고 말았다. 그리고 오랫동안 이어온 간교한 비즈니스 전략 때문에 총 여섯 건의 연방수사를 받게 되었다. 우버의 투자자와 직원은 기업의 미래를 걱정해야 했다.

나는 지난 10년 동안 베이에어리어 주민이자 기자로서 우버가 권력을 향해 오르는 과정을 바로 눈앞에서 지켜봤다. 그리고 그동안 획기적인 아이디어가 도시 시스템을 얼마나 빠르게 바꿔놓을 수 있는지, 그리고 리더의 강한 개성이 스타트업의 운영 방식에 얼마나 막대한 영향력을 끼칠 수 있는지 확인했다.

2014년, 나는 〈뉴욕타임스〉 기자로 우버에 대한 취재를 시작했다. 당시 우버는 영광의 시절을 누리고 있었다. 캘러닉의 기발한 전략과 뛰어난 현장 감각을 바탕으로, 우버는 경쟁자를 물리치고 10억 달러 투자 유치에 성공했다. 그런 우버에게 글로벌 정복은 당연한 일처럼 보였다.

그러나 몇 년 후 우버는 내부적인 갈등을 겪기 시작했고, 캘러닉의 리더십은 조직에 오히려 독이 되고 말았다. 특히 2017년은 우버가 스스로 위기를 자초했던 최악의 한 해였다.

✖

우버를 취재하는 동안 나는 캘러닉을 비롯한 많은 리더가 기술 세상의 권력을 차지하기 위해 저질렀던 거짓과 배신, 음모와 사기에 관한 이야기, 그리고 모바일 시대 첫 번째 유니콘으로서 우리가 세상을 살아가는 방식을 바꾸어놓은 동시에 부도덕한 행동과 의사결정, 탐욕의 용광로 속에서 스스로를 태워버린 기업의 이야기에 한 부분으로 참여하게 되었다.

우버의 역사와 함께할 수 있었던 것은 내게 큰 행운이었다.

1부

전설의 시작

1장

X의 X제곱

스타트업 창업자는 규정이나 원칙을 어길 때조차
플라톤의 철인과 같은 대우를 받았다.

이메일 한 통이 전 세계 우버 직원에게 날아들었다. 제목은 이랬
다. '우버가 또 하나의 이정표를 넘어서다.' 우버레토●에게 축하의 시
간이 찾아온 것이다.

목표를 달성한 뒤 조직 전체가 함께 떠나는 여행은 우버에서 전
통으로 자리 잡았다. 대형 벤처캐피털 회사의 후원으로 이뤄지는
이 여행의 목적은 조직의 사기를 높이고 직원들의 관계를 돈독하게
만드는 것이었다. 동시에 전 세계 모든 우버 직원이 일주일 동안 화

● 유명 기술 기업들은 그들의 직원을 특별한 애칭으로 부른다. 가령 구글은 구글러Googler,
트위터는 트윕스tweeps라 부른다. 우버는 처음부터 우버레토Uberetto라는 애칭을 사용했
다. 많은 직원이 입사 후 고개를 갸웃거리게 되는 이 용어의 정확한 어원은 아직 밝혀지
지 않았다.

려한 파티를 벌이기 위한 명분이기도 했다. 우버 창업자 트래비스 캘러닉은 이번 여행지로 특별한 장소를 마음에 두고 있었다. 바로 라스베이거스였다.

캘러닉은 이번 라스베이거스 여행이 지난번 행사보다 더 화려하길 원했다. 2년 전인 2013년에 이미 우버는 총 운행 예약을 기준으로 (당시로서는 엄청난 기록인) 매출 10억 달러를 돌파했고, 이를 기념하기 위해 마이애미에서 성대한 파티를 벌였다. 그 여행은 숫자 9를 의미하는 한자, '九'로서 직원들의 기억에 각인되었다. 마이애미로 떠나기 전 캘러닉이 전 세계 직원에게 보낸 이메일에 따르면,[1] 9라는 숫자는 '외부적으로 따로 설명을 내놓지는 않았지만 내부적으로 대단히 중요한 의미'를 담고 있었다.

하지만 마이애미 행사는 이번 라스베이거스 행사에 비하면 초라해 보일 정도였다. 이번 여행도 내부적으로 의미 있는 숫자를 달성한 것을 자축하는 행사였다. 우버는 상징적인 숫자, 10에 해당하는 매출 목표를 달성할 때마다 파티를 열었다. 게다가 조직 규모와 운행 지역이 늘어나면서 파티의 규모도 커졌다. 매출 실적에 새로 0이 추가될 때마다 수천 명에 달하는 우버 직원은 회사의 지원으로 지구상의 또 다른 목적지를 향해 여행을 떠났다.

그중에서도 매출 100억 달러 달성은 우버에게 특별한 순간이었다. 모두가 그 숫자의 중요성을 잘 알고 있었다. 캘러닉은 급격하게 치솟는 성장 곡선에 집착했다. 이번 여행의 제목은 'X의 X제곱'. 이는 10배의 실적을 또다시 10배로 늘리겠다는 강한 의지의 표명이었다. 캘러닉은 이번 여행에 필요한 모든 디자인 작업을 내부 디자이너들에게 일임했다. 그들은 초대장을 비롯한 각종 자료와 팔찌에 넣을 상징을 만들었다. 검은색 네모 안에 커다란 흰색 'X'가 들어가 있고 그 오른쪽 위에 작은 흰색 'X'가 올라간 모양, 바로 우버를 뜻하는 상징이었다.

이번 여행은 외부에 보여주기 위한 럭셔리 파티이자 내부적인 축하 행사이기도 했다. 2015년 가을, 우버는 전 세계적으로 약 5,000명의 인원을 채용했다. 우버는 헤드헌팅 업체를 통해, 크리머리Creamery와 더배터리the Battery, 그리고 위워크(모두 벤처캐피털에서 투자받은 스타트업)와 같은 기업에서 인재를 스카우트해왔다. 우버의 이러한 노력에 힘입어 아마존, 페이스북, 애플, 테슬라, 구글 같은 기업에서도 엔지니어들이 대거 우버로 몰려들었다.

당시 언론은 우버를 '급성장하는', '전투적인', '강력하고 거대한' 기업으로 소개했다.[2] 실제로 우버 매출은 놀라운 속도로 성장했고 그에 따라 주가는 계속해서 치솟고 있었다. 우버의 시장가치는 수십억 달러 규모로 성장했으며, 엔지니어들은 우버의 설립과 운영의 기반이 된 캘러닉의 해커 정신을 높이 평가했다. 그들은 넥스트 구글, 넥스트 페이스북으로 떠오르고 있던 우버에 앞 다퉈 들어가고자 했다.

헤드헌팅 업체들은 이러한 분위기를 어떻게 활용해야 할지 잘 알고 있었다. 그들은 야심찬 엔지니어들의 포모FOMO●를 건드렸다. 헤

● Fear of missing out, 좋은 기회를 놓칠지 모른다는 두려움.

드헌터들은 실리콘밸리 엔지니어들의 링크트인 페이지에 이런 메시지를 남겼다. "우주선 탑승 기회를 그냥 날려버릴 건가요?" 당시 우버처럼 급성장하는 기업에 입사한다는 것은 언젠가 베이에어리어 부동산 시장의 노른자인 샌프란시스코에 소형 주택을 장만할 수도 있다는 의미였다. 일부 엔지니어는 우버에서 4년 정도 일하며 창업 자본을 마련하기를 꿈꿨다.

사실 이러한 분위기는 베이에어리어에서 낯선 것이 아니었다. 구글과 트위터, 페이스북이 기업공개를 한 뒤, 실리콘밸리에는 수많은 백만장자가 탄생했다. 선배로부터 이런 웹 1.0 시절의 무용담을 들어온 젊은 엔지니어들에게 우버 입사는 곧 그들 역시 부자가 될 수 있다는 의미로 다가왔다.

당시 우버 입사는 테슬라 자동차를 몰거나 롤렉스 시계를 차는 것과 동급이었다. 불안과 스트레스, 하루 12시간 이상의 중노동은 분명 그만한 가치가 있을 터였다. 그들 모두 '최고 수준'의 대우를 받을 것이기 때문이다.

✸

2015년 10월, 우버 직원 수천 명이 라스베이거스 매캐런 국제공항에 도착했다. 섭씨 37도의 열기 속에서 공항을 빠져나온 그들은 긴 줄을 선 끝에 셔틀버스나 택시•를 타고 곧장 호텔로 향했다. 파티 시간이 다가오고 있었다.

캘러닉은 행사 준비에 아낌없이 돈을 썼다. 밸리스, 더쿼드, 플라밍고 등 3성급 호텔에 수백 개의 숙소를 예약했다. 그리고 음식과 유흥, 축제를 즐길 돈을 충전한 선불 비자카드를 전 직원에게 지급했다. 그 카드가 꼭 필요하진 않았다. 파티마다 공짜 술과 요리가 흘러 넘쳤기 때문이었다. 'X' 로고가 인쇄된 팔찌를 차고 있으면 우버의 모든 행사장에 입장할 수 있었다. 이미 행사 전에 우버 엔지니어들은 일주일 동안 진행될 축제를 소개하는 전용 앱을 개발해놓았고, 모든 우버 직원은 'X의 X제곱^{xx}' 로고 스티커를 문신처럼 몸에 붙이고 돌아다녔다.

그러나 마음껏 돈을 쓰려던 캘러닉과는 달리, 일부 임원은 예산 책정에 신중했다. 정책 및 커뮤니케이션 책임자인 구글 출신의 레이철 윗스톤Rachel Whetstone은 주의 사항을 담은 쪽지를 직원들에게 계속해서 발송했다. '우버 티셔츠를 입지 말 것, 회사의 실적과 성과 기준에 대해 이야기하지 말 것, 언론과 접촉하지 말 것.' 심지어 외부인이 우버 엔지니어가 공공장소에서 일을 하고 있다고 오해하지 않도록, 기업 지메일 계정에서 우버 로고를 'X' 로고로 바꾸기까지 했다.

2015년 우버는 이미 거만의 오라를 드러내고 있었다. 흔히들 말하는 '테크브로tech bro'라는 표현 속에는 젊고, 부유하고, 자녀도 없이, 바리스타나 가정부 등 그들을 위해 대기하는 사람들의 서비스

● 2015년 행사가 열리기 전 라스베이거스 택시연합은 차량 호출 서비스를 불법으로 규정하고 반대하고 있었다. 우버는 한 달 전 라스베이거스에 진출하기는 했지만, 공항 영업은 엄두를 내지 못하고 있었다. 그곳은 여전히 대형 택시 회사의 영역이었다.

를 마음 편히 누리는 실리콘밸리 기술 전문가의 오만에 대한 분노가 담겨 있었다. 이들 테크브로의 최대 관심사는 가장 주목받는 '유니콘' 기업에 합류하는 것. 유니콘이란 2013년 한 벤처 자본가가 만든 용어로,[3] 시장가치가 10억 달러(약 1조 1천억 원—옮긴이)를 넘는 신생 기업을 지칭하는 말이다. 2015년 가을 우버는 유니콘 중의 유니콘이었다. 모든 테크브로가 그곳에 합류하고 싶어 했다.

물론 그들이 선망한 대상은 우버만이 아니었다. 소셜 네트워킹 분야에서 혁신적인 접근방식으로 각광받은 스냅챗Snapchat 역시 그중 하나였다. 하지만 스냅챗은 창업자가 스탠퍼드 대학 재학 시절 동문에게 보낸 이메일(원문 그대로, 'Fuck Bitches Get Leid')이 공개되면서 많은 비난을 받았다.[4] 또한 드롭박스Dropbox와 에어비앤비는 직원들이 회사 간 축구 시합을 위해 샌프란시스코 한 운동장에서 아이들을 내쫓는[5] 영상이 널리 퍼지면서, 성난 여론에 고개를 숙여야 했다. 이러한 분위기 속에서 우버의 라스베이거스 파티가 실리콘밸리 기술 관련 블로그는 물론, 영국 일간지 〈데일리메일Daily Mail〉에까지 소개되자, 레이철 윗스톤과 팀원들은 움츠릴 수밖에 없었다.

우버 내부의 시선으로 보더라도 행사 중에 벌어진 몇몇 사건은 도가 지나쳤다. 어느 직원은 매춘부 두 명을 호텔방에 불러들였고, 다음 날 아침 두 직원이 정신을 차렸을 땐 이미 모든 물건을 도난당한 뒤였다. 도둑맞은 물건에는 업무용 노트북도 있었다. 기업의 비밀 정보가 지하 시장에 넘어갈 것을 우려한 우버 경영진은 그 자리에서 해당 직원들을 해고하고, 사라진 노트북을 추적했다.

어떤 관리자는 부하 직원의 가슴을 더듬은 일로 해고를 당했다. 게다가 부하 직원과 함께 코카인과 마리화나, 엑스터시 같은 마약을 복용한 관리자도 있었다. 그들은 행사장 셔틀버스를 몰고 광란의 질주까지 벌였다.

그럼에도 우버 경영진은 매번 더 새로운 밤을 직원들에게 선사하기 위해 고심했다. 그중에서도 특히 앙코르 호텔 내의 XS클럽에서 있었던 행사가 인상적이었다. 그날 우버 직원들은 유명 일렉트로닉 뮤지션인 카이고와 데이비드 게타의 무대를 밤새도록 즐겼다.

그러나 하이라이트는 따로 있었다. 라스베이거스 행사의 마지막 무대는 팜스 호텔 공연장. 갑자기 실내조명이 꺼지고 무대가 안개로 뒤덮이자, 귀에 익숙한 노래의 첫 소절이 흘러나왔다. 그리고 무대조명에 반짝이는 선홍색 스팽글 점퍼를 입은 주인공이 드디어 모습을 드러냈다. 여전히 자욱한 안개 때문에 모습이 잘 보이지 않았지만 노래 가사는 또렷하게 들려왔다. 20대라면 절대 모를 수 없는 히트곡 〈크레이지 인 러브Crazy in Love〉였다. 그녀가 밝은 조명 속으로 걸어 나오자 우버 직원들은 일제히 함성을 질렀다. 그제야 그들은 캘러닉이 무슨 일을 꾸몄는지 알게 되었다. 마지막 주인공은 다름 아닌 비욘세였다.

모두들 비욘세의 노래에 맞춰 춤추고 노래했고, 〈드렁크 인 러브 Drunk in Love〉의 아름다운 어쿠스틱 선율에는 숨을 죽였다. 무대 바로 앞자리에는 비욘세의 남편 제이지가 시가를 태우며 미소를 짓고 있었다.

비욘세의 노래가 끝나자 캘러닉이 무대 위로 뛰어올랐다. 노래와 술에 흠뻑 취한 직원들 모두 즐거운 표정이었다. 그날 밤 그곳의 모두가 스타였다. 잔뜩 취한 캘러닉은 비욘세의 손을 잡은 채 마이크에 대고 이렇게 소리쳤다. "미치도록 사랑합니다! 여러분 모두요!" 한 여성 직원이 화답했다. "저도 미치도록 사랑해요!"

그 자리에서 캘러닉은 또 하나의 폭탄을 터뜨렸다. 그것은 비욘세와 제이지가 우버의 주주가 되었다는 소식이었다. 이 공연의 출연료로 비욘세에게 600만 달러에 해당하는 우버 지분을 약속했다는 것이었다. 그로부터 1년이 지나지 않아 우버 주가는 50퍼센트나 뛰었다.

일주일간의 행사가 끝나고 우버 재무팀은 비용 정산에 들어갔다. 이번 축하 행사에 들어간 돈은 모두 2,500만 달러 이상. 시리즈A 라운드에서 우버가 받은 투자금의 2배가 넘는 금액이었다.

우버 직원들은 그 행사에 감사할 수밖에 없었다. 그중 많은 이는 고등학교 시절 공부밖에 모르던 '너드', 모범생들이었다. 그들은 대학에 들어가서도 벨벳 로프가 둘러진 화려한 파티장에 섣불리 발을 들여놓지 못했다. 그랬던 그들이 라스베이거스 나이트클럽에 초대를 받고, 심지어 그들을 위해 준비한 세계적인 슈퍼스타의 무대까지 함께 즐겼다. 스탠퍼드와 카네기멜론, 혹은 MIT 출신 엔지니어가 어느 날 갑자기 제이지와 함께하는 멋진 사람이 된 것이다.

그들이 그렇게 힘들여 일하는 이유는 누군가 말했듯이 '잘나가는 사람'이 되기 위해서였다. 그리고 그날 그들은 실제로 잘나가는 사람이었다.

✖

'X의 X제곱'은 실리콘밸리 역사의 한 순간을 완벽하게 상징하는 슬로건이었다. 2000년대 초 닷컴 거품이 꺼진 뒤, 모바일 기술 혁신이 다시 전 세계를 휩쓸었고, 2007년에는 아이폰이 등장하면서 컴퓨터가 사람들의 주머니 속으로 들어갔다. 그리고 2015년, 라스베이거스에 모인 우버 직원들은 자체적으로 개발한 스마트폰 앱의 성공을 축하하고 있었다. 이제 스마트폰 버튼 하나면 차량을 호출할 수 있다. 우버는 그 앱 하나로 어마어마한 돈을 벌어들였다. 수백만 달러짜리 주택, 내파밸리 포도원으로의 평일 여행, 타호 호수를 바라보는 별장. 하룻밤 새 이 모든 것이 원하기만 하면 얻을 수 있는 게 되었다.

하지만 우버 직원들은 스마트폰 앱으로 막대한 부를 창출하는 기업에서 20대를 보내게 된 행운에 그저 감탄만 하지는 않았다. 그들은 우버에서 받은 수백만 달러로 그들 자신의 유니콘을 탄생시키겠다는 꿈을 키웠다. 그들에게 지금까지의 성공은 더 큰 성공을 위한 시작에 불과했다.

스마트폰 앱으로 엄청난 부를 거머쥔 천재 청년이 〈와이어드WIRED〉지에 소개될 때마다 사회적으로 파장이 뒤따랐다. 차세대 앱 대부분이 실리콘밸리의 20대 백인 남성의 요구와 취향에 주목했다.

하지만 언론은 기술 기업 내부에 잠재한 여성 혐오 정서에 대해, 기술 시장의 상징적인 인물들이 무의식적으로 드러내는 방종에 대해서는 관심을 기울이지 않았다. 또한 기술 분야의 천재들, 그리고 그들 곁에서 서비스를 제공하는 사람들 사이의 격차는 점점 더 벌어졌다. 임대료가 치솟으면서 월급쟁이들은 샌프란시스코에서 밀려난 반면, 임대인은 그들이 소유한 아파트에 더 부유한 세입자를 새로 받아들였다. 우버, 인스타카트Instacart, 태스크래빗TaskRabbit, 도어대시DoorDash와 같은 기업들에서 시작된 '긱이코노미gig economy'(일시적 필요에 따라 인력을 구하는 형태의 경제—옮긴이)는 블루칼라 기술 전문가라는 완전히 새로운 계층을 탄생시켰다.

페이스북, 구글, 인스타그램, 스냅챗이 고속 성장을 거듭하면서, 벤처 자본가들은 또 다른 마크 저커버그, 래리 페이지, 에반 스피겔('세상에 흔적을 남기라'는 스티브 잡스의 슬로건을 추구한 가장 최근의 천재들)을 발굴하기 위해 곳곳을 살폈다. 그리고 헤지펀드, 사모펀드, 국부펀드 등 외부의 엄청난 자본이 실리콘밸리로 유입되면서, 권력의 균형은 돈줄을 쥔 이들에게서 획기적인 아이디어를 현실로 구현하는 창업자에게로 옮겨갔다. 투자 유치가 더 쉬워지면서, 창업자들은 투자자들에게서 보다 유리한 조건을 이끌어냈다.

이제 성공적인 스타트업 창업자를 대하는 투자자의 태도가 달라졌다. '창업자 신화'는 창업자의 비전을 무조건 칭송해야 한다는 의미였으며, 그들은 조직의 CEO라는 이유만으로 존중받았다. 개인의 생활을 포기한 채 하루 12시간씩 일에 매달리는 삶은 이제 사회적으로 존경받게 되었고, 이는 테크브로 창업자들이 구축한 '워커홀릭 문화'의 상징이 되었다. (물론 때로는 'X^{X}'과 같은 파티에서 신나게 즐기기도 했다.) 이들 창업자는 규정이나 원칙을 어길 때조차 플라톤의 철인과 같은 대우를 받았다. 사람들은 이들이 세상을 보다 새롭고 스마트하게, 그리고 무엇보다 아름답게 바꿔나가고 있다고 믿었다. 다시 말해 새로운 비전을 계속 내놓으면서 우리 삶을 업그레이드해줄 것으로 기대했다.

그것은 다름 아닌 기술 유토피아를 의미했다. 그로부터 수년 후 캘러닉이 깨닫게 되었듯이, 우버의 행보는 전반적으로 기술 시장의 움직임과 일치했다. 우버와 기술 시장 모두 기대보다 더 높이 성장했다. 하지만 미국 사회가 점차 페이스북 알고리즘이 가져다준 축복을 의심스러운 눈초리로 바라보기 시작했던 것처럼, 소비자들은 장밋빛 안경을 벗고 서서히 현실을 직시하기 시작했다. 그리고 얼마 후, 끝없이 질주하던 기술 세상이 요란한 마찰음과 함께 멈춰서고 말았다.

우버와 트래비스 캘러닉도 그렇게 멈춰섰다.

✦

라스베이거스 파티가 끝나고 나서 우버 직원들에게 오랫동안 기억에 남을 또 다른 행사가 있었다. 호텔 풀장에서 맥주 파티를 벌인 다음 날, 우버레토들은 앱이 안내하는 대로 다음 목적지인 플래

닛할리우드로 향했다. 그들은 에스컬레이터를 타고 분홍과 빨강 조명으로 반짝이는 입구를 지나 거대한 액시스 극장Axis Theater으로 들어섰다. 한번에 7,000명까지 수용 가능한 극장의 바닥에는 황금색과 짙은 보라색 벨벳이 깔려 있었다.

우버에 오래 몸담은 사람들은 그런 분위기에 익숙했다. 하지만 이번에는 좀 달랐다. 이번에 캘러닉은 모든 직원에게 우버가 어디까지 왔는지, 그리고 그것이 자신에게 무엇을 의미하는지 보여주고자 했다.

실내조명이 어두워지고 어두컴컴한 구석에서 두 사람이 마치 고등학교 과학실에서 훔쳐온 듯한 녹색 칠판을 무대로 밀고 나왔다. 곧이어 흰색 실험복 차림에 검은 뿔테 안경을 쓴 캘러닉이 등장했다.

무려 세 시간 동안 그는 '캘러닉 교수'로 빙의해서 우버의 비전을 설파했다. 그는 스스로 '업무 철학'[6]이라고 이름 붙인 주제에 대해 이야기했다. 캘러닉은 그것이 오랜 논의와 숙고의 결과물이라고 소개했다.

그날 캘러닉의 프레젠테이션은 모든 젊은 사업가의 우상인 아마존 창업자 제프 베저스Jeff Bezos에 대한 그의 집착에서 비롯된 것이었다. 캘러닉은 성공을 향해 베저스가 걸어온 여정을 동경했다. 소규모 온라인 서점으로 시작했던 아마존은 아주 낮은 유통 마진으로 비즈니스를 운영하고, 단기적 이익 대신 장기적 성장에 주목하며, 가격 측면에서 경쟁자를 항상 추월함으로써 수십억 달러 규모의 유통 거물로 성장했다. 캘러닉은 경쟁자보다 언제나 한 걸음 앞서 나가기 위해 수익을 미래 기회에 재투자했던 베저스의 경영 방식을 존경했다.

아마존이야말로 캘러닉이 꿈꾸던 비즈니스 모델 그 자체였다. 캘러닉은 사람을 이동시키는 서비스는 우버의 시작일 뿐이라고 생각했다. 그는 언젠가 소포와 식품을 비롯한 모든 제품의 운송을 지금의 서비스와 결합할 계획이었다. 그리고 이를 통해 수많은 물류 문제를 해결하고자 했다. 캘러닉은 도심 속의 주요 센터를 기점으로 인간과 상품을 이동시키는 방식을 혁신함으로써 언젠가 베저스의 최고 경쟁자가 되고 싶었다. 다시 말해 우버를 21세기 아마존으로 키워내고 싶었다.

그래서 캘러닉은 베저스와 아마존의 경영 방식을 꼼꼼하게 분석했다. 그리고 아마존 웹사이트에 소개되어 있는 열네 가지 핵심 리더십 원칙[7]에 주목했다.

1. 고객에 집착하기

2. 주인의식

3. 개발하고 단순화하기

4. 리더는 언제나 옳다

5. 학습과 호기심

6. 인재 채용과 육성

7. 최고 기준을 고수하기

8. 크게 생각하기

9. 먼저 행동하기

10. 근검절약

11. 신뢰 구축

12. 깊숙이 개입하기

13. 소신 있게 반대하고 받아들이기

14. 성과를 이끌어내기

캘러닉은 칠판을 가리키며 이렇게 말했다. "우버의 가치를 소개하고자 합니다." 조명이 칠판을 비추었다. 그는 분필을 들고 열네 가지 원칙을 적어나갔다. 각각의 항목 모두 그의 머릿속에서 나온 짧은 표현이나 아이디어였다. 그러나 직원들이 보기에 그가 제시한 비전은 베저스의 리더십 원칙에서 그대로 가져온 것이었다. 캘러닉은 큰 소리로 원칙을 하나씩 읽어 내려갔고 청중은 따라 읽었다.

1. 끊임없이 들이대기

2. 주인이 되기

3. 과감하게 투자하기

4. 새로운 도시로 확장하기

5. 고객에 집착하기

6. 거꾸로 생각하기

7. 실무자가 일하게 하기

8. 마술을 보여주기

9. 능력 중심 시스템

10. 낙관적인 리더십

11. 소신 있는 반대

12. 슈퍼펌프드Super pumped(최고의 열정과 에너지로 가득한 상태를 뜻하는 캘러닉의 용어―옮긴이)

13. 챔피언 마인드

14. 자기 자신이 되기

청중석이 술렁였다. 27세인 한 직원은 옆자리 동료에게 이렇게 속삭였다. "농담하는 거죠? 이것도 교수 놀이의 일부인가요?"

캘러닉이 제시한 원칙은 아마존의 기업 가치와 너무도 비슷했다. 이에 따르면 캘러닉 왕국의 사람들은 행복하거나 슬픈 것이 아니라, '슈퍼펌프드'되어 있거나 '그렇지 않은' 것으로 구분된다. 그리고 기업의 브레인스토밍 회의는 '즉흥 연주'쯤 될 것이었다. 직원들 절반은 캘러닉의 원칙을 흥미롭게 받아들였지만, 나머지 절반은 씁쓸한 표정이었다. 캘러닉은 모두가 자신처럼 그 원칙에 대해 '슈퍼펌프드'되어 있기를 바랐다.

이후 두 시간 반 동안 캘러닉은 각각의 원칙에 대해 자세히 설명했다. 그리고 그 원칙을 몸소 실천했던 임직원들을 무대 위로 불러올렸다. 새로운 도시로의 신속한 확장을 의미하는 '언제나 들이대기'를 설명하면서는 최고운영책임자 라이언 그레이브스Ryan Graves를 불렀다. '새로운 도시로 확장하기'에서는 인턴으로 입사해 존경받는 임원으로 성장한 오스틴 게이트Austin Geidt를 불렀다.

'고객에 집착하기'는 베저스의 아이디어를 그대로 가져온 것이었다. 캘러닉은 베저스와 마찬가지로 소비자 만족도에 강한 집착을 갖고 있었다. 앱 실행에서 목적지 도착에 이르기까지 서비스의 모든 측면이 완벽하고, 쉽고, 즐거워야 한다. 캘러닉이 보기에, 모든 업무 활동은 바로 이런 차원에서 이뤄져야 했다. '소신 있는 반대'는 논쟁이나 갈등을 절대 회피하지 않는 것을 의미한다. 다만 원칙을 지키는 선에서 말이다. 이는 법에 어긋나거나 지역사회에서 환영받지 못하더라도 과감하게 진출하려는 도전정신을 뒷받침한다. 우버는 택시 업계에 부패와 결탁이 만연하다는 사실을 잘 알고 있었음에도, 소비자 이익을 앞세우며 과감한 행보를 이어왔다.

그중에서도 캘러닉은 '슈퍼펌프드'를 특히 강조했다. 초창기에 우버는 '대범함', '규모', '혁신' 등 여덟 가지 핵심 역량을 기준으로 직원을 평가했다. 여기서 낮은 점수를 받은 직원은 해고를 당했던 반면, 높은 점수를 받은 직원은 급여 인상과 승진, 연말 보너스의 혜택을 누렸다. 성과 평가에서 가장 중요한 기준은 다름 아닌 슈퍼펌프드였다.

한 우버 직원은 슈퍼펌프드에 대해 이렇게 설명했다. "팀이 앞으로 나아가게 만드는 것을 의미합니다. 조직이 올바른 방향으로 나아가도록 모든 것을 하겠다는 강한 의지를 말합니다."[8] 인재를 채용하는 과정에서 캘러닉이 주목한 한 가지 자질이 있다면, 그것은 그들이 우버에 들어와 슈퍼펌프드될 수 있느냐였다.

설립 6년 만에 캘러닉은 이제 우버가 어느 정도 영향력을 발휘할 수 있는 위치에 올라섰다고 생각했다. 수많은 이용자와 엄청난 벤처 투자금을 바탕으로, 우버는 관성의 힘을 따라 계속해서 앞으로 나아가고 있었다. 캘러닉은 우버가 조만간 또 하나의 글로벌 기술 거물로서 아마존에 도전하게 될 거라고 확신했다.

✶

첫 번째 프레젠테이션을 마치고 나서, 캘러닉은 청중석에 앉은 직원들에게 특별 인터뷰 손님을 소개했다. 빌 걸리Bill Gurley였다.

전직 금융분석가에서 실리콘밸리의 전설적인 벤처 자본가로 거듭난 걸리는 우버의 성공에 큰 기여를 한 인물이었다. 세계적인 벤처캐피털 회사 벤치마크Benchmark의 파트너로 일하는 걸리는 우버의 시리즈A 투자에 참여했다. 우버의 투자자이자 이사회 멤버로서 걸리는 임직원 모두가 자문을 구하고 싶어 하는 그런 사람이었다. 그날 인터뷰에는 걸리와 더불어 두 명의 투자자도 함께했다.

인터뷰가 끝나갈 무렵 캘러닉은 분위기를 좀 바꿔봤다. 그는 이들 벤처 자본가에게 우버의 미래를 위해 어떤 조언을 해주고 싶은지 물었다. 걸리는 의자에 몸을 기댄 채 눈썹을 살짝 치켜올리더니 곰곰이 생각했다. 이윽고 투자자들은 캘러닉에게 직설적인 조언을 쏟아내기 시작했다.

우버의 최고 경쟁력은 모든 구성원의 집중력과 열정이었다. 최고를 향한 강력한 의지가 우버를 수십억 달러 규모의 세계적인 기업으로 우뚝 세웠다. 한 투자자는 이렇게 지적했다. "리더인 당신이 격려하면 직원들은 정상을 향해 뛰어오를 겁니다. 그들은 지붕을 뚫고서 하늘 높이 날아오를 겁니다." 캘러닉도 고개를 끄덕였다.

하지만 이들 투자자가 우버의 최고 경쟁력으로 꼽았던 특성은 동시에 우버의 최대 약점이기도 했다. 그 투자자는 마사지나 명상, 혹은 요가 같은 복지 프로그램을 통해 직원들이 스스로를 더욱 잘 보살필 수 있도록 도와야 한다고 조언했다.

그 말에 몇몇 직원은 깜짝 놀랐다. 투자자가 캘러닉에게 좀 더 천천히 가도 괜찮다는 말을 한 것이다. 실리콘밸리의 최고 벤처 자본가인 걸리 역시 그런 접근방식이 조직을 위해 필요하다고 말했다. 그들의 지적은 옳았다. 우버 사람들 모두 지금까지 전속력으로 달려왔다. 그들은 경쟁자와 상사에 대한 두려움으로 집에서도 일했고, 이러한 업무 환경은 모두를 지치게 했다. 우버의 엔지니어와 디자이너들은 테라피스트가 그들의 긴장을 풀어주길 이미 바라고 있었다. 직원들은 투자자의 제안에 박수로 화답했다. 캘러닉은 웃음을 지어 보이며, 직원들 앞에서 요가 자세를 취했다. 벤처 자본가들의 조언은 옳았다. 언제까지나 직원들을 몰아붙일 수만은 없었다.

그래도 캘러닉은 입장을 분명히 했다. 지금까지의 성취에 결코 만족하지 말 것. 그는 이렇게 강조했다. "우리는 지금 마라톤을 하고 있습니다. 저는 그렇게 믿습니다."

2장

캘러닉의 첫 창업

캘러닉이 UCLA에 입학한 1998년은 인터넷 역사에서
대단히 중요한 때였다.

캘리포니아 노스리지스트리트는 비대칭적이지만 거기에는 어떤 질서가 깃들어 있다. 약 30제곱킬로미터 넓이의 노스리지는 그레이터로스앤젤레스의 샌페르난도와 시미밸리 사이에 자리 잡고 있는데, 위에서 내려다보면 정사각형 모양의 고속도로에 둘러싸인 곳이었다.

트래비스 캘러닉은 1976년 8월 6일 노스리지 병원에서 태어났다. 그의 부모인 도널드와 보니 캘러닉은 캘리포니아에 보금자리를 꾸린 중산층이었다. 트래비스는 나무와 벽돌로 지은 농가 스타일의 집에서 어린 시절을 보냈다. 엔지니어였던 아버지가 부지런히 월급을 모아 장만한 집은 노스리지 지역의 다른 집들과 마찬가지로 양쪽에 진입로가 있었고, 가장자리에 붉은 벽돌이 늘어서 있었다.

트래비스의 어머니 보니는 지역 신문인 〈로스앤젤레스 데일리뉴스〉에서 수십 년간 중소기업들을 상대로 광고 지면을 판매하는 일을 했다. 당시는 인터넷이 없던 시절이라 꽤 수익이 좋은 사업이었다. 직장 동료였던 멜린 알폰소에 따르면, 보니는 '언제나 즐겁고, 쾌활하고, 험담을 하지 않는, 그리고 고객의 사랑을 받는' 직원이었다.[1]

보니는 유능했다. 업무적인 융통성은 물론, 사람을 끄는 매력이 있었다. 세일즈 역량이 뛰어났고, 특히 고객의 마음을 사로잡는 카리스마로 업계에서 유명했다. 이는 아들 트래비스에게 고스란히 물려준 자질이기도 했다. 알폰소의 기억에 따르면, 보니는 언제나 미소를 잃지 않았지만, 그래도 본능적인 경쟁심은 잃지 않았다.[2] 그러나 힘든 하루 일과를 마치고 집에 돌아와서는 남편과 트래비스 그리고 그의 동생 코리에게 모든 시간을 바쳤다.

트래비스는 어머니와 사이가 좋았다. 어머니 친구들의 증언에 따르면, 나중에 트래비스가 성공했을 때 그녀는 아들을 몹시 자랑스러워했다고 한다. 트래비스는 30대에 부모 집에서 독립한 후에도 크리스마스마다 로스앤젤레스로 돌아와 가족과 함께 휴일을 보냈다. 보니의 친구들은 그녀가 파티 음식을 만들기 위해 거실과 주방을 분주하게 오가던 모습을 기억했다. 보니는 아들의 성공 스토리를 다룬 신문 기사를 모아서 친구와 이웃, 손님에게 보여주곤 했다.

나중에 트래비스는 어머니에 대해 이렇게 말했다. "어머니는 항상 솔직한 분이셨죠. 어머니가 방에 들어오시면 따스함과 미소, 유쾌함이 방 안을 가득 채웠어요."[3]

어머니는 트래비스에게 끊임없이 헌신했다. 어린 시절 트래비스는 인기 있는 아이가 아니었고, 스타트업을 시작하고도 금방 성공을 거두지 못했다. 우버로 엄청난 성공을 거두기 전까지 그는 실패한 사업가였다. 새로운 고객을 찾아갈 때마다 번번이 거절을 당했다. 한번은 자신의 사업체를 대기업에 매각할 기회도 있었지만, 마지막 순간에 결렬되고 말았다. 초창기에는 가까운 자문이자 투자자로부터 배신을 당하기도 했다. 그래도 그는 또다시 창업했다. 한 친구는 트래비스를 학대당하는 강아지로 묘사했다. 하지만 트래비스는 아무리 얻어맞아도 절대 포기하지 않았다.

2014년 한 인터뷰에서 이러한 트래비스의 고집이 어디서 나왔느냐는 질문에 그의 어머니는 이렇게 말했다.

"전 신문사에서 광고 영업을 했어요. 그래서 거절당하는 것이 어떤 느낌인지 잘 압니다. 그래도 트래비스에게서 희망을 봤어요. 그 애는 확신에 가득 차 있었고 자신이 옳다고 생각할 때에는 절대 물러서지 않았으니까요. 고집불통이었죠."[4]

한편 아버지 도널드는 로스앤젤레스 국제공항 건설 등에 참여한 토목기사였다.

그는 보니와의 결혼이 첫 번째가 아니었다. 스물일곱 살에 첫 결혼을 했지만 삶은 순탄치 못했다. 그는 첫 번째 부인과의 사이에서 두 딸을 낳았고, 여전히 전처와 좋은 관계를 유지하고 있다.[5]

도널드는 스스로를 분석적이라고 생각하고, 논리와 규칙, 복잡한 시스템에 익숙했다. 그는 아들과 축구나 야구를 하는 대신, 함께 과학 숙제를 했다. 한번은 함께 변압기를 만들기도 했다.[5] 트래비스는 아버지를 종종 기술자라고 불렀다. 사실 그는 기술자였다.

도널드는 기자에게 말했다. "전 건축 일이 좋았어요. 차를 몰고 가다가 '내가 저 공사에 참여했었어'라고 말하면서 뿌듯함을 느끼곤 했죠."[7] 그는 대학 3학년 때 공학으로 전공을 바꿨다. 그는 숫자에 둘러싸여 있을 때 편안함을 느낀다고 했다.

도널드는 아들에게 엄격했고, 기대치도 높았다. 아이들에게 처음으로 컴퓨터 세상을 보여준 것도 바로 그였다. 도널드가 집에 컴퓨터를 들고 오면서 어린 트래비스는 처음으로 프로그래밍을 접했다. 이후 중학교 때 프로그래밍을 배웠지만 완전히 익히지는 못했다. 대신 그는 제품과 사용자 경험에 대해 생각하는 것을 좋아했다. 그래도 어린 시절의 경험은 그에게 많은 것을 가져다줬다.

트래비스는 효율성을 좋아하고 낭비를 싫어했다. 그는 소프트웨어 기술이 발전하고 인터넷이 등장하면서 비효율적인 과거의 시스템이 어떻게 달라질 것인지 상상했다. 그리고 열심히 배우고 노력한다면 프로그래밍을 통해 시스템을 변화시킬 수 있다고, 다시 말해 세상을 바꿀 수 있다고 믿었다.

✖

트래비스는 어머니와 아버지의 유전자를 골고루 물려받았다.

조숙한 아이였던 트래비스는 아버지에게서 수학적 재능을 물려받았다. 그는 친구들이 연필과 종이를 가지고 끙끙대던 복잡한 계산을 순식간에 암산으로 풀어서 사람들을 놀라게 했다. 어머니에게서는 세일즈 능력을 물려받았다. 트래비스는 아버지와 함께 YMCA 인디언 가이드 청년단에서 활동했는데, 거기서 팬케이크를 팔아 기금을 마련하는 행사에 참여하면서 두각을 드러냈다.[8] 트래비스는 동네 식료품점 앞에서 몇 시간이나 팬케이크를 팔았다. 그는 상냥하고 집요하고 지칠 줄 모르고 승부욕도 강한 영업사원이었다. 저녁에 부모가 집으로 데려오지 않으면 언제까지고 팬케이크를 팔 정도였다.

이후에도 트래비스의 승부욕은 계속되었다. 그는 노스리지에서 1킬로미터도 떨어지지 않은 그라나다힐스의 패트릭헨리 중학교에 입학했다. 학창 시절 트래비스는 자연스럽게 운동에 빠져들었다. 그는 주로 달리기나 미식축구 혹은 농구를 했다. 어머니가 다니던 신문사는 한 기사에서 열한 살의 트래비스를 평균 학점이 4.0인 농구 선수라고 소개하면서 부상으로 큰 트로피까지 줬는데,[9] 이는 지역 대회에서 우승했을 때 받았던 트로피보다 컸다.

그러나 트래비스의 중학교 생활은 녹녹지 않았다. 그는 머리가 좋다고, 이상한 옷을 입는다고, 혹은 올바로 행동하는 법을 모른다고 선배들로부터 종종 괴롭힘을 당했다. 괴롭힘은 가혹했다. 친구들에 따르면, 트래비스가 감성지능이 부족한 것도 그런 괴롭힘의 이유가 되었다. 그는 빠른 암산 능력으로 교사들에게서 많은 점수를 땄지만, 그 때문에 괴짜 취급을 받았고, 많은 괴롭힘을 당하기도 했다.

그러던 어느 날 트래비스는 더 이상 참지 않기로 결심했다. 그는 자신을 괴롭히는 아이들에게 맞서기 시작했다. 게다가 스스로 다른 아이들을 괴롭히기까지 했다. 당연히 싸움이 잦아졌다. 그래도 덕분에 멋진 친구들과 어울릴 수 있었다.

고등학교에 진학하면서부터 트래비스는 옷에 신경을 쓰고, 여자 친구를 사귀고, 더 많은 친구들과 어울렸다. 사람들과 어울리는 법을 터득한 이후 학교생활은 한층 쉬워졌다.

한편 그의 사업가 기질은 계속해서 빛을 발했다. 10대 시절 트래비스는 컷코Cutco 칼 세트를 방문 판매했다. 그러면서 타고난 세일즈 기술을 갈고닦았다. 이후 기업을 설립하고 투자금을 끌어 모을 때, 이때의 경험이 큰 도움이 되었다. 1980년대의 어느 여름에는 칼을 2만 달러어치나 팔기도 했다.[10] 그보다 나이가 2배는 많은 컷코의 정식 영업사원도 올리기 힘든 실적으로, 그런 실적을 기록한 직원은 거의 없었다. 그러나 캘러닉은 어렵지 않게 그런 실적을 달성했다. 게다가 칼을 팔 때마다 그가 받는 판매 수당은 계속 높아졌다.[11]

그러나 트래비스는 대기업 제품을 판매하는 일에 만족하지 못했다. 18세에는 친구의 아버지와 함께 대학 입시 관련 서비스를 시작했다. 두 사람의 조합은 조금 이상했지만, 그럼에도 잘 돌아갔다. 그들은 사업체 이름을 '뉴웨이 아카데미'라고 정했다. 거기서 트래비스는 SAT(미국의 대학 입학 자격 시험—옮긴이) 전략을 수립하고, 16세 학생들이 가득한 강의실에서 문제 풀이를 했다. 트래비스는 강의가 청중을 설득하는, 또 하나의 방식이라고 생각했다.

놀랍게도 트래비스는 SAT에서 1,580점을 받았다. 만점에서 20점 모자란 점수였다. 심지어 수학 과목은 문제를 너무 빨리 풀어 시간이 남아돌았다고 한다.

아직도 친구들은 트래비스의 뛰어난 수학 실력을 기억하고 있었다. 친구인 션 스탠튼은 이렇게 말했다. "한번은 로스앤젤레스 도심에서 함께 차를 타고 가고 있었죠. 그때 목적지까지 17킬로미터 남았다는 표지판이 나왔어요. 그러자 트래비스가 자동차의 속도계를 보고 평균 속도를 확인하더니 우리가 목적지에 얼마 만에 도착할 거라면서 약속 시간을 지킬 수 있을 거라고 했어요. 그러는 사람이 어디 있나요?"[12]

트래비스는 높은 SAT 점수와 다양한 과외 활동으로 여러 대학에 합격했다. 그는 고향과 가까운 UCLA에 입학하기로 했다. 그리고 거기서 첫 번째 창업 기회를 갖게 되었다.

✖

캘러닉이 UCLA에 입학한 해는 인터넷 역사에서 대단히 중요한 때였다. 1998년만 해도 사람들은 대개 느려터진 다이얼업모뎀 방식으로 인터넷에 접속했다. 당시 초당 28.8킬로보kilobaud(데이터 전송 속도 단위로 초당 1,000비트의 전송 능력을 나타낸다—옮긴이)의 전송 속도는 꽤 빠른 것이었다. 그럼에도 이미지 파일 하나를 다운로드받는 데는 몇 분이 걸렸다. 3분짜리 노래 한 곡에는 30분이 걸렸다. 그것도 운이 좋다면 말이다.

그러나 캘러닉과 같은 젊은 공학도는 캠퍼스에서 보다 빠른 인터넷 접속 환경을 누릴 수 있었다. 1990년대 말 주요 대학들은 학생들이 캠퍼스 내에서 'T1'이라 불리는 네트워크에 접속할 수 있게 했다. 대학 캠퍼스에 깔려 있던 광섬유 케이블에 기반한 T1 네트워크는 전화선에 기반한 기존 아날로그 방식 대신에 디지털 방식을 활용했다. TI 네트워크가 제공하는 초당 1.5메가비트의 전송 속도는 다이얼업모뎀 방식의 초당 28.8킬로보보다 1,000배 이상 빠른 것이었다. 덕분에 다운로드에 몇 시간이 걸리는 파일을 몇 초 만에 받을 수 있었다.

캘러닉은 대학에서 컴퓨터공학과 경제학을 복수 전공했다. 그리고 컴퓨터공학 학부생 연합에 들어가 빠르게 성장하는 IT의 흐름을 엿볼 수 있었다.

캘러닉과 같은 컴퓨터공학 전공자들은 T1 네트워크를 적극적으로 활용하여 네트워크상에서 퀘이크나 둠, 스타크래프트와 같은 게임을 즐겼다. 게다가 파일 공유는 일상적인 활동이었다. 그들은 음악, 영화, 이미지 파일을 마치 야구카드(앞면에는 야구 선수의 사진, 뒷면에는 그의 경기 기록이 담긴 카드—옮긴이)처럼 교환하면서 시간을 보냈다.

그러다 몇몇 학생이 이런 생각을 했다. '다운로드 파일을 직접 검색할 수 있는 웹 페이지를 만들면 어떨까?'[3] 그들은 인터넷 포털처럼 모든 파일을 검색하고 다운로드받을 수 있는 중심 허브를 꿈꾸었다. 그런 허브가 있다면 이메일로 주고받는 것보다 훨씬 효율적으로 파일을 다운로드받을 수 있을 것이었다.

그때 캘러닉이 떠올린 것은 냅스터Napster의 원형 같은 것이었다. 냅스터는 파일 공유 네트워크로서, 나중에 마크 저커버그의 자문을 맡았던 션 파커Sean Parker가 공동 창업한 기업이었다.

결국 캘러닉은 여섯 명의 친구와 함께 스카워Scour.net라는 사이트를 만들었다. 스카워는 구글과 같은 검색 엔진으로서 여기서 사용자는 수많은 파일을 말 그대로 '샅샅이 뒤지고scour' 다운로드받을 수 있었다. 나중에 캘러닉은 자신이 스카워의 공동 창업자라고 주장했지만, 친구들의 생각은 달랐다. 어쨌든 그는 거기서 세일즈와 마케팅을 담당했다.

빌 게이츠나 마크 저커버그처럼 캘러닉도 4학년 때 대학을 중퇴하고 스카워에 전념했다. 부모는 처음에는 몹시 화를 냈지만, 나중에는 별다른 이야기를 하지 않았다. 그 무렵 캘러닉은 여전히 부모 집에 살고 있었는데, 여섯 동료와 함께 방 두 개짜리 아파트를 얻어 거의 모든 시간을 그곳에서 보냈다. 그는 거기서 말 그대로 '일하고, 먹고, 잤다.'[14]

캘러닉과 그의 동료들은 비즈니스 모델을 제대로 마련하지 못했음에도 무엇보다 성장이 중요하다는 실리콘밸리의 격언을 믿었다.[15] 수익은 기업이 성장한 이후에 내면 된다고 생각했다.

당시 일은 캘러닉의 전부였다. 그는 친구도 애인도 없었다. 캘러닉과 친구가 되려면 그와 함께 일하는 방법밖에 없었다. 캘러닉은 부모를 제외하고는 사적인 교류가 거의 없었다.

캘러닉의 머릿속에는 위대한 기업을 만들겠다는 생각밖에 없었다. 그는 빨래도 하지 않고 방바닥에 옷을 잔뜩 쌓아놓았고, 동료에게서 돈을 빌리고 갚는 것을 잊어버리기 일쑤였다. 우편물도 몇 주일이 지나도록 뜯어보지 않아서 침대 머리맡의 테이블에 수북이 쌓여 있었다. 캘러닉에게는 일이 최우선이었다.

페이스북과 마찬가지로 스카워는 광대역 네트워크를 기반으로 캠퍼스 내에서 높은 인기를 누렸다. 학생들은 불법 파일을 빨리 다운로드받을 수 있다는 점에서 스카워를 높게 평가했다. 그리고 머지않아 스카워는 파일 공유 시장에서 냅스터와 정면으로 부딪히게 되었다. 냅스터와 달리 스카워의 경쟁력은 음악 파일이 아닌 일반 파일에 대한 검색 능력에 있었지만 말이다.

스카워에 대한 기사가 나가면서, 투자자들의 관심이 쏟아졌다. 캘러닉은 당시 상황을 떠올렸다. "돈이 바닥났어요. 트래픽이 치솟으면서 서버 비용도 크게 늘었으니까요."[16] 초기에는 스카워 운영에 거의 돈이 들지 않았다. 캠퍼스 네트워크 덕분에 서버 관리에 돈이 들지 않는 데다 아무도 월급을 받지 않았기 때문이다. 하지만 고객을 늘리고 사업을 확장하기 위해서는 실질적인 투자자가 필요했다.

그들은 친구의 친구를 통해 스카워를 다음 단계로 끌어올려줄 두 명의 투자자를 소개받았다. 론 버클Ron Burkle과 마이클 오비츠Michael Ovitz라는 인물이었다. 이후 두 사람은 벤처 자본가에 대한 캘러닉의 생각을 완전히 바꿔놓게 된다.

버클은 억만장자였다. 그리고 자선사업과 사모펀드 그리고 벤처 캐피털 기업인 유카이파컴퍼니스Yucaipa Companies로 이미 잘 알려져 있었다. 그리고 로스앤젤레스 엔터테인먼트 산업의 전설인 오비츠는 세계적인 스포츠 및 연예 기획사인 CAACreative Artists Agency의 공동 창업자이자 유능한 에이전트였다. 또한 오비츠는 마이클 아이스너Michael Eisner의 후임으로 월트디즈니컴퍼니의 CEO가 되기도 했다.

버클과 오비츠는 스카워에 투자금과 그에 따른 지분을 구체적으로 명시한 문서를 제시했다. 거기에는 '추가제안금지 조항no-shop clause'이 포함되어 있었다. 이 조항에 따르면 오비츠와 최종 협상을 마무리 짓기 전에는 다른 투자를 받을 수 없었다.

스카워는 그 문서에 서명했다. 하지만 세부 사항을 놓고 오비츠와 협상하는 과정에서 스카워는 자신들이 난관에 봉착했다는 사실을 깨닫게 되었다. 그동안 자금은 바닥나고 청구서는 쌓여갔다. 이제 스카워는 오비츠의 요구를 모두 받아들이든지, 아니면 문을 닫아야 했다. 결국 캘러닉은 오비츠에게 전화를 걸어 솔직한 심정을 털어놨다. 그리고 오비츠의 요구를 모두 받아들이기는 힘들기 때문에 계약 철회를 원한다는 뜻을 비쳤다.

캘러닉은 말했다. "돈이 떨어졌어요. 그런데도 당신들은 전혀 지원하지 않고 있습니다. 우리는 어떻게든 돈을 구해야 합니다."[17] 오비츠가 지원을 하지 않는다면 캘러닉은 어디서든 돈을 끌어와야 했다.

그리고 3일 후에 오비츠는 스카워를 고소했다. 추가제안금지 조항을 위반했다는 이유였다.

캘러닉은 화가 났다. 기업을 지원해야 할 투자자가 오히려 계약 위반으로 창업자를 고소한 것이다.

나중에 캘러닉은 이렇게 말했다. "툭하면 소송을 일삼는 LA 출신의 지독한 투자자에게 고소를 당했습니다. 그런 상황에서 누가 우리에게 투자하겠습니까?"[18]

오비츠의 전략이 통했다. 스카워는 결국 파산을 면하기 위해 어쩔 수 없이 오비츠의 부담스러운 요구 조건을 모두 수용해야 했다. 그렇게 오비츠는 400만 달러로 전체 지분의 절반 이상을 확보했고, 이를 통해 창업자들로부터 경영권을 얻어냈다. 이 일은 캘러닉의 뇌리에 오랫동안 남았다.

1999년 12월에는 RIAARecording Industry Association of America(미국 음반산업협회)가 냅스터를 상대로 200억 달러 규모의 소송을 냈다.[19] 할리우드의 반격이 시작된 것이다. RIAA의 소송은 시장에 이런 경고를 보내는 것이었다. "파일 공유 비즈니스를 꿈꾸는 모든 기업은 고소와 함께 사라질 것이다." 그리고 6개월 후 RIAA가 MPAAMotion

Picture Association of America(미국 영화협회)와 손을 잡으면서, 약 36개 사가 스카워를 상대로 2,500억 달러 규모의 소송을 제기했다.[20]

엔터테인먼트 시장에서 잔뼈가 굵은 오비츠는 영리하게도 언론과의 은밀한 관계를 이용해 스카워와 거리 두기에 나섰다. 〈뉴욕타임스〉는 오비츠 지인의 말을 인용했다. 그와 한 신생 기업과의 "관계가 점점 불편해지고 있다"고. 그보다 몇 달 전에 오비츠는 스카워의 CEO와 이사회에 '저작권 문제에 대해 우려를 표명하는' 서한을 보내기도 했었다.[21]

결국 오비츠는 스카워를 두 번 배신했다. 소송이 제기되자마자 오비츠는 자신이 갖고 있던 스카워에 대한 지배 지분을 모두 매각해버렸다. 스카워의 창업자들 모두 큰 충격을 받았다. 캘러닉 역시 마찬가지였다. 스카워는 캘러닉의 첫 번째 창업이었다. 그는 자신의 삶을 몽땅 바쳤다. 대학도 그만두고 월급도 포기하고 부모 집에 얹혀살며 연애도 하지 않았다.

게다가 캘러닉은 그 일을 무척 좋아했다. 스카워의 인기가 높아지면서, 캘러닉은 수십만 명이 자신이 만든 사이트를 일상적으로 사용한다는 사실에 큰 만족감을 느꼈다. 또한 그 과정에서 협상의 기술을 배웠을 뿐만 아니라 주요 고객을 상대하는 매 단계마다 동료들과 함께 전략을 짰다. 특히 계약을 마무리 짓거나, 할리우드 사람들을 만나 관계를 구축하고 키워나가는 것을 좋아했다.

하지만 이제 그는 완전히 지치고 말았다. 우울감에 빠진 그는 매일 14~15시간씩 잠만 잤다. 그리고 파산법원에서 스카워가 분할 매각되는 과정을 가만히 지켜봐야 했다.

　캘러닉은 크게 좌절했다. 그리고 다시는 오비츠와 같은 투자자에게 이용당하지 않겠다고 결심했다.

3장

2001년, 텅 빈 실리콘밸리

캘러닉이 레드스우시를 통해 깨달은 가장 중요한 교훈은
벤처캐피탈을 절대 믿지 말라는 것이었다.

스카워가 사라졌음에도 캘러닉은 돈을 조금 챙겨서 파산법원을 걸어 나올 수 있었다. 그는 스카워가 수백만 달러 가치의 기업으로 성장할 것이라 믿었었다. 만약 그가 나이가 좀 더 많았더라면, 혹은 실리콘밸리에서 비즈니스를 시작했더라면 그의 믿음은 실현되었을지 모른다.

캘러닉이 대학에 다닐 무렵, 샌프란시스코의 소마SoMa는 닷컴 기업의 천국이었다. 1990년대 세컨앤브라이언트 구역의 모퉁이에 자리 잡은 건물에는 웹 세상을 바꿔보겠다는 야망을 품은 스타트업들이 자리하고 있었다. 빅워즈닷컴Bigwords.com, 매크로미디어Macromedia, 서브스턴스Substance와 같은 기업은 2번가와 3번가 사이의 아늑한 녹지대인 사우스파크에 자리 잡았다. 거기서 한 블록 떨어진 곳에 사무실이 있는 〈와이어드〉 지는 닷컴 기업의 성공 이야기를 실시간으로 세상에 알렸다.

캘러닉은 스카워와 더불어 기업가로서 경력을 시작했다. 그는 끊임없이 성장하는 인터넷의 비전에 힘입어 풍부한 벤처 자본을 바탕으로 생겨난 젊은 스타트업들이 새로운 문화를 만들어가는 모습을 먼발치에서 지켜보았다.

많은 기업의 가치가 크게 치솟고 있었다. 매출 없이 손실만 가득한 기업도 수천만 달러의 가치를 기록했다. 1990년에서 2000년대 중반에 이르기까지 4,700곳이 넘는 기업이 기업공개를 단행했다. 그중 많은 기업은 실질적으로 아무런 비즈니스 활동을 하지 않았다. 그럼에도 펫츠닷컴Pets.com(개 사료 배달)에서 웹밴Webvan(식료품 배달 서비스)에 이르기까지 다양한 기업의 주가가 기업공개 후에 곧장 치솟았다. 투자자는 유망한 새로운 기술주를 발굴하기 위해 시장을 어슬렁거렸고, 은행은 스타트업의 기업공개를 부추겼다. 그들은 기업공개를 할 때마다 막대한 수익을 챙겼다.

몇몇 기업은 정말로 훌륭한 투자처였다. 아마존, 이베이, 프라이스라인, 어도비 등은 1990년대에 설립되어 닷컴 시절을 살아남은 스타트업이었다. 이들은 여느 기업이 하지 못한 일을 해냈다. 바로 유지 가능한 비즈니스 기반을 구축한 것이었다.

1990년대 실리콘밸리는 거품이 발생할 최적의 장소였다. 거기에 미 연방준비제도가 금리를 극단적으로 낮추면서 많은 투자자가 값

싼 자본을 끌어다가 새롭게 설립된 기업에 투자했다. 그들 기업은 그 돈을 가지고 다른 닷컴 기업들로부터 서버와 광대역을 비롯한 다양한 IT 장비를 사들였다. 그리고 이런 거래는 매출 증가와 거짓 실적으로 이어졌다. 이런 상황에서 월스트리트의 금융 자문가들이 나서서 기술주 인기에 불을 지폈다. 그들은 인터넷 스타트업이 장기적인 성장 잠재력을 지닌 확실한 투자처라면서 일반 투자자들의 투자를 독려했다.

다음으로 닷컴 기업에 납품하는 기업들이 실리콘밸리로 몰려들면서 전반적인 생태계가 형성되었다(골드러시 때 금을 캐기보다는 삽을 파는 편이 낫다는 샌프란시스코 속담에 따라). 당시 신생 기업들은 스타트업스닷컴Startups.com에서 2만 5,000달러로 사무실을 구하고, 가구를 들여놓고, 급여 소프트웨어를 설치할 수 있었다.[1]

하지만 인터넷 시장의 거품과 인플레이션에 대한 우려의 목소리가 나오면서, 연방준비제도는 1999~2000년 수차례 금리를 인상하여 자금줄을 옥죄었다. 그러자 벤처 투자를 기반으로 인위적으로 부풀린 매출에 의존했던 많은 스타트업은 실질적인 매출을 발생시켜야 했다. 하지만 당시 많은 스타트업이 서로 장비를 사고파는 식으로 비즈니스를 유지하고 있었기 때문에, 자금이 메마르면서 많은 기업이 타격을 입었다. 한 투자자는 당시 상황을 모두가 와일 E. 코요테Wile E. Coyote(애니메이션 〈루니툰즈〉에 등장하는 캐릭터로, 로드러너를 쫓아다니다가 종종 절벽 아래로 떨어진다—옮긴이)가 되었던 순간이라고 말했다. 많은 스타트업이 절벽을 향해 달려간다. 그러다 문득 멈추어 아래를 내려다보니 몸이 허공에 떠 있다. 그렇게 수많은 기업이 추가 투자를 받지 못하고 추락했다. 그리고 상장기업들은 주가가 한없이 곤두박질치는 상황을 그냥 바라봐야 했다.

주피터리서치Jupiter Research에서 금융 분석가로 일했던 로브 레션은 당시를 이렇게 떠올렸다. "거품이 터지고 나서 도르스트리트에 있던 우리 사무실로 걸어가던 때가 기억나는군요. 건물 복도를 지나가는데 문을 닫은 스타트업 사무실이 계속 눈에 들어오더군요. 문앞에는 〈월스트리트저널〉이 몇 주치 쌓여 있었고 창문에는 페덱스의 미수령 알림 스티커가 몇 달째 붙어 있었죠."

레션의 말은 과장이 아니었다. 팰로앨토를 지나는 101번 고속도로에 줄지어 늘어선 광고판들은 이미 사라진 인터넷 기업을 광고하고 있었다. 스타트업의 죽음의 행진을 연대기로 정리한 '퍽트컴퍼니Fucked Company'라는 웹사이트까지 나올 정도였다. 2001년 여름, 소마 지역의 건물 공실률은 5분의 1에 달했다.[2] 이는 18개월 전 최저치를 기록했던 0.06퍼센트에 비해 엄청나게 증가한 수치였다. 샌프란시스코 전역의 임대료 또한 평균 월 300달러나 떨어졌다. 반면 생활 정보 사이트인 크레이그리스트에는 컴퓨터, 모니터, 서버, 메모리 등 중고 하드웨어들이 넘쳐났다. 그중에는 몇 주도 사용하지 않은 물건도 있었다.

많은 기업이 문을 닫으면서 사람들은 일자리를 구하기 위해 외부로 빠져나갔다. 일부는 아예 캘리포니아주를 떠나기도 했다. 업종을 완전히 전환한 사람도 많았다. 나중에 우버의 디자인 책임자가 된

라이언 프레이타스Ryan Freitas는 2001년 IT 컨설팅 업체인 새피언트 Sapient에서 해고된 후 요리사로 일하기도 했다.

레션은 이렇게 말했다. "당시 샌프란시스코에서 창업을 하려고 했다면 완전히 미친놈 소리를 들었을 겁니다."

✖

분명 캘러닉은 완전히 미쳐 있었다.

스카워의 문을 닫자마자 캘러닉은 스카워 공동 창업자인 마이 클 토드Michael Todd와 브레인스토밍에 들어갔다. 두 사람은 비교적 짧은 시간 안에 캘러닉이 말한 '복수를 위한 비즈니스'를 계획했다. 그들은 RIAA와 MPAA 그리고 그들을 고소하고 공격했던 모든 기 업에게 앙갚음하기 위해 레드스우시Red Swoosh를 설립하기로 했다.

캘러닉은 이렇게 말했다. "기본적으로 우리는 P2P 분야에서 전 문성을 확보하고 있으며, 33곳의 소송 당사자를 고객으로 바꿔놨 습니다." 레드스우시의 비즈니스 모델은 스카워와 흡사했다. 그들 은 네트워크에 연결된 개별 컴퓨터끼리 보다 효율적으로 파일을 주 고받게 하는 서비스를 제공하고자 했다. 하지만 이번에는 파일 전 송이 합법적인 형태로 이뤄질 것이었다. 즉 미디어 회사가 파일을 직접 전송하게 된다. 캘러닉은 레드스우시와 계약을 맺고 멀티미디 어 파일(비디오와 음악 등)을 고객의 TV 셋톱박스나 컴퓨터에 유료로 전송하는 서비스를 시작하라고 RIAA와 MPAA 등을 설득했다.

데이터를 전송하는 일이든, 아니면 차량으로 사람이나 물건을 이동시키는 일이든 간에 그가 주목한 것은 과정의 효율성이었다. 그것을 하나의 문장으로 요약하면 이런 것이었다. 뭔가를 한 장소에서 다른 장소로 이동시키는 가장 빠르고 쉬운 방법은 무엇인가?

캘러닉은 레드스우시를 시작하기 위해 스타트업의 전당인 실리콘밸리에 입성해야 했다. 하지만 안타깝게도 그때는 이미 잔치가 모두 끝난 뒤였다. 캘러닉이 팰로앨토에서 투자자를 만나 레드스우시를 소개하기 시작했던 2001년 가을, 실리콘밸리 거리는 텅 비어 있었다.

캘러닉은 말했다. "잡초만 굴러다니더군요."

예전에 레드스우시의 잠재적 투자자들과 쓰디쓴 경험을 했음에도, 캘러닉은 포기하지 않았다. 몇 달 전 거품이 터지면서 투자금을 몽땅 날려버린 벤처 투자자들은 그런 캘러닉을 뒤에서 비웃었다. 캘러닉은 그들과 약속조차 잡기 힘들었다.

레드스우시에 주목한 투자자들조차 아카마이테크놀로지Akamai Technologies의 망령을 떨쳐버릴 수 없었다. 네트워크 관련 소프트웨어를 개발하는 아카마이는 레드스우시와 비슷한 점이 많았다. 거품이 터지기 전만 해도 아카마이의 시장가치는 500억 달러에 달했다. 하지만 거품이 터지면서 주가는 곤두박질쳤고 시장가치는 1억 6,000만 달러까지 떨어졌다. 투자자들은 레드스우시의 잠재력이 높아 보이기는 하지만, 자신들이 원하는 수익률을 내지는 못할 것이라 생각했다.

나중에 자신의 노력이 쓸모없었다는 사실을 깨달은 캘러닉은 이렇게 말했다. "2001년 1월에 저는 네트워킹 소프트웨어 비즈니스를 준비하고 있었습니다. 사람들은 말했죠. '농담하시는 거죠?'"[3]

　그럼에도 캘러닉은 계획대로 밀고 나갔다. 그는 실리콘밸리 북쪽으로 30분 거리에 떨어져 있는 샌머테이오 남부에서 비즈니스를 시작했다.

　하지만 시작부터 순조롭지 못했다. 캘러닉은 여섯 명의 엔지니어에게 몇 달 동안 월급도 주지 못했다. 캘러닉은 그들에게 조금만 더 기다려달라고 사정했다. 자금이 바닥나자 한 직원은 업무 활동을 위해 원천징수세(기업이 세금 납부를 위해 보유해놓는 자금)에 손을 댔다. 이후 그 직원은 회사를 나갔고, 책임은 캘러닉에게로 왔다. 나중에 그는 자문가로부터 자칫 조세 포탈로 걸려들 수도 있었다는 이야기를 들었다. 이 사건은 캘러닉의 기억에 오랫동안 남았다. 캘러닉은 배신감을 느꼈다. 동료 직원 때문에 법적인 위기 상황에 놓일 뻔한 것이다.• 이후 사람들에 대한 캘러닉의 불신은 더욱 깊어졌다.

　레드스우시는 버티기 힘든 상황이었다. 그럼에도 캘러닉은 어떻게든 비즈니스를 이어나갔다. 자금 마련은 매달 해결해야 하는 힘겨운 과제였다. 한번은 폐업 절차가 시작되기 이주일 전에 케이블과 이동통신 기업으로부터 15만 달러어치의 계약을 따냈다. 상황은 힘들고 절망적이었지만 캘러닉은 그 경험마저도 감사하게 생각

• 캘러닉은 국세청이 결국 그 사실을 알아냈다고 생각했다.

했다. 그때 그는 약자의 입장에서 협상하는 방법을 배웠다.

한번은 한 벤처캐피털 회사가 레드스우시에 1,000만 달러 투자를 약속했지만, 끝내 이뤄지지 못했다. 이들 투자자는 세부 사항에 합의하지 못하고 결국 뿔뿔이 흩어지고 말았다. 다시 한 번 캘러닉은 자신과 자신의 기업을 존중하지 않는 벤처 자본가에게 뒤통수를 맞았다. 참담한 기분이었다. 나중에 캘러닉은 벤처 자본가에 대한 분노를 드러내면서 어린 시절 좋아했던 웨스트코스트 랩(미국 서해안 지역에서 유행하는 힙합 장르-옮긴이)의 아이콘인 닥터 드레의 노래가사를 바꿔 이렇게 말하곤 했다. "벤처 투자자는 아무 짝에도 쓸모없는 쓰레기일 뿐이지(닥터 드레의 솔로곡 〈Bitches ain't shit〉에 나오는 가사 "Bitches ain't shit but hoes and tricks"를 비튼 것-옮긴이)."[4]

몇 년간 레드스우시는 그런 과정을 반복했다. 자금이 바닥나고 나면 캘러닉은 간신히 계약을 따내고 몇 달간 힘들게 사업을 이어갔다. 그리고 그렇게 따낸 계약으로 다른 벤처 투자를 받아 1년 혹은 그 이상 비즈니스를 이어나갔다. 그는 말했다. "이상하게도 멈출수가 없었어요. 반짝이는 공이 항상 저기 있었거든요. 손이 닿을 듯하면서 잡히지 않았죠."

가장 가슴 아픈 사건은 스위스 다보스에서 일어났다. 매년 세계적인 갑부와 권력자들이 모이는 세계경제포럼에 초대받았을 때, 캘러닉은 AOL과 연간 100만 달러 규모의 계약을 협상 중이었다. 잠재적으로 엄청난 수익이 보장된 기회였다. 그런데 계약이 성사되기 직전, 한 통의 이메일이 날아들었다. 몇 달간 월급이 제대로 지급되지 않는데도 끝까지 나가지 않았던 마지막 엔지니어에게서 온 메일이었다. 그는 마이클 토드의 소개로 구글에 입사하게 되었다는 소식을 전했다.

마지막 엔지니어가 나간다는 것은 물론 나쁜 소식이었다. 하지만 그것이 픽트컴퍼니의 첫 화면에 게시되었을 때, 나쁜 소식은 최악의 소식이 되고 말았다. 레드스우시가 곤경에 처했다는 소식이 실리콘밸리 전역에 퍼지면서 AOL과의 협상이 결국 파국을 맞이한 것이다.

그래도 2005년에는 한숨을 돌릴 수 있었다. 캘러닉은 억만장자 투자자이자 NBA 농구팀 댈러스 매버릭스Dallas Mavericks의 구단주인 마크 쿠반Marc Cuban과 온라인상에서 격렬한 논쟁을 벌였다. 캘러닉은 P2P 기술의 경쟁력에 대해 열성적으로 이야기했지만, 쿠반은 그런 생각에 완전히 회의적이었다. 그럼에도 쿠반은 캘러닉과의 논쟁을 마음에 들어 했다. 거기서 그는 캘러닉의 소신을 본 것이다. 이후 쿠반은 캘러닉에게 메시지를 보내 레드스우시에 180만 달러를 투자하겠다는 뜻을 전했다. 그건 캘러닉에게 생명줄과 같은 돈이었다. 덕분에 캘러닉은 다른 주요 협력 업체와 많은 계약을 성사시킬 수 있었다. 게다가 실리콘밸리 유명 기업인 어거스트캐피털August Capital로부터도 투자를 받으면서 레드스우시의 비즈니스는 더욱 활기를 띠었다.

암울한 다보스 여정에서도 캘러닉은 한줄기 희망을 발견했다. 거기서 그는 레드스우시의 최대 경쟁사인 아카마이테크놀로지의

CEO를 만나 협상을 시작했다. 그리고 창업하고 6년간의 힘든 고행 끝에 마침내 아카마이와 최고의 계약을 맺는 데 성공했다. 아카마이는 약 2,000만 달러에 레드스우시를 인수하기로 합의했다.[5] 이로써 캘러닉은 세금을 제하고도 약 200만 달러의 돈을 손에 넣게 되었다.

탈출구를 찾기 위한 힘든 여정 끝에 캘러닉은 한숨을 돌리게 되었다. 더는 한 푼도 벌지 못하면서 하루 종일 일할 필요가 없게 되었다. 그리고 부모 집에 얹혀살면서 다음 계약을 기다리며 슈퍼마켓에서 할인 판매하는 라면이나 다른 싸구려 음식을 먹을 필요도 없어졌다.

매각 협상이 마무리되고 4개월 후, 캘러닉은 샌프란시스코 카스트로 구역에 콘도 한 채를 샀다. 샌프란시스코에서 가장 높은 언덕 꼭대기에 자리 잡은 그 콘도에서는 베이에어리어 지역이 한눈에 내려다보였다. 캘러닉은 글로벌 엘리트를 유혹하는 샌프란시스코의 호화로운 생활을 마음껏 누릴 수 있게 되었다. 이제 아카마이의 주주가 된 캘러닉은 연인인 앤지 유와 함께 스타트업계의 사람들과 어울리기 시작했다. 그는 파티를 즐기며 마음을 달랬다. 그리고 무엇보다 중요한 사실은 다음 행보를 생각할 여유를 갖게 되었다는 것이었다.

지난 10년 동안 스타트업 세상에서 힘들게 일하면서, 캘러닉은 돈은 물론 소중한 경험을 얻었다. 그는 리더십을 새로운 시각으로 바라보게 되었다. 동시에 사방에 적이 있다는 급박한 위기의식과 더불어 적자생존의 긴장감으로 스스로를 무장했다.

캘러닉은 말했다. "사업을 하는 동안에는 주변에서 압력이 밀려옵니다. …… 어떻게든 당신을 내쫓으려 하죠. 거기에 밀려서는 절대 살아남지 못합니다."

그래도 캘러닉이 깨달은 가장 중요한 교훈은 벤처 자본가를 절대 믿지 말라는 것이었다.

나중에 캘러닉은 스타트업 사업가들에게 이렇게 조언했다. "그들은 창업자에게 대단히 친절합니다! 칭찬 세례를 퍼붓죠. 그리고 '우리'는 보잘것없는 벤처 투자자에 불과하다고 말합니다. 하지만 창업자를 죽이는 것은 벤처 자본가의 본능입니다. 그건 분명한 사실입니다."[6]

4장

새로운 경제 원년

바야흐로 아이폰의 등장으로
이동성과 개인의 창조성에 초점을 맞춘 시대가 도래했다.

미국 경제가 위기를 맞이할 무렵에 캘러닉은 레드스우시를 매각했다.

때는 2007년 4월이었다. 오랫동안 미국 은행들은 상환 능력이 부족한 '서브프라임(비우량)' 주택 구매자에게 좀처럼 대출의 문을 열지 않았다. 그러나 1990년대 말 정부의 금융 정책이 바뀌면서 은행은 그들에게 적절한 수준의 변동금리로 담보대출을 제공했으며, 또한 그런 대출을 기반으로 파생상품을 만들어 다른 투자자에게 팔아넘겼다.

그러나 이는 일종의 폭탄 돌리기였다. 서브프라임 담보대출을 받은 주택 구매자들은 머지않아 엄청나게 치솟은 월납부금을 내게 되었다. 이후 채무불이행 사태가 시작되면서 여파가 경제 전반으로 퍼져나갔다. 미국 사회는 수년이 지나도록 이 재앙에서 완전히 회복되지 못했다.

금융위기가 고조되면서 미 연방정부는 충격 완화를 위해 다양한 금융 정책을 실시했다. 2008년 9월 7일, 부시 행정부는 국책 모기지 기관인 패니매Fannie Mae와 프레디맥Freddie Mac을 직접 통제하기 시작했다.[1] 당시 재무부 장관이었던 헨리 폴슨Henry Paulson은 세계적인 금융기관을 대상으로 수십억 달러 규모의 구제 금융을 실시하겠다고 발표했다. 그 대상에는 AIG, JP모건, 웰스파고가 들어 있었다. 2007년 9월 이후 금융위기가 지속되는 동안 미 연방준비은행은 5퍼센트를 살짝 넘던 금리를 2009년까지 0.25퍼센트로 대폭 인하했다. 이 최저 금리는 향후 7년간 유지되었다.

미 재무부와 연방준비제도는 이런 방법을 동원하여 세계 경제의 수직 하락을 어떻게든 막으려고 했다. 그러나 당시 정치인들은 주로 월스트리트에만 집중했고, 대규모 IT 기업에는 별로 신경을 쓰지 않았다. 은행을 살리기 위한 대대적인 금리 인하는 IT 시장과 기업가들에게, 특히 실리콘밸리 지역에 매우 큰 영향을 미쳤다.

한편 닷컴 시장의 몰락은 실리콘밸리에 긍정적인 영향을 미치기도 했다. 이는 이름만 닷컴인 기업과 진정한 기술 기업을 확연히 구분해주었다. 래리 페이지와 세르게이 브린, 마크 저커버그를 필두로, 진정한 기술 기업의 새로운 리더들은 인터넷의 위력을 이용하여 수익성 높은 비즈니스를 창출하는 방법을 알고 있었다.

그들은 세 가지 중요한 요소에 주목했다. 첫째, 2008년에는 미국 가구 중 75퍼센트 이상이 컴퓨터를 보유했다.[2] 1990년대 말이나 2000년대 초와는 달리, 많은 인구가 광대역 서비스를 누릴 수 있었다. 또한 미국 성인의 절반 이상이 집에서 초고속 인터넷에 접속했다.[3] 이렇게 더 많은 사람이 온라인 세상에 진입하면서, 인터넷에 기반한 새로운 서비스에 대한 수요가 급증하기 시작했다.

둘째, 창업을 가로막는 장벽이 나날이 낮아지고 있었다. 특히 아마존웹서비스Amazon Web Services(AWS)는 창업 시장의 판도를 완전히 뒤집어놓았다. 2002년 엔지니어링 프로젝트로 출범한 AWS는 아마존 역사상 가장 성공적인 혁신으로 이어졌다.

아마존은 AWS를 통해 스스로 비즈니스 제반 시설을 구축하거나 서버팜(데이터를 편리하게 관리하기 위해 컴퓨팅 서버와 운영 시설을 모아놓은 곳—옮긴이)을 운영할 여력이 안 되는 사업가나 프로그래머를 대상으로 클라우드 컴퓨팅 서비스를 제공했다. 스타트업을 집이라고 한다면, AWS는 전기·가스·수도 서비스를 제공하는 기업이었다. 창업자는 이 서비스를 통해 보다 손쉽게 비즈니스를 운영함으로써 보다 중요한 일에 집중할 수 있었다.

게다가 AWS는 비교적 요금이 저렴했다. 컴퓨팅 기술 역사상 처음으로, 기발한 아이디어와 약간의 자본만 있으면 제반 시설 구축에 많은 돈을 쏟아붓지 않고도 창업할 수 있게 된 것이다. 즉 창업자는 대부분의 시스템을 아마존에서 빌려 쓰고, 개발 업무에만 주력할 수 있게 되었다.

마지막으로 가장 중요한 세 번째 요소는 캘러닉이 레드스우시를 매각하고 두 달 후에 세상에 모습을 드러냈다. 이는 향후 컴퓨팅의 얼굴을, 다시 말해 인간과 컴퓨터의 상호작용을 아무도 상상하지 못한 방식으로 바꿔놓게 된다.

✺

2006년 말, 두 사람이 햇볕이 작열하는 펠로앨토의 인도를 걸으며 미래에 대해 이야기하고 있었다.

그중 한 명인 스티브 잡스가 독특한 검은 터틀넥과 물 빠진 리바이스 청바지 차림으로 실리콘밸리 거리를 돌아다닐 때면 항상 팬들이 몰려들었다. 그의 성공 신화는 이미 널리 알려져 있었다. 그는 먼저 세상에 매킨토시를 내놓았다. 그리고 그다음으로 사람들에게 많은 사랑을 받은 애니메이션 제작사인 픽사의 설립에 참여했다. 마지막으로 아이팟과 아이튠즈 스토어를 선보임으로써 사람들이 음악을 듣는 방식을 완전히 바꿔놓았다. 잡스의 유산은 그렇게 세 단계에 걸쳐 완성되었다.

그 무렵 전기 작가들은 이미 잡스의 유산을 주제로 시나리오를 구상하고 있었다. 잡스는 췌장암 진단을 받았고 병세는 날이 갈수록 눈에 띄게 악화되고 있었다.

잡스와 함께 실리콘밸리를 걷고 있던 사람은 존 도어John Doerr였다. 인텔 엔지니어 출신인 그는 이제 벤처 투자자이자 수조 원을 가진 자본가로서 실리콘밸리의 거물이 되어 있었다. 높은 코에 금속 안경테를 걸친 도어는 무척 겸손한 인물이었다. 그의 차림새는 오바마 대통령과의 만찬에 초대받은 귀빈보다는 1970년대 인텔에서 반도체 칩을 조립하던 연구원에 더 가까웠다.

도어는 먼로파크에 위치한 유명 벤처캐피털 기업인 클라이너퍼킨스코필드앤바이어스Kleiner Perkins Caufield & Byers의 파트너로 초창기 넷스케이프Netscape에 투자를 했다. 잘 알려져 있듯이 이후 넷스케이프는 세계적인 인터넷 브라우저 업체로 성장했다. 또한 도어는 제프 베저스가 시애틀에 있는 허름한 창고에서 책을 판매하던 시절부터 아마존의 잠재력을 간파했다. 그리고 널리 알려져 있듯이 1999년에는 구글에 1,200만 달러를 투자했다. 당시 구글에는 차고에서 일하는 두 명의 엔지니어와 그들이 개발한 검색 엔진밖에 없었다. 그로부터 5년 뒤 구글이 기업공개를 했을 때, 도어의 지분 가치는 30억 달러를 넘어서면서 240배가 넘는 수익률을 기록했다.

그러나 팰로앨토의 거리를 걷던 그날 아침 두 사람은 그저 자녀의 축구 시합을 보러 가는 친구일 따름이었다. 두 사람은 삶과 가족 그리고 시장에 대한 이야기를 나눴다. 그러다 갑자기 잡스가 주머니에서 한 번도 본 적이 없는 물건을 꺼냈다. 그것은 다름 아닌 최초의 아이폰이었다.

잡스는 이렇게 말했다. "존, 이것 때문에 회사가 거의 쓰러질 뻔했어요."[4] 도어는 호기심 가득한 얼굴로 전면에 액정이 부착된 반짝이는 네모난 기기를 살펴봤다. 그때까지 잡스는 도어에게 한 번도 신제품을 미리 보여준 적이 없었다. 도어는 아이폰을 개발한다는 이야기를 시장에서 풍문으로 듣기는 했다. 몇 년 전부터 애플이 극비리에 뭔가를 개발하고 있다는 소문이었다. 도어는 침묵을 지킨 채 자신의 친구가 뭔가 설명을 해주길 기다렸다.

팰로앨토 거리에 늘어선 참나무 아래에서 다시 걸음을 옮기며 잡스는 이렇게 말했다. "이 안에 수많은 신기술이 들어 있답니다. 그걸 모두 집어넣는 게 숙제였죠. 이 LCD 화면 뒤에는 412메가헤르츠급의 프로세서와 전화기와 센서에, 당신이 갖고 있는 모든 노래를 저장할 수 있는 메모리까지 탑재되어 있습니다. 우리가 정말로 해낸 거죠."

잡스는 아이폰을 도어에게 건네면서 여기에는 블랙베리(당시 많은 기술자가 사용했던 주류 전화기)처럼 '더럽게 못생긴 버튼'은 하나도 없다고 강조했다. 터치스크린 기반의 아이폰은 매끈하고 우아했다.

도어는 갓 태어난 아이를 품에 안듯 조심스럽게 아이폰을 손에 쥐었다. 그때까지 주머니에 넣고 다녔던 어떤 전화기보다 감촉이 좋았다. 친구가 자신에게 신제품을 보여줬다는 사실에 감격한 도어는 아이폰을 뒤집어봤다. 상징적인 애플 로고 옆에 흰색 글씨로 조그맣게 글자가 인쇄되어 있었다. 놀랍게도 '8GB'라고 적혀 있었다. 당시만 해도 개인이 소장한 음악 파일을 모두 저장하기에 부족함 없는 공간이었다.

도어가 물었다. "이 넓은 공간을 모두 뭘로 채울 건가요?" 그러고는 친구의 미소를 바라보며 아이폰을 돌려줬다.

그러나 도어는 이미 알고 있었다. 잡스는 이미 수백만 사용자가 아이튠즈에 들어가서 음악 파일을 다운로드받아 컴퓨터와 아이팟에 저장하게 했던 것처럼, 이번에는 아이폰을 통해 음악과 새로운 프로그램 애플리케이션, 즉 '앱'으로 똑같은 일을 하려던 것이다. 잡스는 모바일 기술을 기반으로 새로운 컴퓨팅 방식을 개척하고 있었다. 여태까지 매킨토시 컴퓨터가 해왔던 많은 일을 앞으로는 이 휴대용 컴퓨터가 하게 될 것이었다. 나중에 잡스는 그 시스템에 앱스토어라는 이름을 붙였다.

도어는 기회가 왔음을 직감했다. 그리고 어떻게든 그 기회를 잡고 싶었다.

"무슨 일을 하고 있는지 알겠군요. 저도 거기에 함께하고 싶어요. 투자할게요."

도어는 벤처 자본가로서 자신의 본능에 집중했다. 도어와 같은 투자자는 몇 년에 한 번씩 파트너들과 함께 새로운 펀드를 만들어 수백만 달러를 끌어 모은다. 그러고 나서 그 돈으로 실리콘밸리의 전도유망한 스타트업의 지분을 사들인다. 빌 게이츠의 윈도 기반 애플리케이션 시대처럼, 도어는 아이폰 앱스토어가 전 세계 프로그래머들에게 새로운 세상을 열어줄 것으로 봤다.

하지만 잡스는 손사래를 치며 이렇게 말했다. "아니에요. 거기까지 나아가진 않을 겁니다. 제3자가 개발한 그저 그런 앱들이 아이폰을 오염시키게 내버려두지는 않을 겁니다. 그런 일은 없을 겁니다."

도어는 더 이상 묻지 않았다. 그러고는 다시 축구장으로 향했다.

도어는 잡스가 일단 결심을 하면 마음을 되돌리기가 불가능하다는 사실을 알았다. 그리고 애플의 소프트웨어 개발 방식이 '하나가 오면 모두가 온다'는, 제3자 앱에 대한 빌 게이츠의 접근방식과는 완전히 다르다는 것도 알아차렸다. 하지만 도어는 잡스의 판단이 틀렸다고 생각했다. 수많은 프로그래머들이 잡스가 만든 멋진 장비에서 작동할 앱을 필사적으로 개발할 것이며, 결국에는 애플이 이를 받아들일 수밖에 없을 것이라고 확신했다.

✖

당시 실리콘밸리를 걷다가 아무나 붙잡아도 그는 아마 잡스와 아이폰의 전도사였을 것이다.[5] 아이폰은 '아이팟, 휴대전화, 인터넷 모바일 커뮤니케이션 장비'가 하나로 합쳐진 제품이었다.

아이폰은 휴대전화의 잠재력을 크게 끌어올렸다. 매끈한 전면 액정에는 초록색, 파란색, 노란색의 화려한 앱 아이콘이 줄지어 있다. 아이폰은 이메일이나 인터넷 접속 등 기업가가 누릴 만한 수준의 사치를 일반 사용자에게 제공했고, 모바일 컴퓨팅 기술을 대중에게 선사했다. MP3플레이어나 휴대전화 혹은 커다란 노트북을 들고 다니지 않아도 인터넷 접속이 가능해졌다. 공원에서 오후 산책을 즐기면서 카메라 없이도 사진을 찍을 수 있게 되었다. 그 모든 기능이 아이폰 하나에 담겨 있었다.

하드웨어 개발만으로도 놀라운 일이었지만, 애플은 거기서 멈추지 않고 향후 10년 동안 혁신을 이어갔다. 그러나 아이폰이 진가를 발휘한 것은 잡스가 '그저 그런 앱'을 자신의 샌드박스sandbox(신뢰할 수 없는 프로그램이 시스템에 영향을 주지 않고 한정된 영역에서만 운영되도록 하는 보안 환경−옮긴이) 안에 받아들이기로 결정한 뒤의 일이었다. 결국 잡스의 판단은 아이폰을 '오염'시키는 것이 아니라, 그의 비전을 더욱 빨리 실현시켜준 것으로 드러났다.

그로부터 몇 달이 흐른 어느 늦은 봄날, 도어는 자신의 팰로앨토 집에서 친구로부터 한 통의 전화를 받았다. 잡스였다. "작년에 제게 했던 말, 기억하세요?"

도어는 바로 알아차렸다. "물론이죠. 좀 생각해봤어요?"

잡스가 말했다. "네, 클라이너가 투자를 해줬으면 해요."

도어는 깜짝 놀랐다. 도어는 잡스가 얼마나 강력하게 애플 조직을 장악하고 있는지 잘 알고 있었다. 오랫동안 잡스의 신뢰를 받았던 영국 출신의 조너선 아이브Jonathan Ive가 이끄는 디자인으로부터 불같은 성격의 스콧 포스털Scott Forstall이 이끄는 소프트웨어와 앱 개발에 이르기까지 잡스는 모든 곳에서 완벽을 추구했다. 그런데 도어로부터 수백만 달러의 투자를 받게 된다면, 혁신의 과정은 예전보다 한층 더 복잡해질 것이었다.

그래도 도어는 기회를 의심하지 않았다. 그는 몇몇 파트너에게 전례 없는 규모인 1억 달러 투자를 제안했다. 이 금액은 투자 대상이 아직 검증을 마치지 않은 새로운 형태의 프로그램이라는 점에서 더욱 이례적이었다. 하지만 도어는 잡스를 믿었고, 아이폰이 시장에 미칠 잠재력을 확신했다.

여기서 두 사람의 판단이 옳았다고 말하는 것은 아마도 지나치게 절제된 표현일 것이다.

✖

2006년까지만 해도 프로그래머는 대기업을 비롯해서 대규모 소프트웨어 개발 조직에서 일했다. 자신이 개발한 소프트웨어를 수많은 사용자에게 판매하려면 엄청난 마케팅 예산을 바탕으로 대형 유통 업체와 손을 잡아야 했기 때문이다. 가령 베스트바이Best Buy, 펀코랜드FuncoLand, 배비지스Babbage's 같은 대형 할인 매장에 가보면 PC와 맥 프로그램 제품이 식료품처럼 쌓여 있었다.

하지만 앱스토어는 이런 소프트웨어 개발 모형을 완전히 바꿔놓았다. 프로그래머는 이제 기발한 아이디어에 애플의 모바일 소프트웨어를 구동할 수 있는 장비만 있으면 되었다. 그 두 가지만 있으면 누구든 앱을 개발해서 수백만 명의 사용자에게 곧바로 판매할 수 있었다. AWS를 기반으로 프로그램을 개발해서 이를 앱스토어에 올리면, 불과 며칠 만에 성과를 확인할 수 있었다.

마치 베스트바이 매장을 돌아다니는 것처럼, 와이파이가 연결되고 몇 달러만 있으면 앱스토어 사용자는 수많은 게임과 프로그램을 둘러보고 살 수 있었다.

전 세계 프로그래머는 앱스토어에서 엄청난 돈을 벌어들일 기회를 봤다. 예를 들어, 무명의 프로그래머인 스티브 디미터Steve Demeter 는 친구들과 함께 트라이즘Trism이라는 앱을 몇 주 만에 개발했다 (트라이즘은 테트리스와 비슷한 게임으로 5달러에 다운로드받을 수 있다).[6] 그리고 출시 두 달 만에 25만 달러가 넘는 돈을 벌어들였다. 그와 같은 최고의 개발자들은 앱스토어가 출범하고 몇 주 만에 매일 5,000에서 1만 달러를 벌어들였다.

이후 실리콘밸리 투자자들이 그 시장에 뛰어들기 시작했다. 그들 은 존 도어가 앱 개발에 엄청난 투자금을 쏟아붓는 것을 보고 그 대로 따라 하기 시작했다. 벤처 투자자들은 최고의 앱 개발자를 발 굴하기 위해 베이에어리어 지역을 뒤지고 다녔다.

하룻밤 새에 앱스토어는 서부 개척지와 같은 곳이 되었다. 잡스 와 스티브 워즈니악Steve Wozniak이 그들의 차고에서 처음으로 애플 컴 퓨터를 만들어냈던 것처럼, 컴퓨팅 기술에서 다음번의 위대한 혁신 은 마이크로소프트나 어도비 혹은 애플과 같은 대기업만이 아니 라 세상 어디에서든 나올 수 있게 되었다. 이런 분위기 속에서 팰로 앨토 샌드힐로드 지역에 모여 있던 수십 곳의 벤처캐피털 회사들 이 수억 달러의 투자금을 샌프란시스코 전역에 마구 뿌려대기 시 작했다.

많은 벤처 투자자들이 어마어마한 수익에 대한 기대를 안고 캘리 포니아를 바라보기 시작했다. 그들은 엄청난 자금을 20대 개발자 에게 투자하면서, 그들이 만든 앱이 다음번 킬러앱killer app(등장하자마 자 시장을 장악하는 프로그램이나 콘텐츠─옮긴이)이 되길 바랐다. 시장의 이런 흐름은 '경제의 앱화appification of the economy'[7]라고 불렀다. 이는 웹과 데스크톱을 넘어 이동성과 창조성에 초점을 맞춘 시대가 도래했음을 의미하는 것이었다. 이는 아이폰의 등장으로 가능해졌다.

도어와 같은 벤처 자본가는 시장이 돌아가는 방식을 잘 이해했다. 무명의 젊은 천재가 개발한 앱이 앞으로 엄청나게 증가할 것으로 보였다. 그리고 앱스토어가 거느린 엄청난 규모의 사용자들 모두가 새로운 소프트웨어에 관심이 많았다. 한마디로, 시장의 잠재력이 무르익고 있었다. 그러나 실제로 성공을 거둔 앱은 최고의 벤처 자본가로부터 투자를 받은 것들이었다. 벤처 자본가들은 대기업과 손을 잡고 광범위한 인재풀을 신속하게 확보했으며, 전략적인 자문을 제공하면서 수백만 달러의 자금으로 성장과 마케팅을 뒷받침했다.

세쿼이아캐피털, 클라이너퍼킨스, 안드레센 호로위츠Andreessen Horowitz, 벤치마크, 악셀Accel과 같은 실리콘밸리의 유명 투자기업들이 인재 사냥에 뛰어들었다. 그들은 기발한 아이디어를 끝까지 밀어붙일 젊고 배고픈 개발자를 원했다. 그리고 자신의 한계와 시장의 규칙을 뛰어넘을 창업자를 원했다. 또한 일상생활의 사소한 불편함 속에서 혁신의 기회를 발견할 사업가를 원했다.

그런 투자자들로부터 특히 주목을 받은 젊은 기업가가 있었다. 그는 이미 부와 명예를 거머쥐었음에도 샌프란시스코 시내에서 택시를 잡지 못해 짜증이 난 개럿 캠프Garrett Camp였다.

5장

택시 잡기의 어려움

그렇게 많은 돈을 번 캠프조차
샌프란시스코에서는 마음대로 돌아다닐 수가 없었다.

때는 2008년이었다. 세계적으로 앞서가는 부유한 도시인 샌프란
시스코에서 캠프는 30분 동안 택시를 잡지 못하고 있었다. 무려 21
세기에 말이다.

121제곱킬로미터 넓이의 샌프란시스코는 자동차 없이 살기에 적
당할 만큼 작은 도시인 동시에, 때로 차가 없다는 사실에 짜증이
솟구칠 만큼은 넓은 도시였다.

캠프는 샌프란시스코 전역을 대부분 자전거로 누비고 다녔다. 물
론 6단 기어 자전거로는 디비사데로가街와 같은 가파른 언덕길은
좀 버거웠지만 말이다. 문제는 술을 마시고 새벽 2시에 귀가할 때
자전거가 전혀 도움이 되지 않는다는 사실이었다. 술을 마시고 자

전거를 타다가는 머리를 다칠 위험을 감수해야 하기 때문이다.

물론 샌프란시스코의 통근 열차 시스템인 바트BART(Bay Area Rapid Transit)도 있지만, 바트는 항상 지저분하고 붐볐다. 최근 베이에어리어로 넘어온 수많은 20대가 이용하기에는 턱없이 부족했다. 게다가 새벽에는 운행이 중단되었기에 밤 문화를 즐기는 젊은이에게는 전혀 도움이 되지 않았다.

타고난 기업가인 캐나다 출신의 캠프는 비즈니스스쿨에 입학하면서 자신의 스타트업을 성장시키기 위해 샌프란시스코로 넘어왔다. 그는 샌프란시스코의 삶에 환상을 갖고 있었다. 그곳은 젊은 스타트업 창업자에게 약속의 땅이었다. 다음번에 세상을 놀라게 할 기업도 아마 여기서 나올 것이었다.

똑똑한 캠프는 스티브 잡스와는 다른 유형의 인물이었다. 그는 샌프란시스코의 굴곡진 거리를 돌아다니면서 스타트업을 위한 아이디어를 떠올리거나 머릿속으로 문제를 푸는 일을 좋아했다. 서른의 나이였지만 짧게 자른 금발에다가 옥스퍼드 셔츠 차림을 한 캠프는 꼭 대학생처럼 보였다. 지적이고 약간은 괴짜인 그는 인터넷의 복잡한 아키텍처는 이해했지만, 일론 머스크Elon Musk 같은 비즈니스적인 세련됨과 매너는 부족했다. 이가 훤히 드러나 보이는 환한 미소는 그를 조금은 바보스럽게, 그리고 마치 '동네 사장님'처럼 보이게 했다.

캠프는 사람들과 어울리는 것을 좋아했다. 여행을 즐겼고, 특히 베이에어리어에서 맛있는 음식을 먹는 것을 좋아했다. 또한 수영장 파티에도 기꺼이 참석했고 턱시도를 빌려야 하는 테마 파티도 즐겨 찾았다. 캘리포니아의 삶에 젖어들면서 캠프는 머리를 어깨까지 길렀고 그곳의 히피 문화를 받아들였다. 그는 아이스크림 가게인 크리머리에서 맥북을 들여다보는 것만큼이나 롱비치에서 서핑보드를 타면서 사람들과 어울리는 것을 좋아했다. 또한 매년 수천 명의 기술 전문가와 히피들이 네바다 사막에 모여서 몇 주 동안 벌이는 파티 행사인 버닝맨Burning Man에 꼬박꼬박 참석했다.

캘거리 대학에 다니던 시절 캠프는 초기 소셜네트워크인 스텀블어폰Stumble Upon을 만들었다. 페이스북이 나오기 오래전에 등장한 스텀블어폰은 데스크톱과 웹 시대에 적합한 사이트였다. 스텀블어폰은 다양한 웹사이트를 무작위로 보여줌으로써 사용자가 자신에게 맞는 사이트를 찾을 수 있도록 도움을 줬다. 이는 새로운 분야와 하위문화에 관심이 있는 사용자들의 요구를 충족시키는 링크 집합 사이트인 레딧Reddit의 원형처럼 보였다.

2000년 초만 해도 스텀블어폰은 꽤 좋은 아이디어처럼 보였다. 하지만 2007년 모바일 시장이 성장하면서 스텀블어폰과 같은 데스크톱 기반 사이트들은 점차 대중의 관심에서 밀려났다.

동료들이 기억하는 캠프는 어려움에 직면했을 때 종종 화를 내는 고집 센 사람이었다. 그리고 자신이 옳다고 믿을 때, 절대 생각을 바꾸려 하지 않았다. 물론 고집과 확신은 스타트업 창업자와 CEO에게 필요한 덕목일 수 있다. 하지만 아이디어가 좋지 않을 때, 고집스러운 CEO는 더 이상 '원칙적이고 비전 있는' 리더가 아니라

'까다로운' 괴짜로 전락하고 만다.

어쨌든 스텀블어폰은 성공했다. 캠프는 이 사이트를 온라인 경매 대기업인 이베이에 7,500만 달러에 팔았다. 150만 달러밖에 투자받지 못한 소기업에는 이례적인 금액이었다. 캠프는 영리하게도 엄청난 부와 함께 상당한 지분을 유지했다. 매각 협상이 마무리될 무렵에는 명성까지 얻었다. 젊은 사업가의 꿈이 마침내 실현된 것이다.

그러나 이야기는 여기서 끝이 아니다. 그렇게 많은 돈을 번 캠프도 샌프란시스코 시내를 마음대로 돌아다닐 수 없었다. 그 이유는 택시 시스템이 낡았기 때문이었다. 택시 회사들은 차량 유지에 투자를 하지 않았고, 배차 시스템 역시 시대에 뒤떨어져 있었다. 승객이 전화로 택시를 부르면, 배차 서비스 업체가 운행 중인 운전기사들에게 무선으로 메시지를 전송하는 방식이었다. 승객은 정말로 택시가 올지 알 수 없었다.

캠프는 머리를 굴렸다. 그가 사용한 방법은 샌프란시스코 모든 택시 서비스 업체에 차례대로 전화를 걸고, 가장 먼저 도착한 택시를 잡아타는 것이었다. 그 뒤에 도착한 택시는 허탕을 칠 수밖에 없었다. 간교한 속임수였지만 캠프는 죄책감을 느끼지 않았다. 어쨌든 서비스 업체도 자주 약속을 어겼기 때문이다.

하지만 택시 회사도 가만히 당하지는 않았다. 그들은 금세 캠프의 속임수를 알아채고 그에게 더는 차량을 배정하지 않았다. 결국 캠프는 깨달았다. "블랙리스트에 올랐나 보군. 골치 아프게 생겼어."

캠프는 값비싼 블랙카 서비스를 이용할 수도 있었지만, 여러 친구와 함께 있을 때면 동선을 조율하기가 힘들었다. 때로 밤늦은 시간이면 자주 이용하는 기사에게 미리 예약을 해서 레스토랑에 데리러 오도록 했다. 하지만 그것도 완전한 해결책은 되지 못했다. 한창 식사를 즐기다가도 택시를 타기 위해 서둘러 자리를 마무리해야만 했기 때문이다.

결국 캠프는 큰돈을 들여 벤츠를 장만했다. 하지만 자가용을 모는 것도 만만치 않았다. 주차는 언제나 악몽이었다. 간신히 주차할 곳을 찾아도 35도나 경사진 언덕일 때가 많았다.

캠프의 짜증은 끝나지 않았다. 샌프란시스코를 돌아다니기가 이렇게 힘든데도 아무도 나서는 사람이 없었다.

캠프는 007 영화를 보다가 자신의 짜증을 해결해줄 아이디어를 떠올렸다. 당시 그는 사우스파크에 있는 자신의 호화 아파트에서 대니얼 크레이그가 본드로 나오는 〈007 카지노 로얄〉을 보고 있었다.[1] 어쩌면 세계 최고의 스파이가 자신처럼 짧은 금발에 성질이 급하다는 사실에 끌렸을지 모른다.

영화에서 본드는 파도가 부서지는 푸른 바하마 해안을 향해 포드를 몰고 있었다.

그런데 한 장면에서 본드가 들고 있는 작은 휴대전화가 캠프의 눈에 들어왔다.[2] 그건 은색의 네모난 구식 에릭슨 전화기였다(수많은 버튼이 장착된!). 전화기의 작은 화면에는 GPS 기반의 지도가 떠 있고 본드의 위치가 작은 화살표로 표시되어 있었다. 그 화살표는 나소스트리트를 가로질러 바하마 해변의 오션클럽 쪽으로 조금씩 이동 중이었다.

대부분의 관객이 그 전화기를 봤을 것이다. 제작사는 아마도 광고비를 받고 에릭슨 휴대전화를 영화에 등장시켰을 것이다.

하지만 캠프는 거기서 다른 것을 상상했다. 이미 몇 달 전에 아이폰이 출시되었다. 아이폰은 아마도 그가 지금까지 봤던 가장 강력한 휴대용 기술의 집합체일 것이다. 그 안에는 와이파이와 가속도계 그리고 GPS 기술이 들어 있었다. 이 세 가지만 있으면 지도상에서 사용자 위치를 정확하게 파악할 수 있었다.

전화를 걸지 않고도 새벽에 택시를 부를 수 있다면? 앱이 그 역할을 대신한다면? 그걸 사용하면 제임스 본드처럼 완전히 멋져 보일 수 있을까?

✺

한편 캘러닉 역시 힘든 6년의 세월을 마무리하고 편안한 생활을 만끽하고 있었다.

하지만 2,000만 달러라는 어마어마한 돈도 그를 차세대 마크 저커버그나 개릿 캠프로 만들어주지 못했다. 캘러닉과 캠프는 기업을 팔아서 부를 얻었다. 2007년에 두 사람은 한 달 간격으로 그들의 비즈니스를 각각 매각했다. 물론 돈은 캠프가 더 많이 벌었다. 실리콘밸리에서는 유명한 앱이 P2P 방식의 파일 공유 시스템보다 더 높은 보상을(그리고 더 뜨거운 관심을) 받기 마련이었다.

물론 캘러닉의 상황도 좋았다. 그는 이제 일을 멈추고 샌프란시스코를 이리저리 돌아다니며 새로운 비즈니스를 분석하고, 투자 기업이 주최한 파티를 돌아다니며 시간을 보낼 만큼 많은 돈을 벌었다. 난생처음 그는 자유를 만끽했다. 그의 은행 계좌에는 수백만 달러가 들어 있었고 그는 그에 어울리는 라이프스타일을 누리고 싶었다.

캘러닉은 자신이 좋아하는 영화 〈펄프픽션〉에서 하비 카이텔이 맡은 캐릭터에 매력을 느꼈다. 날렵한 콧수염에 꽉 끼는 검정 턱시도 차림의 카이텔은 아침 8시에 은색 아큐라 NSX를 몰고 로스앤젤레스를 9분 37초 만에 관통한다. 그리고 트라볼타와 잭슨을 대신해 시체를 처리한다. 카이텔이 맡은 배역은 윈스톤 '더 울프'라는 인물로, 그의 직업은 해결사다.

캘러닉은 스스로 울프와 같은 해결사가 되길 원했다. 카스트로 꼭대기에 집을 장만하고 나서, 캘러닉은 자금 일부를 여러 스타트업에 투자했다. 그리고 스타트업 창업자가 도움을 요청할 때면 언제든 나타나 문제를 처리하는 해결사가 되고 싶었다.

화난 투자자와 문제가 있다면? 울프에게 물어보라. 유능한 엔지니어를 채용하려면? 울프에게 전화하라. 그리고 늦은 밤 기업의 미래에 대해 이야기를 나누고 싶다면? 걱정은 금물. 울프가 당신을 기다리고 있다.

캘러닉은 블로그를 통해 자신이 투자한 기업을 홍보했다. 그는 매각된 자신의 스타트업을 기리는 의미로 블로그에 스우싱Swooshing이라는 이름을 붙였다.[3] 거기에는 셔츠 차림에 카우보이모자를 쓰고 그 위에 검은 선글라스를 얹은 몽롱한 표정의 캘러닉 사진이 올라와 있었다. 사실 이런 자기 홍보는 '에인절 투자자' 사이에서 일반적인 관행이었다. 에인절 투자자란 언젠가 크게 성공할 스타트업의 창업자에게 수만 달러의 자금을 투자하고 사업상의 조언을 들려줌으로써 초기 지분을 확보한 소규모 벤처 자본가를 일컫는다. 캘러닉에게 블로그*는 스타트업이 주최한 모임이나 칵테일파티에 참가하는 것만큼이나 자신을 홍보하는 중요한 수단이었다.

예전에 캘러닉은 20대 기술 전문가를 대상으로 정기적으로 열리는 행사인 '스타트업 믹솔로지Startup Mixology'에 참가해서 이런 말을 했다. "사람들은 저를 펀딩 양치기라고 부릅니다."[4] 연단 위의 캘러닉이 리모컨을 누르자 그의 뒤에 있는 스크린에 슬라이드가 떴다. 거기에는 예수가 양치기 지팡이를 들고 서 있었다. 다시 한 번 리모컨을 누르자 솜털 뭉치처럼 생긴 고양이가 장난감을 물어뜯는 사진이 나왔다. "하지만 저는 잘 모르겠어요. 그냥 저를 '더 울프'라고 생각해주세요."

가벼운 농담이었지만 캘러닉의 자신감과 확신은 몇몇 스타트업 창업자의 호기심을 자극했다. 덕분에 그는 익스펜시파이Expensify(업무 관련 비용 처리 서비스), 라이브파이어Livefyre(소셜미디어 관리), 크라우드플라워CrowdFlower(데이터 수집 및 관리), 폼스프링Formspring(소셜 네트워

● 오늘날 벤처 자본가는 예전처럼 자본 뒤에 숨어 있을 수만은 없게 되었다. 이제 그들은 젊은 창업자의 관심을 끌기 위해 최선을 다해야 한다. 그리고 모든 수단을 동원해 자신을 알려야 한다.

크)을 비롯하여 대여섯 곳에 달하는 스타트업에 투자할 수 있었다. 특히 소셜미디어 기업이 고속 성장할 때는 전도유망한 비즈니스로 인정받았던 폼스프링에 합류할 생각까지 했었다.

캘러닉은 이제 청바지나 운동화 혹은 알록달록한 양말 대신에 셔츠를 사기 시작했다. 그는 마치 그림을 사들이듯 스타트업에 투자했다. 그는 자신의 집 안을 예술품으로 장식하듯 새로운 투자로 자신의 온라인 프로필을 장식했다. 실제로 캘러닉은 자신의 투자 포트폴리오를 '소장 예술 작품'이라고 부르기도 했다.

그러나 그가 '펀딩 양치기'가 되기만을 원한 것은 아니었다. 캘러닉은 여전히 더 많은 일을 하고 싶었다. 그는 레드스우시를 통해 자신의 꿈을 어느 정도 이루기까지 무려 4년 동안이나 하루에도 수백 번씩 '노'라는 대답을 들어야 했다. 젊은 기업가를 단련시켜준 소중한 경험이었다. 그리고 그 경험은 그의 내면에 숨어 있던 투쟁 본능을 일깨웠다. 캘러닉은 내면에 헐크를 품고 있는 만화 속의 영웅인 브루스 배너처럼 되어갔다.

캘러닉은 투자자라는 신분에 완전히 만족하지 못했다. 그는 벤처캐피털과 스타트업 세상에서 직접 목격했던 부조리에 분노했다. 한번은 젊은 기업가들이 모인 자리에서 이렇게 창업자를 옹호하는 발언을 하기도 했다. "창업자는 기업의 일부입니다. 하지만 창업자 덕분에 매출이 지붕을 뚫고 솟아오르고 뛰어난 경영진이 확보되었어도 벤처 투자자는 창업자를 쫓아내려고 안달입니다. 왜 창업자를 쫓아내야 합니까? 이해할 수가 없어요. 누가 설명을 해주시겠어요?"[5]

캘러닉이 보기에, 벤처 투자자는 아직도 게임 속에서 자신의 위치를 제대로 찾지 못했다. 그들은 자신처럼 세상을 바꾸기 위해 게임에 뛰어들지 않았다. 그들이 주목하는 것은 단 하나, 수익뿐이었다.

그런 생각은 점점 더 확고해졌다. 그는 스타트업이 주최한 모임을 돌아다니며 파워포인트를 가지고 연설을 했다. 하지만 캘러닉이 정말로 원했던 것은 자신의 재능을 입증할 기회였다. 캘러닉은 젊은 창업자가 혁신적인 기술을 바탕으로 세상을 바꾸도록 지원하는 든든한 공간을 창조하고 싶었다. 이런 그의 꿈은 머지않아 현실이 되었다. 다름 아닌 '잼패드JamPad'(캘러닉이 카스트로 꼭대기에 위치한 자신의 100만 달러짜리 아파트에 붙인 별명)가 그런 공간이 되어주었다.

캘러닉은 잼패드를 자신의 개인 살롱처럼 생각했다. 그곳은 기술 전문가들이 함께 모여 소파에서 쉬고 맥주와 티본스테이크를 즐기며 편안하게 이야기를 나누는 비공식적 모임의 공간이었다. (캘러닉은 사람들이 자신을 '티본'이라는 별명으로 불러주는 것을 좋아했다. 그는 자신의 트위터 계정인 '@KonaTbone'에 논란이 되는 말을 종종 올리곤 했다. 그의 프로필 사진은 핏물이 흥건한 소고기 조각이었다.)[6]

캘러닉의 아파트는 화려하지는 않았다. 거기에는 가구는 물론 벽걸이 예술품도 거의 없었다. 차고에는 페라리도 없고, 거실에는 임스라운지체어도 없었다. 어두침침한 실내는 '스타트업 살롱'이라기보다 동굴처럼 보였다. 친구들은 그의 집에 대해서 사회적 지위에 비해 지나치게 검소하다고 말했다.

캘러닉은 거기서 사람들과 테니스 시합을 즐기곤 했다. 그는 닌텐도 위wii만 하면 투지 넘치는 테니스 선수가 되었다. 머지않아 그는 모든 친구들은 물론, 온라인에서 높은 점수를 기록한 세계적인 플레이어들을 대부분 꺾었다. 가구가 거의 없는 휑한 거실에서 흰색 플라스틱 조이스틱을 휘두르며 이리저리 뛰어다니는 그의 모습은 마치 세계적인 테니스 선수인 매켄로나 아가시처럼 보였다. 그는 불운한 상대방에게 강력한 서브를 날리곤 했다.

잼패드는 두 가지 주요 기능을 했다. 첫째, 캘러닉이 잠을 자는 공간이었다. 둘째, 기술 분야 친구들과 함께 새로운 아이디어에 대해 이야기를 나누는 공간이었다. 캘러닉이 말하는 '재밍Jamming'이란 재즈 콰르텟이나 사이키델릭 록밴드의 즉흥 연주와 같은 의미였다. 캘러닉의 열정과 과감한 도전은 그의 주변에 많은 추종자를 불러들였다. 캘러닉의 설명에 따르면, 그 모든 일은 잼패드로부터 시작되었다.

캘러닉은 이렇게 말했다. "즉흥 연주가 하나로 뭉쳐 아름다운 음악이 되었던 거죠."

✖

개럿 캠프는 머릿속에서 아이디어를 끄집어내지 못하고 있었다. 샌프란시스코의 택시 시스템은 엉망이었다. 게다가 그는 대부분의 택시 회사에 블랙리스트로 올라 있었기 때문에 블랙카 서비스밖에 이용할 수 없었다. 그래도 그 서비스를 이용하다 보니 샌프란시스코에서 활동하는 많은 운전기사의 명단을 확보하게 되었다. 밤에 외출할 때면 그는 항상 그 명단을 활용했다.

하지만 그것 역시 충분하지는 않았다. 비싼 요금과 복잡한 예약 절차 그리고 일행이 있을 때의 번거로움을 생각하면 불편하기는 마찬가지였다. 캠프에게는 아이폰으로 호출 가능한 택시가 필요했다. 다시 말해, 최고의 택시, 즉 우버캡ÜberCab이 필요했다.

우버캡은 캠프가 구상하고 있던 가상의 앱 이름이 되었다(이 앱의 이름으로 고민한 다른 후보로는 '베스트캡'도 있었다). 하지만 캠프는 아이디어를 더 이상 진척시키지 못했다. 그는 친구들을 만날 때마다 자신의 아이디어에 대해 이야기했다. 그리고 그중에는 유망한 기업가이자 에인절 투자자인 트래비스 캘러닉도 포함되어 있었다.

캠프는 다른 젊은 사업가들과 함께 잼패드에서 캘러닉과 어울렸다. 그들 대부분은 캘러닉이 흥미를 보이거나 지분을 갖고 있는 업체의 사람들이었다. 특히 캘러닉의 포트폴리오 기업 CEO인 데이비드 배럿David Barrett과 루카스 비월드Lukas Biewald는 그 모임에 꼬박꼬박 참여했다. 캘러닉이 투자한 또 다른 잼패드 동료 중에는 나중에 스타일시트StyleSeat를 설립한 멜로디 맥클로스키Melody McCloskey도 있었다.

그리고 캠프가 있었다. 캠프는 거기서도 틈만 나면 우버캡에 대해 이야기했다. 그는 캘러닉에게도 그 사업의 가능성에 대해 끊임없이 얘기했다. 그는 친구들에게 이렇게 물었다. "택시 면허를 받는

데 연간 50만 달러가 든다는 사실을 알고 있었나요? 배차 시스템
이 어떻게 돌아가는지 본 적 있어요?" 택시에 관한 그의 이야기는
끊이질 않았다. 캠프는 휘발유 1리터에 7킬로미터도 가지 못하는
노란색 고물 택시가 승객을 잡기 위해서 무전기나 날카로운 눈에
의존할 수밖에 없다는 사실을 지적했다. 그는 사람들을 실어 나를,
더 나은 방법이 필요하다고 했다.

캠프는 최고의 잠재 고객을 그냥 내버려두지 않았다. 캠프는 잼
패드의 동료들 같은 도심에서 일하는 기술 전문가를 대상으로 우
버캡 서비스를 홍보할 생각이었다. 이를 위해 그는 그 서비스를 회
원, 즉 '자격 있는 고객'[7]에게 제공하여 클럽 회원처럼 특별함을 느
끼게 만들 작정이었다. 그러려면 벤츠나 BMW, 링컨과 같은 최고
등급의 럭셔리 차량만 운행해야 한다고 생각했다. 캠프가 꿈꾸던
최고의 시나리오는 민간 운송 시장의 리더가 되어 연간 수억 달러
의 매출을 올리는 것이었다. 최악의 시나리오는 샌프란시스코에서
활동하는 기업가를 대상으로 소규모 블랙카 서비스를 운영하는 것
이었다. 기본적으로는 자신과 동료들을 위한 고품격 운송 서비스를
창조하는 것이 목표였다.

그는 확신에 차서 자신의 아이디어를 알리고 다녔다. 그에게 '우
버'는 '최고'와 동의어였다. 그는 뭔가 최고의 것을 부를 때 '우버'라
는 말을 붙였다. 최고의 자동차라면? 우버쿨. 최고로 맛있는 피자
는? 우버슬라이스. 그는 많은 사람에게도 우버가 단지 독일어 전치
사가 아니라 최고와 동의어가 되길 바랐다.

캘러닉 또한 캠프의 생각에 동의했다. 문제는 캠프와 캘러닉 모두 직접 기업을 운영하고 싶어 하지 않는다는 것이었다. 당시 서른두 살의 캘러닉은 레드스우시에서 몇 년간 쉬지 않고 일한 뒤라서 '펀딩 양치기'의 역할에 머물고 싶어 했다. 게다가 캘러닉은 젊은 CEO에게 조언을 하지 않을 때면 비행기를 타고 유럽과 남미, 동남아시아 등지를 돌아다니느라 바빴다. 스타트업에 매여 있는 동안에는 누릴 수 없었던 방랑벽을 그렇게 충족시켰던 것이다. 한편 캠프는 차량과 차고를 직접 소유하는 방식으로 비즈니스를 운영하고 싶어 했다. 그러나 캘러닉이 그런 비즈니스 모델에는 전혀 관심이 없었다. 그건 사소한 차이였지만 좁힐 수 없는 것이었다.

그럼에도 캠프는 그 아이디어를 포기하지 않았다. 그리고 결국 차량과 차고를 소유하겠다는 생각을 포기하기로 하고 캘러닉을 설득했다. 이후 두 사람은 기술 콘퍼런스에 참석하기 위해 파리로 떠나게 되었다. 그리고 며칠 동안 저녁마다 촛불을 켜놓은 테이블에서 함께 술을 마시며 토론을 벌였다. 두 사람은 서로에게서 영감을 얻고 집으로 돌아왔다. 이후 캘러닉이 최종 서명을 하기까지 몇 달이 걸렸다. 어쨌든 캠프가 캘러닉을 설득하는 데 성공했던 것이다.

우버 비즈니스를 추진하기 위해서는 벤처 자본을 투자받은 기업들과 치열하게 경쟁을 벌이는 동시에 군건한 택시 카르텔에 맞서 싸울 투사가 필요했다. 그리고 두 사람은 캘러닉이 적임자라는 점에 동의했다.

2부

유니콘의 조건

6장

최적의 자리를 찾아라

아이디어는 중요하다. 하지만 벤처캐피털이 원하는 것은
적절한 시점에, 적절한 인물에, 적절한 돈을 거는 것이다.

적임자라고 해서 일이 쉬워지는 것은 아니다.

스타트업을 세우는 것은 너무나 힘든 일이다. 소프트웨어 개발을 위해 창업자는 엔지니어에게 주식을 주는 대신 연봉을 깎아야 한다. 마케터와 영업사원을 비롯한 나머지 직원들에게도 마찬가지다. 또한 창업자는 급여와 재무, 세금에 대해서도 잘 알아야 한다. 뿐만 아니라 사무실도 임대해야 한다.

창업자는 다양한 배역을 소화해야 한다. 하루는 콘퍼런스에 연설자로 나섰다가 다음 날에는 홍보 담당자가 되어야 한다. 창업자는 낙관주의자, 치어리더, 테라피스트, 해결사로서 성장하는 조직의 요구와 직원들의 요구 사이에서 균형을 잡아야 한다. 동시에 직원들의 배우자와 자녀에게도 소홀해서는 안 된다. 은행 잔고가 바닥을 드러내기 시작하면, 실리콘밸리를 돌아다니며 투자자를 물어와야 한다. 잔고가 넉넉할 때에도 끊임없는 성장을 기대하는 투자자의 요구를 충족시켜야 한다.

그러나 창업자가 모든 역할을 잘 해낸다고 해서 비즈니스가 잘 굴러갈 거라는 보장은 어디에도 없다. 시장이 좋지 않을 수도 있다. 아이디어가 결실을 맺기 전에 자금이 말라버릴 수도 있다. 아이디어가 좋고 자금이 넉넉하다고 해도 시장의 반응이 시원찮을 수도 있다. 물론 아이디어는 중요하다. 하지만 더 중요한 것은 아이디어를 현실로 바꾸는 일이다. 실리콘밸리에는 아이디어는 좋지만 은행 잔고는 텅 빈 사람들이 가득하다. 이곳에서는 아이디어가 있다고 해도 반드시 승자가 된다는 보장이 없다.

캠프와 캘러닉 모두 앱에 기반한 럭셔리 블랙카 비즈니스의 창업자가 되고 싶지 않았다. 그래서 그들은 트윗으로 도움을 요청했다.

2010년 1월 5일, 캘러닉은 이런 글을 트위터에 올렸다. "지역 기반 서비스를 위한 프로덕트 매니저와 비즈니스 개발자를 찾고 있음. 론칭 전, 대형 자본·주요 인물 참여—조언 주실 분??"[1]

26세의 인턴 라이언 그레이브스Ryan Graves가 우연히 캘러닉의 트윗을 발견했다. 그는 흥미를 느꼈지만 너무 절박해 보이고 싶지는 않았다. 그래서 3분 뒤에 도도하게 답장을 보냈다. "알려드리죠. 이메일 주세요.:) graves.ryan@gmail.com"[2] 당시 그레이브스는 알지 못했겠지만, 그 메시지는 결국 그에게 10억 달러가 넘는 부를 가져다쳤다. 그가 지금껏 인생에서 내린 가장 운 좋은 결정이었다.

2010년 초 그레이브스는 뚜렷한 목표 없는 20대 청년에 불과했다. 다른 많은 젊은이처럼 그도 스타트업 세상에서 대박을 꿈꾸고 있었다. 그런 그에게 우버캡은 멋진 기회처럼 보였다.

그레이브스는 미식축구팀 주장에 어울릴 법한 외모였다. 190센티미터의 키에 헝클어진 금발, 강인한 턱과 운동선수의 몸매를 갖고 있었다. '테크브로'보다 '서퍼브로Surferbro'라는 별명이 더 어울릴 듯 보였다. 실제로 그레이브스는 샌디에이고 해안에서 태평양의 거센 파도를 맞고 서핑을 하며 자랐다. 그는 토요일마다 오션비치나 투어멀린서핑파크에 있었다.[3] 대학 진학을 위해 고향을 떠나 오하이오로 넘어간 뒤에는 서핑 대신 수구를 즐겼고, 엘리트 대학생 친목 단체인 베타세타파이Beta Theta Pi에 가입하기도 했다. 그의 따뜻한 성품은 사람들을 편안하게 했다. 이는 특히 기술 업계에서 찾아보기 힘든 장점이었다. 그레이브스의 친구들 모두 그를 '감성지능'이 높은 사람으로 기억했다. 이 역시 실리콘밸리에서 활동하는 엔지니어나 분석적 성향이 강한 이들에게서는 찾아보기 힘든 자질이었다. 친구와 지인들 모두 라이언 그레이브스에 대해 한결같이 '좋은 사람'이라고 말했다.

그레이브스는 일찍부터 기업가로서의 꿈을 키웠다. 그는 스티브 잡스와 래리 페이지, 세르게이 브린과 같은 기업가를 흠모했다. 그리고 그들이 아이디어와 컴퓨터만으로 일궈낸 엄청난 성공을 존경했다. 그레이브스의 텀블러Tumblr 페이지는 제프 베저스의 사진과 아인슈타인의 어록 혹은 머스크에 관한 기사로 가득했다.[4] 특히 그는 힙합 팬들에게 제이지라는 이름으로 더 잘 알려진 숀 카터Shawn Carter의 유명한 말을 좋아했다. "난 비즈니스맨이 아냐. 비즈니스 그 자체지."[5]

2009년 그레이브스는 시카고에 위치한 GE의 헬스케어 부서에서 데이터베이스 관리자로 일하고 있었다. 하지만 그 일을 좋아하지는 않았다. 그는 더 '멋진' 일을 원했다. 가령 아이폰 홈 화면에 나오는 앱을 개발하는 스타트업에서 일하고 싶었다. 그중 하나로 그는 지역 기반의 모바일 체크인 스타트업인 포스퀘어Foursquare에 주목했다. 그들은 이미 실리콘밸리의 많은 인재를 확보하고 있었다. 그레이브스는 지원했지만 곧바로 떨어졌다. 그래도 그레이브스는 포기하지 않았다. 그는 틈날 때마다 시카고의 술집과 레스토랑에 전화를 걸어서 사장이나 관리자에게 포스퀘어 앱을 소개하고 등록하게 했다. 그는 자신이 마치 포스퀘어 직원인 것처럼 시카고 지역에 있는 30곳의 업체를 신규 등록하게 했다.[6] 그리고 그렇게 확보한 고객 목록을 포스퀘어와 그 투자자들에게 보냈다.

포스퀘어 경영진은 강한 인상을 받았다. 스타트업 세상에서는 그레이브스와 같은 적극적인 인재가 탁월한 능력을 발휘하곤 한다. 결국 포스퀘어는 그를 개발 부서의 인턴사원으로 채용했다.

포스퀘어 시절 그레이브스는 자신의 텀블러 페이지에 금속 재질의 조그마한 유인원 조각상 사진을 게시했다.[7] (영화 〈2001 스페이스 오디세이〉에서 가져온 이미지였다. 이 영화가 나온 햇수는 대다수 포스퀘어 인턴사원들의 나이보다 2배나 많았다). 야구 모자를 거꾸로 쓰고 망가진 전자기기 더미 위에 앉아서 머리 위로 뼈를 휘두르는 유인원의 조각상은 크런치Crunchie 어워드의 트로피였다. 포스퀘어는 그해 실리콘밸리 최고의 모바일 앱에 주어지는 크런치 어워드를 수상했던 것이다. 그레이브스는 기술 분야의 오스카상인 크런치 어워드를 자신이 직접 받고 싶었다.

그레이브스는 종종 스타트업 모임에 참석했다. 그리고 〈테크크런치TechCrunch〉, 〈벤처비트VentureBeat〉, 〈타임스〉, 〈저널〉, 〈테크밈Techmeme〉과 같은 잡지를 읽으며 시장의 흐름을 파악했다. 트위터 피드도 눈여겨보면서 벤처 자본가와 기술 CEO, 창업자 계정을 팔로했다. 그러던 어느 날, 그레이브스는 스타트업에 엄청난 영향을 미치는 마이클 애링턴Michael Arrington(실리콘밸리의 유명 변호사 출신으로 나중에 〈테크크런치〉를 창간했다)의 기사에 주인공으로 등장하고 싶다는 생각을 했다. 이를 위해서는 기회를 잡아야 했다. 그리고 캘러닉의 트윗을 봤을 때, 바로 그 기회라고 생각했다.

캘러닉과 그레이브스는 한눈에 서로가 마음에 들었다. 그레이브스는 캘러닉의 현실주의와 '펀딩 양치기' 정신을 좋아했다. 캘러닉은 그레이브스의 대담함과 부지런함 그리고 활력을 높이 평가했다. 그레이브스는 무슨 일이든 하겠다는 각오가 되어 있었다. 그렇게 스물여섯의 라이언 그레이브스는 우버캡의 첫 직원이 되었다.

그레이브스는 자신의 페이스북에 이런 글을 올렸다. "나는 세상을 바꿀 스타트업의 맨 밑바닥에서 일하게 될 것이다. 이 세계에는 의료보험도 없고, 그저 야근과 무한한 책임만 있을 뿐이다. 그래도 최고의 즐거움이 나를 기다리고 있다. 무척 흥분된다."[8]

그레이브스는 자신의 신부 몰리와 함께 트럭에 짐을 싣고 시카고 아파트를 떠나 샌프란시스코로 향했다.

✖

직접 나서고 싶지 않았던 캠프와 캘러닉은 젊고 에너지 넘치는 그레이브스에게 기업의 초대 CEO 역할을 맡기기로 했다. 그레이브스는 기뻤다. 드디어 스타트업 세상에서 자신의 역량을 증명할 기회가 찾아온 것이다.

그러나 결과는 좋지 못했다. 친구들은 그레이브스를 'A+ 인간'이라고 불렀지만, 그는 'B- CEO'인 것으로 드러났다. 초창기에 투자 유치를 위해 벤처 자본가들과 중요한 회의를 가질 때면 수치에서 실수를 하거나 핵심을 놓치기 일쑤였다. 항상 자신감이 넘쳤지만, 투자를 마무리 짓기 위한 설득력 있는 연설은 하지 못했다. 그레이브스는 캠프처럼 기업을 설립해본 경험이 없었다. 게다가 캘러닉처럼 숫자를 빠르게 처리하는 능력도 없었다. 그는 매력적이고 성실했지만 그것만으로는 충분치 않았다. 투자자들은 우버캡에 관심을 보였지만, 이 아이디어를 성공시킬 자질이 그레이브스에게 있다고 확신하지 못했다.

기술 전문가들 사이에는 이런 말이 있다. "아이디어는 중요하다.

하지만 벤처 자본가가 바라는 것은 적절한 시점에, 적절한 인물에게, 적절한 돈을 거는 것이다." 벤처 자본가는 창업자를 평가하기 위해 스스로에게 이렇게 묻는다. "이 남자(성차별이 만연한 기술 산업에서 창업자들 대부분이 남성이다)는 이 스타트업을 포천 500 기업으로 키워낼 인물인가? 자신의 잘못이 드러났을 때도 도망치지 않을 사람인가? 내가 기꺼이 수백만 달러를 걸 만한 인물인가?" 사람들 모두 그레이브스를 좋아했다. 하지만 그를 만나본 벤처 자본가 대부분은 이 질문에 긍정적인 답변을 하지 못했다.

그레이브스가 CEO로 있던 초창기에, 공동 창업자 캠프는 우버캡과 관련해서 아리송한 메시지를 트위터에 올리기 시작했다. 그들은 새로운 비즈니스를 공식적으로 발표하지는 않았지만, 이런 방식으로 그들의 '스텔스 스타트업stealth startup'(대중의 관심을 의도적으로 피하는 기업-옮긴이)을 조금씩 드러내기 시작했다.

퍼스트라운드캐피털First Round Capital의 파트너 롭 헤이스Rob Hayes는 캠프의 트윗에 흥미를 느꼈다. 그는 캠프에게 이메일을 보내고 우버캡 사람들을 만났다. 그리고 첫 번째 펀딩 라운드에서 50만 달러에 가까운 돈을 투자하기로 결정했다. 다음으로 캘러닉의 '잼패드' 시절 친구인 크리스 사카Chris Sacca도 가까운 지인들과 함께 투자를 결정함으로써 우버캡의 '고문advisor'(초기 투자자에게 붙여준 직함)이 되었다. 헤이스와 사카는 전략을 직접 제안하기도 했다. 두 사람의 초기 투자는 이후 수억 달러의 가치로 성장했다.

우버캡은 첫 번째 시드라운드seed round(기업 설립을 위한 초기 자금 조

달 단계—옮긴이)를 통해 출범을 위한 활주로를 닦았다. 우버팀은 헤이스의 사무실에서 몇 달 동안 함께 일하다가 공동 사무실을 임대하여 초창기 인력을 데려오기 시작했다.

헤이스와 사카를 비롯한 많은 사람이 그레이브스는 훌륭한 사람이기는 하지만 훌륭한 CEO는 아니라는 결론에 동의했다. 결국 캘러닉, 캠프, 헤이스가 그레이브스에게 최대한 부드럽게 사임을 요구했다. 그레이브스는 자존심에 큰 상처를 입었지만, 순순히 사업부 부사장이라는 새로운 직함을 받아들였다.

이후 캘러닉이 CEO를 맡기로 하면서, 경영권 확보를 위해 더 많은 지분을 요구했다. 그는 경영자가 비즈니스 방향을 결정하기 위해서는 충분한 발언권을 확보하는 것이 대단히 중요하다고 믿었다. 그는 더 많은 지분을 바탕으로 조직을 강력하게 통제하고자 했다. 연봉은 그에게 중요하지 않았다. 레드스우시를 매각하면서 이미 충분한 부를 얻었기 때문이었다. 그가 원한 것은 힘이었다.

캠프와 그레이브스는 새로운 지위에 대한 보상으로 캘러닉에게 상당한 지분을 보장하기로 합의했다. 이로써 캘러닉은 힘을 얻었고, 그 결과가 어떻든 간에 언제나 기업과 운명을 함께하게 되었다.

그레이브스도 어쨌든 오랜 소망을 성취하게 되었다. 2010년 12월 22일자 〈테크크런치〉 기사의 주제는 우버의 첫 정식 직원인 그레이브스였다. 물론 그 기사는 그가 희망했던 내용은 아니었다. 기사 제목은 이랬다. "창업자에게 자리를 내주게 되어 '슈퍼펌프드'된 우버 CEO."[9] (사실 그레이브스는 '슈퍼펌프드'되지 않았다).

캘러닉은 가장할 필요가 없었다. 그의 열정은 진심이었다. 그는 〈테크크런치〉의 마이클 애링턴에게 이렇게 말했다. "우버와 모든 걸 함께하게 되어 완전히 흥분됩니다!" 우버캡의 잠재력을 일찍이 간파했던 애링턴은 기사에 이렇게 썼다.

"이번 변화에 사람들은 크게 열광했다."

✖

우버캡의 첫 버전은 앱이 아니었다. 당시 우버캡 서비스를 이용하려면 먼저 데스크톱에서 브라우저를 실행해 우버닷컴Uber.com에 접속한 다음 블랙카 서비스를 클릭해야 했다. 그러면 일반 택시 요금의 1.5배 이하로 서비스 이용이 가능했다. 그렇다. 요금은 더 비쌌다. 그래도 우버캡 측은 온디맨드 서비스의 신뢰성과 편의성에 사람들이 기꺼이 더 높은 금액을 지불할 거라고 기대했다. 이후 우버는 앱 개발에 착수해 기본적인 형태의 아이폰 앱을 선보였다. 비록 버그가 많고 속도도 느렸지만 사용은 가능했다.

럭셔리 서비스를 추구했던 캠프는 브랜딩 작업에 주력했다. 그는 링컨, 서버번, 에스컬레이드 등 고급 블랙카 군단을 꾸리는 일에 집중했다. 그리고 '모두의 개인 기사'라는 초창기 슬로건을 기반으로 최고급 서비스의 이미지를 널리 퍼뜨리고자 했다. 그는 그런 인식을 전파하는 것이야말로 브랜딩 작업의 핵심이라 믿었다.

이를 위해 그들은 샌프란시스코에서 활동하는 수백 명의 리무진 기사에게 일일이 전화를 걸어 새로운 서비스에 가입하도록 설득했다. 이 힘든 일은 주로 그레이브스의 몫이었다. 그레이브스는 샌프란시스코의 블랙카 서비스 업체를 인터넷에서 검색하고 차고지를 직접 방문해서 어리둥절해하는 기사들에게 우버캡 서비스에 대해 설명했다.

우버캡은 초기에 AT&T와 계약을 맺고 아이폰 수천 대를 할인된 가격에 구매했다. 그리고 그것을 신규 가입한 기사들에게 무료로 지급했다. 그들이 나눠준 아이폰에는 우버캡 앱이 이미 깔려 있었다. 그들은 누구보다 빨리 기사들에게 네트워크 시스템을 선물했던 것이다. 당시 우버캡 사무실 한쪽에는 수만 달러어치에 달하는 아이폰 상자들이 흰색 벽돌처럼 가지런히 쌓여 있었다. 기사들에게 나눠주는 만큼 빠른 속도로 벽돌이 늘어났다. 맷 스위니라는 직원은 아이폰4S 상자를 쌓아 올린 침대 위에 눈을 감고 누운 사진을 인스타그램에 올리기도 했다.[10]

이 전략이 효과를 내면서 샌프란시스코의 많은 기사가 우버캡 서비스에 가입했다. 또한 언론이 우버 앱을 다루기 시작하면서 애플 스토어 순위가 크게 뛰어올랐다. 특히 〈테크크런치〉는 우버캡을 혁신적이고 획기적인 '자동차 업계의 에어비앤비'로 소개했다.[11] 아이러니하게도 몇 년 후 많은 스타트업이 스스로를 '~업계의 우버'로 소개하게 되었다.

〈테크크런치〉의 애링턴은 이렇게 썼다. "차량과 기사, 요금을 선택하기만 하면 사악한 택시 왕국에 일격을 가할 수 있다."[12] 그야말로 우버에 대한 가장 정확한 설명이라 할 수 있었다.

이후 샌프란시스코 전역에 입소문이 퍼졌다. 우버캡 사용자는 서비스를 신뢰했다. 버스가 다니지 않는 포트레로힐이나 선셋 지구에 사는 사람들에게, 혹은 바트 운행이 끝나서 오도 가도 못하게 된 사람들에게 우버캡은 바로 그들이 기다려왔던 서비스였다.

우버 앱 사용자들은 만족했다. 캘러닉과 캠프는 사용자 경험user experience(업계에서 'UX'라고 부르는)을 개선하기 위해 많은 고민을 했다. 기사 호출에서 목적지 하차에 이르기까지 우버캡을 사용하는 매 순간이 쉽고 즐거워야 했다. 캘러닉의 표현대로 '매끄러운' 사용자 경험이야말로 서비스의 핵심이었다.

일반 택시를 호출할 때, 사람들은 택시가 정말로 올지 알 수 없었다. 하지만 우버캡을 호출하면 아이폰의 지도를 통해 호출한 자동차의 이동 경로를 정확히 확인할 수 있었다. 또한 샌프란시스코의 낡은 택시들은 죄다 지저분했다. 시트는 끈적이거나 찢어져 있기 일쑤였다. 반면 우버캡의 블랙카는 깨끗했다. 매끈한 검은색 가죽 시트에 쾌적한 에어컨 시스템, 그리고 상쾌한 민트 향과 더불어 차가운 생수까지 갖춰져 있었다.

우버캡을 이용할 때 가장 중요한 부분은 결제 방식이었다. 캘러닉은 승객이 아무런 불편 없이 요금을 지불할 수 있어야 한다고 생각했다. 우버캡 승객은 신용카드로 결제가 가능했다. 여정의 마무리는 출발만큼이나 간단했다. 팁도, 잔돈도, 번거로움도 없었다.

머지않아 스타트업 CEO와 벤처 자본가들이 우버캡을 이용하기 시작했다. 머지않아 우버 앱을 깔고 택시가 아닌 우버캡을 호출한다는 것이 사회적 지위를 상징하게 되었다. 우버캡 직원들은 수십 장의 홍보용 상품권을 인쇄해서 영향력 있는 트위터 사용자나 베이에어리어 지역의 유명 기술 엘리트에게 나눠줌으로써 그들 사이에서 우버캡 서비스에 대해 회자되도록 자극했다.

그리고 몇 달 후 캘러닉과 캠프의 스타트업은 실리콘밸리의 화제가 되었다.

■

그러나 캘러닉은 기업의 성장 가능성을 입증하기 위해 베이에어리어 밖에서 우버캡의 성공을 재현해 보여야 했다. 샌프란시스코는 말하자면 '아주 쉬운 지역'이었다. 기술 친화적인 베이에어리어에는 새로운 아이디어를 앞서 받아들일 만한 충분한 재력을 가진 젊은 인구가 풍부했기 때문이었다. 소비재 기술 분야의 아이폰 앱이 샌프란시스코 지역에서도 성공하지 못한다면, 아마도 그냥 짐을 싸서 고향으로 돌아가는 편이 나을 것이다.

우버캡이 새로운 도시로 확장하는 데는 스물네 살의 청년 오스틴 게이트Austin Geidt가 중요한 역할을 했다. 게이트는 2010년 캘리포니아 대학교 버클리캠퍼스에서 영문학 학사 학위를 받았다. 당시 그녀는 앞으로 뭘 해야 할지 알지 못했다. 유통 산업 말고는 한 번도 정규직으로 일해본 적이 없었다. 게이트는 노던캘리포니아의 부촌인 밀밸리의 피츠 카페에 바리스타로 지원했었다. 하지만 떨어지고 말았다. 바로 그날 그녀는 우버캡에 인턴으로 지원했다.

게이트가 인턴으로 입사했을 때, 우버캡은 정식 사무실도 없고 주요 고객층도 확보하지 못한 상태였다. 특별한 기술도 없는 데다 자신이 무엇을 해야 할지도 몰랐던 게이트는 무슨 일이든 닥치는 대로 했다. 가장 먼저 샌프란시스코에서 영업 중인 리무진 업체에 전화를 걸어 우버 서비스를 소개하는 일을 했다. 그리고 크레이그스리스트에 광고를 올리고, 구인 광고와 전단지로 도시의 거리를 뒤덮었다. 고된 일이었지만 게이트는 그런 일이라도 할 수 있는 것에 감사했다. 그녀는 캘러닉이 강조하는 '부지런함'을 몸소 보여준 것이다.

다음으로 게이트는 새로운 도시로 진출하는 임무를 맡았다. 그녀는 사무실을 임대하고 지역 블랙카 업체와 계약을 맺는 것은 물론, '비즈니스 론칭 파티를 위해 케이크를 구매하는 일'까지 모든 것을 꼼꼼히 챙겼다.

그동안 게이트는 주요 대도시에는 블랙카와 리무진 서비스를 제공하는 소규모 업체들이 넘쳐난다는 사실을 알게 되었다. 그런데 그런 업체에서 일하는 운전기사들은 대개 차고나 길가에서 다음 호출을 기다리며 오랫동안 지루하게 대기하고 있었다.

이에 대해 게이트는 이런 아이디어를 내놓았다. "기사들에게 우버앱이 깔린 아이폰을 무료로 지급할 생각입니다. 그래서 업무 중에 남는 시간이 있을 때, 앱을 켜고 부수입을 올리게 하는 거죠." 이

때 우버캡은 승객을 연결해주는 네트워크를 제공하는 대가로 요금의 20~30퍼센트를 가져간다. 게이트는 말했다. "모두가 윈윈이죠."

한 초창기 직원은 이렇게 말했다. "리무진 업체로서는 그리 어려운 선택은 아니었죠. 어쨌든 기사들은 오랫동안 대기를 하고 있어야 했으니까요." 우버캡은 수요를 자극하기 위해 기사와 승객 모두에게 인센티브를 제공했다. 그리고 이는 향후 지속 가능한 마케팅 전략으로 이어졌다. 예를 들어 승객은 처음 앱을 깔 때 무료 쿠폰을 받고, 기사는 일주일 동안 운행 기준을 충족하면 수백 달러의 보너스를 받는다. 또한 승객이 계속 서비스를 이용하도록 20~50퍼센트의 할인 쿠폰이나 무료 쿠폰을 지속적으로 지급하고 그 비용은 모두 우버캡이 부담한다.

그런데 이는 대단히 비용이 많이 드는 마케팅 전략이다. 승객이 서비스를 이용할 때마다 돈이 나가기 때문이다. 하지만 많은 사용자가 지속적으로 서비스를 이용하기 시작하면 이익으로 돌아온다. 한 직원은 이렇게 설명했다. "리무진 업체들은 우버로부터 얼마나 많은 일감이 들어오는지를 알고는 더 많은 차량을 구매하고 더 많은 기사를 고용하기 시작했습니다."

게이트는 자신이 다른 도시로 넘어가고 나서도 비즈니스가 그대로 유지되도록 조직을 구축했다. 우선 커뮤니케이션 담당자에게 마케팅과 메시지 전달, 그리고 홍보를 맡겨서 승객과 기사의 관심을 지속적으로 자극하게 했다. 그리고 MBA 출신을 채용해 승객과 기사 사이의 수요와 공급을 관리하기 위한 스프레드시트 작업을 맡겠다. 다음으로 총관리자를 두어 각각의 도시에서 지사장 역할을 맡도록 했다.

게이트는 비로소 자신의 전문 분야를 찾았다고 확신했다. 우버캡을 새로운 도시로 확장하는 일은 이제 반복적인 업무가 되었다. 그녀는 새로운 도시로 진입하기 위한 우버의 매뉴얼을 마련했고, 이에 따라 체계적으로 사업을 확장해갔다. 시애틀, 샌안토니오, 시카고를 비롯한 모든 도시에 론칭팀을 파견해 매뉴얼대로 작업하게 했고, 서서히 수요가 생기는 것을 지켜봤다. 이런 방식으로 게이트는 대단히 효율적으로 새로운 지역을 개척해나갔다. 이후 그녀는 8년 동안 비행기를 타고 세계 곳곳을 돌아다니면서 샌프란시스코에서 자신이 했던 일을 반복했다.

사실 게이트가 미국 시장에서 매뉴얼을 완성해나가는 동안에는 우버캡을 외국 시장에 론칭하는 것은 상상할 수도 없는 일로 보였다. 우버캡은 캘리포니아 경계를 넘기도 전에 한 차례 존망의 위기에 직면했기 때문이다.

그레이브스가 CEO 자리에서 물러나겠다는 뜻을 공식적으로 밝히고 며칠이 지난 2010년 10월 20일, 미 교통국 직원들이 우버캡 사무실로 들이닥쳤다. 그들은 다짜고짜 그레이브스와의 면담을 요청했다. 그러고는 우버캡이 교통 규제를 어겼기 때문에 영업정지 명령을 내릴 수밖에 없다고 했다. 그래도 계속 운행한다면 서비스 건당 최고 5,000달러의 벌금을 물게 될 것이라고 했다.

그 정도의 벌금을 물게 된다면 우버캡은 시장에서 쫓겨날 판이었다. 당시 우버캡은 샌프란시스코 내에서 하루 수백 건의 운행 서비스를 제공하고 있었다. 게다가 교통국 직원들은 우버캡이 10월 20일 이후 운행을 계속한다면 모든 직원이 영업일 하루당 최장 90일까지 수감될 수 있다고 엄포를 놓았다.

그레이브스, 게이트, 캘러닉, 롭 헤이스는 좁은 공유 사무실에 모였다. 그들은 망연자실한 표정으로 영업정지 명령서를 들여다봤다.

그레이브스는 두려웠다. 그는 서류에 적힌 자신의 이름을 들여다보며 큰 소리로 물었다. "자, 어떻게 해야 할까요?" 헤이스는 아무 말도 하지 못했다. 그는 지금껏 기술 분야에 투자하면서 법을 어긴 적은 한 번도 없었기 때문이다. 몇 달 전 대학을 막 졸업한 게이트는 입을 다문 채 초조한 표정을 짓고 있었다. 우버캡은 그녀가 처음으로 세상에 발을 디딘 곳이었다. 그런데 이제 자칫 교도소 신세가 될 수도 있었다.

그때 캘러닉이 단호하게 말했다. "무시합시다."

사람들은 마치 캘러닉의 머리에 뿔이라도 솟은 듯 그를 쳐다봤다. 그레이브스는 물었다. "무시한다니 무슨 뜻이죠?" 그는 헤이스를 쳐다봤다. 적어도 헤이스는 스타트업을 운영한 경험이 있었기 때문이다. 그러나 헤이스는 그저 어깨를 으쓱할 뿐이었다.

캘러닉은 한 번 더 말했다. "무시합시다. 다만 우리 이름에서 '캡'은 뺍시다." 나중에 알게 되었지만, 이는 허위 광고로 소송을 당할 위험을 높일 수도 있는 결정이었다.

어쨌든 우버캡은 이제 '우버'로 바뀌었고 비즈니스는 계속되었다.

7장
거물 벤처캐피털

대부분의 스타트업은 기존 비즈니스 모델을 개선하려고 한다.
반면 우버는 전통 산업 자체를 완전히 뒤집겠다고 나섰다.

사실 빌 걸리Bill Gurley는 여기에 끼어들 필요가 없었다. 10년 넘게 벤처캐피털 기업에서 일하는 동안 걸리는 이미 충분히 많은 스타트업의 성공과 실패를 보아왔다. 물론 '모두의 개인 기사'라는 우버의 슬로건은 흥미로웠다. 게다가 성장세는 가팔랐고, 당시 세상을 바꾸고 있던 아이폰과도 잘 어울렸다.

하지만 걸리는 캠프나 캘러닉과는 달리 화려한 비전을 제시하거나 '멋진 사람'이 되는 일에는 별 관심이 없었다. 그리고 돌아다니는 데도 크게 어려움을 겪지 않았다. 자동차를 소유한 데다 샌프란시스코와 실리콘밸리 사이의 부촌인 우드사이드 외곽에 살고 있었기 때문이었다.

걸리가 우버에서 중요하게 생각했던 부분은 확장성이었다. 대부분의 스타트업은 기존 비즈니스 모델을 좀 더 낫게, 그리고 좀 더 효율적으로 개선하려고 했다. 반면 우버는 수십 년간 변화와 혁신이 없었던 택시 산업을 완전히 뒤엎겠다고 나섰다. 시장 규모에 비춰볼 때, 우버가 지금의 성장세를 그대로 이어간다면 그 가치는 수십억 달러를 쉽게 넘어설 것이었다. 이런 잠재력을 지닌 우버가 하루아침에 모습을 드러냈다. 우버는 운송 산업 전체를 아날로그 시대에서 디지털 시대로 바꿔놓을 비전을 갖고 있었다. 그리고 그 과정에서 새로운 시장 기회를 창출할 가능성을 지니고 있었다.

우버 사용자는 앱을 다운로드받아 시간과 장소에 구애받지 않고 차량을 즉각 호출할 수 있다. 그리고 운전자는 승객을 태우기 위해 대시보드 위에 놓아둔 거추장스러운 미터기에 수백 달러를 낭비하지 않아도 된다. 이제 스마트폰 거치대 비용인 10달러만 투자하면 되었다. 아이폰은 우버에서 무료로 제공했다.

걸리는 말했다. "마술이군."[1]

우버는 아주 적절한 시점에 걸리의 레이더망에 포착되었다. 걸리는 언제나 '시장'에 주목했다. 그가 생각하는 시장이란 제품을 개발하거나 판매하는 것이 아니라, 수요와 공급을 연결해줌으로써 이윤을 얻는 비즈니스 공간을 의미했다.

걸리가 벤처캐피털 기업인 벤치마크(그는 여기서 7년 동안 일했다)에 처음 합류했을 무렵, 그가 생각했던 시장은 한창 무르익고 있었다. 벤치마크의 가장 성공적인 투자처인 이베이는 자연스럽게 형성된 시장으로, 그들은 떠오르는 인터넷의 위력을 기반으로 수많은 구매자와 판매자를 연결해줬다. 부동산 시장의 이베이라 할 수 있는 질로Zillow 역시 마찬가지였다. 걸리가 초기에 투자한 기업인 오픈테이블OpenTable은 레스토랑과 손님을 연결해줬다. 마찬가지로 음식 배달 업체인 그럽허브Grubhub는 식당과 소비자를 연결했다. 그리고 개를 위한 에어비앤비라 불리는 도그베케이DogVacay 또한 마찬가지였다.

걸리는 투자를 결정하는 과정에서 한 가지 기본적인 사실에 주목했다. 인터넷이 경험이나 장소 등에 대한 사람들의 욕구를 충족시켜주는 근본적인 힘을 내포하고 있다는 것이었다. 가령 비니베이비Beanie Baby는 열성 팬이 특정한 형태의 기린 인형을 사기 위해 이곳저곳을 돌아다니기 전에, 웹사이트를 통해 해당 제품의 재고를 보유하고 있는 업체를 찾게 도와준다. 구매자와 판매자의 조합은 무한하다. 그리고 젊은 기업가의 머릿속에서 시작된 수많은 잠재적 시장이 벤치마크의 투자를 기반으로 생명을 꽃피우게 되기를 기다리고 있었다.

이베이는 걸리가 합류하기 전에 이미 벤치마크의 핵심 투자처였다. 규모가 크지는 않지만 기반이 탄탄한 벤처캐피털 기업인 벤치마크는 1997년 이베이에 670만 달러를 투자했다. 그리고 2년 후, 그들이 보유한 이베이 지분의 가치는 50억 달러를 넘었다.

걸리는 훌륭한 투자 실적과 함께 벤치마크에 들어갔다. 벤치마크 이전에 다녔던 휴머윈블래드벤처파트너스Hummer Winblad Venture Partners 의 초기 자본인 5,000만 달러는 이후 2억 5,000만 달러로 늘어났다.[2] 그리고 IT 거품이 터지기 얼마 전인 1999년 중반에 벤치마크에 합류하여 성공적인 투자를 수없이 일궈냈다.

하지만 걸리는 자신이 직접 홈런을 치고 싶었다. 비즈니스 세상에 뛰어들고 싶었다.

✖

존 윌리엄 '빌' 걸리는 1966년 5월 10일 텍사스 디킨슨에 있는 인구 7,000명의 작은 마을에서 태어났다.

빌의 아버지 존 걸리는 나사NASA의 엔지니어로 휴스턴에 위치한 존슨우주센터Johnson Space Center에서 근무했다.[3] 그는 숫자와 분석에 탁월했으며, 그 재능은 고스란히 아들에게 이어졌다. 빌의 어머니 루시아는 의욕이 넘치는 사람이었다. 그녀는 마을 학교에서 임시 교사로 일하면서 11년간 시의원으로 활동했고, 도서관에서 자원봉사를 하기도 했다. 그리고 공립학교를 위해 장학금 모금 활동까지 벌였고 나중에는 디킨슨의 환경미화 프로그램에 참여하기도 했다.[4] 빌은 어머니를 사랑했고, 어머니의 근면함과 열정, 그리고 공동체에 대한 책임감을 존경했다.

빌은 디킨슨 공립학교에 입학하면서 처음으로 컴퓨터 세상을 접하게 되었다. 1981년 그의 아버지는 코모도어VIC-20 데스크톱을 299달러에(오늘날 기준으로 850달러 정도) 집에 들여놨다. 그 모델은 비교적 가격이 저렴한 최초의 가정용 컴퓨터였다.[5] 빌은 9학년 때 컴퓨터 잡지 부록에 실린 템플릿을 가지고 혼자서 프로그래밍을 하기도 했다.

걸리는 어릴 적부터 큰 키 덕분에 어딜 가나 눈에 띄었다. 초등학교 때부터 디킨스 고등학교 시절에 이르기까지 그는 언제나 또래보다 월등히 컸다. 그리고 그 사실을 잘 알았다. 그가 큰 키를 항상 좋아했던 것만은 아니었다. 그러나 대학에 진학하면서는 분명한 장점으로 작용했다. 걸리는 미시시피에서 몇 년간 칼리지를 다닌 뒤에 게인즈빌에 있는 플로리다 대학에 진학했다. 거기서 그는 대학 농구팀인 게이터스Gators에서 뛰면서 장학금을 받았다. 게이터스는 SECSoutheastern Conference(미국 남동부 지역 대학 리그) 소속이었는데, 걸리의 선수 생활은 그리 화려하지는 못했다. 대부분 벤치 신세를 졌다.[6] NCAANational Collegiate Athletic Association(전미 대학체육협회) 토너먼트에서 미시간 대학을 상대로 1분간 뛴 적이 있었는데, 걸리가 던졌던 유일한 슛은 들어가지 않았다.[7] 그날 게이터스는 대패를 기록했다. 그래도 걸리는 컴퓨터공학과를 무사히 졸업했다.

컴퓨터와의 인연은 대학 졸업 후에도 계속되었다. 걸리는 고향 마을에서 멀지 않은 휴스턴에 위치한 컴팩Compaq에 입사했다. 1989년 당시 컴팩은 성장하는 컴퓨터 제조 기업이었다. 거기서 걸리는 운 좋게도 소프트웨어의 버그를 처리하는 임무를 맡았다. 전기공학을 전공한 그의 누이도 사원번호 63번의 컴팩 직원이었고, 이는 그의 회사 생활에 많은 도움이 되었다.

걸리는 소프트웨어에서 버그를 발견하지 못할 때면, 기술 동향을 추적하곤 했다. 또한 프로디지Prodigy(홈쇼핑이나 뉴스, 주식 시세, 취미 생활 정보 등을 제공하는 온라인 정보 사이트-옮긴이) 계정으로 주식을 거래했다. 기술 잡지를 닥치는 대로 읽었고, 유망한 IT 기업의 재무 분석 보고서를 들여다봤다. 그는 언제나 열정이 넘쳤다.[8] 걸리는 기술 분야에서 혁신을 발견할 때마다 흥분했고, 그 속으로 한 걸음 더 다가서고 싶었다.

이후 걸리는 오스틴에 있는 텍사스 대학에서 MBA 학위를 받았다. 그리고 컴퓨터 칩을 개발하는 어드밴스드마이크로디바이스 Advanced Micro Devices에 마케터로 들어갔다. 하지만 곧 그 일에 싫증을 느끼게 되었다. 그는 더 큰 일을 하고 싶었다. 떠오르는 기술 분야에서 분석과 숫자에 대한 자신의 능력을 마음껏 발휘할 그런 일을 원했다.

걸리는 비즈니스스쿨 시절에 벤처캐피털 세상을 살짝 엿보고 매력을 느꼈다. 벤처캐피털은 그가 생각하는 완벽한 세상이었다. 숫자를 분석하고 떠오르는 기술 동향을 파악하는 일이야말로 그가 좋아하는 분야였다. 그리고 그런 일을 하면서 돈을 번다는 것은 그에게 꿈만 같았다. 그러나 벤처캐피털 기업에 들어가기는 쉽지 않았다. 오스틴에 있는 여러 벤처캐피털에 이력서를 냈지만, 어리고 경험이 없다는 이유로 모두 거절당했다. 결국 걸리는 월스트리트에서 자신의 운을 시험해보기로 했다.

1990년대 월스트리트는 실리콘밸리와는 전혀 다른 세상이었다. 그 무렵 실리콘밸리의 벤처 자본가들은 문샷moonshot을 찾고 있었다. 다시 말해 오랫동안 배고픔을 참아가며 노력하는 스타트업 창업자들의 원대한 아이디어를 물색하고 있었다. 반대로 월스트리트 기업들은 3개월 안에 당장 수익을 올릴 수 있는 기회를 찾았다.

서부와 동부 해안의 중간에 자리 잡은 텍사스 출신으로서 걸리는 서로 다른 두 가지 접근방식을 모두 받아들였다. 우선 IT 스타트업 창업자의 도전 정신, 그리고 단기적인 수익을 노골적으로 무시하는 태도를 높이 평가했다. 동시에 그는 실용주의자였다. 대차대조표를 외면하고 오로지 미래의 프로젝트를 좇는 기업의 운명은 꿈을 실현하기도 전에 다하고 만다는 사실을 그는 잘 알고 있었다.

MBA를 갓 졸업한 걸리는 인지도 있는 기업들을 찾아다니기 시작했다. 큰 키와 큰 눈을 가진 개성 있는 외모의 텍사스 출신 걸리가 가장 먼저 면접을 본 곳은 프레피이스트코스트Preppy East Coast라는 회사였다. 그렇게 면접을 보러 다니던 걸리가 마침내 소망을 이룬 것은 1993년이었다. 그는 크레딧스위스퍼스트보스턴Credit Suisse First Boston이라는 기업에 매도 부문 분석가로 입사하게 되었다. 그것은 증권 분석이나 트레이딩 경험이 전혀 없는 스물일곱 살의 청년으로서는 큰 성공이었다. 그곳은 걸리를 위한 곳이었다. 그는 거기서 개인용 컴퓨터 산업에 대한 연구 자료를 분석하고 종합하는 일을 맡았다. 많은 투자 기업이 수백만 달러어치의 주식을 살지 팔지 결정하기 위해 걸리의 보고서를 참조할 정도였다. 걸리는 경험 많은 선배 분석가들과 함께 일했다. 그중에는 찰리 울프Charlie Wolf와 데이비드 코스David Course, 그리고 댄 벤턴Dan Benton이 있었다. 그들은 당시 PC 산업 분야의 유명 전문가로서 신문 기사에 종종 인용되고, TV에도 출연해서 스타트업과 관련된 인터뷰를 했다. 걸리는 그들의 명예와 부를 부러워했다. 그에게 도전은 힘든 일인 동시에 즐거움이기도 했다. 기술과 관련하여 자문을 제공하고 그 일로 돈을 벌 수 있다는 것은 생각만 해도 짜릿한 일이었다.

머지않아 걸리는 월스트리트의 스타로 떠올랐다. 그는 선배들의 뒤를 따라 빠른 속도로 올라갔다. 선배들은 그들이 사용하는 재무 모형에 대한 지식을 알려줬고, 오랜 세월을 통해 얻은 소중한 노하우를 전수해줬다. 특히 찰리 울프는 걸리가 샌프란시스코에서 매년 열리는, 기술 엘리트들의 유명 콘퍼런스인 어젠다Agenda에 참석하게 해주었다. 걸리는 빌 게이츠, 래리 엘리슨(오라클 창업자이자 CEO―옮긴이), 마이클 델(델의 창업자이자 CEO―옮긴이) 같은 거물들을 만날 수 있다는 생각에, 한껏 들뜬 마음으로 콘퍼런스 행사장을 돌아다녔다.

물론 그의 성공은 선배들의 도움 덕분만은 아니었다. 걸리는 유망한 기술주를 직접 골라내고 시장 흐름을 정확하게 분석함으로써 명성을 쌓았다. 그리고 그 과정에서 크레딧스위스의 거물 프랭크 콰트론Frank Quattrone에게 강한 인상을 심어줬다. 크레딧스위스에 있는 동안 걸리는 콰트론과 가깝게 지냈다. 그리고 나중에 두 사람은 도이치은행Deutsche Bank에서 다시 만나 함께 일을 하게 되었다. 콰트론은 걸리가 엔지니어이자 분석가로서 날카로운 통찰력을 갖고 있다는 사실을 일찍이 알고 있었다.

걸리가 담당했던 기업의 경영자들 역시 그의 통찰력을 인정했다. 1997년 아마존이 기업공개를 했을 때, 제프 베저스를 비롯한 아마존 경영진은 유명 투자 회사 두 곳(모건스탠리와 골드만삭스) 중 한 곳을 선택하지 않았다. 대신 그들이 손잡은 곳은 인지도는 살짝 떨어지지만 그래도 뛰어난 투자 기업인 도이치은행이었다. 그것을 가능하게 했던 것은 도이치은행의 스타 은행가와 뛰어난 분석가, 즉 콰트론과 걸리의 조합이었다. 그들은 비즈니스에 대한 방대한 지식과 심오한 통찰력으로 베저스를 비롯한 아마존 경영진을 놀라게 했다. 모건스탠리와 골드만삭스가 그들의 화려한 브랜드를 내세웠다면, 도이치은행에는 콰트론과 걸리가 있었다.

걸리는 곧 세계 최대 온라인 서점에 대한 믿을 만한 분석가가 되었다. 그는 일찍이 아마존이 온라인 서점을 뛰어넘어 더 크게 성장할 것임을 확신했다.

걸리의 최고 장점은 과감하게 반대 의견을 내놓는 용기였다. 걸리와 같은 기술 분야의 투자 전문가들이 종종 인터넷 주식의 미다스손으로 주목받던 1990년대 말, 걸리는 주류에 편입되지 않고 스스로 길을 개척했다. 가장 대표적인 사례는 도이치은행 시절에 최초의 웹브라우저이자 인터넷 세상의 개척자인 넷스케이프에 대해 그가 내놓은 악명 높은 보고서다. 당시 마이크로소프트가 자체적으로 인터넷 익스플로러를 개발해서 시장에 출시할 준비를 하고 있으며, 게다가 이를 무료로 배포하겠다고 선언했음에도 증권 분석가들은 대부분 넷스케이프를 계속 긍정적으로 평가했다. 반면 걸리는 마이크로소프트의 도전을 넷스케이프 브라우저에 대한 중대한 위협으로 인식했고, 다른 분석가와는 달리 넷스케이프가 마이크로소프트의 공격에 어떻게 대처할지 걱정스러운 눈길로 바라봤다. 결국 그는 넷스케이프 주식이 과대평가되었다고 판단하고, 투자 등급을 하향 조정했다. 다음 날 넷스케이프 주가는 20퍼센트 가까이 곤두박질쳤다. 넷스케이프 주식은 이후로도 완전히 회복되지 못했다.[•]

큰 성공을 거두었음에도 걸리는 쾨트론에게 분석을 그만두고 직접 투자를 해보고 싶다고 말했다. 쾨트론은 그가 꿈을 실현하도록 도움을 줬다. 그는 유명 벤처캐피털 기업인 휴머윈블래드를 소개해줬다. 걸리는 거기서 18개월 동안 일을 하고, 곧장 빅리그로 향했다. 벤치마크캐피털이라는 최고의 투자 기업으로 스카우트되었던 것이다.

걸리와 벤치마크 사이의 줄다리기 기간은 길었다. 어쩔 수 없는 일이었다. 벤치마크는 긴밀하게 조직된 소규모 팀을 기반으로 비즈니스를 운영하고 있었다. 여기서 모든 파트너는 의사결정 과정에 참여하고 포트폴리오에 들어 있는 모든 기업에 대한 자문을 제공했다. 또한 신입 파트너는 다른 파트너의 프로젝트에 적극 협력해야 했다.

● 걸리의 보고서는 훗날 영향력 있는 벤처 자본가로 성장할 젊은 기업가 마크 안드레센Marc Andreessen을 화나게 했다. 안드레센은 넷스케이프의 공동 창업자로 인터넷 상용화에 기여한 인물이다. 넷스케이프가 어려움을 겪다가 결국 AOL에 합병된 이후에도 안드레센은 걸리의 보고서를 잊지 않았다. 각자 개인적인 성공과 엄청난 부를 성취한 후에도 두 사람은 서로에 대한 적대감을 거둬들이지 않았다. 안드레센은 〈뉴요커〉와의 인터뷰에서 걸리에 대해 이렇게 언급했다. "그를 용서할 생각은 없습니다. 빌 걸리는 제게 〈사인필드Seinfeld〉에 나오는 뉴먼과 같은 존재입니다."

어느 날 걸리는 벤치마크의 설립 파트너인 케빈 하비Kevin Harvey와 함께 사냥을 떠나게 되었다. 숲에서 함께 사냥을 하는 동안, 하비는 걸리의 분석적인 면모를 확인했다. 하지만 그것보다 더욱 인상적이었던 것은 집요함이었다.

하비는 다른 파트너들에게 이렇게 말했다. "그에게는 동물적인 감각이 있어요."⁹⁾ 두 사람이 덤불 속에 앉아 있을 때, 걸리가 갑자기 일어나 절벽을 뛰어넘더니 언덕 아래로 멧돼지를 쫓아갔다. 하비는 감히 엄두를 내지 못한 행동이었다. 그는 이렇게 말했다. "아마도 그는 내가 게으른 사람이라고 생각했을 겁니다. 전 그럴 생각도 못했거든요."

1999년 당시 벤치마크캐피털에는 다섯 명의 파트너가 있었고 걸리는 여섯 번째 파트너였다. 그들 모두 키가 상당히 컸다. 함께 서 있으면 마치 대학 농구팀처럼 보였다. 이후 여러 파트너가 들어오고 나갔지만, 걸리는 그대로 자리를 지켰다.

그리고 언제나 그중에서 가장 키가 컸다.

✺

걸리가 벤처캐피털 업계에 몸담은 지 20년 가까이 흐른 지금까지도 그는 거대한 사람으로 기억됐다.

키가 무려 2미터가 넘는 걸리는 농구 선수 외에는 누구보다 크다. 걸리 정도의 지위에 있는 사람이라면 큰 키를 얼마든지 자신에게 유리한 쪽으로 써먹을 수 있을 것이다. 가령 경쟁자에게 위압감을 주거나 벤처 자본가로서 허세를 부릴 수도 있을 것이다.

그러나 걸리는 그러지 않는다. 물론 그는 자신이 크다는 사실을 잘 알고 있다. 하지만 종종 이를 감추기 위해 애를 쓴다. 그는 구석에 있을 때 더 편안함을 느끼고 저녁 만찬에서는 커튼이 있는 쪽으로 몸을 숨기려 든다. (하지만 소용은 없다. 친구와 기자, 기업가 모두 그를 단번에 발견하고 모여든다.) 어찌 보면 그는 자신의 몸에 익숙하지 않은 듯하다. 가끔은 자신의 길쭉한 다리와 두터운 뼈대를 신중하게 생각하며 움직이는 것처럼 보인다. 한 친구는, 어느 날 〈맨인블랙〉의 한 장면처럼 걸리의 머리가 열리면서 걸리의 몸을 조종하는 조그마한 외계인이 모습을 드러낸다고 해도 놀라지 않을 거라고 말했을 정도다.

대화나 프레젠테이션에서 잠시 어색한 정적이 감돌 때, 걸리는 쓸데없는 잡담으로 채우려 하지 않는다. 그대로 내버려둘 뿐이다. 때로 누군가 중요한 말을 하면, 그는 그 말을 온전히 받아들이려는 것처럼 뒤로 한 걸음 물러서곤 한다.

이런 모습은 그가 현재 상황, 지금까지의 논의, 앞으로의 대화 방향에 대해 곰곰이 분석하고 있다는 뜻이다. 때로 어색함을 느낄 때면 감정이 고스란히 표정에 드러나곤 한다. 이런 특성은 실리콘밸리에서 장점이기도, 혹은 단점이기도 하다.

그리고 다른 하나는 열정이다. 실리콘밸리의 많은 동료와 마찬가지로 걸리는 기술과 혁신이 지닌 변화의 힘을 믿는다. 그는 획기적인 아이디어와 몇백만 달러의 자산을 가진 젊은 창업자가 세상에 미칠 영향력을 높이 평가한다. 비록 IT 언론들은 실리콘밸리에 대한 그의 부정적인 분석에 주목하지만, 사실 걸리는 스스로를 낙관주의자라고 생각한다.

IT 산업이 위기를 맞았을 때에도 걸리는 벤처 투자를 포기하지 않았다. 닷컴 거품이 폭발했던 세기 말에도 가능성 있는 창업자를 찾아다니며 자신의 자리를 지켰다. 또한 2008년 금융위기로 세계 경제의 근간이 흔들릴 때에도 더욱 열심히 스타트업을 물색했다.

금융위기가 한창일 때 걸리는 이렇게 썼다. "지금의 상황이 진정한 기업가와 가짜 기업가를 구분해줄 것이다. 실리콘밸리에 돈이 넘쳐날 때는 장기적인 비즈니스를 추구하기보다 곧바로 수익을 올리려는 기회주의자들이 몰려든다. 그러나 지금과 같은 거친 파도 속에서는 오로지 진정한 기업가만이 항해를 떠날 수 있다."[10]

8장

걸리를 만나다

*힘의 균형이 창업자 쪽으로 기울자 벤처투자자들은
최고 스타트업에 투자하기 위해 치열한 경쟁을 벌였다.*

벤처캐피털 업계는 전문 분야라기보다 전쟁터에 가깝다. 스포츠
에 비유하자면 마우스가드 없이 몸을 날리는 럭비쯤 되겠다. 여기
에는 규칙도 없다. 있다면 목표를 달성하기 위해 뭐든지 할 수 있다
는 것뿐.

일 자체는 별로 힘들어 보이지 않는다. 벤처캐피털 업계가 하는
일이라고는 사람들에게서 돈을 끌어 모아 여러 기업에 나눠주는
것뿐이다. 하지만 사실 그건 결코 쉬운 일이 아니다. 벤처 투자자들
의 다이어리는 창업자, 후원자, 업계 분석가, 기자들과의 약속으로
넘쳐난다. 그들은 대기업 CEO와 함께 시장 흐름과 인재 발굴에 대
해 이야기를 나눈다. 그리고 투자 은행가와 함께 기업과 시장에 대

해 논의한다. 반면 그들의 호의를 사려고 달려드는 열성적인 창업자 무리는 피해 다녀야 한다. 팰로앨토의 고급 호텔 로즈우드는 오랫동안 기술 분야 투자자들의 사회적 허브 역할을 해왔다. 벤처 자본가들은 이곳에서 잠깐 휴식을 취하다가도 뜻하지 않게 창업자를 만나 일장 연설을 듣기도 한다.

벤처 투자자의 임무는 엄청나게 많은 정보가 쏟아지는 상황 속에서도 연금 펀드, 기금, 패밀리오피스family office(부유층의 자산 배분, 상속, 증여, 세금 문제 등을 처리해주는 업체—옮긴이)는 물론, 부유한 펀드 출자자를 위해 엄청난 수익을 창출해줄 스타트업을 발굴하는 일이다. 벤처캐피털 펀드의 생애주기는 일반적으로 10년이다. 그 기간이 끝나가는 시점에 투자자들은 초기 투자 대비 20~30퍼센트의 수익률을 기대한다.

물론 위험도 높다. 벤처캐피털의 투자 중 약 3분의 1은 실패로 끝난다.[1] 그러나 위험이 높은 만큼 수익도 크다. 안전한 투자를 원한다면 신뢰도가 높은 지방채나 MMF를 선택해야 한다. 대신 위험이 낮은 만큼 수익도 작다.

벤처캐피털 업계는 이런 위험을 낮추기 위해 다양한 종목과 산업에 걸쳐 투자를 분산한다. 특정 분야에서 10배, 20배, 혹은 50배의 높은 투자 수익률을 기록할 경우, 낮은 실적이나 손실을 기록한 분야의 저조한 수익률을 만회할 수 있다. 벤처캐피털은 소위 '문샷'(산업 전반을 재편하고 장악하려는 기업)에 주목한다. 그들은 이런 기업을 통해 최고의 영광을 누리게 된다.

벤처캐피털의 투자 방정식은 간단하다. 먼저 스타트업에 돈을 투자하고 그 대가로 지분을 얻는다. 창업자가 벤처캐피털의 투자를 받으려는 경우,* 첫 번째 펀딩 라운드에 착수하게 된다. 이런 '시드 라운드'에서는 일반적으로 몇만, 혹은 몇십만 달러의 투자를 유치하게 된다. 이후 펀딩 라운드는 다음과 같은 상황이 발생할 때까지 시리즈A, 시리즈B와 같은 식으로 계속 이어진다.

A. 기업이 문을 닫는다. 가장 가능성 높은 시나리오다.

B. 더 큰 기업에 합병된다.

C. 기업공개를 통해 주식거래소에서 일반 투자자에게 주식을 판다.

여기서 벤처 자본가와 창업자의 목표는 시리즈B, 시리즈C, 다시 말해 '유동성 이벤트liquidity event'를 계속해서 만들어내는 것이다. 그 과정에서 벤처캐피털은 확보한 지분을 현금으로 전환한다.

투자자는 참여한 펀딩 라운드에 따라 다양한 지위를 확보하게 된다. 일반적으로 더 빨리 투자할수록 더 유리한 지위를 차지한다. 잠재력 있는 스타트업을 일찍이 발견하고 투자할 경우, 통찰력과 혜안으로 시장에서 명성까지 얻게 된다. 예를 들어 그레이록파트너스Greylock Partners의 데이비드 체David Sze는 페이스북과 링크트인에 대한

● 모든 스타트업이 벤처캐피털의 투자를 받아들이는 것은 아니다. 벤처캐피털 투자를 받지 않기로 결정한 기업은 '부트스트랩드bootstrapped' 한 것이다. 이들은 온전히 자기 자본을 기반으로 비즈니스를 운영한다. 이 경우 창업자가 모든 지분을 보유하여, 성공할 경우 모든 수익을 독점하지만 실패할 경우 곧 파산에 직면한다.

초기 투자로 널리 명성을 얻었다. 그가 투자를 했을 때, 이들 기업의 가치는 수십억 달러가 아니라 수백만 달러에 불과했다. 또한 우버의 시드라운드에 참여했던 크리스 사카는 트위터와 인스타그램에도 초기 투자를 했으며, 이를 통해 억만장자 반열에 들어섰다.

벤처캐피털이 스타트업에 최대한 일찍 투자하려는 이유는 간단하다. 더 빨리 투자할수록 더 적은 금액으로 더 많은 지분을 확보할 수 있기 때문이다.

벤처캐피털 비즈니스에서 가장 힘든 부분은 다음번에 투자할 올바른 기업과 올바른 아이디어 혹은 올바른 산업 분야를 선택하는 일이 아니라 기업을 이끌어갈 올바른 사람, 즉 올바른 창업자를 발견하는 일이다.

✖

실리콘밸리에서 가장 존경받는 직함은 아마도 '창업자'일 것이다. 지금까지도 그랬고 앞으로도 그럴 것이다. 사실 창업자는 직함이라기보다 일종의 선언에 가깝다. 창업자는 말한다. "내가 이것을 만들었다. 무에서 유를 창조했다. 내가 있었기에 가능한 일이다." 트래비스 캘러닉은 스타트업 설립을 아이를 키우는 일에 비유하곤 했다.[2]

훌륭한 창업자는 스타트업을 창조하고 이끈다. 마크 저커버그가 말했듯이, 창업자는 신속하게 움직이면서 기존의 것들을 파괴한다.

창업자는 '해커 정신'으로 무장하고 있다. 즉 그들은 해적선의 선장이다. 훌륭한 창업자는 오늘보다 내일 더 열심히 일한다. 그리고 무덤에 들어가서야(혹은 일주일간의 버닝맨 행사에서 돌아온 후에야) 비로소 충분히 잠을 잘 것이다. 레드스우시 시절 캘러닉이 그랬듯이, 훌륭한 창업자는 힘든 투자 환경 속에서 조직을 이끌어나가며 현명하게 투자자를 선택한다. 창업자는 기업의 성공에 대해 인정을 받는 반면 실패에 대해 비난받는다. 시점과 장소 그리고 아이디어가 모두 맞아떨어졌다고 해도 훌륭한 창업자가 없다면 아무 쓸모가 없다. 그리고 무엇보다 중요한 사실은 조직 내에 오직 한 명의 진정한 창업자만이 존재할 수 있다는 것이다.

어찌 보면 이 말은 하나의 예언처럼 들린다. 그러나 사실이 그렇다. 창업자 문화, 좀 더 정확하게 창업자 '숭배' 문화는 실리콘밸리에서 일종의 유사 종교로서 모습을 드러냈다. 1960년대 샌프란시스코에서는 히피 집단이 주도하는, 그리고 자유주의 이상과 유토피아 사상으로부터 영감을 얻은 혁명이 일어났다. 이런 반체제 문화는 개인 욕망의 효율적 충족과 창조적 파괴라는 복음과도 잘 맞아떨어졌다.

이런 사회적 상황에서 기술 전문가들은 또 다른 형태의 반문화를 구축하기 시작했다. 그들은 기성 권력 체제를 뿌리째 뽑아버리고 혁신적인 사회 운영 체제를 창조하고자 했다. 그 과정에서 창업자들은 도시 제반 시설과 지불 시스템 그리고 거주 공간에서 나타나는 다양한 비효율에 주목했다. 그리고 현대 자본주의 시스템을 기반으로 소프트웨어 기업을 세워 이런 비효율을 제거하고자 했다. 동시에 게으른 엘리트 집단으로부터 권력을 빼앗기 위해 싸웠다. 이를 통해 창업자는 관료주의와 부조리, 그리고 구시대적 시스템으로부터 사회를 구해낼 구원자로 등장하게 되었다.

이에 대해 마크 안드레센은 이렇게 지적했다. "소프트웨어가 세상을 집어삼키고 있다."[3] 당시 기술 전문가들은 그런 흐름을 긍정적으로 받아들였다. 지금도 대부분이 그렇게 생각한다. 벤처 투자의 규모는 2000년 초부터 2010년대까지 73퍼센트 증가했다.[4] 전 세계의 벤처캐피털 규모는 2005년 수백억 달러 수준이던 것이 2010년 이후 수천억 달러로 급증했다.[5] 그리고 그 과정에서 샌프란시스코는 벤처캐피털 세상의 중심지로 떠올랐다.[6]

그러나 권력의 균형이 점차 이동하기 시작했다. 스타트업들이 전례 없는 속도로 전 세계 제반 시설을 뒤집어엎었고 과거의 권력 기반이 허물어지면서 그동안 주변부에 머물렀던 창업자들이 갑자기 권력의 중심부를 차지하게 되었다. 클레이턴 크리스텐센Clayton Christensen은 '혁신가의 딜레마Innovator's Dilemma'라는 말을 통해 지나치게 비대해진 기업이 더 이상 발 빠른 경쟁자를 위협으로 느끼지 못하는 상황을 경고했다. 벤처 투자를 받은 스타트업들이 이제 새로운 기성 제도가 되어버린 것이다.

창업자들은 이제 통제력을 원하게 되었다. 그들은 주주나 투자자 혹은 일반 대중과 같은 외부인의 간섭으로부터 자유롭기를 원했다. 그리고 자신의 통제력을 지킬 방법을 모색했다. 그들은 창업자라는 상징적 지위를 활용하여 자신에게 통제권을 양도하도록 투자자를 압박했다.

구글의 공동 창업자 래리 페이지와 세르게이 브린은 이런 흐름을 강화하고 제도화했다. 1998년 비좁은 차고에서 일하던 페이지와 브린은 그들이 개발한 검색 엔진으로 '세상의 모든 데이터를 조직화하여 보편적으로 접근할 수 있고 유용하게 활용'[7] 할 수 있다는 사실을 깨달았다. 이것이야말로 벤처 자본가들이 주목했던 문샷이었다.

그러나 두 사람은 세상을 바꾸는 일에 흥분을 감추지 못했던 반면, 돈줄을 쥐고 있는 사람들에게 끌려 다니고 싶지 않았다. 그들의 모토, '사악해지지 말자'•는 그들 자신, 그리고 그들의 태도를 정확하게 드러내는 말이었다. 그 말이 전하는 메시지는 이런 것이다. "아무리 성장을 추구한다고 해도 우리는 절대 돈을 위해 끔찍한 일을 벌이지는 않을 것이다."

2004년 기업공개를 했을 때, 구글은 '이중주식구조dual-class stock structure'라고 하는 기존 방식을 활용했다.[8] 그들은 'A클래스' 주식을 대중에게 매각한 반면, 'B클래스' 주식은 그대로 보유했다. 두 가지 유형의 주식은 동일한 화폐적 가치를 지니지만, B클래스 주식에는 특별한 권리가 주어진다. 즉 B클래스 주식은 한 주당 10개의 '의결권'을 갖는다. 경영진의 의사결정에 찬반 의사를 표시할 기회가 10번

● 구글은 2018년 기업행동지침 서문에서 '사악해지지 말자'라는 문장을 삭제했다.

주어지는 것이다. 반면 A클래스 주식은 한 주당 하나의 의결권밖에 없다. 페이지와 브린은 기업이 내부적으로 충분한 지분을 유지하도록 꾸준히 노력했다. 그리고 보다 중요하게, 그들은 경영권 강화를 위해 기업공개 시점에 B클래스 주식을 충분히 확보했다.

사실 페이지와 브린은 기업공개를 원치 않았다. 창업자 입장에서 주식을 나스닥 시장에 상장한다는 것은 기술에 대해 아는 것이 없는 성가신 사람들의 감시에 기업의 문을 활짝 열어놓는다는 의미였다. 투자자는 수익을 원한다. 그들은 매출 실적이 부진하다고 판단하면, 집단적인 의지를 드러냄으로써 창업자를 압박하려 들 것이다.

한 투자자의 설명에 따르면, 브린과 페이지는 미국의 전설적인 투자 거물인 워런 버핏을 만난 이후 기업공개에 동의했다고 한다. 그는 두 젊은 창업자에게 이중주식구조의 개념을 알려줬다.

페이지는 '구글 투자자를 위한 주주 매뉴얼'[9]이라는 노골적인 제목의 서한에 이렇게 썼다. "우리는 장기적 관점에서 안정성을 확보하기 위한 기업 시스템을 구축해나가고 있습니다. 구글에 대한 투자는 곧 세르게이와 저, 그리고 우리의 혁신적인 접근방식에 대한 장기적인 투자를 의미합니다. ……물론 새로운 투자자는 구글의 장기적인 경제적 미래를 완전히 공유하게 되겠지만, 의결권을 통해 전략적 의사결정에 영향을 미칠 가능성은 낮습니다."

이후 많은 창업자가 구글의 주주 매뉴얼을 그대로 따랐다. 젊은 기업가들은 스스로에게 이렇게 물었다. "래리와 세르게이가 그렇게 했다면, 우리라고 못할 이유가 있는가?" 저커버그가 10억 달러에 페이스북을 인수하겠다는 마이크로소프트의 제안을 거절했을 때, 사람들은 그를 미쳤다고 했다.[10] 하지만 2012년 기업공개 이후에도 저커버그는 이중주식구조를 기반으로 막강한 경영권을 그대로 유지했고, 모바일 시장에 집중하기 위해 조직 전반을 전환했을 때에도 광범위한 저항에 직면하지 않았다. 기업공개는 상당한 보상을 가져다줬던 중요한 도박이었다.*

링크트인, 징가Zynga, 그루폰Groupon 등 인터넷 2.0 기업들이 페이스북의 뒤를 따라 이중주식구조 방식을 채택했다. 또 다른 기술 천재인 에반 스피겔Evan Spiegel은 2013년 스냅챗을 35억 달러에 인수하겠다는 페이스북의 제안을 거절했다. 2015년 기업공개를 했을 때, 26세의 스피겔은 세계에서 가장 젊은 억만장자가 되었다.

누구보다 창업자를 존중하는 실리콘밸리에 있었기 때문에 스피겔과 같은 경영자가 그런 놀라운 제안을 거절하고, 또한 과감한 결단으로 인정받을 수 있었다. 그것을 정신 나간 결정이라고 생각하는 사람도 있겠지만, '창업자를 숭배하는 문화'에서는 최고경영자가 어떤 결정을 내리든 그는 처음부터 올바른 사람이었기 때문에 그의 모든 결정이 올바를 것이라고 말한다.

● 2016년 이후 저커버그를 숭배하는 모습은 사라졌다. 미얀마에서 일어난 인종청소와 관련하여 미국 사회가 시끄러울 무렵, 언론들은 페이스북이 그들의 플랫폼을 제대로 통제하지 못하고 있다고 논평했다. 비평가들의 주장에 따르면, 저커버그조차도 자신의 소프트웨어가 얼마나 강력한지, 그리고 얼마나 취약한지 제대로 인식하지 못했다.

✖

　2010년 무렵 힘의 균형이 창업자 쪽으로 기울면서 벤처 자본가들은 최고의 스타트업에 투자하기 위해 다른 투자자들과 치열하게 경쟁을 벌여야 했다. 그들은 창업자를 위한 파티를 열거나 고급 레스토랑에 창업자를 초대해서 와인과 식사를 대접하기도 했다. 더 심한 경우도 있었다. 한 벤처 자본가는 리어젯31 항공기에 20대 기술 전문가들을 태워서 SXSW_{South by Southwest}(오스틴에서 열리는 영화 및 음악 페스티벌—옮긴이)에 보내주었다. 전세기야말로 가장 화려한 볼거리였다.

　그러나 걸리는 돈이 많이 드는 전략을 쓰지 않았다. 그는 가족이 모두 잠든 밤 11시 반에 창업자와 전화 통화로 기업 전략에 대해 이야기하거나 고민거리를 상담해줬다. 이런 접근방식은 종종 성공을 거뒀다.

　2010년 당시 벤치마크는 차량 호출 서비스나 택시 기반 비즈니스에 투자하기 위해 이리저리 물색 중이었다. 걸리는 캐뷸러스_{Cabulous}나 택시매직_{Taxi Magic} 같은 몇몇 샌프란시스코 차량 호출 기업을 만나봤다. 그가 찾고 있었던 것은 기술 전문가들이 말하는 '네트워크 효과', 다시 말해 '더 많은 사람이 서비스를 이용할수록 더 많은 혜택을 누리는 효과'를 짧은 시간 안에 보여줄 수 있는 기업이었다. 그 무렵 샌프란시스코에서는 우버의 인기가 급증하고 있었다. 이런 사실은 승객과 운전기사 양쪽 시장 사이에서 강력한 네트워크 효과가 나타나고 있음을 의미했다.

크리스 사카와 롭 헤이스 같은 투자자로부터 초기 자본을 확보하고 몇 달 뒤에, 캘러닉은 시리즈A 라운드에 참여할 다른 투자자를 물색하고 있었다. 이번에 그는 수백만 달러 규모의 자금을 확보하고자 했다. 한편 걸리는 다른 파트너들과 함께 우버에 대한 투자를 논의했지만 모두의 동의를 이끌어내지는 못했다. 그러나 그냥 포기할 수는 없었다. 그는 어떻게든 우버에 투자하고 싶었다. 그냥 놓치기에는 너무도 아까운 기회였다.

걸리가 몰랐던 것은 벤치마크가 우버를 원하는 것만큼 우버 역시 벤치마크를 원하고 있었다는 사실이었다. (당시 벤치마크의 인지도는 우버를 훌쩍 앞서 있었다.) 캘러닉은 걸리와 같은 열정적인 인물을 우버 이사회에 영입함으로써 의사결정 과정의 문을 활짝 열어놓고 싶었다. 무엇보다 캘러닉은 벤치마크가 수년 동안 여러 기업에 엄청난 투자를 해왔다는 사실을 잘 알고 있었다.

벤치마크는 IT 거품이 터진 뒤 실리콘밸리에 입성한 많은 벤처 캐피털 회사 중 인지도가 높은 곳이었다. 캘러닉은 최고의 투자자를 찾고 있었다. 세쿼이아캐피털 역시 IT 분야에서 권위 있는 투자 기업이었다. 캘러닉은 초기 투자 라운드부터 세쿼이아에 계속 투자 제안을 했지만 그들은 그의 제안을 거절했다.

걸리는 자신의 블로그 '어버브더크라우드Above the Crowd'로 잘 알려져 있었다. 그는 투자 계약과 기술 투자에 관한 자신의 생각을 종종 블로그에 게재하곤 했다.(블로그의 이름인 어버브더크라우드는 걸리의 엄청나게 큰 키를 의미하기도 했다.) 인터넷이 상용화되기 한참 전인 금융 분석가 시절에 걸리는 뉴스레터를 팩스로 전송하는 방식으로 글을 쓰기 시작했다. 그러다가 1996년 공식 블로그를 개설하면서 본격적으로 글을 썼다. 그는 3,000단어 분량의 글 하나를 쓰기 위해 몇 달을 고민했고, 글을 올리기 전에 동료들과 함께 자신의 생각을 검토했다. 걸리가 블로그를 업데이트하면 많은 이들이 몰려들어 그의 글을 읽었다. 실리콘밸리 사람들은 그의 글을 놓고 몇 주일 동안 이야기를 주고받았다. 이 또한 캘러닉이 높이 평가했던 지점이었다.

캘러닉과 걸리는 서로에게 호감이 있었다. 그러던 2011년 어느 일요일 밤 11시, 캘러닉이 걸리에게 전화를 걸어 이야기를 나누고 싶다는 뜻을 전했다.

걸리는 고민하지 않았다. 그는 곧장 차를 몰고 북쪽으로 50킬로미터를 달려 W호텔로 향했다. 거기에는 일요일에도 밤늦게까지 문을 여는 유일한 고급 바가 있었다. 두 사람은 시원한 맥주를 마시며 우버에 관한 여러 가지 아이디어를 나눴다. 그리고 몇 시간 동안 서비스 개발과 장기적인 전략 목표에 대해 생각을 주고받았다. 마침내 걸리는 가족 모두가 잠든 새벽녘에 캘러닉과 함께 우버에 대한 투자 협상을 마무리 지었다. 두 사람은 우버의 가치를 5,000만 달러 선에서 합의했고, 벤치마크는 우버의 지분을 최대 20퍼센트까지 보유하기로 결정했다.

다음 날 벤치마크는 곧바로 서류 작업에 들어갔고, 캘러닉에게

1,100만 달러의 투자금을 보냈다. 또한 걸리는 우버의 이사회에 합류하게 되었다. 당시 우버 이사회는 개럿 캠프와 라이언 그레이브스 그리고 트래비스 캘러닉으로 이뤄져 있었다. 걸리는 자신이 고집 센 CEO에게 투자하고 있다는 사실을 잘 알았다. 캘러닉은 아직 30대였고, 벤치마크가 투자한 그 어떤 창업자보다 고집이 셌다. 그런 고집이 있었기에 굳게 닫힌 전 세계 택시 산업에 도전할 수 있었을 것이다. 하지만 캘러닉은 이후 더 거칠고 다루기 힘든 인물로 변해갔다.

하지만 그날 걸리는 그 점에 대해서는 신경 쓰지 않았다. 걸리는 맥주를 나누며 우버라는 야생 멧돼지를 자루에 쓸어 담았다.

마침내 그가 직접 뛰어든 것이다.

9장

챔피언 마인드

우버의 직원들 모두 하나의 창업자였다.
그들은 기업가와 해커 정신으로 무장했다.

캘러닉이 보기에 창업자는 칭찬받아 마땅한 존재였다.

창업자는 조직을 이끌기 위해 매일 부지런히 뛰어다닌다. 그들은 기업의 평판과 재무 상황 그리고 번영에 모두 신경 써야 한다. 반면 벤처 자본가는 오직 OPM_{other people's money}(다른 사람의 돈)에 대해서만 위험을 감수할 뿐이다. 벤처 자본가는 그들의 투자 포트폴리오에 포함된 개별 기업이 얼마든지 실패할 수 있다는 사실을 알고 있으며, 그렇기 때문에 접근방식을 다각화하고 다양한 분야에 투자를 분산한다. 스타트업인 우버가 실패하더라도 벤처 자본가는 곤경에 처하지 않는다. 어려움에 맞서야 하는 것은 캘러닉과 우버 사람들뿐이다. 그래서 캘러닉은 언제나 전쟁을 치를 태세를 갖추고 있었다.

우버가 미국 전역으로 비즈니스를 확장할 준비를 서두르고 있을 때, 캘러닉은 이번만큼은 다를 것이라고 스스로 다짐했다. 그는 지난 두 번의 스타트업 창업에서 많은 것을 배웠다. 스카워 시절에는 투자자에게 너무 많은 권한을 넘겨주는 실수를 범했다. 스카워가 공격을 받았을 때, 투자자들은 모두 빠져나가고 캘러닉만 먹잇감이 되었다. 레드스우시 시절에는 살아남긴 했지만 타이밍이 좋지 못했고, 매력적인 제품을 선보이지도 못했다.

그러나 이제 캘러닉은 우버와 함께 최고의 타이밍에 최고의 서비스를 제공하고 있었다. 무엇보다 캘러닉은 완전한 통제력을 확보하고 있었다. 앱 설계로부터 공격적인 문화에 이르기까지 모든 것이 그의 손안에 있었다. 그는 그런 조직을 통해 부패한 택시 사업자, 그리고 그들이 후원하는 정치인들과 운명을 건 한판 승부를 벌이고 있었다. 그는 전장에 나선 장수였다.

전쟁에 대한 비유는 좀 과한 것처럼 느껴지기도 한다. 그래서 캘러닉은 자신의 싸움을 종종 선거전에 비유하곤 했다. 캘러닉은 한 IT 콘퍼런스에서 이렇게 역설했다. "우리가 지지하는 후보는 우버이고, 적은 택시라는 이름의 악당입니다. 악당을 좋아하는 사람은 없습니다. 그들은 포악하기까지 하죠. 게다가 그들이 지금껏 은혜를 베푼 정치인과 그 시스템으로부터 비호를 받고 있습니다."[1]

캘러닉은 싸움을 위해 조직을 정비했다. 어느 도시에서든 당국이 비즈니스를 압박할 경우, 캘러닉은 우버 사용자를 앞세워 대응했다. 우버는 사용자들에게 이메일을 보내 지역 정치인을 향해 우버 단속에 대한 반대 목소리를 내줄 것을 촉구했다. 그리고 우버 운전 자들에게도 문자메시지를 보내 단속이나 견인의 위협을 당해도 계속 운행할 것을 요청했다.

캘러닉은 한 기자에게 이렇게 말했다. "택시 산업 내부에는 부패와 파벌주의 그리고 규제 포획regulatory capture(규제 주체가 규제 대상에 의해 포섭되는 현상—옮긴이)이 만연합니다. 그래서 사전에 합법적인 허가를 구해도 승인받기는 힘듭니다."[2] 캘러닉은 법대로 하면 절대 우버가 승리하지 못할 것이라고 생각했다. 합법적으로 이길 수 있는 방법은 없었다.

캘러닉의 이런 생각은 정확한 것으로 드러났다. 우버의 게릴라 전술은 정부 기관이나 택시 업체를 항상 앞섰다. 예를 들어 우버는 오스틴 게이트를 시애틀 지역에 마치 낙하산병처럼 투입했다. 게이트는 기본적인 업무를 처리할 직원을 재빨리 채용하고, 승객과 운전기사들의 관심을 끌어 모았다. 그러고 나면 라이언 그레이브스가 그 지역의 리무진 업체를 돌며 이렇게 말했다. "당신 기사들이 부수입을 올릴 방법을 제시하고자 합니다." 그렇게 몇 주가 흐르고 나면, 시 당국이 미처 상황을 파악하기도 전에 우버의 사용자 수는 크게 증가했다. 규제 기관이 나설 때에는 우버는 이미 시민들에게 너무 잘 알려져 있어서 무작정 그 서비스를 중단시키기가 힘든 상황이었다.

캘러닉이 보기에, 우버는 결코 그릇된 일을 하지 않았다. 제대로 정비된, 그리고 보험에 가입된 차량을 소유한 공식 리무진/타운카 서비스 운전자는 우버 서비스를 통해 남는 시간에 부수입을 올릴 수 있었다. 우버에 가입된 기사 모두 면허가 있는 숙련자들이었다. (당시에는 차량을 소유한 모든 사람이 운전자로 활동할 수 있게 하는 우버X 서비스가 출시되기 전이었다.) 우버 서비스가 시애틀, 뉴욕, 로스앤젤레스, 시카고 등 미국 전역으로 확장하면서 인기는 더욱 높아졌고, 그만큼 정부 기관이 임의로 서비스를 중단시키기는 어려운 상황이 전개되었다.

캘러닉은 구체적인 성과는 공개하지 않았지만, 시애틀에 사업부를 론칭한 뒤 다소 거친 어조로 우버의 성공에 대해 한 기자에게 이렇게 말했다. "제가 드릴 수 있는 말씀은 우버가 샌프란시스코를 완전히 먹었으며, 이제 뉴욕을 향해 쳐들어가는 중이라는 겁니다."[3]

캘러닉은 자신의 이야기에 초롱초롱한 눈빛으로 귀를 기울이는, 대학을 갓 졸업한 꿈 많은 20대를 주로 채용했다. 그는 직원들에게 우버 서비스가 보편화되면 '수돗물처럼 믿을 수 있는 운행 서비스'●를 제공하게 될 것이라고 강조했다. 우버에서는 스타벅스 매장 이상의 규모를 관리해본 적이 없는 신입 직원이 본사로 들어가거나, 혹은 새로운 도시를 개척하기 위해 파견되는 경우가 드물지 않았다.

캘러닉은 직원에게 많은 권한을 일임했다. 각 도시의 총관리자는

● 캘러닉을 비롯한 우버 임원들은 직원들의 열정을 자극하기 위해 이 표현을 종종 사용했다. 하지만 아직도 세상의 많은 지역에는 수도 시스템이 갖춰지지 못했고, 이들 지역의 수요를 우선적으로 충족시켜야 한다는 사실은 우버의 CEO와 동료들이 간과했던 부분이다.

거의 최고경영자처럼 활동했다. 그들은 재정과 관련하여 중요한 결정을 내릴 권한을 갖고 있었고, 모두가 자신의 자리에서 각자의 책임을 졌다. 캘러닉은 모든 도시를 일일이 관리하는 것보다 직원들에게 권한을 부여하는 방식이 더 낫다고 믿었다. 이후 우버의 현금 보유고가 수십억 달러로 늘어났을 때, 캘러닉은 각 도시 관리자들에게 수백만 달러의 '인센티브'(사용자들이 서비스를 이용하도록 유도하는 공짜 쿠폰)를 자율적으로 사용할 수 있는 권한을 부여했다. 그는 이를 통해 수요를 촉진하고, 사용자들이 경쟁사로부터 빠져나오도록 유인했다. 각 도시의 직원이 본사를 방문하는 일은 거의 없었다. 가령 샌프란시스코 본사 관리자는 시카고나 필라델피아 사무소의 직원들을 대부분 알지 못했다. 또한 본사는 재무 상황에 대해서도 거의 간섭하지 않았다. 지역의 최고관리자는 직접 작성한 스프레드시트와 비즈니스 직감을 바탕으로 수백만 달러 규모의 마케팅 행사를 자율적으로 추진할 수 있었다.

캘러닉의 접근방식은 여러 가지 측면에서 뛰어났다. 예를 들어 마이애미 사무소 직원들은 그곳의 인구와 제도에 대해 아는 바가 거의 없는 샌프란시스코 출신의 신입 직원보다 우버 서비스를 지역 특성에 맞게 적용할 준비가 더욱 잘되어 있을 것이다.

하지만 동시에 문제점도 있었다. 20대 젊은이에게 너무 많은 자율권을 허용하면, 조직은 때로 곤란한 상황에 처하게 된다. 가령 프랑스의 한 사무소는 이런 광고 문구를 내걸었다. "매력적인 여성 기사가 무료로 태워드립니다."[4] 뉴욕 사무소는 특히 남성 중심 문화로 악명 높았다. MBA 출신인 조시 모러Josh Mohrer가 이끈 뉴욕 사무소는 허풍스럽고 공격적인 경영 방식을 보여줬고, 이는 결국 성희롱에 대한 폭로와 사임으로 이어지고 말았다. 긍정적이든 부정적이든 간에, 각 도시의 사무소는 저마다 독특한 경영 방식으로 사업을 운영하고 있었다.

어쨌든 우버 직원은 자율성을 중시하는 캘러닉의 리더십을 지지했다. 마치 캘러닉이 사병을 모집해서 그들에게 '정복하라'는 명령을 내린 것처럼 우버 직원 한 명 한 명이 모두 창업자였다. 그들은 기업가와 해커 정신으로 무장했다. 이런 정신이야말로 캘러닉이 소중하게 여기고, 또한 조직이 확장하는 동안에도 그대로 남아 있길 원하는 자질이었다. 캘러닉은 모든 직원이 전쟁터로 나가 스스로 팀을 구축하고 우버를 위해 싸우길 원했다. 그는 이렇게 강조했다. "언제나 들이대자."

캘러닉은 우버가 기업가 정신을 강조하는 거대 조직으로 성장하길 기대했다. 페이스북이나 구글 출신들이 그랬던 것처럼, '우버 출신' 역시 실리콘밸리의 문화적 자산을 널리 퍼뜨리길 원했다. 자신의 군단이 우버를 나간 뒤에 새로운 비즈니스에 도전하길 바랐다. 캘러닉은 기업을 설립하는 일을 대단히 가치 있는 도전으로 인식했다.

어쩌면 캘러닉은 기업가 정신에 대해 가식적이고 진부한 말을 늘어놓는 에인 랜드Ayn Rand(미국의 소설가이자 극작가—옮긴이)식 자유주의자였는지 모른다. 그는 자신의 조직을 한계까지 밀어붙였다. 그래도 중요한 사실은 그가 언제나 직원들 뒤에 든든히 버티고 서 있었다는 점이었다. 그렇게 그는 전쟁터에 함께 있었다.

직원들에게는 캘러닉이야말로 최고의 창업자였다.

✖

우버는 입소문을 타고 성장했다. 그들은 시애틀과 뉴욕을 넘어 시카고와 워싱턴 DC, 그리고 로스앤젤레스로 뻗어나갔다. 그러나 캘러닉의 야심은 만족을 몰랐다. 그는 해외 시장을 넘보기 시작했다. 2012년 우버는 파리는 물론, 런던과 시드니, 멜버른과 밀라노를 비롯한 수십 곳의 해외 도시에 진출했다. 그들은 게릴라 마케팅을 기반으로 우버의 메시지를 사람들에게 전했다. 그리고 입소문이 퍼지면서 많은 이들이 몰려들었다.

초기에 캘러닉과 캠프는 온디맨드 블랙카 서비스에 주목했다. 샌프란시스코의 많은 벤처 자본가와 스타트업 창업자는 전화로 차량을 호출하는 블랙카 서비스에 만족하고 있었고, 덕분에 우버는 이미 많은 돈을 벌고 있었다. 그러나 우버가 급격한 성장으로 나아가는 변곡점을 넘어설 수 있었던 것은 블랙카 서비스에서 과감하게 벗어났기 때문이었다.

여러 회사를 잇달아 설립한 기업가이자 운송 분야에 오랫동안 몸담았던 서닐 폴Sunil Paul은 샌프란시스코 기반 스타트업인 사이드카Sidecar를 설립하고는 또 다른 방식의 차량 서비스를 실험하고 있었다. 폴은 우버의 행보를 지켜보며, 그 열정과 공격적인 접근방식을 높이 평가했다. 그러나 폴은 'P2P 승차 공유' 시장에서 더 큰 기회를 봤다. 그는 리무진 기사만이 아니라, 차량을 소유한 모든 운전자가 자발적으로 파트타임 기사로 활동하게 하는 방식에 주목했다. 폴이 보기에, 도로를 달리는 많은 차량이 공간을 낭비하고 있었다. 4인승이나 6인승 차량에는 대개 운전자 한 명만 탑승하고 있었다. 이처럼 낭비되는 공간을 활용할 수 있다면 이는 엄청난 자원이 될 것이었다.

폴은 그런 아이디어를 떠올린 첫 번째 인물이었다. 그에게는 지식을 뛰어넘는 선견지명이 있었다. 하지만 앞서 언급했듯이 실리콘밸리에서 중요한 것은 첫 번째가 아니라 최고가 되는 것이었다.

폴이 자신의 P2P 비전을 현실로 구현하기 위해 노력하는 동안 또 다른 스타트업 역시 비슷한 길을 걸어가고 있었다. 그것은 운송 시장에 많은 관심을 갖고 있던 전직 리먼브라더스 직원(2008년 파산하기 3개월 전에 그곳을 탈출한)이 베이에어리어에 공동 창업한 카풀 서비스 스타트업인 짐라이드Zimride였다. 짐라이드는 대학 캠퍼스를 오가는 장거리 카풀 서비스에 집중했다. 이는 공동 창업자 로건 그린Logan Green이 캘리포니아 대학교 샌타바버라캠퍼스 시절부터 구상했던 비즈니스 모델이었다. 그러나 그린이 자신의 파트너 존 지머John Zimmer와 함께 오랜 시간 공을 들였음에도 짐라이드 서비스는 사람들의 관심을 좀처럼 끌지 못했다. 그런 그들에게 서닐 폴이 사이드카를 기반으로 추구했던 P2P 공유 비즈니스는 꽤 흥미로운 기회로 보였다.

한편 캘러닉은 점점 신경이 쓰였다. 샌프란시스코 전역에서 짐라이드 이야기를 접했고, 또한 서닐 폴이 무슨 일을 벌이고 있다는 소문도 들었다. 캘러닉이 친구로, 혹은 적어도 친한 지인으로 여겼던 마크 저커버그에게서도 페이스북 사람들이 사이드카 서비스에 점차 열광하고 있다는 이야기를 들었다. 저커버그는 그에게 그 기업의 움직임을 주시하라고 귀띔해줬다.

그리고 얼마 후, 그린과 지머는 비즈니스의 방향을 바꿨다. 그들은 기존 장거리 카풀 서비스를 종료하고, 리프트Lyft라는 이름으로 새로운 서비스를 시작하겠다고 했다. 그들의 목표는 일상적인 승차 공유를 즐겁고 기분 좋은 경험으로 만드는 것이었다. 그들은 귀여운 핑크색 콧수염을 리프트의 상징으로 내놨다. 그리고 그들의 서비스에 가입한 모든 운전자에게 거대한 핑크 콧수염 모형을 보내서 자동차 그릴에 붙이게 했다.● 이런 시도는 즉각 많은 이의 흥미를 불러일으켰다.

캘러닉도 즉각 반응을 보였다. 우선 라이언 그레이브스와 오스틴 게이트에게 리프트가 그들의 실질적인 위협으로 성장하는지 주시하게 했다.

그레이브스와 게이트, 그리고 특히 캘러닉은 비열한 방법도 마다하지 않았다. 그들은 샌프란시스코 교통국 인사를 비밀리에 만나

● 리프트의 별난 핑크 콧수염은 당시 인기를 끌고 있던 '트럭너츠truck nutz'에서 아이디어를 가져온 것이었다. 트럭너츠는 자동차 뒤 범퍼에 매다는 고환 모양의 장식이었다. 무슨 이유에서인지, 핑크 콧수염과 트럭너츠 모두 많은 인기를 모았다.

서 리프트와 사이드카의 움직임에 주시하라고 당부했다. 지금까지 그들은 정부 당국을 비웃었지만, 이제는 다른 기업을 제지해달라고 부탁하는 처지가 되었다. 게이트와 그레이브스는 심드렁한 표정의 교통국 직원에게 이렇게 사정했다. "그들은 지금 법을 어기고 있다고요!" 사이드카의 도전은 지지부진한 상황이었지만, 리프트는 점차 동력을 얻어가고 있었다. 사람들은 그 우스꽝스러운 핑크 콧수염을 꽤 마음에 들어 했다.

리프트에 대한 교통국의 입장은 원칙적으로 부정적이었다. 어쨌든 그들은 법을 어기고 있었다. 우버 역시 운전자를 모집하고 있었지만, 그들 모두는 지역 운송 연합에 등록된 허가받은 정식 기사였다. 그러나 리프트는 달랐다. 콧수염을 앞세운 그 스타트업은 차량을 소유하고 일반 운전면허증이 있는 사람이라면 누구나 그들의 운전자로 활동하도록 했다.

하지만 한 우버 직원이 지적했던 것처럼 "법은 쓰여 있는 게 아니라 집행되는 것이었다". 캘러닉의 입장에서는 실망스럽게도 샌프란시스코 교통국은 법을 집행하지 않았다. 캘러닉은 리프트와 사이드카가 규제 기관을 무시하고 운송 산업을 엉망으로 만들고 있다고 주장했다. 두 업체 모두 우버의 한계를 넘어서 있었다. 그때까지만 해도 캘러닉은 승차 공유 비즈니스에 본격적으로 뛰어들 마음은 없었다.

하지만 처음으로 사이드카 서비스를 이용해보고 생각이 바뀌었다. 일반 운전자를 기반으로 하는 P2P 차량 호출 시장에 엄청난 기회가 잠재되어 있다는 생각이 들었다. 캘러닉은 우버 역시 그런 서비스를 시작해야 한다고 생각했다.

반면 방관자 입장이던 걸리는 캘러닉의 생각에 충격을 받았다. 우버가 상대했던 것은 단지 택시와 리무진 서비스가 아니었던 것이다. 그들은 모든 형태의 운송 서비스를 놓고 경쟁을 벌이고 있었던 것이다.

이후 걸리는 자신의 블로그에 이런 글을 남겼다. "과연 우버는 비용과 편의성 측면에서 차량을 소유하는 것보다 더 나은 대안이 될 수 있을까?"[5]

결국 캘러닉은 도전을 결심했다. 우버는 웹사이트에 게재한 정책 지침을 통해 승차 공유 기반의 '우버X' 서비스를 시작하겠다고 발표했다.[6] 이제 리프트와 정면 승부를 벌이게 된 것이다.

캘러닉은 우버X 서비스를 출범하면서 가식적이게도 이런 글을 올리기도 했다. "규제를 이용해 경쟁자를 물리칠 수도 있었다. 하지만 우리는 기업의 핵심 역량을 강화하기로 결정했다. 경쟁을 택한 것이다."

✖

캘러닉을 아는 사람들은 그가 경쟁에서 언제나 완벽한 승리를 추구한다고 말한다.

특히 어릴 적 친구들은 그가 최고가 되는 것에 강박적인 집착을 갖고 있다고 증언한다. 센트럴밸리에서 열린 중학생 달리기 대회든, 아니면 치열한 논쟁이든 그의 목표는 무조건 이기는 것이었다.

캘러닉의 어머니는 그의 집착에 대해 이렇게 말했다. "선생님들에게 때로 골칫거리였죠."[7] 그는 특히 논쟁에 열성적이었는데 상대의 논리를 파악해서 허점을 파고드는 것을 좋아했다.(수십 년이 지난 후에도 그런 전략에 매력을 느꼈다.)

캘러닉이 원한 것은 단지 이기는 것이 아니었다. 그가 원한 것은 완전한 승리였다. 완전한 승리야말로 그의 유일한 선택지이자 목표였다. 금메달을 목에 걸지 못한다면 경기에 참여할 이유가 없다고 생각했다.

우버에게 완전한 승리란 모든 경쟁자를 제거하는 것을 의미했다. 그렇기 때문에 우버와 리프트는 공존할 수 없었다. 캘러닉은 리프트와의 경쟁을 제로섬 게임으로 봤다. 차량 공유 시장에서 모든 운전자는 우버의 운전자여야 했다. 이를 위해 우버는 완전한 독점을 추구해야 했다.

캘러닉은 싸움을 좋아했다. 처음에 그는 트위터상에서 리프트의 공동 창업자 존 지머를 슬슬 도발했다. 리프트의 보험 정책이나 비즈니스 방식, 혹은 난해한 전문 용어와 관련하여 질문 공세를 퍼부어서 그의 심기를 불편하게 했다. 그리고 점차 지머와 리프트를 따로 공격하기 시작했다.

트윗에서 캘러닉은 지머를 염두에 두고 이렇게 말했다. "따라오려면 아직 멀었군."[8] 그리고 자신의 트윗에 종종 이런 해시태그를 달았다. '#clone(클론).' 그것은 리프트가 우버를 따라 했다는 사실을 넌지시 비꼬는 것이었다. 지머는 맞대응을 하지 않았지만 캘러닉은 공격을 멈추지 않았다.

이에 대해 전직 우버 임원은 이렇게 말했다. "그는 단지 이기는 걸로 만족하지 못했습니다. 상대를 굴복시켜야 했죠. 마치 개를 훈련시키는 조련사처럼 말이죠. 집요했어요."[9]

리프트의 기세가 강해질수록 캘러닉의 공격 수위 또한 높아졌다. 리프트 비즈니스가 동력을 얻기 시작할 무렵, 지머는 수개월 동안 실리콘밸리를 돌아다니며 벤처캐피털 기업과 헤지펀드 매니저, 사모펀드 인사들을 만나 투자를 요청했다. 그렇게 지머가 새로운 잠재적 투자자를 만날 때마다 캘러닉이 지머를 공격했다. 신기하게도 그는 지머가 어디서 뭘 하는지 훤히 꿰뚫고 있었다.

캘러닉은 경쟁자를 이기려는 자신의 욕망에 대해 인정하면서 이렇게 말했다. "리프트가 엄청난 투자를 받을 것이라 생각했어요."[10] 캘러닉은 투자자들에게 우버와 리프트 중 하나만 선택할 수 있다는 점을 분명히 밝혔다. 그는 잠재적 투자자들에게 이렇게 강조했다. "아시다시피 우리도 조만간 투자를 유치할 생각입니다. 어디에 투자할 것인지 결정하기에 앞서 부디 이 점에 유념하시길 바랍니다."

캘러닉의 전략은 먹혔다. 얼마 후 지머는 투자자들로부터 투자를 취소하겠다는 연락을 받아야 했다.

이처럼 리프트가 뭘 하든 간에 우버가 나타나 훼방을 놓았다. 리프트의 대표적인 마케팅 전략 중 하나로 '드라이버 이벤트driver event' 라는 게 있었다. 이는 신규 운전자 100명을 대상으로 벌이는 소규모 파티였다. 리프트는 이 파티를 통해 리프트에 대한 호감도를 높이고자 했다. 실제로 파티에 참석한 사람들은 리프트가 그들에게 많은 신경을 쓰고 있는 것을 느꼈다고 한다.

캘러닉은 어떻게든 그 행사를 망치고자 했다. 그는 직원들을 리프트 행사장에 보내서 검은색(우버의 상징색) 티셔츠를 입고 '우버' 라고 찍힌 쿠키가 가득한 쟁반을 들고 돌아다니게 했다. 게다가 티셔츠의 뒷면에는 우버에 가입할 때 보너스를 받을 수 있는 추천인 코드까지 박아 넣었다.

그 외에도 우버는 다양한 방법으로 리프트의 발목을 잡았다. 가령 샌프란시스코 전역에 걸쳐 거리 간판이나 광고판을 사들였다. 그리고 '우버'라고 적힌 거대한 검은색 면도기로 리프트의 귀여운 분홍색 콧수염을 밀어버리려고 하는 그림을 크게 실었다. 그림 옆에는 이런 메시지가 있었다. "콧수염을 밀어버리세요."[11]

이처럼 캘러닉은 리프트를 물리치기 위해 온갖 방법을 동원했다.

✖

우버는 비즈니스를 확장하는 방법을 알았다. 그들은 새로운 도시에 진출할 때마다 수요의 바퀴를 돌리기 위해 먼저 집중적인 투자를 했다. 승객의 수요가 충분히 크지 않다면, 운전자는 우버를 위해 일하지 않을 것이다. 마찬가지로 운전자의 공급이 충분히 크지 않다면, 승객도 서비스를 이용하지 않을 것이다. 이는 전형적인 닭과 달걀의 딜레마였다.

초창기에 우버 관리자로 일했던 일리아 아비조프Ilya Abyzov는 우버의 전략에 대해 이렇게 이야기했다. "말 그대로 닭을 사들이는 방식으로 문제를 해결했어요."[12] 다시 말해 우버는 수십만 달러를 들여 운전자를 사들였다. 그들은 운전자가 특정한 운행 횟수나 기간을 충족시켰을 때 보너스를 지급했다. 우버는 또한 승객에게도 돈을 쏟아부었다. 그들은 신규 고객을 대상으로 무료 쿠폰을 발행했다. 우버의 계획은 이랬다. 일단 서비스를 이용해보면 그게 얼마나 대단한지 알게 될 것이고, 그러면 앞으로 계속해서 이용하게 될 것이다.

그들의 예상은 옳았다. 우버가 새로운 도시에 진입하면, 그 소식은 입소문을 타고 널리 퍼져나갔다. 승객들은 앱으로 우버 차량이 자신에게 오는 모습을 확인하는 신선한 경험을 좋아했다. 그리고 (할인 쿠폰을 받았을 때) 요금이 얼마나 저렴한지 직접 확인하고는 깜짝 놀랐다. 또한 하차 시에 잔돈을 거슬러 받거나 팁을 주지 않아도 된다는 사실에 기뻐했다. 난데없이 나타난 우버가 그들의 눈앞에서 마술을 펼쳐 보인 것이다.

하지만 마술을 보여주기 위해서는 돈이 필요했다. 캘러닉은 경쟁자와 규제 당국이 그들의 발목을 잡기 전에 수백 곳의 도시에서 하루빨리 자리를 잡아야 한다고 믿었다. 그리고 이를 위해 무엇이 필요한지 정확하게 알았다. 바로 사업 자금이었다.

　캘러닉은 벤처 자본가를 설득하는 일에 능했다. 어릴 적부터 그는 쇼맨십이 탁월했다. 게다가 이미 오랫동안 에인절 투자자의 입장에서 젊은 기업가를 상대로 격려와 조언을 들려준 경험이 있었다. 그런 그가 이제는 투자 유치를 위해 우버의 놀라운 실적을 객관적으로 보여주는 파워포인트 자료를 만들기 시작했다. 혼자서 프레젠테이션 연습도 계속했다. 정확한 타이밍에 리모컨을 눌러 슬라이드를 넘기는 것까지 완벽하게 익혔다. 타이밍이야말로 성공적인 프레젠테이션에서 가장 중요한 요소였다.

　투자자들 앞에 선 캘러닉은 언제나 힘이 넘쳤다. 그는 영화 〈글렌게리 글렌 로스Glengarry Glen Ross〉에서 알렉 볼드윈이 연기했던, 사람들의 마음을 움직이는 열정적인 연설가이자 잡스를 추종하는 IT 마법사였다. 캘러닉은 영화에서 볼드윈이 했던 대사를 마음속으로 외우곤 했다. "A-B-C, A-Always, B-Be, C-Closing. Always be closing! 언제나 끝장을 봐라!" 캘러닉은 허둥대지 않았다. 그는 끝장을 내는 법을 알았다.

　초반 투자 라운드에서 캘러닉은 수천억 달러의 자금을 끌어 모았다. 하지만 캘러닉은 거기에 만족하지 않았다. 더 많이 원했다. 우버는 이제 본격적인 투자 라운드로 들어서고 있었다. 이제 그들은 기술 분야의 부유한 투자자에게 기껏 500만 달러, 혹은 1,000만 달러를 요구하지 않을 것이었다.

　우버가 원한 것은 수십억 달러였다.

10장

홉쇼

캘러닉은 자신의 우상인 잡스와 페이지와 브린을 따라
스스로를 전설적인 창업자 반열에 은근슬쩍 올려놓았다.

투자 유치를 위한 비밀 병기를 캘러닉에게 가져다준 것은 다름
아닌 걸리였다.

훌륭한 벤처 자본가는 스타트업이 인재를 채용하는 과정에서 도
움을 준다. 걸리는 캘러닉에게 함께 전쟁터에 나설 인재를 소개해
주고자 했다. 그가 마음속에 품고 있던 한 사람은 1990년대 후반
에 설립된 통신 소프트웨어 기업인 텔미네트웍스Tellme Networks 출신
의 만능 해결사였다. 텔미는 음성 기반의 개인용 비서, 혹은 전화
기반 서비스(항공기 지연에 항의하는 고객의 전화에 응대하는 자동화 소프
트웨어 등)를 제공하는 기업이었다.

걸리가 떠올린 텔미의 해결사는 에밀 마이클Emil Michael이었다. 유

머 감각이 다소 짓궂긴 해도, 고객들은 그를 세련된 기업가로 인식하고 있었다. 마이클은 실리콘밸리에서 일하는 MBA 출신들과 어울리는 법을 알았다. 텔미는 닷컴 거품이 꺼진 후에도 살아남았다. 그 부분적인 이유는 마이클이 AT&T, 사우스웨스턴벨Southwestern Bell, 판당고Fandango, 메릴린치Merrill Lynch와 같은 대기업과 긴밀한 관계를 유지했기 때문이었다. 텔미는 경기 침체로 직원을 해고하고 사업부를 감축했지만, 남아 있는 자산과 인재를 바탕으로 2007년에 마이크로소프트와 8억 달러가 넘는 큰 계약[1]을 체결했다.* 마이클은 거래를 성사시키는 방법을 알았다.

이집트 출신 이민자인 약사 아버지와 화학자 어머니를 둔 마이클은 뉴욕주 웨스트체스터카운티에서 어린 시절을 보냈다. 그가 살았던 뉴로셸 교외 지역은 주로 노동계층의 유색 인종으로 구성된 마을이었다. 무척 사교적인 아이였던 마이클은 거기서 많은 친구를 사귀었다. 아버지가 일하는 약국에서 카운터를 보면서 자신보다 나이가 2배나 많은 손님과 잡담을 나누기도 했다. 마을 주민들 모두 어린 에밀과 그의 아버지를 알았다.

학교 성적이 좋았던 마이클은 하버드 대학에 입학해서 행정학을 공부한 뒤 스탠퍼드 로스쿨에 진학했다. 거기서 그는 실리콘밸리 세상을 경험했다. 그는 최고 학점으로 로스쿨을 마친 뒤 골드만

● 텔미 출신들은 차세대 인터넷 개발에 많은 영향을 미쳤다. CEO인 마이크 매큐Mike McCue는 플립보드Flipboard를 설립했고, 앨프리드 린Alfred Lin은 자포스Zappos를 거쳐 세쿼이아 캐피털에 들어갔다. 유명 기업가 형제인 하디Hadi와 알리 파르토비Ali Partovi는 코드Code. org를 설립했다. 그리고 많은 이들이 스트라이프, 페이스북, 아마존 등 다양한 기업에서 활약했다. 에밀 마이클 역시 그 흐름에 동참했다.

삭스에 입사했다. 마이클은 자신의 선배들이 매일같이 새로운 기업을 사고파는 것을 지켜보면서 거래와 계약의 세상을 배웠다. 그들은 마치 칼잡이처럼 싸웠다. 기업의 지배 구조를 재편하고, 뒤집어 엎고, 쪼갰다. 그러나 그가 결국 실리콘밸리의 스타트업에 관심을 갖게 된 것은 새롭게 떠오르는 IT 산업 때문이었다.

마이클은 골드만삭스를 나온 뒤 텔미에 입사해서 9년간 일했다. 그러고는 오바마 행정부 시절에 백악관에 입성했다. 그는 국방장관 특별보좌관 직책을 맡으며 자신의 역량을 완성했다. 특히 워싱턴 인맥은 이후 그가 좀 더 편안함을 느꼈던 민간 분야에서 큰 힘을 발휘하도록 든든한 배경이 되어줬다. 몇 년간 백악관 생활을 마친 뒤 마이클은 사회적 영향력을 평가하는 기업인 클라우트Klout에 들어갔다. 클라우트는 자체 개발한 알고리즘을 기반으로 페이스북이나 트위터, 텀블러와 같은 사이트에서 특정 사용자가 갖고 있는 영향력을 분석하는 일을 했다. 그들은 클라우트 점수가 높은 사용자에게 협력 회사의 특전을 제공했다. 가령 버진아메리카 항공에서 좌석 업그레이드 서비스나 라스베이거스 팜 호텔에서 무료 조식을 제공하는 등의 특전이었다. 이를 위해 마이클은 다양한 협력사와 계약을 맺었고, 클라우트 경영진은 마이클의 에너지를 높이 평가했다.

걸리는 2011년에 캘러닉과 마이클을 서로 소개시켜줬다. 하지만 2013년 걸리가 마이클에게 전화를 걸어 놀라운 비즈니스 기회에 관해 들어볼 의향이 있는지 물어보고 나서야 마이클과 캘러닉의 관계가 본격적으로 시작되었다. 걸리는 마이클에게 이렇게 말했다. "당신이 우버로 왔으면 합니다." 그는 비즈니스 초창기에 합류하는 것이 너무나 좋은 기회라는 점을 강조했다. 걸리는 캘러닉의 공격적인 태도를 좋아했다. 그러면서도 균형을 잡아줄 사람이 필요하다고 생각했다. 캘러닉의 근본적인 성향을 제어해줄 누군가가 필요했다. 걸리가 보기에 마이클이야말로 적임자였다.•

우버에서 마이클은 캘러닉을 보좌하는 것은 물론, 텔미와 클라우트에서 했던 일, 즉 협력사와 계약을 체결하는 일을 맡았다. 걸리는 마이클만큼 유능한 해결사를 만나보지 못했다. 특히 탁월한 언변과 사교성은 그의 비즈니스 기술을 더 돋보이게 했다.

마이클은 캘러닉에게 없는 뭔가를 갖고 있었다. 그는 어떤 상황에도 적응할 수 있는 뛰어난 감성지능을 갖고 있었다. 윤기 나는 검은 머리에 이목구비가 뚜렷한 마이클은 언제나 손을 잡고 환한 미소로 상대를 맞이하면서 편안한 인상을 주었다. 고집이 센 캘러닉과 달리 마이클은 그 누구와도 협상할 수 있었다. 게다가 10년 동안 IT 세상에 몸을 담았던 덕분에 그 세상의 언어로 이야기할 줄 알았다. 그 능력을 이제 우버를 위해 쓸 참이었다.

하지만 그를 유능한 해결사로 만들어준 자질은 양날의 검이었다. 마이클은 파트너에게 거울과 같은 존재였다. 그는 조직에 적응하기 위해 그 문화를 그대로 받아들였다. 이런 태도는 어린 시절을 보낸

• 그건 걸리의 착각이었다. 그 관계는 서서히 파국을 향해 치달았다.

웨스트체스터에서 익힌 본능이었다. 그는 어떻게든 인사이더가 되려고 노력했다. 긍정적으로 볼 때, 마이클은 캘러닉에게 최고의 술친구이자 절친한 동료였다. 그러나 부정적으로 볼 때, 그는 캘러닉을 망치고 있었다. 그는 계획을 추진하는 와중에 몰래 일을 꾸미는 그런 스타일이었다.

캘러닉은 마이클을 즉각 자기 사람으로 받아들였다. 마이클은 결국 캘러닉의 오른팔과 같은 존재가 되었다. 우버에서 그의 공식 직함은 '최고비즈니스책임자'. 이는 최고운영책임자와 비슷한 것이었지만 실제로 그가 수행했던 역할은 최고협상책임자였다.

마이클은 동시에 캘러닉의 가장 가까운 친구였다. 얼마 지나지 않아 두 사람은 전략과 비즈니스 이야기를 하루 종일 나누는 사이가 되었다. 나중에는 저녁 시간과 주말도 같이 보냈다. 함께 식사를 하고, 함께 출장을 떠나 협력사를 만나고, 그러다가 결국 함께 휴가까지 떠났다. 캘러닉과 마이클, 그리고 각자의 연인으로 구성된 4인조는 스페인 이비사섬이나 그리스로 같이 여행을 다녔다. 둘 사이의 경계가 허물어지면서 사생활과 업무가 하나로 섞였다. 그들은 '형제'와 같았고, 실제로 형제처럼 지냈다. 캘러닉은 자신의 라이프스타일에 걸맞은 나이트클럽과 고급 레스토랑을 이들과 함께 돌아다니며 많은 돈을 썼다.

하지만 캘러닉과 마이클의 협력이 실제로 빛을 발한 것은 투자 유치에서였다. 두 사람은 하나가 되어 완벽한 역량을 발휘했다. 일반적으로 기업은 기업공개를 위해 '로드쇼roadshow'라는 행사를 벌인다. 여러 도시를 돌아다니며 투자자를 대상으로 설명회를 갖는 것이다. 그러나 캘러닉은 기업공개를 할 생각이 없었다(적어도 당장에는). 그래서 두 사람은 그들만의 방식을 고수했다. 그들은 이를 로드쇼 대신 '홈쇼homeshow'라고 불렀다. 이미 많은 투자자가 우버에 관심을 갖고 있었기 때문에, 두 사람은 기존 역학관계를 뒤집어서 투자자가 샌프란시스코에 있는 우버 본사를 방문해 우버가 틀어주는 음악에 맞춰 왈츠를 추게 했다.

캘러닉과 마이클은 스스로 몸값을 올렸다. 그들은 투자자와의 회의를 일주일간 하루에 세 차례로 한정했다. 그 때문에 투자자들은 우버와 약속을 잡기 위해 경쟁을 벌여야 했다.

투자자들은 그런 캘러닉을 '쇼맨'이라 불렀다. 그건 사실이었다. 그에게는 공격적인 태도와 민첩성에 더해, 매년 수많은 스타트업 설명회에 참석하는 은행가와 벤처 자본가, 그리고 헤지펀드 인사들을 흥분시키는 놀라운 자질이 있었다. 캘러닉은 치밀하게 준비한 파워포인트 슬라이드를 통해 '하키스틱 잠재력hockey stick potential'(기업가와 벤처 자본가가 원하는 급격한 성장 곡선의 모양을 일컫는 말)을 보여줬다. 우버는 그 잠재력을 실현하기 위해 굳이 힘들게 일할 필요가 없었다. 우버에는 '역이탈률negative churn'[2)]이 있었기 때문이었다. 역이탈률이란 주로 SaaSSoftware as a Service(서비스형 소프트웨어) 기업에 대해 사용하는 용어로, 고객이 일단 특정 서비스를 이용하고 나면 이후 계속해서 그 서비스를 이용하게 되는 것을 의미한다. 한 벤처 자본가는 이 용어에 대해 이렇게 설명했다. "이자율이 높은 예금과 같은 거죠. 아무 노력 없이도 돈이 통장에 계속 쌓이죠."

캘러닉은 데이터를 통해 우버 서비스를 평균 2.7회 이용하고 나면 평생 고객으로 전환된다는 사실을 보여줬다. 우버 서비스는 '그만큼 좋았다'.

또한 캘러닉은 자신의 우상인 스티브 잡스와 마크 저커버그, 래리 페이지와 세르게이 브린을 따라 자신의 방식을 하나의 비즈니스 모델로 만들었다. 그리고 우버를, 세상을 바꾸는 IT 기업 군단에 집어넣고, 스스로를 전설적인 창업자 반열에 은근슬쩍 올려놓았다. 우버 회의실에 모인 투자자들에게 우버의 성과를 강조하기 위해서였다.

그렇게 캘러닉이 회의실 분위기를 띄우고 나면, 이어서 마이클이 마무리 투수로 등판했다. 캘러닉이 앞에서 연설할 때, 마이클은 회의실을 두리번거리며 사람들을 자세히 살폈다. 누가 몸을 앞으로 숙이고 있는가? 성과를 제시할 때 누구의 눈이 반짝였는가? 투자를 하고 싶어 안달난 사람은 누구인가? 일반적으로 회의가 끝나고 나면 투자자들은 곧바로 구애의 메시지를 보내왔다. 그러나 마이클은 애를 태우기 위해 즉각 대답하지 않았다. 일주일쯤 후, 그는 투자자들에게 엑셀 파일을 보냈다. 투자자들은 그 파일에 얼마만큼 투자할 계획인지 적어 넣어야 했다. 캘러닉이 그들을 흥분시켰다면, 마이클은 그들을 완전히 쓰러뜨렸다. 두 사람이 이런 일련의 과정을 모두 끝내기까지 약 3주일이 걸렸다. 이는 두 사람이 앞으로 5년 동안 계속해서 추게 될 춤이었다.

그 외에도 캘러닉과 마이클에게는 또 다른 경쟁력이 있었다. 그것은 행운과 타이밍으로부터 비롯된 것이었다. 초창기에 실리콘밸리의 투자 생태계는 좁은 세상이었다. 일반적으로 지역 벤처 자본가는 지역 스타트업에 투자했다. 벤처 투자 기업에는 포트폴리오 기업의 복잡성과 논리를 이해할 수 있는 투자 파트너들이 있었다. 그들은 투자 원칙에 따라 합리적인 방식으로 신중하게 투자 대상을 선택했다. 이는 호황과 불황에 상관없이 그대로 이어졌다.

그런데 기술 기업들이 성장하면서 다양한 형태의 투자가 실리콘밸리로 몰려들었다. 게다가 소규모 스타트업들이 천문학적인 수익을 올리면서 투자자들은 포모를 느끼기 시작했다. 유튜브는 2005년부터 2년 동안 약 1,000만 달러에 달하는 벤처캐피털 투자를 받았다. 2006년 구글은 그 금액의 150배가 넘는 돈으로 유튜브를 인수했다. 인스타그램 직원이 고작 13명밖에 되지 않았던 시절에 마크 저커버그는 10억 달러를 들여 그 회사를 인수했다. 이처럼 막대한 자금이 IT 산업으로 흘러드는 상황에서 모두가 그 흐름에 참여하고자 했다.

뮤추얼펀드와 투자은행, 해외 국부펀드와 각국 정부는 구글, 트위터, 페이스북 같은 실리콘밸리 기업들이 기업공개를 통해 엄청난 부를 창출하는 장면을 지켜봤다. 그리고 그 부의 대부분이 기업공개가 이뤄지기 전에 지분을 확보했던 초기 투자자의 주머니 속으로 들어가는 장면도 지켜봤다.

일반적으로 헤지펀드는 그들이 잘 알고 있는 시장을 고수했고,

주식 시장에서 정식으로 거래되는 종목에만 투자했다. 그러나 티로프라이스T. Rowe Price와 피델리티인베스트먼트Fidelity Investments of the world 같은 곳이 서서히 실리콘밸리의 문을 두드리기 시작했다. 수억 달러 규모의 자금을 운영하는 헤지펀드 매니저들 역시 IT 산업에 대한 투자 기회를 놓치고 싶지 않았다. 당시 실리콘밸리에서 투자를 받고 있던 여러 스타트업 중 가장 주목받는 곳은 다름 아닌 우버였다. 우버는 유니콘 중의 유니콘이었다. 투자자들은 어떻게든 우버 지분을 차지하기 위해 경쟁을 벌였다.

캘러닉은 이런 분위기를 십분 활용했다. 하지만 그는 여전히 마이클 오비츠와의 끔찍한 악연을 잊지 못했다. 그 이후로 캘러닉은 두 번 다시 투자자를 믿지 않았다. 캘러닉은 투자자들에게 우버의 지분을 나눠주는 대가로 엄격한 조건을 요구했다. 일반적으로 기업은 내부 자료를 공개할 의무가 없지만, 주요 투자자에게는 어느 정도 공개하는 것이 관례였다. 그러나 캘러닉은 주요 투자자에게도 '정보 열람 권리'를 인정하지 않았고, 구체적인 데이터를 제공할 경우에도 등급을 제한했다. 게다가 캘러닉이 복수의결권주식supervoting stock을 계속 보유하는 데 동의하도록 했다. 반면 새로 들어온 투자자에게는 일반주만 허락했다. 캘러닉이 보유한 복수의결권주식은 한 주당 10개의 의결권이 주어진 반면 일반주는 한 주에 하나의 의결권밖에 주어지지 않는다. 또한 캘러닉 곁에는 개릿 캠프와 라이언 그레이브스가 있었다. 두 공동 창업자 역시 복수의결권주식을 보유했고, 캘러닉은 이들과 함께 강력한 동맹을 형성했다.

이를 통해 캘러닉은 최고경영자로서 자신의 권력을 뒷받침해줄 강력한 기반을 완성했다. 이제 어떤 투자자도 그가 자금을 어떻게 쓰는지 간섭할 수 없고, 어떤 주주도 누구를 고용하고 누구를 해고하라는 지시를 할 수 없게 되었다.

우버는 곧 캘러닉의 회사였다. 그리고 오직 운 좋은 사람만이 투자가 허락되었다.

✖

구글벤처스Google Ventures는 우버에 투자하길 원했다. 그러나 캘러닉은 계속해서 여러 가지 조건을 요구했다.

구글에 오랫동안 몸담은 뒤 구글벤처스의 파트너가 된 데이비드 크레인David Krane은 우버에 투자하기 위해 수개월 동안 물밑 작업을 했다. 우버가 투자 라운드를 재개했다는 소식을 들었을 때, 그는 어떻게든 캘러닉을 만나서 설득하고자 했다.

크레인은 캘러닉을 만나기 위해 어디든 찾아갔다. 그러던 2013년 초, 크레인은 롱비치공연예술센터에서 열린 연례 테드 콘퍼런스에서 캘러닉을 만나게 되었다. 놀랍게도 그 자리에서 캘러닉은 영화배우 캐머런 디아즈와 함께 웃으며 이야기를 나누고 있었다. 행사가 시작될 무렵 크레인은 캘러닉에게 조금씩 다가갔고, 마침내 공손하게 디아즈를 밀어내고 캘러닉 앞에 설 수 있었다. 지금까지 크레인은 구글벤처스를 위해 많은 중요한 계약을 따냈다. 거기에는 스마트 자동온도조절장치를 개발하는 기업인 네스트Nest, 고급 커피 체인인 블루보틀Blue Bottle과의 계약이 포함되어 있었다. 그러나 우버야말로 그가 지금껏 꿈꾸어온 거대한 고래였다.

테드 콘퍼런스에서 캘러닉은 크레인에게 강한 인상을 받았다. 구글 같은 거대 기업이 자신을 주목하고 있다는 사실이 기뻤다. 그해 말 크레인을 비롯한 구글벤처스의 고위 파트너들은 수개월에 걸쳐 캘러닉에게 구애의 메시지를 보냈고, 조만간 시작될 우버의 시리즈 C 라운드에 참여할 수 있기를 희망했다. 구글벤처스와 우버 사이에 협상이 오가는 동안, 캘러닉은 언제나 그랬듯 이런 메시지를 전했다. "구글벤처스가 우리 본사로 와서 투자 제안을 해야 합니다. 그러고 나면 우리가 최종 결정을 하도록 하겠습니다."

구글 사람들은 이런 요구에 익숙하지 않았다. 구글벤처스로부터 투자를 받는다는 것은 기업이 결정해야 할 사안이 아닌, 고마워해야 할 '특혜'였다. 물론 구글벤처스는 클라이너퍼킨스나 세쿼이아 캐피털 같은 유서 깊은 투자 기업은 아니었지만, 그들에게서 투자를 받는다는 것 자체로 시장의 인정을 받았다.

결국 크레인을 비롯한 구글벤처스 파트너들은 우버 본사를 찾아 캘러닉과 마이클 앞에서 프레젠테이션을 했다. 이 자리에서 구글벤처스는 모든 지원을 아끼지 않을 것임을 약속했다. 그들의 방대한 네트워크를 통해 인재 채용 과정에 도움을 주고, 전략적 노하우도 공유하겠다고 다짐했다. 또한 어마어마한 규모의 투자까지 약속했다. 크레인과 그의 파트너들은 우버가 투자 제안을 받아들이도록 최선을 다했다.

그 자리에서 캘러닉은 투자 조건을 제시했다. 그가 원한 것은 우버의 가치를 35억 달러로 평가하고, 이를 기준으로 구글벤처스가 2억 5,000만 달러를 투자하는 것이었다.

구글벤처스 사람들은 어마어마한 금액에 깜짝 놀랐다. 구글벤처스는 지금껏 그 정도 규모의 투자 라운드에 뛰어든 적이 없었다. 몇백만, 많아도 몇 천만 달러 규모에 익숙했다. 또한 그들은 주로 초기 '성장 단계'에 있는 기업에 투자했다. 더 많은 지분을 확보하는 것에 집중했다. 초기 투자는 더 높은 위험을 감수하는 대신, 투자대상이 대박을 터뜨릴 경우 엄청난 보상을 받는다는 뜻이었다.

그런데 이번은 달랐다. 우버가 제시한 금액은 무려 2억 5,000만 달러였다. 이는 그들의 '전체 펀드' 중 상당 부분을 하나의 기업에 쏟아야 한다는 의미였다. 그러면서도 투자 기회를 베풀어준 우버에 고마워해야 할 입장이었다. 크레인과 그의 파트너들은 이런 상황이 낯설기만 했다.

이후 크레인은 오랜 협의 끝에 파트너들을 설득했다. 결국 구글벤처스는 지금껏 가장 큰 금액을 우버에 투자하기로 했다. 그럼에도 다른 모든 투자자들과 동일한 처우에 만족해야 했다.

캘러닉은 이전 투자자들과 마찬가지로 구글벤처스에도 우버의 경영 상황에 대한 구체적인 정보를 제공하지 않기로 했다. 구글벤처스는 엄청난 투자에도 불구하고 이사회 옵서버 자격에 머물러야 했다. 그나마 그것도 많은 투자자가 선망하는 자리였다. 일반적으로 주요 투자자는 이사회에서 의결권을 갖는다. 하지만 캘러닉은 그 자리를 크레인 대신에 구글의 고위 임원인 데이비드 드러몬드David Drummond에게 허락했다.*

드러몬드에게 그 자리를 허락한 것은 대단히 중요한 결정이었다. 드러몬드는 초창기부터 구글에 합류했다. 래리 페이지와 세르게이 브린을 처음 만났을 때, 드러몬드는 실리콘밸리의 유명 로펌인 윌슨손시니굿리치앤로사티Wilson Sonsini Goodrich & Rosati의 파트너로 있었다. 구글의 첫 투자 라운드에 기여하면서 두 공동 창업자와 각별한 관계를 맺은 드러몬드는 2002년 구글에 합류해서 기업공개에 이르기까지 경영에 함께 참여했다. 이후 드러몬드는 래리와 세르게이의 신임을 받는 인물이 되었고, '비즈니스 개발 수석 부사장'과 '최고법률책임자'라는 화려한 직함까지 얻었다. 그는 또한 구글벤처스와 더불어 구글의 또 다른 주요 투자 조직인 구글캐피털Google Capital의 투자 활동에 관여했다. 간단히 말해, 드러몬드는 실리콘밸리의 'BFDbig freakin' deal'(큰손)였다. 그는 전략적이고, 인간관계가 폭넓고, 존재감이 강한 인물이었다. 캘러닉이 보기에, 드러몬드가 우버 이사회에 합류한다는 것은 구글의 전략적 역량을 함께 누릴 수 있다는 의미였다. 결국 드러몬드는 캘러닉의 제안을 받아들여 이사회에 합류했다.

또한 캘러닉은 크레인을 마지막으로 한 번 더 놀라게 만들었다.

● 옵서버observer는 이사회 회의에 참석할 수 있지만 의결권은 행사하지 못한다. 크레인이 투자 계약을 이끌었다는 점에서 이는 다소 부당한 대우였다. 그래도 이사회 모임에 완전히 들어가지 못하는 것보다는 나았다.

투자 계약이 마무리되는 날까지도 크레인은 구글벤처스가 또 다른 기업과 경쟁을 벌이고 있다고 생각했다. 그리고 마침내 우버가 다른 기업이 아닌 구글벤처스를 선택했다고 믿었다. 하지만 몇 주에 걸쳐 계약 조건을 완성한 후에야 캘러닉은 크레인에게 이번 투자 라운드에 또 다른 투자자를 포함시키기로 결정했다는 소식을 전했다. 그 투자자는 다름 아닌 TPG캐피털TPG Capital이었다.

크레인은 기가 막혔다. TPG캐피털은 비즈니스 역사상 가장 유명한 LBO(매수할 기업의 자산을 담보로 금융회사에서 자금을 빌려 매수 자금을 조달하는 인수합병 기법의 하나—옮긴이)에 참여했던 세계적인 사모펀드 기업이었다. 2007년 TPG는 골드만삭스와 손잡고 세계에서 다섯 번째로 큰 유심 사업자인 올텔Alltel을 약 275억 달러에 인수했다. 그것은 당시 이동통신 시장에서 최대 규모의 합병이었다. 구글벤처스는 베이에어리어 지역의 거물이었음에도 캘러닉은 TPG캐피털과도 손을 잡음으로써 상징적인 효과를 과시하고 세계적인 네트워크까지 갖추길 원했던 것이다. 이에 TPG캐피털은 캘러닉에게 전용 제트기까지 내어주는 호의를 보였다. 이는 최고의 기업만이 제공할 수 있는 사치였다.● 캘러닉은 투자 계약 과정에서 TPG의 파트너인 데이비드 트루히요David Trujillo와 함께 일했지만, TPG에서 좀 더 서열이 높은 인물을 이사회에 영입하고 싶어 했다. 그가 생각한 인물은 데이비드 본더만David Bonderman이었다. 사모펀드 시장의 전설

● 그렇다고 캘러닉이 깜짝 놀란 것은 아니었다. 사실 TPG 제트기는 베이징으로 가는 편도였다. 돌아올 때에는 일반 항공기를 타야 했다.

적인 인물인 본더만은 TPG의 설립 파트너로서 유명인, 경영자, 규제 기관 인사, 그리고 각국 정상에 이르기까지 폭넓은 인맥을 갖추고 있었다. 드러몬드의 영입을 통해 IT 시장에 상징적인 메시지를 보냈던 것처럼, 본더만의 영입으로 우버는 광범위한 비즈니스 공동체에 자신의 존재를 다시 한 번 각인시켰다.

반면 구글벤처스는 2억 5,800만 달러의 투자에도 불구하고 캘러닉의 결정에 순순히 따라야 했다. TPG는 개럿 캠프에게서 8,800만 달러의 지분을 직접 사들였고, 캠프는 그 거래에 흔쾌히 응했다.˙ 크레인으로서는 그 거래를 막을 방법이 없었다.

하지만 캘러닉의 욕심은 거기서 끝나지 않았다. 다음으로 그는 실리콘밸리가 가장 탐내는 상징적인 인물과의 만남을 원했다. 그는 다름 아닌 래리 페이지였다.

● 놀랍게도 캠프는 그 돈으로 스팀블어폰에 대한 투자를 이어나갔다. 그는 그 기업이 언젠가 소셜네트워크 시장에서 강자로 떠오를 것이라고 믿었다. 그러나 실패가 이어지면서 2018년 6월, 캠프는 결국 완전히 손을 뗐다.

위기의 시그널

11장

빅브라더와 리틀브라더

아마도 페이지가 주목한 것은 캘러닉이 아니라
모빌리티의 미래였을 것이다.

팰로앨토를 지나는 101번 고속도로를 달리다 보면 완전히 거울로 뒤덮인 반원형의 구조물이 우뚝 솟아 있다. 바로 포시즌스 호텔이다. 정오의 태양 아래서 반짝이는 그 건물은 마치 실리콘밸리 심장부에 박힌 거대한 프로세서처럼 보인다.

포시즌스는 마운틴뷰의 구글 글로벌 본사까지 차로 10분 거리에 있다. 한편, 크레인은 캘러닉의 마지막 요구에 따라 래리 페이지와 데이비드 드러몬드가 참석하는 회의 자리를 마련하고자 했고, 구글은 캘러닉과 그의 해결사 에밀 마이클을 구글플렉스에서 열릴 9시 조찬 회동에 초대했다.

하지만 캘러닉은 지독한 야행성이었다. 밤 11시까지 일하고 인근에 있는 기업가를 만나 술을 한잔하는 것이 그의 일과였다. 그런 캘러닉에게 마운틴뷰에서 9시에 모임을 갖는 것은 너무나 힘든 일이었다. 결국 크레인은 캘러닉을 위해 포시즌스 호텔을 예약했다.

회의가 있던 날 아침, 크레인은 캘러닉을 위해 깜짝 선물을 준비했다. 그날 캘러닉은 호텔 정문을 걸어 나와 대기하고 있던 우버 차량의 뒷좌석에 백팩을 던져 넣고는 남쪽으로 향할 준비를 했다.

그러나 캘러닉이 차에 타기도 전에 발레파킹 구역에 또 다른 자동차가 나타났다. 얼핏 보기에 포르쉐나 테슬라는 아니었다. 사실 그 차량은 크레인이 구글의 'X' 사업부 엔지니어에게 잠시 빌린 구글의 무인자동차였다. 캘러닉 앞으로 흰색 렉서스 SUV가 서서히 다가왔다. 차량에 장착된 레이저와 카메라 장비 아래에 구글 로고가 보였다. 아무도 타지 않은 차량이 캘러닉 앞에 섰다.

크레인의 선물은 효과가 있었다. 깜짝 놀란 캘러닉은 10대처럼 신난 표정이었다. 그는 우버 차량을 취소하고 렉서스 뒷좌석에 바로 올라탔다. 그리고 미래를 향해 남쪽으로 향했다.(그날 캘러닉은 너무도 흥분한 나머지 백팩을 우버 차량에 두고 내리고 말았다.)

회의는 캘러닉의 기대만큼 대단했다. 그 자리에서 래리, 드러몬드, 캘러닉, 마이클, 그리고 구글벤처스 총괄 파트너인 빌 매리스Bill Maris는 마치 오랜 친구 사이처럼 편하게 이야기를 주고받았다. 특히 그들의 협력 관계가 세상에 어떤 변화를 몰고 올 것인지에 대해 이야기했다.

캘러닉은 무엇보다 페이지를 만났다는 사실에 흥분했다. 페이지는 캘러닉이 어릴 때부터 숭배해왔던 기업가였다. 그는 검색 알고리즘을 기반으로 세상의 모든 정보를 조직화함으로써 엄청난 성공을 거둔 인물이었다. 캘러닉은 효율성을 중요하게 여겼다. 그가 설립했던 두 기업인 스카워와 레드스우시 역시 효율성을 근간으로 삼았다. 그리고 구글이야말로 지금까지 가장 효율적인 검색 엔진이었다. 캘러닉은 페이지와 같은 멘토와 함께한다면 우버의 번영은 절대 멈추지 않을 것이라고 확신했다.

나중에 캘러닉은 그 첫 번째 회의에 대해 이렇게 회상했다. "마치 빅브라더와 리틀브라더 같았습니다."[1]

그러나 회의에 대한 캘러닉의 기억은 사실과 좀 달랐다. 래리 페이지를 직접 만나본 사람이라면 그가 그다지 매력적인 인물은 아니며, 더욱이 누군가의 '빅브라더'가 될 만한 사람은 아니라는 사실을 알 것이다. 페이지는 엔지니어의 엔지니어다. 사교적이지 못하고, 외부 사람이 회의에 참석하는 것을 달가워하지 않으며, 문제 해결에 집착하는 그런 인물이었다.

페이지에게 이번 투자는 전략적인 것이었다. 그는 오래전부터 운송 산업에 꽤 관심을 갖고 있었다. 그는 다른 기술 기업이나 자동차 회사가 가능성을 인식하기 오래전부터 무인자동차 연구를 시작했다. 수백만 달러의 자비를 들여 날아다니는 자동차를 연구하기도 했다. 아마도 페이지가 주목한 것은 캘러닉이 아니라 운송 산업의 미래였을 것이다.

페이지는 각각의 사업부에 상당한 자율권을 허용했다. 특히 구글

벤처스 사람들은 그들 회사를 구글과는 완전히 별개의 조직이라고 소개했다. 이 말은 구글 본사에 보고할 의무가 없다는 뜻이었다. 동시에 구글벤처스로부터 투자를 받았다고 해서 그것이 구글의 지원까지 받았다는 의미는 아니었다.

아침 회의 시간 내내 페이지는 큰 관심을 드러내지 않았지만 캘러닉은 중요한 동맹을 맺었다고 믿었다. 그동안 사람들은 협력 관계의 잠재력에 대해 이야기를 나눴다. 가령 우버 차량의 운행 데이터를 기반으로 구글맵스Google Maps를 개선할 수 있고, 반대로 우버가 구글맵스로부터 많은 도움을 얻을 수도 있었다.

짧은 시간 동안 협력 관계에 대해 이야기한 후, 페이지는 양해를 구하고 넓은 구글 캠퍼스를 산책하러 나갔다. 캘러닉은 다음번 모임을 기대해야 했다.

✳

캘러닉이 구글플렉스에서 우버의 화려한 미래를 펼쳐 보이고 있을 때, 앤서니 레반도브스키Anthony Levandowski는 멀지 않은 곳에서 침통한 표정으로 앉아 있었다.

레반도브스키는 평생을 기술과 로보틱스에 바쳤다. 브뤼셀에서 태어난 그는 10대에 미국으로 이민 와서 샌프란시스코와 금문교를 사이에 두고 있는 마린카운티에 자리를 잡았다. 그는 어릴 적부터 지도와 자동차에 관심이 많았다. 또한 뭔가를 만들고 수리하는 것을 좋아했다. 캘리포니아 대학교 버클리 캠퍼스를 다니던 시절, 산업공학도였던 그는 처음으로 로봇을 제작했다. 레고로 만든 그 로봇은 보드게임인 모노폴리용 지폐를 집어 분류할 수 있었다.[2] 얼마 후 그는 동료들을 설득해서 국방부가 주최하는 다르파 로보틱스챌린지DARPA Robotics Challenge에 출전했다. 이 대회 참가자는 각자 개발한 무인자동차를 가지고 모하비 사막에서 경주를 벌이게 된다. 레반도브스키 팀은 큰 기대를 안고 대회에 출전했지만 안타깝게도 그들의 무인자동차, '고스트라이더Ghostrider'는 출발 후 몇 초 만에 작동을 멈추고 말았다.• 그는 크게 낙담했다. 로봇 개발만큼 승리에도 집착했기 때문이었다.

대학을 졸업한 뒤 레반도브스키는 구글에 입사해서 스트리트뷰Street View 프로젝트를 맡았다. 레반도브스키야말로 구글이 원하는 엔지니어였다. 그는 호기심 넘치고, 창조적이고, 또한 자신의 업무 외에 다양한 분야에 관심이 많았다.

레반도브스키는 어딜 가나 눈에 띄는 인물이었다. 한 가지 이유는 2미터에 가까운 큰 키 때문이었다. 그리고 키 못지않게 꿈도 컸다. 사교적이고, 열정적이고, 영민한 레반도브스키는 기술 분야에, 특히 자신이 맡은 프로젝트에 열정적이었다.

당시 구글은 '20퍼센트 시간'이라는 프로젝트를 실시하고 있었다. 이는 업무 시간의 80퍼센트는 주요 프로젝트에 집중하고, 나머

• 그래도 레반도브스키 팀은 의미 있는 성과를 거뒀다. 고스트라이더는 현재 스미소니언협회에 전시되어 있다.

지 20퍼센트는 다른 관심사에 쓸 수 있게 하는 제도였다.

레반도브스키에게 다른 관심사는 로봇 개발이었다. 그는 510시스템스510 Systems(버클리 지역의 전화번호 국번을 땄다.)라는 스타트업을 창업했고, 이를 기반으로 다른 직원들과 함께 언젠가 구글에 큰 도움을 주게 될 기술을 연구하기 시작했다. 연구 대상에는 무인자동차에 들어가는 센서와 소프트웨어가 포함되어 있었다. 얼마 후 구글은 510시스템스가 레반도브스키의 회사라는 사실을 알지 못한 채 그 회사로부터 지도 제작과 관련된 다양한 기술을 사들였다. 구글이 눈치채지 못한 것은 그가 중간상을 통해 기술 장비를 판매했기 때문이었다.

하지만 결국 구글은 진실을 알게 되었다. 그럼에도 그는 해고당하지 않았고, 오히려 자신의 회사를 구글에 2,000만 달러에 매각하기까지 했다.

510시스템스의 사례는 레반도브스키의 성격을 잘 보여주는 것이었다. 그는 돈을 좋아하는 만큼, 문제를 확인하고 해결책을 발견해내는 일도 좋아했다. 그는 구글이라는 거대 조직에서 일하고 있었지만, 마음만은 야심찬 스타트업 창업자였다. 사업체를 창업하고 이를 구글에 매각했다는 사실이 이를 잘 보여준다. 그는 20퍼센트 프로젝트에서 기회를 발견했고, 이를 이용해 성공을 거뒀다. 그리고 2,000만 달러를 손에 쥐었다.

그러나 레반도브스키의 꿈은 일과 돈 너머에 있었다. 그는 인류가 오랫동안 비효율적인 방식으로 이동해왔다고 생각했다. 수만 명이 매년 자동차 사고로 목숨을 잃었다. 샌프란시스코 베이에어리어와 같은 도심 지역의 교통 상황은 최악이었다. 문제의 핵심은 비효율적으로 작동하는 차량 시스템이었다. 많은 차량이 운전자 한 사람만을 태우고 돌아다녔다. 이것이야말로 지극히 비효율적이고 낭비적인 상황이었다. 필요할 때만 사용할 수 있는 자율주행 자동차 시스템이 갖춰진다면, 환경은 더 깨끗해지고 비용은 더 줄어들 것이었다.

자신의 스타트업을 구글에 매각했을 무렵, 레반도브스키는 비밀리에 진행되고 있던 구글X 프로젝트의 일원으로서 지도 제작과 자율주행 기술 개발에 참여하고 있었다. 레반도브스키는 구글 경영진, 특히 래리 페이지가 자율주행 연구에 수백만 달러를 투자하는 데 중요한 역할을 했다.[3] 레반도브스키는 페이지가 특별히 중요하게 여기는 프로젝트에 참여했고, 그 과정에서 그와 각별한 관계를 맺었다.

레반도브스키는 영리한 인물이었다. 구글이 510시스템스를 인수하기로 결정했을 때, 그는 함께 일했던 50명가량의 직원과 이익을 공유할 정도의 충분한 액수를 구글에 요구했다.[4] 게다가 레반도브스키와 함께 로봇을 개발하는 과정에서 성과를 보여준 510시스템스 직원 절반에 대한 고용도 요구했다.

레반도브스키는 협상 결과에 만족했다. 그러나 몇 년 후 페이지가 캘러닉과 계약을 마무리 짓고 있었을 때, 레반도브스키는 손발이 묶인 듯한 느낌을 받았다. 그는 이제 무인자동차를 개발하고 운송 산업을 완전히 뒤집기 위해 오로지 구글 안에서만 일해야 했다. 그런데 구글은 그 선견지명에도 불구하고 지나치게 신중한 자세를 고수하고 있었다.

레반도브스키는 무인자동차를 일반 도로에서 테스트하자고 했지만, 구글은 그의 요구를 선뜻 받아들이지 못했다. 무인자동차에 대한 부정적인 여론은 차치하고서라도, 샌프란시스코의 비효율적인 도로 설계 방식은 구글 입장에서 엄청난 부담이 되었다. 사소한 오류 하나도 자칫 치명적인 사고로 이어질 수 있었다. 비판적인 사람들은 이미 구글의 무인 SUV가 다른 차량이나 보행자를 들이받을 위험에 대해 거론하고 있었다.

하지만 레반도브스키는 무인자동차가 이론적인 단계에서 벗어나려면 반드시 일반 도로에서 테스트를 해야 한다고 생각했다. 레반도브스키는 교통 정체와 사고가 없는 미래를 꿈꾸었다. 그 세상에서 카풀 서비스는 자동적이고 효율적인 방식으로 이뤄질 것이었다. 하지만 구글은 지금 몇 가지 규칙을 깨뜨리기가 너무 두려워서 섣불리 뛰어들지 못하고 있었다.

레반도브스키의 리더십 스타일은 종종 구글 사람들의 심기를 불편하게 했다. 그는 상대방에게 쉽게 상처를 주고 일방적으로 밀어붙이는 다소 퉁명스러운 스타일이었다. 누군가 반대 의견을 낼 때면 대개 냉소적인 태도로 반응했다. 신중하고 체계적인 구글 스타일과는 반대로 레반도브스키는 공격적이고 때로 무모했다. 한번은 경영진에게 보고도 하지 않은 채 네바다 지역에서 활동하는 로비스트를 고용하기도 했다. 그를 통해 보조 탑승자 없이 무인자동차 운행을 가능하게 하는 법안을 통과시키고자 했던 것이다. 구글 경영진은 분노했다. 어쨌든 그 법안은 2011년에 네바다주에서 통과되었다.

레반도브스키는 단호한 성격 때문에 적이 많았다. 그가 구글X 사업부 무인자동차 팀장 자리를 요구했을 때, 많은 직원이 이에 반대했다. 직원들은 페이지에게 직접 나서서 레반도브스키의 경쟁자인 크리스 엄슨Chris Urmson을 팀장으로 임명하라고 요구했다.[5] 레반도브스키는 크게 좌절했고 언젠가부터 프로젝트에도 참여하지 않았다.

레반도브스키는 막다른 골목에 들어선 느낌이었다. 첨단 자율주행 기술을 바탕으로 지금껏 연구를 추진해왔지만, 주도권을 다른 사람에게 빼앗기고 만 것이다. 그는 다른 길을 찾기로 결심했다.

12장

우버의 성장

우버가 등장하고 2018년까지, 뉴욕 및 대도시에서
12명이 넘는 택시 기사가 극단적인 선택을 했다.

성장하지 못하면 죽는다.

실리콘밸리 기업가는 이런 격언을 항상 마음속에 품고 살아간다. 창업자가 첫 번째 투자 계약을 체결한다는 것은 곧 스타트업이 계속 성장하도록 최선을 다하겠다는 다짐이다.

캘러닉 역시 이 격언을 믿었다. 매일 아침 그는 맥북을 열어서 현장 관리자들이 보내온 실무 보고서를 검토했다. 그리고 각 도시별로 신규 사용자 수를 확인했다. 또한 '공급'(캘러닉은 운전자를 이렇게 불렀다) 규모도 확인했다. 그는 언제나 숫자와 더불어 살았다. 그리고 이런 미래를 꿈꾸었다. 우버 고객이 앱을 열고는 기저귀에서 아이폰 충전기에 이르기까지 다양한 물건을 장바구니에 담고 주문을 한다. 그러면 우버는 지구상 어디라도 배송을 한다. 그때 우버는 글로벌 물류 기업으로 거듭날 것이다. 다시 말해 스테로이드를 맞은 아마존이 될 것이다.

캘러닉은 하루 종일 일했고, 직원들도 그러길 바랐다. 우버에서 일은 단지 업무가 아니라 사명이었다. 야근과 주말 근무가 싫은 사람은 절대 우버에 들어가선 안 된다. 실리콘밸리 대기업이 야근을 하는 직원에게 제공하는 저녁 식사가 우버에서는 8시 15분이 되어야 나온다. 무료 저녁 식사를 먹으려면 추가로 세 시간 15분을 더 일해야 한다.

할 일은 언제나 쌓여 있었다. 새로운 도시에 진입할 때마다 우버는 '하키스틱 성장'을 강조함으로써 직원들의 열정과 경쟁심을 자극했다. 경쟁자를 물리치기 위해 우버 직원들은 밤늦게까지 일해야 했다. 여기서 경쟁자란 정부 기관이나 택시 회사, 배차 서비스 업체, 혹은 이들의 이익을 대변하는 정치인들을 의미했다. 신규 도시에 진입하고 경쟁자와 치열하게 맞서 싸우는 일은 캘러닉에게 중대한 압박으로 작용했다. 그럴 때면 그는 마치 포위 공격을 받는 느낌이었다.

캘러닉이 생각하는 '법'이란 운송 협회의 끈질긴 요구에 따라 정치인들이 제정한 규칙이었다. 그는 우버가 십자군 전쟁을 벌이고 있다고 생각했다. 시의회에서 정부 기관에 이르기까지, 택시 업계가 형편없는 서비스를 높은 가격에 제공할 수 있도록 결탁한 이해집단에 맞서 싸우는 동시에 시장을 넓혀가야 하는 전쟁이었다. 캘러닉은 택시 산업이 부패한 '카르텔'을 기반으로 움직인다고 믿었다.

✖

그러나 '카르텔'도 가만있지 않았다. 택시 기사들은 어떻게든 우버를 막고자 했다. 몇몇 주요 도시에서 택시 기사들은 수십만 달러를 내고 주 정부가 발급하는 '택시면허증'을 샀다. 가격은 터무니없이 비싸서 뉴욕시와 같은 일부 시장에서는 100만 달러에 이르기까지 했다. 택시 기사들은 면허증을 사기 위해 대출을 받아야 했다. 면허증 수는 제한되어 있었고 이로 인해 택시 시장은 한정되어 있었다. 택시 기사들은 먹고살기 위해, 그리고 대출금을 갚기 위해 높은 요금을 받아야 했다.

바로 이런 상황에서 우버가 등장한 것이다. 우버 서비스는 희소성과 배타성에 기반을 둔 택시 시장에 근본적인 위협이 되었다. 우버의 P2P 서비스인 우버X는 차량을 소유한 사람이라면 누구든 우버 기사로 운전할 수 있게 했다. 우버의 단순한 비즈니스 방식은 택시 업계의 높은 진입 장벽을 허물어버렸고, 이로 인해 면허증 가격이 폭락하기 시작했다. 2011년 맨해튼 지역의 택시 면허증 가격은 100만 달러(약 11억 원—옮긴이)에 육박했지만,[1] 그로부터 6년 뒤 열린 특별 경매에서 46개의 면허증이 평균 18만 6,000달러에 낙찰되었다.[2] 값비싼 영업증이 자산이었던 택시 기사들은 충격에 빠졌다.

우버가 성장하면서 택시 업계는 큰 타격을 입었다. 2018년 2월 어느 추운 월요일 아침에 맨해튼의 택시 기사인 더그 쉬프터Doug Schifter는 로어맨해튼에 있는 시청으로 차를 몰았고 자신의 머리에 방아쇠를 당겨 목숨을 끊고 말았다.[3]

쉬프터는 페이스북에 마지막으로 이런 글을 남겼다. "1981년에 시작했을 때에는 40~50시간씩 일을 했다. 지금은 120시간을 일해도 살아갈 수가 없다! 나는 노예가 아니다. 노예이길 거부한다."[4] 우버가 등장하고 2018년까지 뉴욕을 포함한 주요 대도시에서 12명이 넘는[5] 택시 기사가 쉬프터처럼 극단적인 선택을 했다.[6]

절망적인 상황에 무릎 꿇지 않은 택시 기사들은 우버에 맞서 싸웠다. 일부 기사들은 조직을 만들고 아이라이드iRide, 애로Arro, 커브Curb와 같은 자체 앱을 개발하는 방식으로 우버와 경쟁을 벌였다. 그러나 그것이 최선의 방법이 아님을 곧 깨닫게 되었다. 그들은 자신들의 영토를 어떻게든 지켜내야 했다.

우버가 신규 도시에 진입할 때면 지역의 배차 서비스 업체들은 교통국이나 규제 기관을 찾아갔다. 그리고 그들의 요구에 따라 담당 공무원이 우버의 지역 사무소를 방문했다. 두터운 규정집과 험악한 표정으로 무장한, 뉴욕주, 네바다주, 오리건주, 일리노이주, 펜실베이니아주 공무원들은 우버가 무슨 법률과 규칙을 위반하고 있는지 조목조목 설명했다. 우버는 탑승 요금을 앱의 복잡한 알고리즘이 아니라 요금표를 기준으로 부과해야 한다고도 설명했다. 이런 방문이 효과가 없으면 정치인들이 나서서 규제 기관을 통해 강제로 영업을 중단시켰다.

그것도 먹히지 않으면 카르텔은 폭력을 서슴지 않았다. 특히 라스베이거스를 중심으로 형성된 택시 카르텔은 범죄 조직과 관계를 맺고 있었다. 이 말은 중대한 물리적인 보복이 가해질 수 있다는 의미였다. 가령 자동차를 도둑맞거나 택시 기사들이 우버 운전자를 폭행하고, 차량에 불을 지르는 일까지 벌어졌다.

이탈리아 밀라노 사무소를 이끌던 베네데타 루치니Benedetta Lucini는 폭도들로부터 위협을 당했다. 택시 기사들이 우버 운전자를 호출하여 차량에서 끌어내고 폭행한 것이다. 그럼에도 루치니는 운전자들을 설득해서 계속 운행하게 했다.

결국 택시 기사들은 루치니를 목표로 삼았다. 그들은 도시 전역의 택시 승강장에 루치니의 사진을 붙였다. 그리고 거기에 이런 문구를 적어놓았다. "저는 훔치는 것을 좋아해요." 루치니는 기자 회견장에서 택시 기사들로부터 달걀 세례를 받기도 했다. 또 한번은 퇴근을 하고 집으로 돌아오는데 자신이 사는 아파트에서 그리 멀지 않은 전선에 현수막이 매달려 있는 것을 보았다. 거기에는 루치니의 집주소와 함께, 밀라노 교통국장에게 '서비스'를 해주는 창녀라는 문구가 적혀 있었다.[7]

그러나 캘러닉이 지휘하는 우버도 쉽게 물러서지 않았다. 그들은 공무원과 실랑이가 벌어졌을 때를 대비한 매뉴얼까지 만들었다. 결국 우버가 추구했던 것은 정부 기관과 부패한 택시 업계로부터 간섭을 받지 않는 완전히 자유로운 시장이었다.

우버는 시장에 처음으로 진입하는 전략으로 경쟁력을 확보했다.

특히 필라델피아에 불법적으로 진입했을 때, 지역 공공시설위원회는 크게 당황했다. 시 정부는 운송법규 12만 건을 위반한 것으로 우버에 1,200만 달러의 벌금을 부과했다.[8] (최종적으로 350만 달러에 합의했다.) 그러나 그건 중요한 일이 아니었다. 우버는 12만 명이 넘는 신규 운전자들을 확보하면서 승객들의 수요를 자극했다.

규제 기관이 단속을 시작하면 각 사무소의 관리자는 운전자들에게 이메일과 문자메시지를 발송해서 우버가 모든 책임을 질 거라고 강조했다. 캘러닉은 벌금을 일종의 운영비로 봤다. 우버는 교통당국이 운전자의 차를 압류하는 상황이 벌어지더라도 모든 책임을 지겠다는 메시지를 냈다.

우버X에서 알려드립니다. 경찰에 단속을 당할 경우, ×××–×××–××××로 전화를 하세요. 우버 운전자로 계속 활동하기만 한다면 100퍼센트 보상받을 수 있습니다. 당장 달려가서 당신을 안전하게 집에까지 모셔다 드리겠습니다. 모든 부대비용은 우리가 부담합니다. 안전하고 믿음직한 서비스를 필라델피아 시민에게 제공하는 귀하의 노고에 감사드립니다. 우버 화이팅![9]

동시에 우버는 지역 관리자에게 수요 촉진을 위한 '인센티브'로 수백만 달러를 지원했다. 이는 스마트폰을 갖고 있고 대도시 택시 서비스에 염증을 느끼고 있는 모든 승객에게 무료 탑승의 기회를 선사하기 위함이었다.

우버는 운전자가 최대한 쉽게 가입할 수 있게 시스템을 만들었다. 그들은 백그라운드 체크 시스템background check system이라는 방식으로 신규 운전자의 가입 신청을 재빨리 처리했다. 반면 택시 회사는 지문 검사를 기반으로 했다. 이를 통해 운전자의 전체 이력을 상세하게 확인할 수 있지만 여기에는 수주일의 시간이 걸렸다. 우버는 '36시간 이내' 답변을 주는 시스템을 구축한 하이어라이즈Hirease라는 업체와 손을 잡았다. 이들은 지문 검사를 요구하지 않았다.

신원조회에 몇 주가 걸린다는 것은 우버가 받아들일 수 없는 조건이었다. 우버에게 일주일은 1년이고 한 달은 영원이었다. 그들은 신속한 신원조회 시스템을 완성하고 나서 정치적 행보를 시작했다. 지문 기반의 신원조회를 법률로 요구하는 주에서 우버는 로비스트를 통해 법을 수정했다.[10]

우버는 로비 활동에 비용을 아끼지 않았다. 뉴욕, 텍사스, 콜로라도를 비롯한 여러 주에서, 우버는 로비 활동에 많은 돈을 쓰는 기업 목록에서 줄곧 1위를 차지했다. 그들은 의원들을 설득하기 위해 매년 수천만 달러를 로비 활동에 투자했다. 또한 오바마 행정부 시절에 정치 전략가로 활동했던 데이비드 플러프를 영입했다. 그는 지역은 물론 전국 차원에서 정치적 영향력을 행사하는 기술을 잘 아는 인물이었다. 포틀랜드에서는 그 지역의 가장 유명한 정치 자문가인 마크 와이너Mark Weiner와 손을 잡았다. 오스틴의 경우, 우버와 리프트는 규제 철폐를 위한 정치 캠페인을 추진하는 과정에서 전 민주당 시장에게 5만 달러를 후원했다. 이후 비즈니스가 어느 정도 성장했을 때, 우버는 44개 주에 걸쳐 총 400명에 달하는 로비스트를 고용했다. 그 수는 아마존, 마이크로소프트, 월마트가 고용한 로비스트를 모두 합친 것보다 많았다.[11]

투자는 효과가 있었다. 우버는 많은 주에서 새로운 법을 통과시켰다. 이후 정치인들은 운전자에 대한 우버의 고용 책임과 관련하여 문제 제기를 거의 하지 못했다. 다시 말해 우버는 운전자를 계약직(세법 1099에 해당)으로 자유롭게 고용할 수 있게 되었다. 이는 고용보험과 의료보험 등 직원 복지에 들어가는 비용이 크게 줄었다는 의미였다. 게다가 운전자의 업무 활동에 대한 회사의 책임도 크게 낮출 수 있었다.

물론 로비가 만병통치약은 아니었다. 때로 우버는 강경한 태도를 취해야 했다. 시의회가 지문 기반 신원조회나 운전자 상한제 등에 대해 우버의 요구를 수용하지 않으면, 캘러닉은 직원들을 동원하여 서비스를 보류하거나 혹은 완전히 중단하겠다고 협박을 했다.

개별 시장에서 우버는 협상보다 인질극을 선택했다. 오스틴에서 그랬던 것처럼, 캘러닉은 얼마든지 특정 지역에서 완전한 철수를 감행할 수 있었다. 그런 결정은 수개월간 운영을 지속한 후에도 충분히 가능했다. 주도권이 우버에 있었던 것이다. 사람들은 우버 서비스를 좋아했다. 거의 모든 대도시에서 우버의 '제품-시장 적합성Product Market Fit'(특정 서비스가 대중의 요구를 얼마나 잘 충족시켜주는가)은 만점에 가까운 것으로 드러났다. 사람들은 택시를 싫어했고, 휴대전화로 차량을 호출하는 방식을 선호했다. 그런 서비스를 섣불리 없앴다가는 자칫 대중의 분노를 자극할 수 있었다.

캘러닉은 그런 사실을 잘 알고 있었고, 이를 적극 활용했다. 우버 총관리자들은 대대적인 캠페인을 통해 대중의 분노를 자극하고, 그 분노를 시의원과 선출 공무원에게 쏟아지도록 했다.

2015년 뉴욕 시장 빌 드 블라시오Bill de Blasio가 운행 차량 수를 제한하겠다고 위협했을 때, 우버는 소프트웨어를 살짝 수정해서 '드 블라시오의 우버' 앱을 만들었다. 그 가상의 공간에서는 도심을 돌아다니는 우버 차량의 수가 대폭 줄어 있었다. 이로 인해 대기 시간은 5~6배 길어진 30분이 되었다. 이후 우버는 팝업 공지를 통해 사용자에게 이런 메시지를 보냈다. "드 블라시오 시장의 우버 제한 법안이 통과된다면 뉴욕시는 이런 모습일 것입니다."[12] 우버는 사용자들에게 '행동에 나서도록' 촉구했다. 그리고 앱에 별도의 버튼을 만들어 이것을 누르면 사전에 작성된 메시지가 시장과 시의회에 자동적으로 발송되게 했다. 블라시오 시장은 우버 제한에 반대하는 성난 사용자들로부터 수천 통의 메일을 받았다. 결국 블라시오는 그 법안을 보류했다.●

우버의 전략은 대단히 효과적이었다. 그들은 이런 전략을 조직 전반에 걸쳐 체계화하고 무기화했다. 우버는 신랄하고 솔직한 영국 출신의 엔지니어 벤 멧칼프Ben Metcalfe를 고용했다. 그는 링크트인에다 자신의 직업을 '공공의 이익과 사회 변화를 도모하기 위해 시민의 참여를 촉구하는 맞춤형 도구'를 개발하는 일이라고 소개했다.

● 블라시오는 결국 2019년에 상한제를 실시함으로써 복수를 했다.

멧칼프와 그의 팀은 자동화 도구를 개발했고, 우버는 이를 활용하여 정치인들에게 이메일을 보내고 많은 사용자를 끌어 모았다. 우버 앱 사용자는 중요한 법적 사안이 불거질 때마다 앱에 있는 버튼을 눌러 의원과 고위 관료에게 이메일과 문자메시지를 보내거나 직접 통화를 할 수 있었다. 2015년을 기준으로 절반 이상의 주에서 50만 명이 넘는 운전자와 사용자가 우버를 지지하는 청원에 서명했다. 우버가 지지를 요청하는 문자메시지를 대량으로 발송한 뒤에는 1초에 일곱 명이 서명했다.[13]

이런 모든 전략이 실패로 돌아간다고 해도, 우버에는 또 다른 무기가 남아 있었다. 메트로폴리탄 택시위원회Metropolitan Taxicab Commission가 세인트루이스 지역에서 우버 서비스를 금지한 후, 총관리자인 사가 샤Sagar Shah는 방송국과 신문사 기자들을 택시위원회 건물로 불렀다. 거기서는 우버 직원들이 '청원 1,000건'이라고 적힌 30~40센티미터 크기의 서류보관함 아홉 개를 들고 일렬로 행진하는 모습이 연출됐다.[14] 그들은 택시위원회 건물 앞에 서류보관함을 높이 쌓았다. 그리고 그 자리에 샤가 등장해서 민주주의의 이상과 우버 지지자들의 '목소리'를 주제로 짤막하고 당찬 연설을 했다.

행사가 끝나고 우버 직원이 모두 자리를 떠난 뒤, 한 기자가 그들이 두고 간 서류보관함을 열어봤다. 그 안에는 500밀리리터 생수병 여섯 개가 들어 있었다. 다른 서류함들도 마찬가지였다.

한편 자신감 넘치고 호전적인 맨해튼 사무소 관리자 조시 모러는 블라시오 뉴욕 시장에 맞서기 위해 시청 앞 계단에서 집회를 열었다. 집회가 열리기 전 모러 팀은 운전자와 승객들에게 메시지를 보내서 무더운 6월에 거기로 나와 "당국에 목소리를 들려달라"고 당부했다.[15]

그러나 그 집회에는 많은 사람이 모이지 않았다. 모러는 우버 지지자들의 자발적인 집회임을 보여주기 위해 직원들을 동원하여 첼시 사무소에서 시청까지 행진하게 했다. 그 과정에서 모러는 시위대의 합창을 이끌었다. 그러나 우버 로고가 찍힌 티셔츠를 입은 시위자들이 사실은 우버 직원이라는 사실은 숨겼다.

하지만 중요한 것은 그게 아니었다. 우버의 연출이 세인트루이스와 뉴욕에서 사회적 반향을 일으키면서 정치인들이 한발 물러섰다는 사실이 중요했다.

13장

언론 친화력

캘러닉은 그들이 뛰어든 시합이 영토 전쟁이 아니라
인기 경쟁이라는 사실을 이해하지 못했다.

트래비스 캘러닉은 왜 모두가 자신의 적극성을 싫어하는지 이해하지 못했다.

소극적인 성향은 비즈니스 세상에서 살아남지 못한다. 공격성은 CEO로서 숨겨야 할 단점이 아니라 칭송받아야 할 장점이다. 경영자를 설명할 때, '호전적'이라는 표현은 절대 모욕이 아니다.

캘러닉은 자신을 의심하는 모든 사람에게 스스로를 입증해보였다. 2014년 우버는 거대한 벤처 투자를 발판 삼아 세계 시장으로 뻗어나가는 운송 시장의 거물로 우뚝 섰다. 우버의 성장세는 너무도 빨라 경쟁자들이 넘볼 수 없을 정도였다.

그럼에도 캘러닉은 트위터에서 종종 나쁜 놈이라고 불렸다. 특히 기술 분야 저널리스트인 새러 레이시Sarah Lacy와 폴 카Paul Carr는 마치 경쟁이라도 하듯 캘러닉이 '저질 문화'[1]를 실리콘밸리에 퍼뜨리고 있다고 비난했다. 잡지 〈지큐GQ〉는 기술 분야의 패거리 문화를 뜻하는 '브로'[2]의 대표적인 인물로 캘러닉을 꼽았다. 또한 〈배니티페어Vanity Fair〉(캘러닉이 공정한 평가를 기대했음에도)는 캘러닉을 '주먹을 닮은 얼굴'[3]이라고 불렀다.

캘러닉은 영문을 몰랐다. "대체 뭐가 문제야?" 그는 대중이 자신을 크게 오해하고 있다고 생각했다.

우버의 공격성에 대해 이야기할 때마다 사람들은 흔히 최대 경쟁자인 리프트를 대하는 캘러닉의 태도를 언급했다. 그는 우버가 리프트의 운전자를 유출시키고 있다는 기사에 신물이 났다. 도무지 이해할 수가 없었다. 그가 생각하기에 비즈니스는 경쟁이었다. 리프트 CEO 로건 그린은 훌륭한 지략가였지만 캘러닉은 매번 그의 허를 찔렀다. 캘러닉은 경쟁자를 공격하면서 짜릿함을 느꼈다.

한 가지 사례를 보자. 캘러닉은 주로 기술 전문가와 벤처 자본가로 이뤄진 자신의 실리콘밸리 정보망을 통해 리프트가 새로운 카풀 서비스를 준비하고 있다는 소문을 들었다. 이에 캘러닉은 리프트보다 한발 앞서기 위해 우버의 최고제품책임자인 제프 홀든Jeff Holden에게 모든 일을 내려놓고 리프트의 카풀 서비스를 똑같이 베껴오라는 임무를 내렸다. 이후 리프트가 그 서비스의 출범을 발표하기 몇 시간 전에 우버는 카풀 서비스인 '우버풀'[4]을 먼저 발표했다. 이후 그린과 지머는 기업 블로그를 통해 새로운 비즈니스의 출범을 알렸지만[5] 우버의 들러리처럼 보일 수밖에 없었다. 캘러닉은 다시 한 번 경쟁자를 물리쳤다. 하지만 대중의 관심을 가로채기 위한 캘러닉의 전략은 뜻밖에도 대중을 화나게 만들고 말았다.

캘러닉의 뜻하지 않은 실수는 이것만이 아니었다. 〈지큐〉와의 인터뷰에서 그는 새롭게 알게 된 기술 분야의 유명인과 부자들 덕분에 부모 집에 얹혀살면서 레드스우시를 운영할 때보다 여자를 사귀기가 훨씬 더 쉬워졌다는 말을 했다. 그리고 자신이 부르면 언제든 달려오는 여자가 주변에 얼마든지 있다고 농담을 했다.

그러고는 이렇게 덧붙였다. "그런 여자들을 부버boob-er(여성의 가슴을 뜻하는 속어인 boob과 Uber의 합성어―옮긴이)라고 부르죠."

그 기사를 접한 독자들은 캘러닉을 다 자란 남자아이, 혹은 노골적인 여성 혐오자로 바라보기 시작했다. 〈지큐〉 기사에서 특히 민망한 부분은 캘러닉이 영화배우 찰리 쉰의 악명 높은 말을 인용해 우버의 성공을 '해시태그의 승리'라고 설명한 대목이었다. 게다가 그는 우버에서 소란을 떨기보다 쇼어클럽Shore Club이나 SLS와 같은 마이애미 고급 호텔에서 놀고 싶다고 했다. 캘러닉은 솔직해 보이기 위해 혹은 조금은 멋진 사람처럼 보이기 위해 그런 말을 했겠지만 대중의 눈에는 그저 멍청이로만 보일 뿐이었다.

거기서 끝이 아니었다. 캘러닉은 사람들이 상상하는 건방진 IT 창업자의 모든 조건을 충족시키는 인물이 되고 말았다. 그는 자신을 영웅이라고 믿었다. 그래서 트위터 프로필 사진조차 독립에 대한 염원과 정부에 대한 실망을 드러내는, 자유주의자들이 좋아하는 책인 에인 랜드의 《파운틴헤드The Fountainhead》였다.

많은 사람의 눈에 캘러닉은 힘들게 살아가는 블루칼라 택시 기사의 일자리를 빼앗아 벤처 자본의 파도를 타고 성공한 또 하나의 부유한 백인 남성일 뿐이었다. 더 나아가, 여자와 술, 향락에 빠져 흥청망청 인생을 즐기면서도 그런 삶을 경멸하는 그런 인물이었다.

그러나 캘러닉은 이해할 수 없었다. 자신은 성공의 달콤한 열매를 즐긴 첫 번째 CEO가 아니었다. 그는 마크 저커버그와 숀 파커가 초반 투자 라운드를 마치고 어떻게 파티를 즐겼는지 분명히 알고 있었다. 래리와 세르게이는 말 그대로 비행기에서 뛰어내렸고 로봇 개발에 수백만 달러를 탕진했다.

캘러닉은 본사 건물을 돌아다니며 이렇게 큰 소리로 물었다. "그런데 내가 쓰레기라고?" 그의 분노는 집에서도 계속되었다. 여자친구에게 화풀이를 하고 거실을 돌아다니며 계속 불만을 쏟아냈다.

언론이 우버에 대해 부정적인 기사를 보도할 때마다(종종 그랬던 것처럼) 캘러닉은 기자들이 자신을 못 잡아먹어 안달이라며 불쾌해했다. 언론은 우버의 성공을 높이 평가하지 않았다. 그들은 그가 일구어낸 성공을 질투했다. 캘러닉은 기업의 이미지를 걱정하는 직원들에게 이렇게 말했다. "사실과 달라요. 우리에 대한 그들의 인식은 사실과는 동떨어져 있어요." 그는 이 말을 종종 되뇌었다. 그리고 실제로 그렇게 믿었다. 그럼에도 부정적인 언론 기사와 악의적인 트윗은 매일같이 흘러나왔다.

"등쳐먹는 놈."

"운전자는 안중에도 없어."

"얼간이."

하지만 캘러닉은 이런 말에 별로 신경 쓰지 않았다. 그러나 새러 레이시의 혹평은 달랐다. 〈블룸버그 비즈니스위크〉와 〈타임〉에서 오랫동안 명성을 쌓아온 기술 저널리스트인 레이시는 캘러닉을 자주 비난했다. 많은 기자들이 우버가 벌어들이는 엄청난 돈에 주목하는 동안, 레이시는 우버의 '브로' 문화에 초점을 맞췄다. 레이시는 우버의 로비 관행과 관련하여 이렇게 트윗을 날렸다. "안타깝게도 우버는 거짓말을 밥 먹듯 한다."[6] 그리고 비극적인 사고에 대한 우버의 무책임한 태도를 이렇게 꼬집었다. "우버 운전자가 여섯 살 소녀를 치어 사망에 이르게 했다. 그런데도 '우리 책임이 아니다'라고 하는 것은 적절한 태도인가?"[7] 그녀가 쓴 유명한 기사의 제목은 이랬다. "쓰레기 문화가 위에서 아래로 퍼져나가고 있다: 내가 우버 앱을 삭제한 이유."[8] 그러나 지인의 증언에 따르면, 캘러닉은 레이시가 아무런 근거 없이 자신을 괴롭힌다고 생각했다.

캘러닉은 자신의 오른팔인 에밀 마이클에게 이렇게 물었다. "우리도 똑같이 받아치면 그들이 좋아할까?"

캘러닉의 악동 이미지는 그렇게 시작되었다.

✹

언론에 대한 캘러닉의 불만이 쌓여가는 동안, 캘러닉에 대한 빌 걸리의 불만도 쌓여가기 시작했다.

초반에 두 사람은 환상적인 짝꿍이었다. 캘러닉은 여전히 걸리에게 조언을 구했고 그의 판단에 주목했다. 그러나 걸리는 상냥함과는 거리가 먼 스타일이었다. 이런 그의 특성은 캘러닉의 도전적인 태도를 자극했다. 캘러닉과 걸리 모두 기존 법률에 대해 많은 불만을 갖고 있었고, 걸리는 캘러닉이 법의 맹점을 이용하는 방식을 잘 알고 있었다. 그는 똑같은 매뉴얼을 전 세계에 적용할 수 있으리라 생각하고는, 새로운 도시로 진입할 때마다 캘러닉을 격려했다.

그런데 2014년 말의 상황은 사뭇 달랐다. 캘러닉이 걸리를 멀리하기 시작한 것이다. 그전까지만 해도 걸리는 캘러닉의 공식 치어리더였다. 하지만 캘러닉이 전 세계 모든 시장으로 비즈니스를 확장하는 과정에서 너무 많은 돈을 쓰고 있으며, 최고재무책임자의 조언을 무시하고 있다는 사실에 점차 우려를 느끼기 시작했다. 반면 캘러닉은 이런 걸리의 걱정에 조금씩 염증을 느끼고 있었다.

걸리는 또한 중국 시장을 향한 캘러닉의 집착을 걱정했다.[9] 서구 자본주의 세계가 엘도라도의 땅으로 여기던 중국은 그때까지도 IT 기업이 성공적으로 진입하지 못한 머나먼 시장이었다. 캘러닉은 내부 반대를 무릅쓰고라도 '중국의 우버'라 불리는 디디다처Didi Dache를 인수하고 싶어 했다.* 그러나 걸리의 생각은 달랐다. 중국에서 걸리가 본 것은 이해하기 힘든 시장, 우버 직원에게 낯선 문화 규범,

---

● 디디다처는 중국 경쟁사에 합병된 뒤 이름을 디디추싱滴滴出行으로 바꾸었다.

그리고 대부분의 미국 기업에게 적대적인 보호주의 정부뿐이었다. 그가 중국 시장에서 예상할 수 있는 것이라고는 손실밖에 없었다.

캘러닉은 오랫동안 걸리를 자신의 개인적인 치어리더로 여겼다. 그러나 이제는 자신의 주장에서 결함을 찾아내 괴롭히는 잔소리꾼으로 여기기 시작했다. 캘러닉이 기회를 발견하는 곳마다 그는 문제점을 찾아냈다.

캘러닉이 누군가를 마음에 들어 하면 그 사람과 금방 친해진다. 지인들은 캘러닉의 이런 성격을 불안한 애착이라고 표현했다. 캘러닉은 그런 애착 관계에 있는 상대방의 이야기를 전적으로 신뢰했다. 걸리 또한 처음에는 그런 대상이었다.

하지만 캘러닉이 상대방을 싫어하기 시작하면, 관계는 파국으로 치닫는다. 특히 상대가 ('소신 있는 반대'가 아닌 잘못된 방식으로) 캘러닉의 생각에 도전하면 관계가 급속히 냉각되었다. 누군가 그의 높은 기대를 충족시키지 못해도 똑같은 일이 발생했다. 걸리의 경우에는 계속된 질문과 의혹으로 캘러닉을 궁지로 몰아간 것이 문제였다.

캘러닉이 공식적으로 관계를 중단하는 일은 거의 없다. 대신 서서히, 그리고 미묘한 방식으로 상대를 멀리한다. 가령 상대의 이름이 중요한 전략 회의와 기획 회의의 참석자 명단에서 점차 사라지기 시작한다. 혹은 더 이상 함께 산책을 하지 않거나, 더 이상 'A팀'(캘러닉의 최정예 그룹)의 일원이 아니게 된다. 이런 식으로 캘러닉의 애정이 식으면, 모두가 쉽게 눈치챌 수 있었다.

걸리도 무슨 일이 벌어지고 있는지 알았다. 그러나 캘러닉의 마음을 돌릴 방법이 그에겐 없었다. 투자자가 우버에 투자할 때, 캘러닉은 그들에게서 최대한 권리를 빼앗으려 했다. 이사회 자리를 내어주면서도 의결권은 주지 않으려 했다. 걸리도 이사회 투표를 통해 캘러닉의 결정에 영향력을 행사할 수는 없었다. 적어도 혼자 힘으로는 불가능했다.

그래서 걸리는 다른 쪽으로 눈을 돌렸다. 그는 캘러닉의 생각을 바꾸기 위해 물밑 작업에 착수했다. 즉 캘러닉이 신뢰하고 조언을 구하는 인물들에게 접근했다. 특히 에밀 마이클과는 거의 매일 통화를 했다.

걸리는 마이클에게 이렇게 말했다. "캘러닉은 주주들에게 신의성실의무가 있다는 사실을 알아야 합니다. 이건 미친 짓입니다." 걸리가 가장 못마땅하게 생각했던 것은 캘러닉이 최고재무책임자 브렌트 캘리니코스Brent Callinicos를 내쫓은 것이었다. 캘러닉은 그 자리가 꼭 필요하다고 생각하지 않았다. 재무팀에서 그 일을 대신하면 된다는 것이었다. 그러나 걸리가 보기에, 캘러닉은 최고재무책임자의 간섭 없이 돈을 쓰고 싶어서 캘리니코스를 내쫓은 것이었다.

걸리가 우려한 것은 우버의 재무 상황만이 아니었다. 그는 캘러닉이 우버의 법률팀에 충분한 권한을 부여하지 않았다고 생각했다. 사실 그건 다분히 의도적인 처사였다. 우버의 최고법률책임자 샐리 유Salle Yoo는 캘러닉에게 쉬운 상대였다. 샐리는 때로 캘러닉의 의견에 맞서기도 했지만, 그와의 관계가 식을까봐 모든 법률적 사안에 대해 이의를 제기하지는 못했다.

지금까지 샐리는 많은 분야에서 리더로 살아왔다. 그녀는 샌프란시스코 아시아예술박물관 위원회 위원이자 한국계 미국인 모임의 일원이었고, 그레이터베이에어리어 지역의 아시아계 미국인 변호사협회의 운영위원회를 이끌고 있었다. 그해 말 〈샌프란시스코 비즈니스타임스〉는 샐리를 베이에어리어 비즈니스계에서 가장 영향력 있는 여성 중 한 명으로 꼽았다.[10] 그럼에도 캘러닉만큼은 어쩔 수 없었다. 그녀가 조언을 할 때마다, 캘러닉은 이를 또 하나의 간섭으로 여겼다. 특히 법률 준수와 관련된 사안일 때는 더욱 그랬다.

우버의 준법감시 부서compliance division는 그저 형식적인 조직에 불과했다. 준법감시는 기업이 법의 테두리 안에서 움직이도록 지침을 준다는 점에서 조직을 지키는 중요한 보호 장치다. 하지만 기업이 급속하게 확장하면서 법의 '회색지대'를 모색할 경우 준법감시는 기업의 우선순위에서 밀려난다. 2014년 말 우버는 전 세계 수십 개국의 수백 개 도시에서 비즈니스를 운영하고 있었다. 비록 제도적 장치는 마련되어 있었지만, 샐리는 개별 사무소를 책임지는 관리자들이 어떻게 움직이고 있는지 일일이 확인할 수 없었다.

지역 최고관리자들이 모인 회의에서 최고운영책임자인 라이언 그레이브스는 준법감시와 관련하여 우버의 입장을 분명히 밝혔다. 모든 직원이 마땅히 법을 준수해야 하지만, 그럼에도 법보다는 비즈니스가 더 중요하다는 것이었다.

우버는 총관리자들에게 상당한 자율권을 부여했다. 캘러닉은 우버가 구글이나 애플 같은 '대기업'처럼 움직이길 원치 않았다. 즉 기업의 관료주의로부터 직원들을 지키고 싶어 했다. 그리고 모두가 열네 가지 원칙 이외의 모든 규칙들은 무시하길 원했다. 캘러닉은 자신이 세운 제국에서 야심찬 젊은이들이 상황에 따라 자율적이고 즉각적으로 움직이는 모습을 뿌듯하게 바라봤다.

그러나 걸리의 생각은 달랐다. 그는 캘러닉에게 새로운 최고재무책임자 영입을 제안했지만 받아들여지지 않았다. 마이클에게 사정을 해도 달라지는 것은 없었다. 캘러닉은 현재의 지출 속도를 늦출 생각이 없었다. 걸리가 이사회에서 회사의 재무 상황에 대해 우려를 제기할 때마다, 캘러닉은 다른 핑계를 대거나 현재 상황을 충분히 잘 알고 있다는 말로 모두를 안심시켰다.

걸리는 이 문제를 해결하기 위해 블로그에 글을 쓰기로 했다. 그는 언제나 역투자가로서 창업자와 벤처 자본가에게 예측하기 어려운 산업의 위험성에 대해 경고했다. 그러나 2014년과 2015년에는 조금 달랐다. 걸리는 자신의 블로그 글을 통해 실리콘밸리 예언자로서 입지를 굳혀나갔다.

걸리는 신화 속의 예언자처럼 종말론적인 파국을 예언했다. 새로운 자금의 유입으로 달아오른 벤처 투자 시장이 조만간 침체기에 접어들 것으로 봤다. 시장 상황에 밝은 실리콘밸리 투자자들은 걸리의 경고를 긍정적으로 평가했다. 그는 투자자들에게 더 이상 IT 기업에 투자하지 말라고 권고함으로써 전반적인 시장 상황을 다시 제자리로 되돌리고자 했다. 그래야만 스타트업이 기업공개를 연기하지 않고 적절한 시점에 추진할 것이었다. 그리고 그만큼 투자자는 보상을 빨리 받게 될 것이었다.

물론 걸리의 글은 캘러닉을 향한 것이었다. 걸리는 자신의 자부심이자 기쁨인 우버에 대해 이렇게 우려의 메시지를 남겼다. "우리는 지금 위태로운 거품 속에 있다. 기업은 그들이 거둬들인 막대한 투자금을 엄청나게 빠른 속도로 소진함으로써 조직의 장기적 생존 가능성을 위험에 빠뜨리고 있다."

걸리는 매년 오스틴에서 열리는 음악과 영화, 기술 분야의 축제인 사우스바이사우스웨스트South by Southwest에 모인 수천 명의 관중 앞에서도 경고의 목소리를 높였다. 청바지와 티셔츠 차림으로 연단에 올라선 걸리는 작가 말콤 글래드웰Malcolm Gladwell과 한 시간 동안이나 대담을 나눴다.

걸리는 여느 때와 마찬가지로 이렇게 말했다. "실리콘밸리는 이제 두려움을 상실했어요."[11] 그는 100마리가 넘는 '유니콘'이 실리콘밸리 세상을 마구 뛰어다니고 있다고 했다. 그가 보기에 그건 터무니없이 많은 숫자였다. 유니콘이 소중한 것은 희귀하기 때문이다. 하룻밤 사이에 수많은 소비재 스타트업의 가치가 매출과 무관하게 수십억 달러로 치솟았다. 걸리는 이들 유니콘 중 일부는 조만간 종이 뿔을 단 조랑말로 드러날 것이라고 경고했다.

그러고는 이렇게 덧붙였다. "올해 많은 유니콘이 죽어나갈 겁니다."

그러나 그곳으로부터 2,700킬로미터 떨어진 샌프란시스코 우버 본사에 있던 캘러닉과 마이클은 하늘이 무너질까 두려워하는 걸리의 말을 비웃었다. 그들은 걸리를 종종 '치킨리틀Chicken Little'(영국 전래동화 〈치킨리켄Chicken Licken〉에 등장하는 캐릭터로, 항상 걱정만 하는 사람을 가리키는 말―옮긴이)이라고 불렀다.

✖

웨이벌리인Waverly Inn은 이스트코스트 지역의 언론계 인사들을 초대하기에 좋은 장소다.

그리니치빌리지의 뱅크스트리트(가로수가 길게 늘어선 조용한 거리다)에 자리 잡은 웨이벌리인은 뉴욕 언론인에게 잘 알려진 명소로서 특히 〈배니티페어〉를 오랫동안 이끈 그레이든 카터Graydon Carter가 맨해튼의 유명 인사와 만찬을 즐기던 곳으로 유명하다. 여름날 저녁에 그 거리를 지날 때면 담쟁이덩굴이 드리운 야외 정원에서 유명인들이 식사하는 모습을 쉽게 볼 수 있다. 웨이벌리인에서 함께하는 식사에는 뭔가 특별한 의미가 있었다.

캘러닉에게는 자신을 싫어하는 이스트코스트 기자들의 환심을 살 기회를 뜻했다. 한번은 캘러닉이 맨해튼 사무소를 점검하고 은행가를 만나기 위해 뉴욕을 방문한 적이 있었다. 당시 우버의 커뮤니케이션 책임자였던 나이리 후다지안Nairi Hourdajian은 캘러닉의 방문을 좋은 기회로 봤다. 그녀는 기자들이 캘러닉을 개인적으로 만나보면 그가 그렇게 나쁜 인간은 아니라는 사실을 알게 될 것이라 생각했다.

후다지안 역시 그랬다. 조지타운 대학교와 하버드 대학교에서 행정학을 전공한, 아르메니아계 미국인인 후다지안은 우버에 들어오기 전, 정계에서 활동했다. 거기서 그녀는 말만 번지르르하고 가식적인 인물을 많이 만났다. 그에 비해 캘러닉은 거칠기는 하지만 본성은 좋은 사람이었다.

후다지안은 우버의 초창기부터 캘러닉과 함께했다. 캘러닉은 처음부터 그녀에게 커뮤니케이션팀을 맡겼다. 우버가 사나운 택시 회사와 규제 당국에 맞설 때, 후다지안은 언제나 캘러닉의 곁을 지켰다. 그녀는 캘러닉이 절대 바뀌지 않을 것이라고 믿었다. 그러나 기자들은 달랐다. 그들은 캘러닉을 만나보고 얼마든지 생각이 바뀔 수 있었다.

그래서 후다지안은 어느 금요일 오후에 맨해튼 그래머시파크 호텔에서 기자들과 인사를 나누는 자리를 마련했다.[12] 그날 캘러닉은 브리치즈와 미니머핀이 담긴 접시를 앞에 두고 기자들에게 자신은 절대 괴물이 아니라고 했다. 또한 우버는 관계를 소중하게 여긴다고도 했다.●

그날 사회는 영국 출신인 이언 오스본Ian Osborne이 맡았다. 오스본은 언론과 할리우드 유명인과 비즈니스계 주요 인사를 연결해주는 다리 역할을 하고 있었다.

● 나도 그 행사에 참석했다. 하지만 공개하지 않기로 약속했기 때문에 여기서 자세한 내용은 밝히지 못한다. 하지만 〈버즈피드〉는 그날 행사에 관해 공개했고, 이 책에 소개하는 그날 모임에 대한 이야기 역시 〈버즈피드〉 기사에 기초한 것이다. 나는 그날 저녁 만찬에는 참석하지 않았다.

이후 참석자들은 웨이벌리인에 따로 마련된 방으로 자리를 옮겼다. 거기서 그들은 길쭉하고 날씬한(식사를 하기에는 지나치게 날씬한) 원목 테이블에 자리를 잡았다. 자리가 좁아서 가까이 붙어 앉아야 했다. 캘러닉이 한가운데 앉고 그 옆에는 정계와 출판계에서 막강한 영향력을 행사하는 언론 거물 아리아나 허핑턴Arianna Huffington이 앉았다. 2012년 기술 콘퍼런스에서 처음 만난 두 사람은 최근 급속히 가까워졌다.

허핑턴 옆에는 〈포천〉 편집장 리 갤러거Leigh Gallagher가 자리했다. 캘러닉의 또 다른 옆에는 후다지안이 앉았고, 그 옆에는 오스본과 에밀 마이클, 뉴욕의 유명 언론 작가들과 우버에 투자한 배우 에드워드 노턴Edward Norton이 자리했다. 캘러닉의 친구인 노턴은 우버가 로스앤젤레스에서 론칭했을 때 우버의 첫 공식 승객이 되기도 했다.

한쪽에서 캘러닉이 잡지사 기자들과 이야기를 나누는 동안, 다른 한쪽에서는 에밀 마이클이 마이클 울프Michael Wolff 기자와 편안하게 대화를 이끌어가고 있었다. 그 자리에는 울프가 데려온 〈버즈피드〉의 편집장 벤 스미스Ben Smith도 있었다.

쾌활한 성격의 스미스는 최고의 손님이었다. 그는 특유의 상냥한 태도로 상대방을 무장해제시키는 매력이 있었다. 그러나 그 이면에는 날카로운 발톱이 숨겨져 있었다. 스미스는 특히 논쟁에서 절대 물러서지 않는 것으로 워싱턴에서 명성이 자자했다. 〈폴리티고Politico〉 기자 시절에는 취재 대상, 혹은 특종을 놓고 경쟁하는 다른 기자들과 트위터로 종종 설전을 벌였다. 2012년 〈버즈피드〉로 자리를 옮긴 뒤에는 재미있는 주제와 입소문으로 널리 알려진 기사로 오랫동안 인기를 끌었던 그 사이트를 본격적인 뉴스 채널로 바꾸기 위해 노력했다.[13] 스미스는 자신이 맡은 사업부를 〈버즈피드뉴스BuzzFeed News〉라는 이름으로 새롭게 출범시키고 기성 언론사와 치열하게 경쟁하는 본격적인 뉴스 사이트로 성장시켰다.

언론계의 일원으로서 스미스는 자신의 맞은편에 앉은 사람이 그동안 언론에 대해 노골적인 적대감을 드러내왔던 우버의 임원이라는 사실에 깜짝 놀랐다. 생선과 스테이크 요리를 한창 먹을 때쯤, 거기에 있던 모든 사람이 우버의 지지자이자 동료라고 확신한 에밀 마이클은 그동안 우버가 언론으로부터 얼마나 부당한 공격을 받아왔는지, 그리고 엄청난 성공을 거두었다는 이유로 얼마나 혹독한 비난을 받아왔는지에 대해 큰 소리로 푸념을 늘어놓았다.

그러나 스미스는 저녁 식사를 하는 내내 마이클의 착각이 도를 넘어섰다는 생각을 했다. 그는 우버가 공공의 이익을 위해 일하고 있다거나, 보수에 불만이 있는 우버 기사들은 그 시스템을 제대로 이해하지 못한 것이라는 마이클의 주장에 동의하지 않았다. 스미스는 마이클과의 대화가 논쟁의 단계로 접어들 무렵부터 스마트폰으로 몰래 녹음을 시작했다.

마이클은 우버에 대한 부정적인 언론 기사를 언급하면서 이렇게 말했다. "다 헛소리예요. 항상 우리만 갖고 그러죠." 그러고는 새러 레이시를 최악의 사례로 꼽았다.

물론 레이시는 많은 이들에게 사랑받는 인물은 아니었다. 레이시와 그녀의 파트너 폴 카는 취재 대상을 공격하는 것만큼이나 다른 기자들과도 자주 싸움을 벌였다. 마이클도 그 사실을 잘 알고 있었다.

마이클은 계속해서 이야기를 이어갔다. "우리도 똑같이 대응하면 어떨까요? 수백만 달러를 들여 기자를 고용하는 거죠. 최고의 뒷조사 업체도 고용하고요." 그건 전문적으로 특정인의 뒤를 캐는 사람을 고용하겠다는 의미였다. 마이클은 이렇게 덧붙였다. "그들을 통해 레이시의 사생활과 가족을 관찰하는 거죠. 그러면 우리도 언론에 맞서 싸울 수 있을 겁니다." 마이클은 레이시와 폴 카의 관계를 파헤치면 뭔가 나올 것이라고 확신했다.

마이클의 이야기는 거기서 끝나지 않았다. 우버 기사들 때문에 자신의 안전이 걱정되어 우버 이용을 중단하겠다고 선언한 레이시의 최근 기사를 언급하며 이렇게 말했다. "100명의 여성에게 우버와 택시 중 무엇이 더 안전하다고 생각하는지 한번 물어보세요. 여성들이 그녀를 따라 우버 앱을 삭제한다면? 그리고 택시를 타다가 폭행을 당한다면? 그러면 레이시는 개인적으로 책임을 져야 할 겁니다."

스미스는 귀를 의심했다. 실리콘밸리에서 가장 많은 욕을 먹고 있는 기업의 임원이 왜 자신에게 이런 말도 안 되는 소리를 늘어놓는 것일까?

여기서 중요한 사실은 그날 모임에서 있었던 일은 일체 공개하지 않기로 사전에 약속되어 있었다는 점이다. 하지만 마이클 울프는 자신의 친구 스미스를 그 자리에 초대하면서 그 약속을 전하는 것

을 깜빡 잊었다.●

스미스는 마이클에게 마지막으로 한 번의 기회를 주고자 했다. 그는 이렇게 물었다. "우버가 정말로 그런 일을 벌인다면 그건 레이시가 아니라 우버의 문제가 될 겁니다. 레이시의 뒤를 캐는 것이 우버라는 사실이 밝혀진다면요?"

마이클은 대답했다. "그런 일은 없을 겁니다. 아무도 우리가 배후에 있다는 걸 모를 거예요."

웨이벌리인의 어두침침한 방 안에서 그런 이야기가 오가는 동안 스미스는 계속 녹음을 하면서 조용히 식사를 마쳤다.

그러고는 모임을 마련한 이들에게 감사의 말을 전하고는 집으로 돌아가 맥북으로 부랴부랴 타이핑을 시작했다.

✖

일요일 아침 나이리 후다지안은 잠에서 깨며 이번 행사가 꽤 성공적이었다고 생각했다. 물론 완벽하지는 않았다. 그래머시파크 호텔에서 캘러닉은 기자들의 질문에 다분히 즉흥적으로 답했다. 게다가 조금은 자기비하적이고 불쌍해 보이기까지 했다. 그래도 후다지안은 뿌듯했다. 성격이 괴팍한 뉴욕 총관리자인 조시 모러도 참

● 트럼프 행정부를 비판한 책으로 베스트셀러 작가가 된 울프는 '트래비스 잘라닉Travis Zalanick'[원문 그대로]을 하나의 주제로 다루면서, 자신이 우버 CEO의 평판과 그가 저녁 행사를 마련한 이유에 대해 잘 알고 있었다고 했다. 나중에는 스미스도 그 모임이 비공개임을 알고 있다고 생각했다고 말했다. 그야말로 어처구니없는 실수였다.

석을 희망했지만 후다지안은 단호하게 거절했다. 행사는 순조롭게 진행되었고 분위기도 좋았다. 이를 통해 자신의 상사가 악당이 아니라는 사실을 세상에 알렸다. 적어도 몇몇 기자는 동의하는 듯했다. 그렇게 임무를 완수한 후에 후다지안은 팀원들과 함께 샌프란시스코로 돌아갈 채비를 했다.

하지만 월요일 저녁 8시 57분, 스미스의 기사가 〈버즈피드〉 웹사이트에 올라왔다.

거기서 스미스는 그날 모임에 대해 자세한 이야기를 늘어놓았다. 금요일 오후 그래머시파크 호텔에서 있었던 기자들과의 만남, 그리고 웨이벌리인에서 유명인들까지 함께한 화려한 저녁 만찬에 대해. 게다가 우버를 비판한 대표적인 인물을 '욕보이려는' 명백한 의도를 갖고 뒤를 캐려던 계획까지.

그는 이렇게 썼다. "마이클은 전문가를 고용해서 레이시의 뒤를 캘 계획이라고 했다. 특히 그녀의 사생활과 관련해서 구체적인 주장을 입증해 보일 것이라고 자신했다."[14]

즉각 거센 역풍이 몰아쳤다. 〈뉴욕타임스〉와 〈월스트리트저널〉을 비롯한 여러 언론이 곧바로 논평을 내놨다. NBC와 ABC, CBS는 아침 프로그램을 통해 분위기를 더욱 거세게 몰아갔다. 그들은 이번 사건이 우버를 이끌고 있는 캘러닉과 마이클이 대중의 인식처럼 탐욕스럽고, 불쾌하고, 타락한 인간임을 말해주는 증거라고 강조했다.

이런 언론의 비판이 치명적이었던 것은 그것이 어느 정도 사실이었기 때문이다. 캘러닉은 수단과 방법을 가리지 않고 이기려 했다. 적의 사생활까지 캐서라도 말이다. 그는 이기는 것에서 멈추지 않고 적을 완전히 박살내고 싶어 했다.

실제로 캘러닉과 마이클은 그날 저녁 모임이 있기 오래전부터 그런 아이디어에 대해 많은 이야기를 나눴다. 두 사람은 제대로 알지 못하면서 우버가 힘들게 성취한 성공의 가치를 어떻게든 깎아내리려는 언론을 혐오했다. 두 사람은 비즈니스 경쟁자와 싸우는 방식 그대로 언론과 싸워서는 안 된다는 사실을 몰랐다. 새로운 도시로 진격할 때 사용했던 무기로는 언론을 잠재울 수 없었다. 캘러닉은 그들이 뛰어든 시합이 영토 전쟁이 아니라 인기 경쟁이라는 사실을 이해하지 못했다. 이런 무지는 결국 부메랑으로 돌아왔다.

월요일 저녁, 샌프란시스코 본사 사람들은 충격에 빠졌다. 후다지안은 그저 머리를 파묻고 고개를 저을 뿐이었다. 언론의 마음을 사로잡기 위한 우버의 노력은 그렇게 실패로 끝났다.

14장

문화 전쟁

*엘리트 남성 MBA 출신들이 우버에 대거 들어왔을 때,
'챔피언 마인드'의 의미가 완전히 달라졌다.*

'미친 자, 부적응자, 반역자, 말썽꾼.' "다르게 생각하라"고 외치는 애플의 광고에는 해커와 기술 혁명가 등이 등장한다. 이들 반문화 세력이 처음으로 실리콘밸리 문화를 형성했다면, 경기 침체 이후의 실리콘밸리 문화는 또 다른 세력에 의해 만들어졌다. 그것은 다름 아닌 MBA 출신들이었다.[1]

2008년 금융위기 이전만 해도 MBA 출신은 골드만삭스나 매킨지 같은 투자 기업에 고액의 연봉을 받고 들어갔다. 하지만 금융위기 이후 상황은 크게 달라졌다. 금융과 컨설팅 산업이 옛 영광을 잃어버리면서 MBA 졸업생들은 새로운 기회를 찾아 서부로 진격하기 시작했다.

근무 환경은 실리콘밸리가 훨씬 더 나았다. 이들 기업 모두 식사와 세탁 서비스 그리고 피트니스 회원권을 제공했다. MBA 출신들은 이제 J. P. 모건에 들어가 첫 1년 동안 나이 많은 트레이더 밑에서 힘들고 지루한 업무를 참아낼 필요가 없었다. 무엇보다 좋은 것은 기술 전문가들은 (아직) 99퍼센트로부터 미움을 받지 않았다는 사실이었다. 월스트리트 시위대가 사무실 앞에 들이닥치는 일도 없었다. 2015년을 기준으로 MBA 졸업생 중 16퍼센트가 IT 기업에 들어가면서 기술 분야는 인기 순위에서 세 번째를 차지했다.[2] 게다가 당시 실리콘밸리에 모습을 드러낸 150곳 이상의 '유니콘' 중 약 4분의 1이 MBA 출신에 의해 설립된 스타트업이었다.[3] 리프트의 공동 창업자 존 지머도 기술 분야로 진입하기 전 리먼브라더스에서 인턴 생활을 했었다.

특히 우버는 MBA 출신을 우대했다. 그들에게 MBA 출신이란 비즈니스 통찰력과 남성 엘리트의 사고방식을 대표하는 존재였다. 물론 모든 MBA 출신이 남성 중심적인 사고방식을 가진 것은 아니었다. 다만 그런 사고방식을 가진 MBA 출신들이 우버에서 좀 더 쉽게 적응하는 것으로 보였다.

경쟁심은 우버가 주목하는 자질이었다. 우버의 기업 가치 중 두 번째는 이런 것이었다. "실력 사회에서는 최고의 아이디어가 언제나 승리하고, 가장 치열하게 진실을 추구하는 사람이 정상에 오른다."[4] 캘러닉은 경쟁을 선으로 보았다. 그리고 '챔피언 마인드'(우버의 열세 번째 가치)로 무장하기 위해서는 '승자'와 더불어 살아야 한다고 믿었다. 캘러닉은 언제나 승자들만 곁에 두고자 했다.

남성 MBA 출신들이 우버에 대거 들어왔을 때, '챔피언 마인드'의 의미가 완전히 달라졌다. '죽이거나 죽거나'가 우버의 비공식 모토가 되었다. 언제나 뒤를 조심해야 했다. 아니면 동료로부터 배신당할 수 있었다. 우버에서는 많은 사람이 성공은 다른 사람의 희생에서 비롯되는 것이라 믿었다. 그리고 권력을 향한 의지야말로 캘러닉의 인정을 받기 위한 유일한 자질이라고 생각했다.

그런 점에서 조시 모러는 전형적인 우버인이었다. 그는 전 세계적으로 가장 매출이 높은 뉴욕 총관리자였다. 학부에서 수학을 전공하고 뉴욕 대학에서 MBA 학위를 딴 모러는 우버가 생각하는 이상적인 인재였다. 작달막한 키에 통통한 그의 체격은 권투선수를 떠올리게 했다. 두꺼운 턱이 돋보이는 그의 얼굴은 언제든 펀치를 날릴 준비를 하고 있는 듯했다. 그리고 천진난만한 웃음과 듬성듬성한 머리는 그를 실제보다 더 젊어 보이게도, 혹은 더 나이 들어 보이게도 했다. 30대가 되기 전부터 모러는 부하 직원들을 거세게 몰아붙였다. 필요할 때면 위협도 서슴지 않았고 변명은 절대 받아들이지 않았다. 그는 무엇보다 싸움을 좋아했다. 이는 세상에서 가장 강력한 운송 노조가 버티고 있는 뉴욕에서 비즈니스를 이끌어가기 위해 필요한 핵심 자질이기도 했다.

모러는 누가 더 강한 인상을 심어주는지 혹은 누가 더 나은 실적을 올리는지를 놓고 직원들끼리 경쟁을 시켰다. 그것은 캘러닉이 신봉하는 방법이기도 했다. 그는 때로 부하 직원의 약점을 들먹였다.

함께 프로젝트에 대해 논의하다가도 부하 직원의 벗어진 머리를 지적하기도 했다. 심지어 모두의 앞에서 직원들의 단점을 거론하기도 했다. 그는 승자는 칭찬하고 패자에게는 곧잘 망신을 줬다.

모러는 직원들에게 자율권을 허락하고 그들에게 높은 기대를 하는 것이 효과적인 경영전략이라 믿었다. 그러나 두 직원의 증언에 따르면, 그는 키 작은 비프 태넌(영화 〈백투더퓨처〉에서 주인공을 괴롭히는 학생) 같은 인물이었다.

모러가 종종 사무실에 데리고 왔던 흰색 미니푸들인 윈스턴은 직원들을 향해 짖거나 할퀴기까지 했다. 그 강아지는 좀처럼 입을 다물 줄 몰랐다. 모러는 자신의 강아지를 동료에게 넘겨주고는 그 모습을 찍어서 윈스턴의 트위터 계정인 @WinnTheDog에 올리곤 했다. 어느 날에는 리프트가 운영하는 푸른색 대여 자전거인 시티바이크 옆에 윈스턴이 똥을 싸는 장면을 찍어서 올리기도 했다.[5]

뉴욕 첼시 사무소의 여직원들은 업무적으로 소외감을 느꼈다. 모러는 남성 중심 문화를 함께 공유하는 엘리트 남성 직원들, 즉 '브로'를 더 친근하게 대했다. 첼시 사무소의 조직 문화는 모러의 이런 태도를 강하게 반영했다.

그래도 모러는 어떻게든 목표를 달성했다. 이는 우버에서는 대단히 중요한 사실이었다. 그는 비즈니스 실적을 계속해서 충족시켰기 때문에 오랫동안 자리를 지킬 수 있었다.

물론 높은 실적을 지속적으로 유지하려면 강한 압박이 필요하다. 모든 사무소의 우버 직원들은 야근을 밥 먹듯 했다. 일부는 주말에도 가족과 함께 편안히 지내지 못했다. 한밤중에 상사의 전화를 받거나, 혹은 새벽 2시에 동남아시아나 호주 사무소와의 텔레콘퍼런스에 참여하라는 요청을 받는 것은 별로 드문 일이 아니었다. 저녁 식사가 무료로 제공되긴 했지만, 모러는 캘러닉의 지침을 따라 8시 15분 이전에는 저녁을 먹지 못하게 했다.

우버에서 캘러닉의 인정을 받는다는 것은 부하 직원에게 부당한 행동을 해도 큰 처벌을 받지 않는다는 의미였다. 캘러닉의 총애를 받던 한 관리자는 부하 직원들을 항상 '패것faggot'(남성 동성애자)이라고 불렀다. 많은 직원이 불만을 제기했지만 그는 신경 쓰지 않았다. 캘러닉의 인정을 받으면 문제 상황이 발생해도 아무렇지 않게 넘어갈 수 있었다.

또 다른 관리자는 성과가 나쁜 직원에게 직급을 강등하겠다고 협박했다. 리우 사무소 관리자는 화를 참지 못하고 부하 직원에게 소리를 지르며 커피 잔까지 집어던졌다. 심지어 야구 방망이를 들고 직원을 협박한 관리자도 있었다. 이 관리자는 목표를 달성하지 못한 직원을 크게 나무랐고, 그는 모든 동료가 지켜보는 가운데 눈물을 흘려야 했다. 게다가 그는 사무소 여직원과 사귀면서 그녀를 편애했고, 직원들은 그 사실에 대단히 불편해했다. 하지만 리우 사무소는 우버에서 최고의 성과를 내는 지역 중 하나였기 때문에, 많은 직원이 인사와 관련해서 불만을 제기했음에도 아무런 조치가 취해지지 않았다. 우버 경영진은 실적을 달성하기만 한다면 아무것도 문제 삼지 않았다.

인사팀은 우버 내에서 영향력이 큰 조직이 아니었다. 준법감시 부서와 마찬가지로 인사팀도 언제나 후순위로 밀렸다. 인사팀은 최고운영책임자인 라이언 그레이브스가 이끌고 있었다. 우버에서 '사람과 장소'를 책임지고 있는 러네이 애트우드Renee Atwood는 인사와 관련해서 그레이브스에게 보고하도록 되어 있었다. 그러나 그레이브스는 인사와 관련된 일상적이고 복잡한 문제를 들여다보려고 하지 않았다. 애트우드는 이해할 수 없었다. 이로 인해 인사팀은 직원들의 불만을 제대로 파악하지도, 해결하지도 못했다.

채용 과정에서도 우버는 후보자들을 제대로 대우하지 않았다. 우버는 후보자가 받아들일 만한 최저 연봉을 계산하는 알고리즘을 개발했다.[6] 우버는 잔인할 정도로 효율적인 그 시스템을 활용해서 수백만 달러를 절약했다.

캘러닉은 비용을 절약할 다양한 방법을 모색했다. 특히 우버의 인기가 높고, 그래서 보조금을 많이 지급하지 않아도 되는 선진국 시장을 중심으로 수익률을 높이는 방안을 강구했다. 우버의 수익은 기본적으로 정해져 있었다. 그들은 건당 요금의 20~25퍼센트를 수수료로 챙기고, 나머지를 우버 기사에게 지급했다.

그런데 2014년에 한 임원이 '안전승차요금Safe Rides Fee'이라는 기발한 아이디어를 냈다. 그것은 고객이 서비스를 이용할 때마다 안전 개선을 명분으로 요금에 1달러를 추가적으로 과금하는 것이었다. 우버는 고객들에게 안전승차요금이 꼭 필요한 것처럼 소개했다. 그들은 블로그를 통해 이렇게 설명했다. "안전승차요금은 우버 기사와 승객을 위한 안전한 플랫폼 구축에 사용됩니다. 여기에는 신원 확인 시스템, 정기적인 차량 점검, 운전자 안전 교육, 인앱 안전 기능 개발, 보험이 포함됩니다." 불만을 제기하는 사용자는 거의 없었다. 그들은 추가 요금을 지불함으로써 서비스가 어떻게든 개선될 것으로 기대했다.

그러나 실상은 달랐다. 담당 직원의 증언에 따르면, 우버는 미국 시장에서 서비스 한 건당 1달러를 '안전승차요금'[7]으로 과금했다. 그러나 그 1달러 중 운전자들에게 돌아가는 몫은 없었다. 우버는 이 요금제를 수년 동안 유지하면서 수억 달러를 챙겼고, 이는 새로운 수익원으로 자리 잡았다. 그러나 우버는 안전 개선과 관련하여 구체적인 설명을 내놓지 않았다. 그들이 주장하는 '운전자 안전 교육'은 짧은 온라인 영상 강의에 불과했다. 인앱 안전 기능은 그로부터 한참 후에야 개발되었다. 한 전직 직원은 이렇게 말했다. "승객의 안전을 내세워 돈벌이를 한 거죠. 어처구니없는 이야기죠."

우버는 대중에게 메시지를 전하는 과정에서도 때로 세련된 모습을 보여주지 못했다. 대학을 갓 졸업한 신입 직원이 기업 블로그에 정제되지 않은 글을 올리는 경우도 있었다. 그 직원은 '영광의 탑승 rides of glory'이라는 신조어를 들먹이면서, 이를 원나잇스탠드를 즐기고 새벽에 귀가하는 사람이 이용하는 우버 서비스라고 설명했다. 그 글을 올린 데이터 전문가 브래들리 보이텍Bradley Voytek은 이렇게 덧붙였다. "옛날에는 잠에서 깨자마자 놀란 마음에 어둠 속에서 모피 코트나 벨벳 재킷 등 세련된 젊은이들이 입는 옷가지를 허둥지

등 찾아 입고는 해가 뜨기도 전에 집까지 걸어갔다." 인지과학자이기도 한 보이텍은 방대한 데이터를 기반으로 인간 행동을 분석하겠다는 열정으로 우버에 입사했다. 수많은 도시에서 서비스가 이뤄지는 상황을 실시간으로 지켜보는 일은 보이텍에게 자신만의 인간 개미농장을 운영하는 것과 같았다.

계속해서 보이텍은 얼마나 많은 사람이 낯선 이의 집에서 우버를 잡아타고 자신의 집으로 돌아가는지에 대해 설명했다. "하지만 세상이 바뀌었다. 이제 더는 집까지 걸어갈 필요가 없다." 그리고 이렇게 덧붙였다. "우리는 지금 우버 시대를 살아가고 있다."[8]

그밖에도 우버 안에서는 가장 인기 있는 포상, 즉 '인센티브'를 놓고 치열한 경쟁이 벌어지고 있었다.

우버에서 '인센티브'란 운전자와 승객에게 지급하는 보조금을 의미했다. 이런 점에서 인센티브는 손실을 의미한다. 그러나 그건 중요하지 않았다. 일단 비즈니스가 돌아가기 시작하면, 우버가 인센티브 지급을 중단해도 사람들은 계속 우버를 이용할 것이기 때문이다. 캘러닉은 그런 방식으로 더 많은 돈을 벌어들일 수 있다는 사실을 잘 알고 있었다.

우버는 전 세계 시장에서 2015년 한 해에만 20억 달러의 인센티브를 뿌렸다. 이는 아무리 엄청난 투자를 받았다고 해도 스타트업에게는 지나치게 큰 규모였다. 당연하게도 우버 내부에서는 인센티브를 관리하는 사람에게 막대한 권력이 집중되었다. 우버 내부의 수많은 조직이 조금이라도 더 많은 인센티브를 차지하기 위해 치열하게 경쟁을 벌였다. 많은 인센티브를 확보한다는 것은 성장을 향한 고속도로로 접어든다는 의미였다. 그리고 성장은 보너스와 승진, 그리고 경영진의 인정을 의미했다. 우버의 성장 사업부는 전 페이스북 부사장 에드 베이커Ed Baker가 이끌었다. 그는 수백만 명의 신규 사용자를 가입시킨 것으로 유명했다. 한편 제품, 운영, 재무 사업부를 이끄는 임원들도 함께 경쟁에 합류했다.

캘러닉은 경쟁하는 환경을 좋아했다. 그는 최종 승자가 나타날 때까지 모든 부서가 권력을 놓고 싸움을 벌이게 했다. 이런 경영 방식이야말로 가장 뛰어난 인재를 발굴하기 위한 최고의 방법이라고 믿었다.

캘러닉은 자신의 뒤에서 이뤄지는 모든 정치 활동을 보지 못했다(혹은 일부러 외면했다). 우버 사람들은 TK(직원들이 트래비스 캘러닉을 부르는 별명)의 인정을 받기 위해서는 그의 권력에 도전해서는 안 된다는 사실을 잘 알았다.

캘러닉에게 정면으로 도전하기보다는 주장을 지지해주는 객관적인 데이터를 제시하는 편이 나았다. 캘러닉은 객관적인 데이터 외에 어떤 주장에도 귀를 기울이지 않았다. 가령 우버의 총관리자들은 앱에서 기사에게 간편하게 팁을 지불할 수 있는 기능을 개발해달라고 오랫동안 요구했다. 이를 통해 우버에 대한 운전자의 선호도를 높이고자 했던 것이다. 리프트는 이미 이런 기능을 도입하고 있었다. 그러나 캘러닉은 팁에 대해서만큼은 완고했다. 그는 우버 서비스가 매끄럽게 작동하는 것은 간편한 지불 방식 때문이라고 믿었다. 그는 승객이 돈에 대해 아무런 고민을 하지 않고 차에서 내리게 해야 한다고 생각했다. 그런데 팁 지불 기능을 추가한다면, 승객은 번거롭게 다시 한 번 앱을 실행해야 했다. 캘러닉은 팁이 우버 운전자의 생계를 크게 개선해줄 거라는 주장을 이해하지 못했고, 이해하려고도 하지 않았다.

캘러닉은 때로 반발에 직면하기도 했다. 한번은 제품 사업부를 이끌고 있는, 키 크고 강단 있는 애런 쉴드크라우트Aaron Schildkrout가 캘러닉에게 정면으로 도전해왔다. 쉴드크라우트는 정보에 밝고, 날카롭고, 논쟁을 좋아하는 인물이었다. 그는 주로 검은색 옷차림에 테가 두꺼운 안경을 썼고, 진갈색 머리는 항상 헝클어져 있었다. 쉴드크라우트와의 논쟁은 종종 철학적인 주제로 빠지곤 했다. 그는 하버드와 시카고 대학에서 사회학을 공부했고, 인간 행동에서 이유를 밝혀내는 연구를 좋아했다. 우버에 들어오기 전, 그는 자신이 설립한 스타트업에서 CEO로 일하며, 몇 년 동안 많은 경험을 했다. 그가 깨달은 중요한 한 가지 교훈은 CEO는 언제 도전이 필요한지 알아야 한다는 것이었다.

어느 날 캘러닉은 회의에서 제품과 관련된 중요한 결정을 내렸다. 하지만 쉴드크라우트는 이에 동의하지 않았다. 그는 캘러닉의 선택이 잘못된 결과로 이어질 수 있으니 결정을 수정해야 한다고 주장했다. 두 사람의 논의는 점점 언쟁으로 이어졌고 결국 회의실에서 고성이 오가기 시작했다. 회의실에 있던 다른 직원들은 어색한 표정으로 그저 입을 다물고 있을 뿐이었다. 그날 쉴드크라우트는 회색 스웨터를 입고 있었는데, 논쟁이 끝날 무렵에는 가슴 부위가 땀으로 흠뻑 젖어 있었다. 어쨌든 논쟁의 승자는 쉴드크라우트였다. 캘러닉 또한 그의 승리를 인정했다.

젊고 장래가 유망한 엔지니어가 캘러닉의 인정을 받는다는 것은 우버에서 대단히 중요한 일이었다. 캘러닉은 탁월한 동기부여자였다. 캘러닉은 우버의 싸움을 언제나 '우리와 그들' 사이의 대결 구도로 몰아갔다. 누군가 캘러닉을 진정으로 신뢰한다면, 즉 언제나 '슈퍼펌프드'되어 있으면, 캘러닉은 그의 존재를 알아봤다. 그리고 그에게 관심을 기울였다. 가령 로비에서 함께 이야기를 나누면서 아이디어를 즉석에서 주고받는다. 혹은 전 사원이 참석하는 회의에서 그의 존재를 돋보이게 만든다. 우버 사람들은 캘러닉의 인정을 원했고, 이를 놓고 경쟁을 벌였다.

캘러닉의 인정을 받는 사람들이 누릴 수 있는 최고의 영예는 밤 10시에 본사에서 비밀리에 진행되는 전략 회의에 참석하는 것이었다. 이 회의에서 캘러닉은 엄격하게 선발된 사람들과 함께 경쟁자를 물리치기 위해 그가 끌어 모은 방대한 투자금을 어떻게 활용할지를 논의했다. 캘러닉은 야심한 시간에 열리는 전략 회의를 '북미 챔피언십시리즈North American Championship Series', 혹은 줄여서 NACS라 불렀다. 이는 리프트와의 경쟁을 의미하는 것이었다.

그다음으로 운 좋은 사람들은 '블랙골드Black Gold' 멤버가 된다. 블랙골드는 아시아 지역을 위한 전략 회의를 지칭했다. 여기에는 특별한 의미가 담겨 있었다. '블랙골드'란 정치적 부패, 다시 말해 악명 높은 타이완 범죄 조직인 삼합회의 '음흉한black' 행동을 의미하는 것이었다.

우버에서 블랙골드는 곧 비열한 행동을 의미했다. 블랙골드가 필요한 것은 엄청난 자금력을 지닌 중국 경쟁자와 한판 싸움을 벌여야 했기 때문이었다.

15장

제국을 건설하다

중국 시장은 우버 역사상 전례 없는 도전이었다.

　서구 IT 업계 리더들은 중국에 진출하기 위해 오랫동안 노력해왔다. 하지만 성공 사례는 거의 없다.

　캘러닉은 중국 시장에서 스타트업을 위한 완벽한 기회를 봤다. 14억 인구가 살아가는 중국은 우버 사용자의 거대한 잠재적 보고였다. 특히 그 인구의 3분의 1은 밀레니얼 세대였다.[1] 젊은 그들은 도시에서 자랐고 모바일 기술에 익숙하며 경제적으로 비교적 풍족하다. 그리고 과학과 기술을 쉽게 받아들이고 거의 항상 온라인에 접속해 있다.

　미국과 마찬가지로 중국의 밀레니얼 역시 인터넷과 함께 성장했다. 14~47세의 중국 인터넷 사용자 중 97퍼센트가 스마트폰을 갖고 있었다.[2] 서구 세계는 데스크톱 컴퓨터에서 스마트폰으로의 대규모 이동을 경험했다. 그러나 중국 밀레니얼 세대는 데스크톱 시대를 건너뛰고 곧장 스마트폰 시대로 넘어왔다. 그들은 캘러닉처럼 기술의 힘을 믿었고, 서구보다 빠른 속도로 이를 받아들였다. 캘러닉은 그런 중국인을 대상으로 우버 서비스를 보급하고자 했다.

그러나 현실은 만만치 않았다. 지난 20년간 실리콘밸리에서 가장 영향력 있는 리더로 군림했던 래리 페이지와 세르게이 브린, 마크 저커버그, 제프 베저스, 딕 코스톨로, 에반 스피겔 모두 중국 시장에 도전했다. 하지만 대부분 실패했다. 이들 모두 중국과 관련하여 저마다 서로 다른 이유로 어려움을 겪었다.

캘러닉은 자신이 중국 시장에 어떻게 접근해야 할지 알고 있다고 자신했다. 중국인들은 그가 가장 경계하는 경쟁자인 택시에 의존하고 있었다. 그러나 우버의 더 나은 서비스를 경험하게 되면 많은 이들이 받아들일 것이라 생각했다. 게다가 그에게는 비밀 무기가 있었다. 그것은 우버의 운전자와 승객에게 지급할 수십억 달러의 보조금이었다. 캘러닉은 이를 통해 중국 시장에서 충분한 수요를 촉발할 수 있을 것으로 봤다. 중국 시장은 아마도 가장 힘든 전쟁터가 될 것이었다. 중국 경쟁자와 그들의 안마당에서 싸워서 이길 수 있을까 하는 의구심이 들기도 했다. 그러나 캘러닉은 머뭇거리지 않고 싸움에 뛰어들었다.

그가 가장 걱정했던 부분은 중국 정부의 적대적인 태도였다. 중국 공산당은 자국 기업을 육성하고 성공시키는 데 큰 자부심을 갖고 있었다. 시진핑이 이끄는 중국 정부는 국영 벤처펀드에 수억 달러를 투자해 스타트업 산업의 기반을 마련했고, 이는 중국 역사상 가장 빠른 경제성장으로 이어졌다. 그들은 특히 선전 같은 '경제특구' 건설에 집중했다. 글로벌 IT 시장은 서구 기업이 지배하고 있었지만, 시장가치를 기준으로 전 세계 20대 IT 기업 중 아홉 곳은 중국 기업이었다.[3]

중국 정부는 인터넷을 적극적으로 통제했다. 이 말은 국가가 나서서 국익을 기준으로 선택적인 규제를 한다는 뜻이었다. 그렇기 때문에 중국 정부는 본질적으로 해외 침략자에게, 특히 캘러닉처럼 성급하고 저돌적인 기업가에게 적대적일 수밖에 없었다. 시진핑 역시 우버에 대해 들었을 것이며, 캘러닉의 평판에 대해서도 알고 있었을 것이다. 이런 여건 속에서도 캘러닉은 우버의 성공을 확신했다.

캘러닉은 빅브라더인 중국 정부보다는 또 다른 '브라더'를 더욱 걱정했다. 그것은 다름 아닌 디디추싱이라는 스타트업이었다. '디디'는 중국말로 차량의 경적 소리를 나타내는 의성어다.

디디추싱이라는 이름은 귀여웠지만 그 조직과 경영진은 그렇지 않았다. 디디추싱은 10억이 넘는 중국 인구가 복잡한 중국 거리를 어떻게 돌아다니는지 수년간 연구한 끝에 설립된 대표적인 차량 호출 서비스였다. 기업을 설립할 무렵 디디추싱의 CEO 청웨이程維는 영업 외에는 비즈니스 경력이 거의 없는 20대 후반의 젊은이였다. 2012년 택시 호출 서비스를 향한 그의 도전은 중국에서 가장 크고 유명한 IT 기업인 텐센트Tencent와 알리바바Alibaba의 대규모 투자에 힘입어 3년 만에 수십억 달러 규모의 비즈니스로 성장했다.

디디추싱은 우버에 필요한 모든 것을 갖추고 있었다. 바로 규모와 인지도 그리고 무엇보다 정부 지원이었다. 게다가 디디추싱은 엄청난 자금력까지 확보하고 있었다. 그들은 수년 동안 비즈니스를 운영하는 과정에서 중국 기업들로부터 수십억 달러의 투자를 받았다. 디디추싱의 경영진은 강력한 도전정신으로 무장하고 있었다. 디디추싱으로 이름을 바꾸기 전인 디디다처 시절에 그들은 주요 경쟁자인 콰이디다처Kuaidi Dache와 출혈 경쟁을 벌였다. 수백만 위안에 달하는 무료 서비스 공세를 퍼붓고 2015년에야 두 경쟁자는 휴전을 선언하고 합병에 합의했다. 그 과정에서 앱 기반 차량 호출 서비스는 중국인의 일상 속에 자리 잡았다.

그러나 캘러닉은 위축되지 않았다. 그는 이미 미국 주요 도시에서 부패한 정치인과 강력한 택시 연합을 이겨냈다. 그리고 리프트와 경쟁해서 승리를 거뒀다. 또한 경쟁자를 물리치고, 정부보다 한발 앞서 움직이고, 더 나은 서비스로 고객을 끌어들이면서 전 세계 도시로 비즈니스를 넓혀나갔다. 그의 전략은 지금까지 큰 성공을 거뒀고, 앞으로도 그럴 것이었다. 나중에 캘러닉은 이렇게 말했다. "사람들이 불가능하다고 생각하는 일에 도전하는 것을 좋아합니다."[4]

★

캘러닉은 불가능을 가능으로 만들고자 했다. 그러나 이를 위해 우버의 최고기술책임자CTO 투안 팜Thuan Pham은 냉혹한 현실과 마주해야 했다. 2015년에 팜은 이미 수많은 문제의 늪에서 허우적거리고 있었다.

우버는 모두의 예상을 깨고 중국 시장에서도 빠른 성장세를 보였다. 팜은 청두와 베이징, 우한 등 중국 전역에 걸쳐 수십 곳의 도시에 사무소를 설치하면서 공격적인 디디와의 전투를 준비했다. 캘러닉은 당시 상황에 만족했고 팜 역시 기뻤다.

팜은 수백 명의 뛰어난 젊은 해커로 이뤄진 거대한 엔지니어 조직을 이끌었다. 검은 머리에 구릿빛 피부, 그리고 따뜻한 미소와는 대조적인 정사각형의 짙은 색 안경을 쓴 팜은 많은 직원의 존경을 받았다. 엔지니어의 관점에서 볼 때, 그는 대단히 드문 유형의 CTO였다. 그는 직원들의 처지를 잘 이해했다. 민감한 문제를 다룰 때면 감성적인 차원에서 접근했다. 그리고 직원들은 신의로써 보답했다. 그들은 특히 팜의 업무 방식을 존중했다. 팜은 직원들이 보낸 이메일에 즉각 답장했다. 휴가를 떠났을 때에도 마찬가지였다. 비행기 안에서도 승무원이 전자 기기 사용을 중단하라고 말할 때까지 노트북을 펼쳐놓고 직원들에게 답장을 썼다.

그러나 팜에게는 한 가지 걱정이 있었다. 중국 내에서 우버 사용자가 급증하면서 인센티브 액수 역시 함께 증가하고 있었던 것이다.

우버 경영진은 중국 시장에서 어느 정도 점유율을 차지하려면 엄청난 양의 무료 쿠폰을 먼저 뿌려야 할 것이라고 생각했다. 캘러닉은 막대한 비용 지출에 대한 우려의 목소리를 미리 잠재우기 위해 투자자들에게 서한을 보냈다. 거기서 그는 중국 시장에서 비즈니스 기반을 닦기 위해 많은 돈을 퍼부을 것이라고 예고했다.

우버의 CTO인 팜은 투자자들이 보지 못한 것을 볼 수 있었다. 우버는 중국 시장에서 매주 4,000~5,000만 달러의 인센티브를 뿌리며, 운전자와 승객이 디디가 아니라 우버를 선택하도록 설득했다.

언론이 뭔가 낌새를 채기 시작할 무렵, 캘러닉은 에밀 마이클을 중국으로 파견해서 기자들의 입을 단속하고자 했다.[5] 마이클은 언론에 우버가 중국 시장에서 '효율적'으로 비즈니스를 운영하기 위해 노력하고 있다고 강조했다. 만약 우버가 인센티브를 얼마나 쓰고 있는지 알게 된다면(마이클은 인터뷰에서 그 이야기는 하지 않았다), 기자들 모두 깜짝 놀랄 것이었다.

캘러닉은 투자자에게 보낸, 그리고 나중에 언론에 흘린 서한에서 9개월 동안 청두와 항저우에서 사람들이 이용한 우버 서비스의 규모는 우버의 주요 도시인 뉴욕에서 처음 서비스가 시작되고 첫 9개월 동안 이용한 서비스 규모의 400배를 넘어섰다고 언급했다. 그는 이렇게 설명했다. "놀랍게도 이런 성장 속도는 전례 없는 것입니다. 솔직하게 말해서 중국은 우버가 아직 발을 내딛지 않은 거대한 기회의 땅이며, 향후 미국보다 더 큰 시장으로 성장하게 될 것입니다."[6]

하지만 거기서 캘러닉이 밝히지 않았던 사실이 한 가지 있었다. 바로 중국의 많은 도시에서 이용 건수의 절반 이상이 사기였다는 사실이었다. 다시 말해, 우버는 투자자의 돈을 방만하게 쓰고 있었던 것이다.

팜은 이런 상황이 낯설지 않았다. 1967년 베트남에서 태어난 팜은 열두 살 때부터 세상과 싸워야 했다. 1979년 중국-베트남 전쟁이 터졌을 때 그의 어머니는 나무로 얼기설기 만든 낚싯배를 타고 두 아들과 함께 피란길에 올랐다.[7] 남중국해에서는 거친 폭풍우를 만나기도 했고, 태국 해적에게 가진 것을 모두 빼앗기기도 했다. 그래도 다행히 인도네시아의 난민 캠프에 도착했다. 그리고 우여곡절 끝에 팜은 미국 땅을 밟았고, 바퀴벌레가 득실대는 작은 메릴랜드 아파트에서 또 다른 가구와 함께 살았다. 그동안 팜의 어머니는 아들들을 키우기 위해 갖가지 힘든 일을 했다.

팜은 열심히 공부했다. 그리고 IBM 컴퓨터와 첫눈에 사랑에 빠졌다. 학업을 마친 후 그는 HP에 입사해 컴퓨팅과 관련된 기본적인 업무를 맡으면서 스타트업 세상을 처음으로 엿보게 되었다. 그리고 결정적인 기회를 잡아 높은 연봉을 받고 우버에 CTO로 합류했다. 캘러닉과 마찬가지로 팜은 열심히 일했다. 조직이 급성장하면서 업무 강도가 높아졌지만, 그는 물러서지 않았다.

그래도 중국 시장은 우버 역사상 전례 없는 도전이었다. 여기서 팜이 맡은 역할은 재정적인 차원에서 합리적인 방식으로 비즈니스를 구축하는 일이었다.

팜은 뉴욕 베이에어리어 경쟁사에서 보안과 사기 방지 업무를 맡고 있던 직원들을 스카우트해서 샌프란시스코 우버 본사에 50명으로 구성된 사기방지팀을 꾸렸다. 그는 중국 지역 관리자들에게 서비스 가입을 보다 엄격하게 관리하고, 신원 확인 시스템을 비롯한 다양한 기술을 도입함으로써 허위 운전자와 승객을 감별해내게 했다.

사기는 중국 시장만의 문제는 아니었다. 전 세계 모든 시장에서 부정행위가 만연했다. 2014년 우버는 뉴욕 지사의 총매출 중 20퍼센트가량이 부정 탑승으로 이뤄진 것이라는 사실을 확인했다. 런던의 상황도 다르지 않았다. 우버는 워싱턴 DC에서 로스앤젤레스에 이르는 주요 시장에서 수백만 달러를 낭비하고 있었다.

팜의 사기방지팀은 머지않아 그 가치를 입증했다. 그들의 활동 범위는 중국을 넘어섰다. 브루클린에서 팜의 팀은 범죄 조직이 마약 밀매와 매춘 거래를 위해 도난 카드로 우버 차량을 이용하는 정황을 포착했다. 그들의 수법은 간단했다. 먼저 훔친 신용카드 번호를 다크웹에서 사서 이 번호를 우버 앱에 입력하여 결제를 한다. 이런 식으로 주당 수백 건 넘게 우버 서비스를 이용하면서 뉴욕 전역에 걸쳐 마약과 매춘 거래를 했다. 그리고 그 과정에서 요금은 모두 우버의 인센티브로 처리했다.

수개월 동안 사기 정황을 감시한 뒤, 사기방지팀은 뉴욕경찰국과 손을 잡고 함정 수사를 통해 범인들을 검거했다. 범죄자가 우버 서비스를 이용하면 신용카드 회사가 경찰에 연락하고 경찰은 우버 운전자에게 전화를 걸어 정차하게 한다. 그다음 신용카드 사기, 마약 소지, 매춘 등 다양한 혐의로 탑승자를 체포했다. 그런 성과를 공개적으로 자랑하지는 않았지만, 우버 사기방지팀은 뉴욕경찰국의 작전 전반에 많은 기여를 했다.

이후 사기방지팀 연구원들은 범죄행위 데이터를 기반으로 기계학습 시스템을 개발했고, 이를 통해 사기를 감지했다. 이런 노력 덕분에 뉴욕과 같은 큰 시장에서 사기 건수는 한 자릿수로 떨어졌다. 팜은 그런 성과에 자부심을 느꼈고, 캘러닉 역시 마찬가지였다.

그러나 중국 시장에서 사기에 맞서기 위해서는 더 많은 노력이 필요했다. 중국의 사기 기술은 나날이 발전했고, 이를 따라잡기 위해 사기방지팀은 일종의 '군비경쟁'을 벌여야 했다. 미국의 경우에 사기는 간단한 방식으로 이뤄졌다. 범죄자들은 모두 훔친 신용카드를 이용했다. 그러나 중국의 경우에는 운전자와 승객이 공모해서 서비스를 이용한 척 꾸미고는 우버의 인센티브를 나눠 가졌다.

중국 사기꾼들은 주로 온라인 게시판에서 공모자를 찾았다. 온라인 게시판은 불법으로 돈을 벌려는 사람들이 익명으로 사용할 수 있는 손쉬운 도구였다. 온라인 게시판에서는 특유의 암호가 사용됐다.[8] 가령 가짜 승객을 찾는 가짜 운전자가 '주사'를 요청한다. 주사란 우버 앱에서 사용자 위치를 표시하는 붉은색 디지털 핀을 뜻하는 것이었다. 그러면 가짜 승객인 '간호사'가 요청 글을 올린 사람에게 '주사'를 놓아준다. 이는 가짜 계정으로 가짜 운전자의 우버 서비스를 이용한다는 뜻이다. 그리고 우버로부터 인센티브가 나오면 두 사람은 이를 나눠 갖는다. 수많은 도시에서 이런 행위가 반복되면 인센티브로 엄청난 돈이 빠져나간다.

그렇다고 해서 인센티브를 중단할 수는 없었다. 디디를 따라잡아야 했기 때문이었다. 디디는 사용자를 끌어들이기 위해 엄청난 돈을 퍼부을 준비를 하고 있었다. 캘러닉은 사용자를 늘리기 위해 신규 가입 절차를 최대한 간소화했다. 우버에 가입하려면 이름, 이메일, 휴대전화 번호, 신용카드 번호만 입력하면 된다. 그러나 이는 모두 쉽게 위조가 가능했다. 사기꾼들은 가짜 이름과 가짜 이메일을 입력하고, '버너Burner'나 '텍스트나우TextNow'와 같은 앱으로 수천 개의 가짜 휴대전화 번호를 생성한 다음 훔친 신용카드 번호와 조합했다. 그렇다고 해서 신원 확인을 위해 더 많은 항목을 입력하게 하면 가입 절차는 그만큼 번거로워질 것이었다. 그리고 우버의 데이터 전문가들이 연구한 결과, 가입 절차가 번거로워지면 그만큼 성장 속도는 느려진다. 그건 캘러닉이 원하는 바가 아니었다.

캘러닉은 결국 사기방지팀의 활약을 믿어보기로 했다. 그러나 사기 기술은 나날이 진화했다. 온라인 게시판에서 가짜 승객을 찾는 것이 비효율적이라고 생각한 사기꾼들은 직접 '승객'을 만들었다. 즉 헐값에 휴대전화 번호들을 사들여서 수많은 운전자와 승객 계정을 만들었던 것이다. 그러고는 '승객' 전화로 서비스를 요청하고, 다시 '운전자' 전화로 요청을 승낙했다. 그들은 수십 대의 스마트폰을 자동차 앞뒤 좌석에 늘어놓고는 청두 거리를 돌아다녔다. 그리고 가짜 '서비스'를 제공할 때마다 인센티브를 챙겼다.

하지만 우버의 사기방지팀은 이런 사기를 알아차렸다. 샌프란시스코 우버 본사의 관제실 모니터들에는 중국 도시들의 복잡한 지도가 떠 있었고, 그 안에서 깜빡이며 움직이는 작은 신호들은 사기꾼 차량을 나타냈다. 사기꾼 차량 주변에는 가짜 '승객'을 나타내는 수많은 신호가 모여 있었다. 사기꾼 차량과 가짜 승객은 마치 우버의 인센티브를 먹고 날로 뚱뚱해지는 수십 마리의 디지털 지네처럼 컴퓨터 화면을 헤집고 다녔다.

심지어 어떤 사기꾼들은 수백 개의 슬롯(휴대전화의 심카드를 꽂을 수 있다)이 가득한 거대한 회로기판을 제작하기까지 했다. 이 회로기판에서 각각의 심카드는 새로운 계정을 만들기 위한 새로운 전화번호로서 기능한다. 그들은 이런 장비를 통해 더 많은 가짜 승객을 만들고, 더 많은 인센티브를 챙긴다. 그리고 심카드를 모두 사용하고 나면 다시 새로운 심카드로 교체해서 똑같은 과정을 반복한다. 사기꾼 수백 명, 혹은 수천 명이 하루에 수십 번씩 이런 활동을 반복할 경우, 우버는 심각한 타격을 입을 수밖에 없었다.

팜의 팀원들 모두 훌륭한 인재였지만, 그들이 할 수 있는 일은 다분히 제한적이었다. 뉴욕과 샌프란시스코 같은 도시에서는 성공을 거두고 있었지만, 중국 시장은 여전히 밑 빠진 독이었다. 캘러닉은 계속해서 물을 퍼붓는 수밖에 없었다. 팜의 팀이 해야 할 일은 어떻게든 물이 덜 새도록 막는 것이었다.

중국 시장의 문제는 사기만이 아니었다. 우버는 중국 시장과 한 가지 공통점을 가지고 있었다. 그것은 비열한 행동을 마다하지 않는다는 것이었다. 우버와 디디가 선두를 놓고 각축을 벌이는 동안 어디서도 비즈니스 윤리는 찾아보기 힘들었다.

디디는 우버의 P2P 서비스를 막기 위해 택시 업체에 돈을 줬다. 그리고 우버 운전자들에게 우버가 중국 시장에서 철수하기로 했으니 디디로 넘어와야 한다는 가짜 문자를 발송했다. 심지어 그들의 신입 직원을 우버에 엔지니어로 입사시키기까지 했다. 그렇게 우버에 잠입한 직원은 스파이로 활동하면서 보안 정보를 빼내거나 내부 시스템을 교란시켰다.

또한 디디에게는 강력한 동맹의 지원이 있었다. 미국 시장에서 구글이 우버를 지원했던 것처럼, 중국의 3대 IT 기업 중 하나인 텐센트가 디디의 주요 투자자였다.

텐센트는 때로 중국에서 가장 유명한 소셜네트워크이자 메시지 서비스 앱인 위챗WeChat에서 우버 계정을 차단했다. 이는 우버에 상당한 타격을 입혔다. 위챗은 중국에서 페이스북과 같은 사이트였기 때문에 여기서 우버 계정을 차단한다는 것은 중국의 소셜미디어 세상으로부터 우버를 격리시킨다는 의미였다. 더 나아가, 위챗의 '월렛wallet'(현금이나 신용카드 없이 제품과 서비스를 구매하게 해주는 전자 지불 서비스)에 대한 접근까지 차단한다는 뜻이었다.

처음에 우버는 모바일 페이가 중국 시장에서 얼마나 널리 쓰이는지 알지 못했다. 우버는 오직 신용카드만 받았다. 그러나 중국인들은 신용카드를 지불 수단으로 거의 사용하지 않았다. 우버가 위챗이나 알리페이Alipay와 같은 모바일 지불 서비스를 도입하기까지 꽤 오랜 시간이 걸렸다. 우버와 디디는 중국의 여러 모바일 결제 서비스를 놓고 경쟁을 벌였고, 그 과정에서 텐센트는 가장 중요한 서비스에 대한 접근권을 우버에게서 빼앗아버렸다.

중국 시장에서 또 하나의 문제는 기술적인 것이었다. 우버는 중국 시장에서도 구글맵을 기반으로 했다. 하지만 그것은 잘못된 선택으로 드러났다. 구글은 서구권 대부분을 대단히 정확하게 지도로 옮겨놓았던 반면, 중국은 여전히 사각지대로 남아 있었다. 그렇다 보니 구글 기반의 우버 내비게이션은 운전자를 종종 잘못된 방향으로 안내했고, 승객을 불안하고 짜증나게 했다.

우버는 중국 시장에서만 문제가 있는 것이 아니었다. 아시아 전역에서 우버는 택시 회사와 각국 정부는 물론, 막강한 자금력을 갖춘 인도의 올라Ola나 동남아시아의 그랩Grab과 같은 경쟁자와 싸워야 했다. 두 업체 역시 디디만큼이나 비열한 행동을 마다하지 않는, 차량 호출 서비스 기업이었다.

캘러닉은 24세의 직원 악샤이 BD를 방갈로르에 파견해서 인도 시장을 관리하게 했다. BD는 대단히 적극적인 인물이었다. 도로에서 택시를 쫓아가 우버 서비스에 가입시키기도 했다. 그는 캘러닉이 우버 총관리자에게 요구하는 열정을 갖추고 있었다. 뜨거운 열정은 세계 최대 시장 중 하나인 인도에서 수요를 촉진시키기 위한 핵심 자질이었다.

그러나 BD는 올라와 택시 업체의 역공에 맞설 준비가 되어 있지 않았다. 뭄바이에서는 택시 업체 사람들이 우버 사무실로 몰려와 협박하는 사건이 있었다. 방갈로르에서는 폭력 사태가 심심찮게 일어났다. BD는 퇴근할 때 곧바로 집으로 가지 않았다. 누군가 자신의 뒤를 밟고 있다고 생각했기 때문이었다. 인도 남부 하이데라바드에서는 우버 기사가 차량 대출금을 갚지 못해 자살하는 사건이 있었다. 2017년 초 이 사건으로 성난 기사들이(그중 일부는 택시 회사가 고용한 사람들이었다) 우버 사무실로 들이닥쳤다.[9] 그들은 36세의 운전자 M 콘다이아의 시신을 들고 와서 사무실 입구에 내려놓았다. 그들은 우버의 보수가 적절했다면 콘다이아는 죽지 않았을 것이라고 주장했다.

이런 사건은 주로 우버의 요금 인하 정책과 맞물려 일어났다. 캘러닉은 때로 여러 지역에서 동시다발적으로 우버 요금을 인하했다. 베이에어리어에서 시작된 가격 인하 정책은 전 세계 시장으로 확산되어 하루 벌어 하루 먹고사는 수백만 운전자의 생계를 위협했다. 수요를 늘리기 위한 캘러닉의 이런 시도는 종종 폭력 사태로 이어졌다.

우버의 거듭된 요금 인하 정책에 불만을 품은 인도 운전자가 우버 사무실로 들이닥치는 일이 있었다. 그는 몸에 휘발유를 끼얹고 라이터를 들이대면서 요금을 인상하지 않으면 분신하겠다고 위협했다. 결국 보안 요원이 그를 바닥에 눕히고 라이터를 빼앗으면서 사건은 끝이 났다. 하지만 자살 소동은 이후로도 계속되었다.

2014년 12월에는 우버 운전자가 연루된 최악의 범죄 사건이 벌어졌다. 금융 분야에 종사하는 26세 여성이 귀가하기 위해 뉴델리 외곽 구르가온으로 가는 우버 택시를 호출했다. 택시가 집에 도착했을 때(우버 택시에 타고 얼마 지나지 않아), 그녀는 뒷자리에서 잠들어 있었다. 우버 운전자 쉬브 쿠마르 야다브는 그녀가 잠든 것을 발견하고는 곧바로 차를 돌렸다.

야다브는 경찰과 우버 본사의 추적을 피하기 위해 자신의 휴대전화 전원을 껐다. 그리고 으슥한 장소에 차를 세워놓고는 뒷좌석으로 뛰어들어 강간했다. 그리고 경찰에 신고하면 죽이겠다고 협박까지 했다. 야다브는 그녀를 집으로 데려다줬고, 토요일 새벽 1시 25분 그녀는 경찰에 신고했다. 야다브가 차를 몰고 돌아갈 때 그녀는 다행히 차량번호판을 사진으로 찍어둘 수 있었다. 이튿날 경찰은 그를 체포했다.

그 이야기는 곧바로 입소문을 타고 퍼져나갔다. 인도와 해외 여론은 우버의 허술한 보안 정책을 비난했다. 언론의 환심을 사기 위한 캘러닉의 시도가 실패로 돌아가면서 새러 레이시와 여론의 뭇매를 맞은 지 불과 몇 주일 만에 인도에서 벌어진 강간 사건은 우버가 여성을 보호하지 않는, 위험한 서비스라는 비판에 불을 붙였다. 이에 언론의 공격까지 더해지면서, 우버에 대해 대중이 갖고 있던 부정적인 편견은 더욱 악화되었다.

인도의 여론은 훨씬 더 심각했다. 대중의 분노를 느낀 인도 정부는 사건에 대한 수사가 진행되는 동안 뉴델리 지역에서 모든 차량 호출 서비스를 중단할 것을 명령했다.[10] 방갈로르를 비롯하여 여러 지역의 우버 총관리자들은 끊임없이 이어지는 시위와 위협 때문에 사무실을 폐쇄하고 호텔에서 일해야 했다. 직원들 역시 택시 업체 사람들의 폭행을 피해 6주 동안 가족과 함께 호텔에 묵었다.

동남아시아 역시 쉽지 않은 곳이었다. 이 시장에서 우버는 가장 대표적인 차량 호출 서비스 업체인 그랩과 끈질긴 경쟁을 벌여야 했다. 그 과정에서 우버는 10억 달러를 퍼붓고도 시장의 절반 가까이를 내주어야 했다. 4년 후 동남아시아 지역에서 우버의 시장점유율은 25퍼센트까지 떨어졌다. 결국 우버는 27.5퍼센트의 지분을 받는 조건으로 동남아시아 사업부를 그랩에 매각했다.●

막대한 손실과 속임수 그리고 끊이지 않는 사건은 캘러닉에게 많은 영향을 미쳤다. 캘러닉은 이미 신경이 날카롭고 경쟁심이 강한 사람이었지만, 중국과 동남아 시장은 어린 시절의 콤플렉스를 건드렸다. 그 무렵부터 캘러닉은 자신이 위협에 휩싸여 있으며, 친구나 직원이 자신을 속이고 회사에 해를 끼치고 있다고 생각하기 시작했다. 이런 상황은 중국과의 전쟁이 끝난 뒤에 다른 비즈니스 영역으로까지 확장되었다. 캘러닉의 심리 상태는 점점 더 악화되었다.

● 이후 아시아 총관리자인 마이크 브라운Mike Brown이 자리에서 물러났다. 그 과정에서 그는 수천만 달러어치의 주식을 챙겼다.

우버 사람들은 해외에서 일어나고 있는 문제를 알고 있었지만, 그래도 우버가 잘못된 길로 들어서고 있다고는 생각하지 않았다. 캘러닉 역시 마찬가지였다.

그는 투자자나 이사회의 눈치를 보지 않고 언제든 백지수표를 쓸 수 있었다. 이에 힘입어 캘러닉은 우버의 성공을 과시할 사무실 리모델링 프로젝트에 돌입했다.

우버가 무인자동차 개발에 박차를 가하고 있던 피츠버그에서 캘러닉은 건축가와 산업 디자이너를 고용하여 사무 공간을 미래지향적으로 새롭게 단장했다. 캘러닉의 허영을 잘 드러낸 피츠버그 사무소에는 200명의 직원이 근무했다. 우버는 그 사무소에 무려 24종의 의자를 곳곳에 배치했다. 캘러닉이 다양한 종류의 의자를 좋아했기 때문이었다. 그 리모델링 작업에 들어간 비용은 총 4,000만 달러에 달했다. 거기서 일하는 직원이 200명임을 감안하면, 1인당 20만 달러가 들어간 셈이다. 해변에 위치한 산타모니카 사무소 역시 사치의 상징이었다. 캘러닉은 여기에도 수천만 달러를 썼다.

그러나 그중 최고는 샌프란시스코 사무소였다. 샌프란시스코 사무소는 다른 지역에 비해 빠른 성장세를 기록했다. 캘러닉은 마켓 스트리트 1455번지의 건물 여러 층을 임대해서 우버 스타일로 리모델링했다. 가령 콘크리트 바닥을 뚫어서 두 층을 연결하는 투명 유리 계단을 설치했다. 캘러닉은 수백만 달러를 들인 이 계단을 특히 좋아했다. 그는 검은색 화강암과 투명 유리로 단장한 회의실들에 '블레이드러너가 파리를 만나다'라는 이름을 붙였다. 거기서는 은색 맥북 앞에 몸을 웅크린 엔지니어를 언제든 볼 수 있었다.

우버 관리자들은 그 건물에서 가장 은밀한 장소인 '워룸War Room'에서 오랫동안 회의를 하고 전략을 짰다. 럭셔리 건축가와 가구 디자이너가 맞춤형으로 완성한 워룸은 유리 상자처럼 생긴 방으로, 업무 층 중간에 자리 잡고 있었다. 벽에 걸린 디지털시계들은 샌프란시스코, 뉴욕, 런던, 두바이, 싱가포르의 시각을 보여주었다. 마치 백악관 상황실 같았다.

회의 주제가 보안을 요하는 것일 때는 스위치를 누르면 투명 유리가 마치 성에가 낀 듯이 반투명으로 변했다. 이는 기업 비밀을 외부인에게, 혹은 조직의 다른 부서에 숨기기 위한 장치였다.

캘러닉의 리모델링은 점점 더 화려해졌고 돈 걱정은 절대 하지 않았다. 언제라도 돈을 끌어 모을 자신이 있었기 때문이었다.

16장

애플과의 갈등

*아이폰 사용자들은 그들이 모르는 사이 얼마나 많은
개인 정보가 우버에 흘러들어갔는지 알고 분노했다.*

캘러닉은 중국 시장에 엄청난 돈을 쏟아붓는 동시에 우버 엔지니어들에게 어떻게든 문제를 해결하라고 강하게 압박했다. 이는 우버에서 항상 되풀이되는 시나리오였다. 문제가 발생하고, 캘러닉이 해결을 지시한다. 그는 세부적인 해결 방법에 대해서는 신경 쓰지 않는다. 어떻게든 해결하기만 하면 된다.

캘러닉은 우버의 사기방지팀을 이끄는 CTO 팜에게 막강한 권한을 부여했다. 사기방지팀 엔지니어들은 영리하고 민첩하게, 때로는 즉흥적으로 문제를 해결해야 했다. 캘러닉은 사기방지팀을 조직 내부 정치로부터 보호하고, 팀원들 모두에게 자금과 지원을 아끼지 않겠다고 약속했다.

그 무렵 새로운 인물이 등장했다. 그는 쿠엔틴*이라는 서른 살의 프로덕트매니저로, MIT 대학원 시절에 수상 경력이 있으며 졸업 후에는 구글 검색 서비스팀에서 경력을 쌓았다. 동료들은 쿠엔틴을 똑똑하고, 상냥하고, 언제나 부드럽게 이야기하는(우버의 남성 엘리트 직원을 의미하는 '브로'와는 거리가 멀다.) 인물로 기억했다.

동료들의 증언에 따르면, 쿠엔틴은 모든 일에 신중했다. 그는 업무는 물론 인간관계에도 항상 조심스러웠다. 몸가짐도 그랬다. 대화를 나눌 때면 방어적인 자세를 취했다. 그리고 마치 평가라도 하듯 상대방을 오랫동안 주시했다. 이런 특성은 비즈니스의 위험과 안전성을 평가하는 그의 업무에 제격이었다.

2014년 초 우버는 500명 정도의 직원을 충원했다. 그리고 10월에는 비즈니스 규모를 3배로 확장하면서 충원도 계속 이어졌다. 쿠엔틴이 이끄는 사기방지팀의 규모도 150명 이상으로 늘어났다. 우버에서는 모두가 열심히 일했지만, 그중에서도 쿠엔틴의 팀이 으뜸이었다. 쿠엔틴은 동료와 함께 뉴욕에서 마약 거래를 감시하고, 중국에서 사기 범죄를 막고, 그밖에 다른 지역에서 비용 낭비 문제를 해결했다. 그는 조직에 대단히 중요한 존재였다.

쿠엔틴이 팀을 맡은 2014년 3월, 사기방지팀은 아주 힘든 상황에 처해 있었다. 2012년 애플이 출시한 새로운 버전의 iOS 모바일 소프트웨어가 문제였다. 이 소프트웨어는 모든 아이폰에 할당된 고유

● 익명성을 보호하기 위해 가명을 사용했다.

ID 넘버 IMEIinternational mobile equipment identity에 대한 외부 접근을 원천적으로 차단했다.

이는 팀 쿡이 이끄는 애플의 상징적인 움직임이었다. 라이벌인 구글, 페이스북, 아마존과 달리 애플은 소비자의 개인 정보 수집에 매달리지 않았다. 페이스북과 구글은 본질적으로 광고 기업이기 때문에 특정 광고를 특정 고객층에게 제공하기 위해 디지털 개인 정보를 수집해야 했다. 당시 우버가 사기를 적발하기 위해 활용했던 방법은 이런 실리콘밸리 대기업들이 흔히 사용하는 일반적인 디지털 감시 기술이었다.

그러나 이런 기술은 개인의 프라이버시와 관련해서 애플이 오랫동안 추구해온 원칙과 상반되는 것이었다. 스티브 잡스는 사용자의 프라이버시를 대단히 중요하게 여겼고, 그의 후계자 팀 쿡 역시 마찬가지였다. 쿡은 애플 사용자가 자신의 디지털 삶을 완벽하게 통제할 수 있어야 한다고 믿었다. 따라서 사용자가 자신의 아이폰에서 데이터를 삭제할 경우, 가족이나 기업 혹은 경찰까지도 추적할 수 없어야 했다. 즉 아이폰에서 데이터를 지우면 그 데이터는 영원히 사라져야 했다.

그러나 예기치 못한 애플의 iOS 소프트웨어 업데이트는 우버에는 대단히 나쁜 소식이었다. 중국 시장의 사기꾼들은 훔친 아이폰으로 가짜 계정을 만들어 우버 서비스에 가입했다. 우버 보안팀이 이를 적발해서 계정을 막을 경우, 사기꾼은 아이폰에서 데이터를 지우고 새로운 계정을 만들기만 하면 됐다. 그 작업은 몇 분밖에 걸리지 않고, 게다가 계속 반복할 수 있었다. 이런 수법에 대응하기 위해 우버는 수개월에 걸쳐 IMEI 넘버를 데이터베이스로 구축했다. 그리고 누군가 동일 기기로 새로운 계정을 계속 생성하면 이를 추적해서 해당 계정을 우버 네트워크에서 즉각 차단해버렸다. 하지만 2012년 업데이트 이후 우버는 IMEI 넘버에 대한 접근권을 잃어버렸고, 상황은 원점으로 되돌아갔다.

하지만 2014년 쿠엔틴의 팀은 이 문제를 우회할 길을 발견했다. 애플이 새로운 iOS 소프트웨어를 출시한 직후, 새로 생겨난 대여섯 군데의 업체들이 애플의 IMEI를 추적하는 기술을 개발했다고 주장했다. 쿠엔틴은 그중 몇 군데와 함께 테스트를 진행했고, 최종적으로 보스턴의 소규모 기업인 인오스InAuth, Inc.와 계약을 맺었다. 인오스는 우버 앱에 약간의 코드를 심는 방식으로 아이폰의 IMEI 넘버를 추적할 수 있게 했다. 이는 보안 업계에 '핑거프린팅fingerprinting'이라는 이름으로 알려진 기술이었다. 이 모든 일은 쿠엔틴이 우버에 합류한 지 몇 달 만에 벌어졌다.

이 방법은 효과가 있었다. 인오스의 기술을 활용하기 전, 우버는 중국을 비롯한 전 세계에서 사기로 인해 매주 수천만 달러의 비용을 낭비하고 있었다. 그러나 인오스의 기술을 적용한 이후 사기 건수는 크게 감소했다. 사기꾼이 우버의 핑거프린트 기술이 적용된 아이폰으로 새로운 계정을 만들려고 하면, 우버의 사기 방지 시스템이 작동해서 자동적으로 그 계정을 차단했다. 몇 년간의 고생 끝에 우버는 결국 사기에 맞설 대안을 찾아낸 것이다.

그런데 한 가지 문제가 있었다. 인오스의 기술이 사용자의 프라이버시와 관련하여 애플의 엄격한 규칙을 위반하고 있었다는 사실이다. 그래서 우버는 인오스와의 모든 작업을 비밀리에 진행해야 했다. 애플이 이 사실을 알아챌 경우, 우버와 인오스 모두 심각한 문제에 직면하게 될 것이었다. 자칫 우버 앱을 아이폰에서 사용하지 못하게 될 수도 있었다.

실리콘밸리의 모바일 소프트웨어 엔지니어들은 언젠가 한 번은 애플 스토어의 애매모호하고 복잡한 규칙에 맞서야 한다. 애플은 매년 모바일 소프트웨어를 업데이트했다. 그리고 업데이트에 따른 사소한 수정이 특정 스타트업의 비즈니스 플랜을 완전히 망쳐버릴 수 있었다. 다시 말해 애플을 기반으로 모바일 소프트웨어를 개발하려면 지속적인 불안과 혼란을 감수해야 했다. 엔지니어는 애플 스토어에 새로운 앱을 제출한 뒤, 마치 델포이 신전을 찾은 순례자처럼 답을 기다려야 했다. 때로 애플은 답변을 내놨다. 하지만 많은 경우에 아무런 답도 주지 않았다.

쿠엔틴은 애플의 프라이버시 규칙을 우회하기로 했다. 그가 생각하기에 우버에는 선택권이 없었다. 그들은 어떻게든 엄청난 규모의 사기 문제를 해결해야 했지만, 애플은 그들에게 다른 선택지를 주지 않았다. 우버와 인오스만 입을 다문다면 비밀은 절대 드러나지 않을 것이었다.

그러나 행운은 오래가지 않았다. 2014년 11월 중순 〈버즈피드〉는 악명 높은 저녁 만찬에 관해 폭로했다.[1] 그리고 대중의 관심은 기자에 대한 뒷조사를 언급했던 에밀 마이클에게 집중되었다.

이런 상황에서 우버의 뉴욕 총관리자인 조시 모러가 한 인터뷰에서 승객의 위치를 실시간으로 알려주는 시스템인 '헤븐Heaven'에 대해 언급하는 치명적인 실수를 저질렀다. 더 나아가 모러는 인터뷰를 위해 사무실을 찾은 기자의 동선도 추적했다며 자랑을 늘어놨다. 기자는 그의 말을 놓치지 않았다.

그 기사가 나가고 8일째 되던 날, 쿠엔틴은 또 한 번 깜짝 놀랐다. 잇달아 불거진 스캔들로 감시의 눈길이 우버에 쏠리는 가운데, 애리조나에서 활동하는 조 가이런Joe Giron이라는 젊은 해커가 우버의 안드로이드 앱을 해킹했다. 그리고 우버 앱이 설치 과정에서 실제로 요구하는 데이터 접근 허용 목록을 밝혀냈다.[2] 그 목록은 전화번호부, 카메라, 문자메시지, 와이파이 연결 등 대부분의 사용자가 예상했던 것보다 훨씬 길었다. 다른 앱이 그런 것들을 요구했다면 목적을 의심받았을 것이다. 차량 호출 서비스 앱이 왜 문자메시지나 카메라에 대한 접근 권한을 요구한단 말인가? 이는 사용자의 프라이버시에 대한 광범위한 침해였다. 우버는 기자들의 뒤를 캐려고 했을 뿐만 아니라 모든 사용자의 사생활을 알아내려고 했던 것이다.

조 가이런의 블로그 게시글은 널리 퍼져나갔다. 보안 관련 포럼을 비롯한 다양한 인터넷 게시판을 통해 공유되었고, 급기야 엔지니어와 실리콘밸리 엘리트들이 널리 쓰는 게시판인 '해커뉴스Hacker News'에까지 게재되었다.[3]

가이런은 우버 앱에 몰래 삽입된 인오스 코드 라이브러리까지 발견했다. 아이폰 ID 넘버를 확인하기 위해 인오스는 일반적인 앱보다 훨씬 많은 데이터, 그러니까 거의 모든 형태의 접근 권한을 요구했다. 인오스는 이런 데이터를 기반으로 개별 기기의 프로필을 작성하여 사용자의 IMEI 번호를 알아냈다. 그것은 실로 놀라운 기술이었고, 우버를 비롯한 많은 기업이 그 기술을 사용하기 위해 수백만 달러를 지불했다. 아이폰 사용자들은 자신도 모르는 사이에 얼마나 많은 개인 정보가 우버에 흘러들어갔는지 알고는 분노했다.

우버 본사의 사기방지팀은 기겁을 했다. 우버가 인오스와 계약을 했다는 사실도, 그리고 그들이 개발한 코드도 대중에 공개되어서는 안 되는 것이었다. 하지만 이제 모든 사실을 공식적으로 인정해야 할 것인가? 애플이 문제를 제기하면 어떻게 될 것인가? 우버는 최근에 최신 iOS 앱을 애플에 제출한 상태였다. 이런 상황에서 우버가 애플의 규칙을 위반했다는 사실이 드러나면, 어떻게 해명해야 할 것인가?

한동안은 잠잠했다. 그러나 몇 주 후 애플에서 답변이 왔다. 앱스토어가 우버의 최신 소프트웨어 업데이트를 거절한 것이다. 쿠엔틴의 팀은 절망했다.

✶

앱스토어의 총괄 책임자인 에디 큐Eddy Cue는 스타트업 세상에서 최고의 경우와 최악의 경우를 모두 봤다.

에디 큐는 애플 CEO인 팀 쿡에게만 보고하게 되어 있었다. 큐는 실리콘밸리에서 새롭게 떠오르는 스타트업을 가장 먼저 확인할 수 있는 자리에 있었다. 앱스토어 책임자로서 큐는 매일 그래프를 보며 새롭게 인기를 끄는 앱을 실시간으로 확인했다. 그리고 그런 앱을 발견할 경우, 큐는 그것을 개발한 스타트업 창업자를 직접 만났다. 2014년 애플의 인터넷 소프트웨어와 서비스 비즈니스를 담당하던 50세의 수석 부사장 큐는 1년 전부터 캘러닉에 대해 익히 알고 있었다. 쿡과 큐는 우버의 잠재력을 일찍이 간파했다. 또한 우버가 아이폰을 활용하는 방식을 대단히 마음에 들어 했다. 우버가 구글 벤처스와 TPG캐피털로부터 수백만 달러를 투자받은 후, 두 사람은 캘러닉을 만났다.

첫 번째 만남에서 쿡과 큐는 캘러닉의 열정과 재능에 강한 인상을 받았지만 별다른 흥미는 느끼지 못했다. 캘러닉과 에밀 마이클이 우버의 비전에 대해 장황하게 이야기를 늘어놓을 때, 큐는 그들의 오만함에 충격을 받았다. 캘러닉은 언론의 부정적인 평가와 규제 기관의 위협에 대해 크게 개의치 않는 모습이었다.

캘러닉은 두 사람에게 이렇게 말했다. "저는 제가 무슨 일을 하는지 잘 알고 있습니다. 차량 호출 시장에 뛰어든 사람들 중에는 자신이 무슨 일을 하는지 아는 이가 없습니다. 하지만 우리는 다릅니다." 두 사람이 컴퓨팅 산업의 맨 꼭대기에서 일해온 기간을 합치면 50년이 넘는데 말이다.

회의를 하는 동안 큐는 캘러닉에게서 겸손한 면모를 볼 수 있지 않을까 하는 기대로 몇 가지 질문을 했다. 큐는 큰 소리로 이렇게 물었다. "구글이 왜 투자를 했을까요?" 그러고는 이렇게 지적했다. "제가 보기엔 닭장에 여우를 집어넣은 것 같군요. 그들은 오랫동안 주도권을 놓지 않을 겁니다. 우버도 언젠가는 구글의 로드맵 안에 갇히게 될 거라는 생각이 드는군요."

쿡도 고개를 끄덕였다. 그리고 우버 이사회가 위협받을 수 있다면서 이렇게 물었다. "드러몬드가 이사회 멤버라는 사실이 신경 쓰이지 않습니까?" 그것은 캘러닉이 구글 최고법률책임자이자 수석 부사장인 데이비드 드러몬드에게 이사회 자리를 내어준 것에 대한 지적이었다. 쿡과 큐는 드러몬드를 구글 CEO인 래리 페이지의 대리인 정도로 보고 있었다.

캘러닉은 손사래를 치며 말했다. "이사회는 상관없어요. 그들 모두 제가 직접 선택한 사람들입니다. 그들은 제 말대로, 그리고 제가 정한 방식대로 움직입니다. 저는 제가 원하는 대로 모든 것을 할 수 있습니다."

큐는 깜짝 놀랐다. 창업자들은 적어도 공식적으로는 겸손함을 보인다. 하지만 캘러닉은 전혀 그렇지 않았다.

쿡과 큐는 첫 번째 회의 이후에도 우버와 정기적으로 연락을 주고받았다. 아이폰의 가치는 결국 소비자가 사용하고 싶어 하는 앱에 달려 있었다. 그렇기 때문에 애플은 항상 인기 있는 앱에 주목했고, 두 사람은 3~6개월마다 창업자들을 만나곤 했다. 덕분에 캘러닉과 마이클은 태양이 작열하는 쿠퍼티노 교외에 위치한 애플 본사로 종종 장거리 우버 여행을 해야만 했다.

하지만 우버는 애플이 생각하는 완벽한 파트너는 아니었다. 애플의 앱스토어를 관리하던 직원들은 우버의 움직임에 자주 놀라곤 했다.

대부분의 문제는 우버의 소프트웨어 업데이트에서 비롯되었다. 앱스토어에 참여한 기업은 소프트웨어를 업데이트할 때마다, 새로운 '빌드build', 즉 앱의 새로운 소프트웨어 버전을 미리 제출해서 앱스토어의 승인을 받아야 했다. 그런데 우버가 승인을 요청할 때면 애플 엔지니어들은 종종 애를 먹었다. 그들이 소프트웨어 안에 몰래 백도어backdoor(정상적인 인증 과정을 거치지 않고서도 프로그램이나 시스템에 접근할 수 있도록 설계자가 고의로 남겨둔 보안상의 허점—옮긴이)를 설치해놓는 경우가 많았기 때문이었다. 예를 들어 우버 앱은 승객용에서 기사용으로 쉽게 전환될 수 있었다. 이는 사용자의 '수고'를 덜어주는 편리한 기능이기는 하지만, 애플의 규칙에 대한 사소하고도 중대한 위반에 해당되는 것이었다. 이런 부정행위를 적발했을 경우, 애플은 해당 업체에 가벼운 경고를 보냈다. 우버도 경고를 받고, 승객용 앱과 기사용 앱을 따로 개발해야 했다.

업데이트를 통해 우버 앱에 수정 사항이 누적되자, 큐의 직원들은 우버의 소프트웨어를 철저하게 분석해보려고 했다.

하지만 큐는 일단 우버 엔지니어의 말을 믿어보기로 했다. 애플이 제시한 규칙이 항상 명료한 것은 아니었으며, 또한 우버는 아이폰 사용자들 사이에서 대단히 인기 있는 앱이었다. 앱스토어 관리자들은 스토어에 등록된 앱들 속에서 다양한 형태의 계략과 속임수를 발견했고, 일부는 그 정도가 대단히 심각한 수준이었다. 애플로서는 우버의 계속된 계략을 밝혀내는 것이 힘들지만 중요한 일이었다.

그러던 2014년 말, 상황이 크게 나빠졌다. 애플의 앱스토어 관리자들이 '해커뉴스'에 올라온 게시글을 본 것이다. 그 글은 데이터를 빨아들이는 괴물인 우버의 안드로이드 앱을 철저히 해부하고 있었다. 그런데 분명 우버의 iOS 앱도 그렇게 운영되고 있었다. 애플 측은 우버의 iOS 앱에 '핑거프린팅' 기술이 적용되면 안 된다고 생각했다. 한편 휴가 시즌이 다가오면서 많은 엔지니어가 서둘러 애플측에 앱에 대한 승인을 신청했지만, 애플은 핑거프린팅 기술이 적용된 우버의 새로운 iOS 앱에 대한 승인을 거부했다.

애플이 번번이 승인을 거부하자 우버 본사의 엔지니어들은 마음이 급해졌다. 언제나 그러하듯 애플은 승인을 거절한 이유에 대해서 특별한 설명을 내놓지 않았다. 우버 사람들은 인오스 코드 때문일 것이라고 짐작했지만 애플에 직접 물어볼 수는 없었다. 혹시라도 애플이 그것을 발견하지 못했을 수도 있었기 때문이었다.

문제 해결을 위해 우버의 사기방지팀과 모바일팀 직원들이 오랫동안 브레인스토밍 시간을 가졌다. 회의가 끝나갈 무렵 한 모바일엔지니어가 자리에서 일어났다. 전직 애플 직원인 그는 우버가 어떻게 이 문제를 해결할 수 있을지 방법을 알고 있다는 표정으로 이렇게 말했다. "제게 아이디어가 있습니다. 문제를 해결할 수 있어요."

우버 엔지니어들은 새로운 빌드를 제출할 때 종종 애플의 규칙을 위반했다. 사실 그것은 앱스토어에 빌드를 제출하는 개발자 모두가 안고 있는 부담이었다.

하지만 이번에 나온 새로운 아이디어는 트로이 목마만큼 대담한 것이었다. 전직 애플 직원이 내놓은 아이디어는 '지오펜싱geofencing'이라는 기술로 애플을 속이는 것이었다. 지오펜싱은 휴대전화의 GPS와 IP 주소를 기반으로 사용자의 위치 반경을 파악하는 기술이었다. 지오펜싱 기술을 적용할 경우, 사용자가 특정 반경 안으로 들어가면 앱이 특정한 방식으로 작동하게 된다. 즉 베이에어리어나 애플의 쿠퍼티노 본사 인근에서 그 앱을 사용하게 되면 핑거프린팅 기술에 필요한 개인 정보를 요구하는 인오스의 '라이브러리'가 작동을 멈추게 된다.

우버 엔지니어들은 애플 앱스토어의 코드 검토 작업이 모두 쿠퍼티노와 샌프란시스코 베이에어리어 안에서 이뤄진다고 생각했다. 그러나 그들의 생각과 달리 캘리포니아 외부에서 코드를 검토한 애플 엔지니어가 결국 인오스 라이브러리의 존재를 확인하고야 말았다. 우버의 속임수가 드러나버린 것이다.

큐는 분노했다. 그건 단지 애플의 규칙을 우회하는 수준이 아니었다. 애플 관리자에게 속임수를 써서 앱의 작동 방식을 의도적으로 숨기려던 심각한 범죄행위였다. 우버는 적극적으로 애플을 속이고 있었던 것이다. 그것도 정교하고 치밀한 방식으로.

큐는 끓어오르는 화를 누르며 의자에 등을 기댔다. 그러고는 아이폰을 집어 들어 전화를 걸었다.

캘러닉이 받았다. 그의 목소리는 밝았다. 캘러닉은 언제나 큐와 좋은 관계를 유지하기 위해 노력했다.

그러나 큐의 상황은 그렇지 못했다. "이야기를 좀 해야겠어요. 심각한 문제가 있군요." 큐는 우버가 저지른 일에 대해 구체적으로 설명했고, 그것 때문에 몹시 화가 났다는 사실을 분명히 밝혔다.

큐는 말했다. "여기 와서 해결해요. 직원들에게 준비를 해두라고 하겠습니다. 그럼 이만." 그는 곧바로 전화를 끊었다. 캘러닉이 인사할 겨를도 없었다.

캘러닉은 당황했다. 애플이 중대한 결정을 내릴 것이라는 걱정이 들었다.

그는 즉각 회의를 소집해서 쿠엔틴과 몇몇 팀원들을 본사의 회의실로 불러들였다. 캘러닉은 문을 닫고서 질문을 퍼부었다. 요약하자면 이런 것이었다. "대체 무슨 일이 벌어진 겁니까?"

쿠엔틴과 팀원들은 상황이 어떻게 돌아가고 있는지 깨달았다. 쿠엔틴은 아이디어를 냈던 엔지니어(겁을 먹어서 넋이 나간)를 데리고 들어와서 애플을 속이기 위해 사용했던 기술을 캘러닉에게 설명하게 했다.

언제나 그렇듯 캘러닉은 회의실을 서성거리며 돌아다녔고, 회의실 분위기는 싸늘하게 가라앉았다. 캘러닉을 옹호하자면, 어쨌든 그는 그 엔지니어에게 애플을 속이라고 지시하지는 않았다. 사기방지팀 변호사들이 법적 사안과 관련해서 직원들에게 올바른 조언을 주고 있으리라 기대하고 있었다. 그럼에도 결국 애플을 속인 직원도 캘러닉의 직원이었다.

캘러닉은 자신의 직원들에게 일관된 메시지를 전했다. "우리는 무조건 이겨야 한다. 수단과 방법을 가리지 마라. 필요하다면 무슨 일이든 하라." 우버의 모든 구성원은 그 메시지야말로 우버의 핵심이라고 생각했다. 어떤 대가를 치르더라도 반드시 승리할 것.

사기방지팀은 상황에 대한 해명과 에디 큐에 대한 사과를 준비했다.

✳

애플은 실리콘밸리에서 가장 은밀하고 불투명한 기업으로 손꼽히지만, 애플의 쿠퍼티노 캠퍼스만큼은 개방적이고 투명했다. 1 인피니트 루프1 Infinite Loop(애플 본사의 주소)에는 잘 관리된 잔디가 푸르게 펼쳐져 있고, 그 위로 새하얀 건물이 우뚝 솟아 있다. 그 건물로 들어선 우버 사람들은 은밀한 회의실로 안내되었다. 그들은 이번 회의를 위해 프레젠테이션을 치밀하게 준비했다.

큐가 회의실로 들어서고 그 뒤로 몇 명의 애플스토어 관리자들이 따라 들어왔다. 큐 옆에는 애플 마케팅 수석 부사장인 필 쉴러Phil Schiller가 앉았다. 쉴러는 1997년부터 잡스 밑에서 일했다. 잡스가 있었던 1998년에 쉴러는 밝은 오렌지, 라임 그린, 푸른 터키옥색 등 다양한 색상과 달걀 모양의 독특한 디자인으로 새롭게 무장한 아이맥을 마케팅했다. 또한 아이팟도 프로모션함으로써 애플의 기록 갱신에 기여했다. 모두 50대 초반인 큐와 쉴러의 순 자산을 합하면 수억 달러에 달했다.

큐는 회의를 시작하면서 캘러닉을 강하게 몰아붙였다. "무슨 일이 있었던 건지 정확하게 설명해주길 바랍니다. 우리가 어떻게 해서 여기 이 자리에 모이게 되었는지 말이죠."

캘러닉은 말을 더듬으며 이야기를 시작했다. 그는 애플 스토어에서 일어난 방대한 사기 사건에 대해 설명하면서 사기꾼들이 이용한 교묘한 기술, 그리고 애플의 iOS 업데이트에서 비롯된 어려움에 대해 이야기했다. 에밀 마이클 역시 큐와 애플의 분노를 누그러뜨리기 위해 노력했다.

그 회의에서 캘러닉은 줄곧 후회와 유감을 표했다. 물론 정부와 시 당국을 탓할 수도 있었다. 하지만 여느 때와 달리 캘러닉은 겸손한 자세를 유지했다. 그건 대단히 드문 일이었다. 그는 적어도 애플 본사의 임원들 앞에서만큼은 존경심을 보였다.

오랫동안 이어진 긴장된 회의를 마무리하면서 큐는 캘러닉에게 이렇게 말했다. "당신의 확답을 듣고 싶군요. 다시는 이런 일이 벌어지지 않게 하겠다는 약속을 원합니다. 그러지 않으면 끝입니다."

그것은 앞으로의 비즈니스 관계를 위한 요구였다. 큐는 이 문제를 상사인 팀 쿡에게 보고했고, 두 사람 모두 이번 사건을 심각한 규칙 위반으로 여겼다. 아무리 큰 성공을 거둔 앱이나 기업일지라도 애플을 속이면서 비즈니스를 계속할 수는 없었다. 쿡이 보기에 프라이버시 침범이야말로 가장 심각한 범죄였다. 실제로 쿡은 샌버나디노의 살인자들(2015년 캘리포니아주 샌버나디노에서 이슬람 극단주의자가 총기 난사 사건을 일으켰다—옮긴이)의 스마트폰을 잠금 해제해달라는 FBI 요청에 정면으로 맞서기까지 했다. 그리고 프라이버시를 엄격하게 보호하지 않는 페이스북을 공식 석상에서 비난하기도 했다. 그는 이번 의사결정에서 큐의 판단을 전적으로 지원했다. 만약 우버가 약속을 하지 않았다면, 쿡과 큐는 정말로 우버를 앱스토어 시장에서 내쫓았을 것이다.

캘러닉은 쿡과 큐가 이번 문제를 대단히 심각하게 여긴다는 사실을 잘 알았다. 이번 사건이 대중에 공개된다면 커다란 스캔들로 번질 것이었다. 게다가 캘러닉은 앱스토어 퇴출이 우버에 무엇을 의미하는지도 잘 알았다. 그의 스타트업이 이제 수백억 달러 가치로 성장했다고는 해도, 애플의 앱스토어는 그들의 비즈니스에서 큰 비중을 차지하고 있었다. 전 세계 아이폰 시장에서 쫓겨난다면 우버는 살아남지 못할 것이었다. 결국 캘러닉은 애플 경영진에게 이런 일이 두 번 다시 일어나지 않도록 하겠다고 약속했다.

큐는 캘러닉의 약속을 받아들였다. 그러나 우버는 당분간 애플의 관찰 대상으로 남아 있을 것이었다. 캘러닉이 회의실을 떠나기 전, 그들은 몇 가지 조건에 대해 추가적인 합의를 했다. 그것은 우버 엔지니어가 새로운 소프트웨어 빌드를 애플 스토어에 등록할 때마다 제출해야 할 관련 서류에 관한 내용이었다.

캘러닉의 팀이 똑같은 잘못을 반복한다면 우버는 영원히 퇴출될 것이었다.

✖

그로부터 몇 주 후, 캘러닉은 정기 회의에 참석하기 위해 다시 애플 본사를 찾았다. 큐를 비롯한 앱스토어 관리자들과 함께했던 첫 번째 회의는 그에게 무척 힘든 시간이었다. 하지만 캘러닉이 정말로 걱정했던 것은 두 번째 회의였다.

캘러닉은 마음을 다잡았다. 이번에 애플을 방문했을 때 그는 아끼는 나이키 신발을 신었다. 그가 신은 다윈 신발은 목이 긴 빨간색 운동화로, 끈도 빨간색이고 외피는 매쉬 재질이었다.● 거기에 핫핑크와 파란색 줄무늬 양말이 도드라져 보였다. 겉으로 보기에 캘러닉은 쾌활한 모습이었다.

그러나 그는 잔뜩 긴장했다. 애플과 우버 간에 중대한 사건이 벌어진 이후 쿡을 개인적으로 만나는 것은 처음이었다. 이번에 쿡이 어떤 반응을 보일지 그로서는 짐작할 수 없었다.

회의가 시작되자 쿡은 남부 지방 특유의 차분한 말투로 안건을 제시했다. 그는 문제가 아직 끝나지 않았다는 점을 분명히 밝혔다. 캘러닉은 마음이 진정되지 않았다. 그는 그 어느 때보다 공손하게

● 캘러닉은 다윈 운동화를 신고 우버 본사 건물을 걸을 때 발에 느껴지는 감촉을 좋아했다. 대부분의 공식 행사에서 그는 그 신발을 신었고, 2016년에 〈배니티페어〉 편집자 그레이든 카터Graydon Carter와 인터뷰를 나눌 때에도 마찬가지였다.

잘못을 인정했고, 다시는 이런 일이 일어나지 않게 하겠다고 쿡을 안심시켰다.

쿡은 고개를 끄덕여 보였다. 긴장된 순간이 지나갔고, 회의실에 모인 사람들은 이제 나머지 사안에 대해 이야기를 나누기 시작했다. 하지만 쿡은 여전히 마음속으로 모래 위에 선을 그어두고 있었다. 한 번만 더 자신을 속이려 든다면, 우버를 애플 플랫폼에서 영원히 없애겠다고.

캘러닉은 애플 캠퍼스를 떠나 우버로 향했다. 그리고 친구를 만나 그날 오후에 있었던 일을 들려줬다. 그는 너무 긴장을 했다고 털어놓았다. 하지만 그것도 순간이었다. 애플과의 만남은 캘러닉의 아드레날린을 솟구치게 했다. 그는 잔뜩 화가 난 팀 쿡(그의 말로는 "빌어먹을 팀 쿡!")을 잘 버텨냈고, 우버는 퇴출 위기를 면했다.

우버는 결국 살아남았다. 그 친구는 캘러닉의 표정에서 두려움이 서서히 녹아 사라지면서 새로운 자신감 내지는 자만심이 떠오르는 것을 느낄 수 있었다. 우버가 애플을 대적해 살아 남았다면 이 세상 누구와도 맞설 수 있다는 뜻이었다.

17장

최고의 방어는 공격

*설리번은 CIA나 NSA 전직 요원으로 구성된
보안 엔지니어팀을 요구했다.*

애플과의 갈등은 우버로서는 대단히 중대한 문제였다. 하지만 캘
러닉에게는 이보다 더 급박한 과제가 있었다. 바로 보안 문제였다.
CTO 투안 팜은 이를 해결하기 위해 조 설리번Joe Sullivan을 영입했
다. 설리번이 확인한 우버의 보안 상황은 악몽 그 자체였다.

페이스북 최고보안책임자로 일한 설리번은 혼란한 상황에 익숙
했다. 페이스북에서 근무하던 6년 동안 그는 언제나 그런 상태로
살았다. 거기서 그는 개인 정보 도용, 마약 및 총기 거래, 아동 음란
물 유포로부터 사용자를 보호하는 일을 맡았다. 마크 저커버그가
인터넷 세상의 새로운 강자를 포섭하는 일에 주력하는 동안, 설리
번은 디지털 도둑을 쫓아다녔다. 가령 여성의 휴대전화에서 누드

사진을 훔친 뒤 협박 메일을 보내는 남성을 추적하는 식이었다.

우버의 CTO로부터 도움을 요청하는 이메일을 받았을 때, 설리번은 흥미를 느꼈다. 예전에 우버에 관한 기사를 읽은 적이 있었다. 궁지에 몰린 유니콘에 관한 기사는 그냥 건너뛸 수 없는 흥미진진한 이야기였다. 그 이야기 속의 우버는 완전히 엉망진창이었다. 그들은 승객을 추적하고, 기자의 뒤를 캐고, 사용자 데이터를 마구 빨아들이는 그런 기업이었다. 적어도 기사 속 우버의 모습은 그랬다.

승객을 추적하는 것은 심각한 프라이버시 침해였다. 하지만 캘러닉은 그것을 자랑할 만한 특별한 기술이라고 생각했었다. 2011년 우버가 시카고에서 서비스를 론칭했을 때, 그들은 엘리시안 호텔에서 파티를 열고는 지역의 유명 인사를 초대했다. 거기서 캘러닉은 '헤븐'이라는 기술을 선보였다. 커다란 스크린에 지도를 띄우고 수백 명의 우버 승객이 움직이는 장면을 실시간으로 보여준 것이다. 당시 캘러닉과 그의 파트너 라이언 그레이브스는 흐뭇한 미소를 지었다. 하지만 손님들은 깜짝 놀랐다.

다음으로 캘러닉은 '헬Hell' 기술에 관해 이야기를 시작했다.[1] 헬은 우버에서 가장 은밀하고 중요한 내부 프로그램을 지칭하는 별명이었다. 그것은 우버와 리프트에서 동시에 일하는 운전자의 위치를 추적하는 기술이었다. 이를 위해 먼저 가짜 리프트 계정을 만들어 인근 차량의 위치를 추적했다(하나의 계정에 최대 여덟 대까지). 그리고 이들 차량에 관한 정보를 수집해서 데이터베이스로 관리하며 리프트 운전자의 위치를 실시간으로 추적했다. 실제로 많은 리프트 운전자가 동시에 우버에서도 일을 했기 때문에, 우버는 리프트가 운전자에게 지급하는 급여 수준을 파악할 수 있었고, 항상 그것보다 높은 보수를 제시했다. 이런 방식으로 그들은 운전자가 리프트보다 우버를 선택하도록 유도했다. 그러나 설리번이 보기에 '헬'은 윤리적으로 심각한 문제가 있는 기술이었다. 만약 들통난다면 여론의 거센 폭풍을 맞을 위험이 있었다.

그러나 '헤븐'과 '헬'은 시작에 불과했다. 두 프로그램 모두 '경쟁정보competitive intelligence'(기업의 감시 활동을 그럴듯하게 일컫는 말로, 줄여서 'COIN'이라고 불렀다)라고 하는 프로젝트의 일부였다.[2] 실리콘밸리의 모든 기업이 다양한 방식으로 COIN을 운영하고 있었다. 가장 일반적인 방식은 웹사이트와 앱처럼 공식적으로 접근이 가능한 데이터 창고에서 경쟁자 정보를 '긁어모으는(스크래핑scraping)' 것이었다. '스크래핑'은 작성된 프로그램과 암호화된 스크립트를 기반으로 자동적으로 정보를 수집하는 기술을 의미한다. 우버는 리프트 앱을 통해 요금에 관한 데이터를 긁어모아, 이를 기반으로 경쟁에서 앞설 수 있었다.

또한 우버는 슬라이스인텔리전스Slice Intelligence와 같은 업체로부터 거래 관련 데이터를 사들였다. 이런 데이터 중개 업체들은 신용카드 회사나 유통 업체로부터 익명화된 다양한 구매 데이터를 사들여서 분석하고 분야별로 분류해서 다른 기업에 되팔았다. 예를 들어 우버는 리프트의 거래 영수증으로부터 지속적으로 데이터를 수집함으로써 경쟁사의 요금 체계를 파악할 수 있었다. 그리고 그들이 직접 긁어모은 지역이나 급여 관련 데이터에 이런 요금 관련 데이터를 조합함으로써 리프트의 비즈니스에 대해 놀랍도록 완전한 그림을 얻을 수 있었다. 물론 설리번은 그것도 바람직한 방법이라고 생각하지 않았다. 하지만 효과는 있었다.

다음으로 안전 문제가 남아 있었다. 인도에서 일어난 성폭행 사건은 빙산의 일각에 불과했다. 우버는 이와 같은 사건을 매년 수천 건 처리했지만 외부에는 거의 알려지지 않았다. 그리고 성폭력 사건이 차지하는 비중이 점차 증가하고 있었다. 우버의 비즈니스가 확장되면서 서비스 규모는 수백만 건을 넘어 수십억 건으로 늘어났다. 그리고 그에 따라 폭력과 성범죄 사건도 증가했다. 그럼에도 우버는 택시 회사에 들어가기 힘든 사람도 우버에 쉽게 합류할 수 있도록 운전자 기준을 완화했다. 이후 사건 사고가 크게 증가하자, 우버는 성추행과 성폭행을 스물한 가지 범주로 나누어 매년 유형별로 분류했다.

수백 명에 달하는 우버 운전자가 성범죄로 고소당했다는 사실이 알려진다면, 여론은 크게 나빠질 것이었다. 일부 우버 직원은, 성폭력 범죄와 관련하여 우버나 우버 운전자를 대상으로 소송이 제기되어도 우선은 '무죄추정의 원칙'을 적용해야 한다고 주장했다. 캘러닉 또한 보안팀과 법률팀 직원들에게 그런 말을 종종 했다. 물론 법률적인 차원에서는 맞는 말이었다. 게다가 실제로 무고와 사기인 경우도 있었다. 하지만 캘러닉은 피해를 입은 승객이나 고소를 당한 운전자보다 우버가 더 많은 고통을 겪고 있다고 믿었다. 실제로 많은 사람들이 우버를 공격했고, 우버의 실패를 원했다. 캘러닉은 스스로 최대 피해자라고 생각했다. 캘러닉은 언제나 '무죄추정의 원칙'을 직원들에게 상기시켰다. 성폭력 희생자가 고소를 취하하거나 경찰이 확보한 증거가 불충분하다는 소식이 들려올 때마다 우버 본사 5층에서는 함성 소리가 들렸다.

보안과 안전 이외에도 우버에는 또 하나의 중대한 문제가 있었다. 설리번은 그 문제를 전해 들었을 때, 자신의 귀를 믿을 수 없었다. 우버 임원들의 설명에 따르면, 2014년 초 우버는 거대한 규모의 해킹 피해를 입었다. 그리고 이로 인해 5만 명이 넘는 우버 운전자의 이름과 운전면허증 번호가 유출되었다.[3] 하지만 우버는 그 사건을 비밀에 부쳤다. 혹은 공개하려고 했더라도 캘러닉은 어떻게 해야 좋을지 방법을 알지 못했을 것이다. 그는 해결책을 알지 못했고, 방법을 찾기 위해 노력하지도 않았다. 물론 여론의 공세는 원치 않았다. 그럼에도 그는 이 문제를 해결하는 것이 결국 법률팀과 보안팀의 몫이라고 생각했다. 반면 설리번은 그 문제의 심각성을 분명하게 인식했다. 캘리포니아 법률에 따르면 우버는 그 사건을 당국에 보고했어야만 했다.

해킹은 5월에 있었고, 우버는 9월에 그 사실을 알았다. 그리고 12월에 조 설리번은 우버에 합류하기 위해 조건을 협상하고 있었다. 당시 우버 측은 그 사건에 대해 설리번에게 한마디도 하지 않았다.

스카우트 과정에서 캘러닉은 설리번에게 우버의 보안 정책에 관한 그의 비전을 주제로 경영진 앞에서 프레젠테이션을 하도록 했다. 설리번은 보안을 우버의 마케팅 전략으로 만들겠다고 했다. 그가 생각하기에, 우버가 택시보다 안전하다는 인식을 사용자에게 심어줄 필요가 있었다. 그는 이렇게 말했다. "보안은 이제 기본적인 시스템이 아니라 브랜드를 차별화하는 무기가 되어야 합니다."

설리번은 자신에게 주어진 기회에 대해 생각했다. 우버는 자신에게 최고보안책임자로서 그들의 허술한 보안팀을 이끌어줄 것을 요청했다. 30명 정도로 이뤄진 보안팀 직원들은 여러 부서에 흩어져서 일하고 있었다. 전 세계로 확장해나가는 우버 조직을 위해서, 설리번은 무엇보다 보안팀 규모를 확충해야 한다고 믿었다. 또한 스스로 CEO에게 직접 보고할 수 있어야 했다. 우버는 설리번의 요청을 모두 받아들였다.

설리번이 우버를 필요로 하는 것보다 우버가 더 많이 그를 필요로 했다. 설리번은 도전할 준비가 되어 있었다. 결국 그는 우버의 요청과 캘러닉의 호의를 받아들이기로 했다.

✖

설리번은 원래 기술 분야 출신이 아니었다. 일곱 형제 중 장남인 그는 로스쿨에 진학하면서 조각가이자 화가인 아버지와 교사이자 작가인 어머니와는 다른 삶을 선택했다.[4] IT 세상의 젊은 창업자들이 큰 꿈을 안고 소프트웨어 개발에 몰두하는 동안, 설리번은 연방 검사로 20대를 보냈다. 거기서 그는 인간이 보여줄 수 있는 최악의 모습을 봤다. 나중에 트럼프 대통령에 대한 수사를 맡았던 전쟁 영웅 로버트 뮬러Robert S. Mueller FBI 국장은 설리번이 컴퓨터 해킹과 사이버상의 지적재산권 침해를 담당하는 부서에서 일하게 했다. 이 부서는 샌프란시스코 북부 검찰청에서 강력한 영향력을 행사했다. 설리번은 마이애미 대학에서 사이버 관련 법률로 박사 학위를 받았고, 경제 호황이 한창이던 1990년대 말에는 기업 보안과 산업 스파이 관련 사건을 집중 조사했다. 그는 거품이 터진 2000년에 자신의 이름을 널리 알렸다.

키 185센티미터의 설리번은 언제나 약간 구부정한 자세에 손은 주머니에 넣고 있었다. 짙은 갈색 눈썹과 단정하게 빗은 갈색 머리카락은 친근한 인상을 줬다. 검사 생활을 마친 후에는 민간 기업으로 자리를 옮겼고, 결국 IT 세상에 발을 딛게 되었다. 높은 광대와 넓은 이마, 그리고 살짝 벌어진 눈은 골치 아픈 보안 문제에 직면해서도 평온한 인상을 줬다.

설리번의 말은 언제나 빠르고 분석적이었다. 그의 냉철한 표정은 검사 시절에 단련된 것이었다. 눈썹을 치켜세우거나, 혹은 검사 시절을 회상하며 미소를 짓는 것 외에는 표정에서 감정이 잘 드러나지 않았다. 농담을 들어도 마치 혼자 간직해야 할 이야기를 들은 것처럼 절대 큰 소리로 웃는 법이 없었다.

그는 카리스마 넘치는 검사라기보다 사람들에게 호감을 주는 스타일이었다. 외골수까지는 아니었지만 항상 열심히 일했고, 언제나 나쁜 사람들을 쫓았다. 설리번을 아는 사람들 모두 그가 모든 면에서 믿음직한 사람이라고 평가했다.

검사 시절 수많은 사이버 범죄 사건을 수사했던 설리번은 이후 민간 기업에 들어가고자 했다. 그리고 2002년 이베이에 입사했다. 당시 이베이는 전도 유망한 IT 분야의 핵심 기업이었다. 매일 수많은 구매자와 판매자가 이베이 사이트에서 수백만 건의 거래를 했다.

동시에 이베이는 사기의 천국이었다. 설리번은 이베이의 수석상무로서 그들의 비즈니스 플랫폼을 악용해 순진한 구매자에게서 돈을 갈취하는 사기꾼을 추적했다. 처음으로 온라인 거래 사이트를 접한 사람들은 있지도 않은 물건을 팔겠다고 제안하는 사기꾼을 구별할 준비가 전혀 되어 있지 않았다.

대부분의 사기는 형태가 단순했다. 온라인상에서 거래한 뒤 판매자는 구매자에게 약속한 상품을 보내지 않았다. 좀 더 복잡한 형태도 있었다. 가령 구매자가 이베이를 통하지 않고 다른 방식으로 지불하겠다고 제안하고는 부도 수표를 주는 것이다. 이런 경우 판매자가 항의를 해도 도움을 받기는 힘들었다. 거래가 이베이를 통해서 이뤄진 것이 아니기 때문이었다. 최악의 사기 유형이 가장 단순했다. 판매자가 구매자에게 텅 빈 박스를 보내는 것이었다. 이와 같은 사기 사건이 이베이에서 매년 수만 건씩 벌어지고 있었고, 사이트의 인기가 높아지면서 사기 규모도 커졌다.

이베이 시절 설리번은 탐정 혹은 사이버 경찰처럼 일했다. 그의 업무는 도둑과 사기꾼을 추적하던 검사 시절과 크게 달라지지 않았다. 더 나은 점도 있기는 했다. 검사 시절에는 단 한 명의 범죄자를 잡아넣기 위해 치밀하게 조사를 벌여야 했다. 조직범죄의 경우도 몇 명에 불과했다. 반면 이베이에서는 매일 수백 명의 사기꾼을 적발해 플랫폼에서 쫓아냈다. 그는 이베이의 시스템을 기반으로 사기를 확인했다. 때로는 거대한 범죄조직이 연루된 경우도 있었다.

설리번은 종종 루마니아 사례를 언급했다. 루마니아는 이베이에서 벌어지는 사기의 중심지였다. 2003년까지만 해도 루마니아에서는 공식적으로 단 한 건의 사이버 범죄도 없었다. 하지만 범죄조직과 영리한 프로그래머들이 만나면서 해적 집단이 탄생했다. 이들 대부분은 고가의 전자제품을 싼 가격에 올리는 수법을 썼다. 그러면 전 세계 구매자들이 입찰에 뛰어든다. 그러나 가령 대형 텔레비전을 낙찰받은 사람이 2,000달러를 송금하고 나면, 그 루마니아인은 잠적했다. 이들 사기꾼은 주로 부카레스트 지역의 인터넷 카페에서 작업을 했고, 경찰의 추적을 피하기 위해 웨스턴유니온(미국에 본사를 둔 금융·통신 회사로 전 세계 200여 개국에서 개인 송금, 기업 지출과 무역 업무를 대행하고 있다—옮긴이)으로만 결제했다. 더군다나 루마니아나 러시아 마피아가 개입된 경우가 많았기 때문에, 신변의 위협을 느낀 경찰은 사건을 제대로 수사하지 않았다.

그러나 설리번은 달랐다. 그의 팀이 루마니아 최대 사기 조직을 적발했을 때, 이베이는 설리번을 부카레스트로 보내(그의 요청으로) 법정에서 증언하게 했다. 설리번이 법정에 들어섰을 때, 두 명의 뚱뚱한 경찰이 그의 양 옆에 섰다. 두 사람 모두 AK-47 소총을 들고 얼굴에는 검은색 바라클라바(얼굴 전체를 덮는 마스크)를 쓰고 있었다. 재판이 끝난 뒤 마피아에게 살해될까봐 두려웠던 것이다. 반면 여느 때처럼 정장에 넥타이까지 한 설리번은 법정에서 몇 시간 동안 증언했고, 덕분에 사기꾼들을 법정에 세울 수 있었다. 그는 한 번도 마스크를 쓰지 않았다.

이베이, 그리고 자매 회사인 페이팔PayPal에서 2년 동안 일한 뒤, 설리번은 보다 흥미진진한 일에 도전했다. 2008년 말 젊고 활기찬 스타트업인 페이스북(당시 사용자 수가 1억 5,000만 명이었던)으로부터 연락이 왔다. 설리번은 기회를 받아들였고 법무팀으로 입사했다. 페이스북의 성장은 폭발적이었지만 저커버그의 야심은 끝이 없었다. 그는 자신이 만든 소셜네트워크를 통해 세상 모든 사람을 연결하고자 했다.

이베이가 설리번에게 특수부대를 지휘하게 했다면, 페이스북은 그에게 군대 전체를 통솔할 기회를 줬다. 페이스북은 이베이와 마찬가지로 수많은 사기꾼의 활동 공간이었다. 게다가 그곳에는 소아성애자, 스토커, 복수심에 불타는 전 남자친구, 협박범도 있었다. 페이스북은 설리번이 있었던 6년 반 동안 세계 최대의 개인 정보 창고가 되었다. 설리번은 입사 1년 만에 최고보안책임자로 승진했고, 창고 안에 들어 있는 모든 정보를 감독하게 되었다.

설리번 팀은 소위 '배드액터bad actor'라고 하는, 인터넷상에서 남에게 피해를 입히는 사용자들을 적극적으로 추적했다. 그들은 페이스북 사이트를 쓰레기 같은 게시글로 흘러넘치게 만든 스팸 발송자와 사기꾼에게 소송으로 맞섰다. 또한 사이버상에서 타인을 괴롭히는 이들을 끝까지 추적했고, 러시아 사이버 범죄자들을 FBI로 넘긴 적도 있었다.

보안에 대한 설리번의 접근방식은 일반적인 실리콘밸리 기업의 방식과 많이 달랐다. 그는 한 인터뷰에서 이렇게 밝혔다. "많은 기업이 방어에 급급한 모습입니다. 우리는 사이버 범죄의 이면에 어떤 존재가 있는지 알아내기 위해 많은 시간을 투자하고 있습니다."[5]

설리번의 방식을 잘 보여주는 사례가 있다. 어느 주말 설리번은 페이스북의 한 여성 동료로부터 다급한 전화를 받았다. 그녀는 데이트 사이트인 매치닷컴Match.com에서 상대를 물색하고 있었다고 한다. 그러다 새너제이에 거주하는 한 건설 근로자와 대화를 주고받았고, 그 남자에게 자신의 상반신 누드 사진을 전송했다. 그런데 다음 메시지가 그녀를 깜짝 놀라게 했다. 그는 그녀의 신상 정보를 조회했으며, 유명 실리콘밸리 기업에서 일하고 있는 것까지 알아냈다고 밝혔다. 그리고 당장 1만 달러를 송금하지 않으면 그 사진을 회사 전체에 뿌리겠다고 협박했다.

설리번은 자신이 무엇을 해야 할지 알았다. 그는 다른 동료와 함께 그녀의 매치닷컴 계정으로 로그인해서 협박 메일을 보낸 남자가 스스로 정체를 드러내도록 유인했다. 설리번이 생각했던 최고의 방법은 그를 지불 시스템에 접근하게 하는 것이었다. 그는 마치 디지털 세상의 형사처럼 온라인 지불 시스템을 통해 범인의 정체에 대한 실마리를 얻고자 했다. 예를 들어 일부 은행이 특정 지역에 대한 송금 서비스를 막고 있다는 점을 이용하여 사기꾼이 거주하는 지역을 좁힐 수 있다. 설리번은 지불 정보를 입력할 때 의도적으로 부정확한 정보를 입력했다. 송금이 잇달아 실패하는 과정에서 설리번은 범인이 있는 지역에 대한 추가적인 정보를 확인해나갔다.

이런 방식으로 설리번은 협박범이 전직 구글 인턴이며 현재 나이지리아에 있다는 사실을 확인했다. 그리고 최종적으로 그가 있던 라고스의 주소를 확인한 뒤, 지역 변호사를 고용해 카페에서 그를 만나게 했다. 그 전직 인턴은 사기 행각에 대해 즉각 털어놓았고, 자신의 컴퓨터와 이메일 계정을 넘겼다.

설리번은 그가 자신의 동료 외에 다른 여성들에게도 접근했다는 사실을 확인했다. 그것은 매치닷컴에서 지속적으로 이루어지는 거대한 사기의 일부였다. 그는 수개월간 수십 명에 달하는 실리콘밸리 여성들을 협박해서 돈을 뜯어냈다. 설리번은 자신의 동료를 수렁에서 구해냈다. 또한 다른 피해자들에게도 연락을 취해서 결국 범인을 잡았으며, 몇 달간의 악몽이 비로소 끝났다는 사실을 알렸다.

거대한 사기 계획을 실행에 옮기는 루마니아 해커든, 혹은 무고한 여성에게 접근하는 협박범이든 간에 설리번은 인터넷에서 범인을 추적하고 피해자를 보호하는 일에 능했다. 그리고 바로 그런 재능을 인정받아 우버로부터 스카우트 제의를 받았고, 결국 승낙을 했다. 그는 만연한 사기, 네 개 대륙의 경쟁자, 개인 정보 데이터베이스를 공격하는 해커 등의 문제를 확인했다. 우버는 설리번에게 인터넷 경찰 이상의 역할을 맡겼다. 우버 비즈니스의 본질은 수백만 명의 승객이 매일 실제 세상에서 안전하게 서비스를 이용하게 하는 것이었기 때문이다.

설리번은 정식으로 합류하기 몇 달 전부터 우버가 보안상 문제를 깨끗하게 정리하도록 조언을 줬다. 결국 우버는 해킹 사건이 벌어지고 9개월이 지난 2015년 2월에야 법률이 정하고 있는 대로 당국에 보고했다. 그것은 우버가 당한 마지막 해킹은 아니었다. 2016년에도 한 차례 해킹 시도가 있기는 했다. 그래도 2015년 보고는 설리번과 캘러닉이 우버의 해킹을 공식적으로 인정한 마지막 사건이었다. 우버가 끝까지 침묵을 지켰다면 아마도 상상을 초월한 대가를 치러야 했을지 모른다.

2015년 4월 우버에 합류했을 때, 설리번은 사기나 해킹보다 더욱 중요한 과제가 있다는 사실을 발견했다.

그것은 우버 운전자를 살인 사건으로부터 보호하는 일이었다.

✳

우버에 입사하고 이주일도 지나기 전에 설리번은 다급한 전화를 받았다. 통화 상대방은 멕시코 과달라하라에서 우버 운전자가 살해당했으며, 지역 운영 담당자는 택시 회사를 의심하고 있다는 말을 전했다.

당시 우버는 수개월 전부터 멕시코의 지역 택시 연합으로부터 운전자를 살해하겠다는 위협을 받고 있었다. 폭력 사건은 서서히 커졌다. 처음에는 폭행과 차량 파손으로 시작해 머지않아 상황은 더욱 심각해졌다. 미국의 경우와 마찬가지로 멕시코 택시 회사들 역시 면허와 허가 그리고 교육을 비롯하여 멕시코 정부가 요구하는 다양한 자격을 갖추기 위해 많은 돈을 쓰고 있었다. 그런데 언제부턴가 우버가 그들의 시장을 먹어치우기 시작했고, 그런 상황을 앉아서 지켜봐야 했다. 택시 기사들의 절박함이 점점 고조되면서 우버 운전자에 대한 폭행과 약탈, 강도 사건이 점점 증가했다. 그들은 다른 운전자들이 우버에 가입하지 못하도록 폭행 사건을 저질렀다.

에스테반 메사 데라 크루즈Esteban Meza de la Cruz는 1만 3,000명의 멕시코 택시 기사들을 대표해서 이렇게 말했다. "우버 운전자들을 가만 내버려두지 않을 겁니다. 끝까지 추적할 겁니다."[6]

설리번이 우버에 합류했을 무렵, 입술이 터지고 머리가 깨지는 폭력 사건이 점차 확산되고 있었다. 심지어 살인 사건까지 일어났고 이는 전 세계 시장에서 벌어지는 일이었다. 경찰은 거의 도움이 되지 못했다. 과달라하라 경찰 역시 우버 운전자의 사망 사건을 우선적으로 다루지 않았다. 그들은 설리번의 요구에 아무런 응답이 없었다. 실망한 설리번은 FBI의 예전 동료들에게 전화를 걸었다. 한 동료는 그 상황에 대해 이렇게 말했다. "과달라하라는 카르텔 천국이야. 우리는 거기로 직원을 보내진 않지."

브라질의 상황은 더욱 심각했다. 캘러닉은 전직 페이스북 임원인 에드 베이커에게 남미 시장을 맡겼다. 베이커는 최대한 많은 운전자와 승객을 확보하라고 상파울루나 리우데자네이루 관리자들을 독려했다. 그리고 사람들이 보다 쉽게 승객으로 가입할 수 있도록 이메일(쉽게 가짜 계정을 만들 수 있었다)과 전화번호만 요구했다. 게다가 브라질은 일반적으로 신용카드 대신에 현금을 사용하는 시장이었다. 따라서 신규 가입 과정에서 지불 방식이나 신분 확인에 필요한 데이터를 따로 입력하지 않아도 되었다.

이런 환경에서 성난 택시 기사나 사기꾼들은 얼마든지 완전 범죄를 꾸밀 수 있었다. 그들은 가짜 이메일로 우버에 가입한 뒤, '우버룰렛Uber roulette'을 실행에 옮겼다. 다시 말해 우버를 호출한 뒤, 차를 훔치고 불을 지르거나, 운전자를 폭행하고 금품을 빼앗고 심지어 살인까지 저질렀다. 이처럼 폭력이 난무하는 상황에서도 우버는 간편한 가입 시스템을 고수했다.

그러던 어느 날, 52세 운전자 오스발도 루이스 모돌로 필로Osvaldo Luis Modolo Filho가 10대 커플에게 살해당하는 일이 벌어졌다. 그들은 가짜 계정으로 차를 호출하고 지불 방식은 현금을 선택했다. 그 커플은 파란색 부엌칼로 모돌로를 수차례 찌른 후 그를 길 한가운데 버려둔 채 SUV를 몰고 사라졌다.[7]

우버가 진출했던 2015년, 브라질 사회는 격변에 휩싸여 있었다. 실업률은 고공 행진을 거듭했고 전국에서 폭력과 살인 사건이 증가했다. 일자리를 잃은 많은 사람이 우버 운전자로 일하고자 했지만, 수입 대부분이 현금이었기 때문에 종종 범죄의 대상이 되었다. 결국 브라질에서 16명이 넘는 우버 운전자가 살해당한 뒤에야 우버는 앱상에서 신원 확인과 보안 절차를 강화했다.

물론 캘러닉을 비롯한 우버 경영진은 신흥 시장에서 운전자가 직면하는 다양한 위험에 관심을 기울였다. 그러나 무엇보다 성장을 최우선 과제로 생각했기 때문에 운전자의 안전은 그들에게 부차적인 사안에 불과했다. 캘러닉은 우버를 택시보다 안전하게 만들어주는 기능이 소프트웨어 안에 들어 있다고 믿었다. 즉 GPS를 기반으로 승객의 위치를 추적하고 기록하는 기능을 신뢰했다. 더 나아가 앞으로 보다 다양한 기술을 바탕으로 운전자의 안전 문제를 해결할 수 있을 것으로 전망했다.

반면 설리번은 문제 상황을 직접 확인했고 무엇보다 행동이 필요하다고 생각했다. 그래서 그는 세계적 수준의 보안 시스템을 구축하고자 했다. 그리고 이를 기반으로 금융 사기에서 디지털 스파이 행위, 그리고 운전자 안전에 이르기까지 모든 문제를 해결하고자 했다. 이를 위해 설리번은 수백 명의 인력을 요구했다. 즉 우버 시스템을 관리할 보안 엔지니어, 그리고 실제 작전이나 현장 수사를 실행할 CIA나 NSA 전직 요원 등 다양한 인력을 요구했다. 캘러닉은 그의 요청을 받아들였고 그에 대한 전권을 위임했다.

그러나 캘러닉은 중요한 단서를 달았다. 그것은 방어에만 의존해서는 안 된다는 것이었다.

18장

무인자동차 경쟁

구글이 무인자동차로 차량 공유 서비스를 시작한다면
우버는 고객을 모두 빼앗길 것이었다.

캘리포니아 랜초팰로스버디스 해안에 위치한 테라니아 리조트의 그랜드볼룸. 캘러닉은 분노에 가득 차 있었다. 그날 밤 그곳에서는 IT 분야의 엘리트를 위한 포럼인 2014년 코드 콘퍼런스 개막 행사가 벌어지고 있었다. 연단에서는 세르게이 브린이 역사적인 연설을 하고 있었다. 그러나 캘러닉은 데이비드 드러몬드에게 문자메시지를 보내느라 정신이 없었다. 당시 캘러닉의 파트너이자 투자자인 브린이 우버의 존재 자체를 위협할 수 있는 프로젝트, 즉 완전한 자율주행 자동차에 대해 이야기를 하고 있었던 것이다.

브린은 청중을 향해 이렇게 말했다. "무인자동차 프로젝트에 제가 주목하는 이유는 우리가 살아가는 세상을 완전히 바꿔놓을 잠재력 때문입니다."[1] 그 자리에 참석한 기술 전문가와 벤처 자본가, 그리고 기자들이 웅성거리면서 장내 분위기가 달아올랐다. 그날 기조연설을 맡은 구글 공동 창업자 브린은 흰색 티셔츠와 검은색 바지에 크록스 신발 차림이었다. 언제나 그렇듯 그는 패션보다 편안함을 좋아했다.

연단에서는 달걀 모양의 흰색 2인승 자동차가 주차장을 돌아다니는 모습이 영상으로 재생되고 있었다. 못생기고 작은 차량이었고 전면은 웃는 얼굴처럼 보였다. 마치 험프티 덤프티Humpty Dumpty(루이스 캐럴의 소설《겨울 나라의 앨리스》에 등장하는 달걀 모양의 캐릭터―옮긴이)가 골프 카트로 변신한 모양이었다. 〈블레이드 러너〉에 나오는 멋진 자동차와는 거리가 멀었다.

하지만 외관은 중요하지 않았다. 자동차 안에는 운전대가 없었고 설계는 얼마든지 바뀔 수 있었다. 화면 속의 자동차 안에는 두 명이 타고 있었다. 하지만 그 차량이 마운틴뷰 주차장을 유유히 돌아다니는 동안 누구도 운전과 관련된 행동을 하지 않았다. 캘러닉이 보기에, 구글이 개발한 달걀 모양의 자율주행 괴물은 하나의 예술 작품이었다.

우버의 오랜 동맹이자 파트너인 구글이 그에게 등을 돌렸다는 생각이 들었다. 조그마한 그 구글 자동차가 어쩌면 우버를 완전히 파괴할지 모른다. 그것도 웃는 표정으로 말이다. 구글이 무인 자동차로 차량 공유 서비스를 시작한다면, 요금은 엄청나게 낮아질 것이고 우버는 고객을 모두 빼앗길 것이었다.

연설이 끝나자 행사 진행을 맡은 카라 스위셔 기자가 브린과 무대에서 인터뷰를 나눴다. 그녀는 단도직입적으로 구글이 우버와 같은 차량 호출 서비스에 뛰어들 계획이 있는지 물었다. 캘러닉은 브린에게서 단호한 부인을 기대했다. 하지만 브린은 그러지 않았다.

그의 대답은 애매모호했다. "서비스를 어떤 방식으로 운영할 것인지, 직접 운영할 것인지, 아니면 파트너와 함께할 것인지와 같은 비즈니스 관련 질문은 이 기술이 상용화되었을 때 고려되어야 할 문제라고 생각합니다. 초기 테스트 차량에 대해서는 아마도 직접 서비스를 운영하게 되겠죠. 지극히 전문적인 분야니까요. 하지만 장기적으로는 정확한 말씀을 드리기 어렵군요."

캘러닉은 화가 났다. 우버는 IT 기업이자 운송 서비스 업체로서 점차 주도적인 자리를 잡아가고 있었다. 하지만 자율운행 차량은 없었다. 아직 연구를 시작조차 하지 않았다.

어디서나 캘러닉은 우버가 약자라고 생각했고, 또한 그렇게 행동했다. 그 생각은 그가 CEO로 있는 동안 변하지 않았다. 처음에 우버는 부패한 정치인과 결탁한 탐욕스럽고 비윤리적인 택시 회사에 맞서 싸워야 했다. 다음으로 상냥한 핑크 콧수염을 브랜드 로고로 내세운 스타트업인 리프트와 대적해야 했다. 그리고 이제는 글로벌 IT 거물인 구글에 맞서야 할지 몰랐다.

캘러닉의 분노는 점차 두려움으로 바뀌었다. 구글은 검색 광고 비즈니스로 엄청난 돈을 벌어들인 덕분에 힘든 프로젝트에도 마음껏 도전할 수 있었다. 큰돈을 잃는다고 해도, 혹은 완전히 말도 안

되는 프로젝트라고 해도 상관없었다.* 구글은 이미 수년 전부터 자율주행 프로젝트에 엄청난 연구개발비를 쏟아붓고 있었다. 그러나 그것도 구글에는 아주 작은 금액에 불과했다.

나중에 친구들에게 털어놓았듯이, 2014년 코드 콘퍼런스 이후 캘러닉은 긴장하기 시작했다. 브린이 연설을 끝내고 무대에서 내려올 때, 캘러닉은 미친 듯이 문자와 이메일을 보내고 있었다.

캘러닉은 데이비드 드러몬드와 이야기를 나눠야 했다.

✖

당시 드러몬드 역시 캘러닉의 메시지를 기다리고 있었다.

전몰장병 추모일이 지난 화요일, 구글의 제트기인 걸프스트림 V가 샌프란시스코 국제공항을 떠나 로스앤젤레스로 향했다. 제트기를 타고 코드 콘퍼런스에 참석한 구글 임원들은 그날 저녁에 있을 브린의 연설에 대해 캘러닉에게 어떻게 설명해야 할지 고민했다. 그들은 우버 이사회에 소속된 드러몬드가 그 소식을 알리는 편이 좋겠다고 결론 내렸다.

드러몬드는 어떻게 대처해야 할지 잘 알았다. 우선 캘러닉에게 공감을 보여야 했다. 큰 키에 건장한 체격의 드러몬드는 얼핏 보기에 전직 미식축구 라인배커같지만, 갈색 눈에 이가 훤히 드러나는 미

● 1,000달러짜리 구글글래스Google Glass의 경우를 보자. '글래스홀Glasshole'(구글글래스를 쓰고 다른 이들의 사진을 마구 찍어대던 사람들)이 등장하고 얼마 지나지 않아 중단됐던 이 페이스 컴퓨터 프로젝트는 그리 오래 진행되지 않았음에도 수억 달러의 돈을 잡아먹었다.

소는 그를 똑똑하면서도 순수하고 상냥한 고문 변호사처럼 보이게 했다. 이런 이미지는 아프리카계 미국인으로서는 드물게 실리콘밸리 사다리의 꼭대기에까지 도달했다는 사실과 더불어, 그를 동료들 사이에서 돋보이게 했다. 그러나 뛰어난 재능과 자신감에도 불구하고 드러몬드는 충돌을 끔찍이 싫어했다. 그러다 보니 마지막 순간까지도 캘러닉에게 구글의 계획에 대해 말하지 못했다.

드러몬드는 그것이 대단히 민감한 사안임을 잘 알았다. 캘러닉의 정보망은 실리콘밸리 전역에 퍼져 있었다. 그 무렵 우버의 '경쟁 정보', 다시 말해 조 설리번이 이끄는 광범위하고 체계적인 COIN 프로젝트는 계속해서 성장하고 있었다. 이를 통해 캘러닉은 구글의 무인자동차 프로젝트에 대한 소문을 들었고, 때로는 구글이 무인자동차 택시 서비스를 시작할 것이라는 가짜 뉴스까지 접했다. 캘러닉은 이런 소문을 들을 때마다 드러몬드에게 이메일을 보냈다.

캘러닉은 이메일에서 구글의 무인자동차 서비스에 관한 정보와 함께 이렇게 언급했다. "생각보다 많은 이야기를 들었습니다. 래리[페이지]를 만나서 그게 사실이 아니라는 확답을 들으면 좋겠지만, 그는 작년 가을부터 만남을 피해오고 있습니다. 아무런 대화가 없는 상황에서 우리는 구글이 최근에 새로운 일을 벌이고 있으며, 이미 오래전부터 계획을 세워왔다는 결론에 도달하게 되었습니다."[2] 이런 상황이 수개월 동안 이어졌다. 새로운 소문이 나돌면 드러몬드가 나서서 상황을 수습하고, 또다시 새로운 소문이 나오는 상황이 계속되었다.

드러몬드는 결국 코드 콘퍼런스 당일에 캘러닉에게 전화를 걸어 구글의 계획에 대해 알렸다. 당시 상황에 대해 알고 있었던 사람들은 꽤 긴장된 분위기였다고 설명했다. 당연하게도 캘러닉은 화가 났다. 그는 자신의 후원자에게 배신감을 느꼈다.

브린의 연설이 끝난 뒤, 드러몬드는 캘러닉에게 테라니아 주변을 함께 걷자고 제안했다. 당시 상황을 잘 알고 있는 이의 증언에 따르면, 캘러닉의 감정은 다소 누그러졌지만 드러몬드는 평소보다 더 두루뭉술한 이야기를 했다고 한다. 파트너로서, 그리고 비즈니스맨으로서 드러몬드는 자신의 상사인 페이지와 브린이 신경 쓰지 않도록 어떻게 상황을 무마해야 할지 잘 알고 있었다.

캘러닉은 감정을 누르며 어떻게든 드러몬드의 말을 받아들이려 했다. 드러몬드는 우버 이사회의 일원이었다. 그리고 구글은 우버의 미래에 수억 달러를 투자했다. 그런 드러몬드와 구글이 거짓말을 할 리 없다고 믿었다.

하지만 그런 노력도 허사로 돌아가고 말았다. 코드 콘퍼런스 주최 측은 매년 개막일 저녁에 성대한 파티를 열었다. 그러나 가장 핵심적인 최고경영자들은 호텔 내의 다른 어딘가에서 그들만의 만찬을 따로 열었다. 그날 캘러닉은 그 사적인 저녁 행사에 초대받았고, 매력적인 음악가이자 댄서인 자신의 여자친구 가비 홀츠워스Gabi Holzwarth를 데려갔다. 두 사람은 우버의 초기 투자자이자 캘러닉의 친구인 셔빈 피셔바Shervin Pishevar의 소개로 만났다.

캘러닉은 홀츠워스의 열정과 따뜻한 마음, 유연한 태도, 그리고 누구와도 스스럼없이 이야기를 나누는 유쾌함을 좋아했다. 캘러닉이 유명해지면서 홀츠워스도 많은 주목을 받게 되었다. 두 사람은 〈타임〉 100 갈라, 〈배니티페어〉 오스카 파티, 멧 갈라 등 유명인이 모이는 수많은 파티에 함께 참석했다. 그때마다 캘러닉은 턱시도, 홀츠워스는 우아한 드레스 차림이었다.

그날 코드 콘퍼런스의 사적인 만찬에서 캘러닉은 대단히 즐거운 시간을 보냈어야 했다. 그건 성공과 영향력을 인정받는 최고의 자리였기 때문이었다. 하지만 캘러닉은 그날 저녁 세르게이 브린이 자신의 여자친구와 이야기를 주고받는 모습을 지켜보며 대부분의 시간을 보내야 했다.

홀츠워스는 특이한 성격의 브린과도 부드럽게 대화를 이끌어갔다. 반면 직원과의 불륜 사건 이후 골치 아픈 이혼 절차를 밟고 있던 브린은 캘러닉을 아예 무시하는 듯했다. 브린은 그를 아예 못 본 척했다. 식사가 끝날 무렵 캘러닉은 브린이 홀츠워스와 웃으며 이야기를 나누는 장면을 아이폰으로 찍어 드러몬드에게 보냈다. 나중에 그는 드러몬드에게 브린이 홀츠워스의 다리를 만졌으며, 그런 행동에 대해 구글이 책임을 져야 한다고 따졌다.

수완이 뛰어난 드러몬드였지만 그날 저녁은 그도 어쩔 수 없었다. 만찬이 끝난 뒤, 브린은 홀츠워스에게 수영장 근처에서 이야기를 더 나누자고 했다. 캘러닉은 약이 올랐다. 구글이 애써 그의 화를 돋우고 있었다. 그는 자신의 기업을 죽이려는 남자가 자신의 여자친구까지 빼앗으려는 광경을 멀리서 바라볼 수밖에 없었다.

자율주행 기술과 관련해서 캘러닉은 자신이 생각한 것보다 한참 뒤떨어져 있었다. 운송 산업에 대단히 열정적인 래리 페이지는 세르게이와 함께 개발한 달걀 모양의 자동차를 세상에 보여주기까지 10억 달러 이상의 자금과 수만 시간의 연구 기간을 투자했다. 로봇 자동차에 생명을 불어넣는 일에 래리 페이지만큼 열정적인 인물은 거의 없었다.

그 드문 인물 중에는 앤서니 레반도브스키가 포함되어 있었다. 그는 '프로젝트 쇼우퍼Project Chauffeur'(무인자동차 프로젝트를 부르는 구글의 애칭)에 참여하고 있었지만 그의 기반은 점점 좁아지고 있었다.

우선 레반도브스키는 뛰어난 리더가 아니었다. 당시 그는 무인자동차 프로젝트를 추진하는 과정에서 구글 동료들과 계속 마찰을 빚고 있었다. 페이지는 레반도브스키가 규칙에 연연하지 않는다는 사실을 마음에 들어 했다. 그는 레반도브스키와 같은 인재가 구글의 무인자동차 개발을 다음 단계로 끌어올려줄 것이라고 믿었다.

레반도브스키는 페이지에게 많은 영향을 미쳤다. 종종 불화를 일으켰음에도 그는 대단히 매력적인 인물이었다. 두 사람은 종종 함께 식사를 했다. 페이지로서는 대단히 드문 경우였다. 그들은 함께 식사를 하면서 로봇 자동차가 몰고 올 미래에 대해 상상했다. 레반도브스키의 여러 결점에도 불구하고 페이지는 그를 필요로 했다.

하지만 2015년경 무엇보다 자율성을 소중히 생각하는 레반도브스키는 페이지의 개인적인 관심과 수백만 달러에 달하는 보너스에도 만족하지 못했다. 그리고 어떻게든 위험 요인을 회피하려고 하는 동료들의 태도에도 염증을 느꼈다. 계속해서 '노'라는 대답을 듣는 일에도 신물이 났다. 그가 보기에 구글 사람들은 무인자동차 프로젝트에 불편함을 느끼고 있었고, 당연히 프로젝트는 지지부진한 상황을 면치 못했다. 레반도브스키는 구글이 더 잘할 수 있다고 믿었다. 그리고 자신이 이끌면 훨씬 더 잘할 수 있다고 생각했다.

그는 자신이 신뢰하는 몇몇 구글 동료와 함께 장거리 트럭 운행이라는 새로운 아이디어에 대해 이야기를 나누기 시작했다. 레반도브스키는 이 아이디어와 관련하여 이미 수많은 부정적인 대답을 들었다. 한번은 회사 외부에서 동료들과 저녁 식사 자리를 마련하고는 그 자리에서 모두에게 설명을 했다. 자율운행 트럭이 도시를 오가며 끊임없이 물건을 나르는 세상을 상상해보라고. 수면 부족에 시달리는 트럭 운전기사가 더 이상 도로의 위협 요인이 되지 않는 그런 세상을. 당시 트럭 운송은 엄청난 산업이었다. 740만 명의 미국인이 그 산업에 종사했고 시장 규모는 연간 7,389억 달러에 달했다.[3] 미 교통국에 따르면, 트럭은 미국에서 이뤄지는 총 자동차 운행의 5.6퍼센트를 차지했고, 고속도로 사망 사건의 10퍼센트를 일으켰다.[4] 이런 면에서 트럭 운송을 무인화하는 것은 엄청난 가치가 있을 것이었다. 게다가 자율주행 트럭 프로젝트는 구글의 무인자동차 프로젝트와 정면으로 충돌하지 않았다. 레반도브스키는 이런 점을 동료들에게 강조했다. 그들은 그 프로젝트를 오토모토

Ottomotto, 줄여서 그냥 오토라고 불렀다.

2016년 레반도브스키는 결국 몇몇 동료를 데리고 구글을 떠났다. 그중에는 구글맵 소프트웨어 개발에 수년간 참여했던 라이어 론Lior Ron도 포함되어 있었다. 레반도브스키는 페이지에게 보낸 마지막 이메일에서 자신의 생각을 분명히 밝혔다. "조수석이 아닌 운전석에 앉고 싶습니다. 지금은 트렁크에 타고 있는 기분입니다."[5]

그로부터 6개월이 지나지 않은 2016년 여름 대선 기간에 오토는 세상에 모습을 드러냈다. 이후 레반도브스키와 그의 공동 창업자 론은 그 스타트업의 규모를 41명으로 확장했다. 그들은 세 대의 볼보 트럭과 실험 장비를 가지고 1만 6,000킬로미터가 넘는 시험 운행을 기록했다. 이후 15명의 구글 직원이 오토로 넘어왔다. 그중 절반은 실리콘밸리에서 대단히 귀한 대접을 받는 무인자동차 엔지니어링 전문가였다.[6]

대단히 예외적이게도 오토는 벤처캐피털 투자를 받지 않았다. 주글러Xoogler(구글을 퇴사한 사람을 일컫는 애칭)들 모두 부유했기 때문에 무인 트럭 프로젝트에 투자할 경제적 여력이 있었다. 그중에서도 레반도브스키가 특히 부유했다. 몇 년 전 그는 자신의 기업을 구글에 매각함으로써 수백만 달러를 벌어들였던 것이다.

하지만 오토의 핵심 경쟁력은 두둑한 돈주머니도, 혹은 먼 곳을 내다보는 선견지명도 아니었다. 그것은 레반도브스키가 구글의 관료적, 법적 시스템으로부터 해방되었다는 사실이었다. 그는 이제 자신의 방식대로 프로젝트를 추진할 수 있게 되었다. 구글 시절에 그는 규칙을 어기면서 많은 질책을 받았다. 그러나 오토에서는 그런 제약이 모두 사라졌다.

오토가 자율주행 하드웨어 키트(기존 대형 트럭에 장착할 수 있는 장비)의 시연 영상을 찍을 준비가 되었을 무렵, 레반도브스키는 구글의 무인자동차 프로젝트를 위해 새로운 법이 제정되도록 로비 활동을 했던 로비스트에게 전화를 걸었다. 그리고 그를 통해 오토가 네바다주 고속도로에서 시연 영상을 촬영할 수 있도록 허가를 요청했다. 그러나 네바다 자동차관리국은 오토의 요청을 거절했다. 그럼에도 레반도브스키는 촬영을 강행했다.[7] 오토의 검은색 로고가 여기저기 찍힌 18륜 흰색 트럭의 압도적인 위용이 뜨거운 모하비 사막을 배경으로 장관을 이뤘다. 자동차관리국은 레반도브스키의 테스트가 불법이었다며 불만을 제기했다.

레반도브스키 입장에서 그 실험은 위험을 무릅쓸 가치가 있는 도전이었다. 그 영상을 본 이들은 모두 흡족해했다. 구글에서 그랬던 것처럼 규칙에 따라 움직였더라면, 그는 아마 지금도 승인을 기다리고 있었을 것이다. 오토의 엔지니어들은 오렌지 색상의 스티커를 샌프란시스코 본사 사무실 여기저기에 붙여놓았다. 거기에는 레반도브스키가 좋아하는 메시지가 담겨 있었다. "안전은 세 번째."[8]

✖

그들의 만남은 운명인 듯했다.

2015년 캘러닉과 레반도브스키는 전직 구글 임원이자 무인자동차 업계의 유명 인사인 세바스찬 스런의 소개로 만났다. 그리고 머지않아 레반도브스키가 구글을 떠나 새로운 비즈니스를 준비하면서 캘러닉과 몰래 만나기 시작했다.

두 사람은 바로 통했다. 2미터 장신의 타고난 미래주의자인 레반도브스키는 캘러닉의 내면에 잠재된 뭔가를 일깨웠다. 모두 40대인 두 사람은 캘러닉의 거대한 차량 호출 네트워크와 레반도브스키의 엔지니어링 기술이 함께 탄생시킬 무인자동차가 거리를 활보하는 미래를 상상했다. 나중에 캘러닉은 레반도브스키에 대해 '이복형제'를 만난 것 같았다고 이야기했다.[9]

그들은 수차례 은밀한 만남을 이어갔다. 레반도브스키는 낮에 구글에서 일하고, 저녁에 캘러닉을 만나 협력 관계에 대해 이야기했다. 사람들의 시선을 의식해서 그들은 샌프란시스코의 랜드마크인 페리 빌딩에 따로 들른 뒤 테이크아웃 봉지를 들고서 함께 북서쪽으로 걸었다. 그들은 골든게이트브리지를 향해 걸으면서 자율주행의 꿈에 대해 이야기를 나눴다.

사실 캘러닉은 자율주행 기술에 대해 아는 바가 없었지만 레반도브스키가 기술적인 부분에 대해 많은 정보를 줬다. 자율주행 차량은 안전 운행을 위해서는 물론 주변 지형을 파악하기 위해서도 거대한 크기의 장비가 필요했다. 그 장비 안에는 레이저, 360도 회전 카메라, 갖가지 센서, 레이더 장치가 들어 있었다. 또한 자동차 소프트웨어가 지형에 관한 방대한 데이터를 받아들이도록 라이다

Lidar(light detection and ranging)라는 장치도 필요했다.

두 사람은 오랫동안 이야기를 나누면서 프로젝트 이름을 정하고 은밀한 전문 용어로 의견을 주고받았다. 캘러닉은 자동차가 스스로 움직이기 시작하면 '엄청나게 멋진Super Duper' 우버[10], 다시 말해 '우버슈퍼두퍼Uber Super Duper'가 창조될 것이라고 말했다. 그렇게 된다면 매출의 30퍼센트(당시 비즈니스 모델)가 아니라 매출 전체를 수익으로 가져올 것이었다. 이 말은 곧 매출이 수십억 달러 이상 늘어날 것이라는 뜻이었다. 우버슈퍼두퍼의 약자인 USD는 '$', 즉 미국 달러를 뜻하기도 했다.

두 사람은 과학 프로젝트에 몰두한 10대처럼 이야기를 나눴다. 레반도브스키를 만난 후에 캘러닉은 잔뜩 흥분해 집으로 돌아왔다. 그러고는 여자친구에게 자신의 아이폰에 설치된 계보기 앱의 이동 노선을 보여주며 이렇게 말하곤 했다. "이번에 얼마나 멀리까지 걸어갔다 왔는지 알아? 한번 봐!"

레반도브스키는 구글을 나오자마자 오토를 창업했다. 이후 그는 자금 마련을 위해 실리콘밸리 최고의 벤처캐피털 기업이 모여 있는 샌드힐로드를 돌며 투자 회의를 가졌다. 거기에는 안데르센호로위츠와 클라이너퍼킨스도 포함되어 있었다. 그러나 결국 그는 외부 자본을 끌어들이지 않기로 결정했다. 그렇게 사건이 벌어졌다. 우버가 오토를 인수하기로 한 것이다. 이번 인수는 자율주행 시장으로 진출하려는 우버의 의지를 표명한 중대한 선언이었다.

구글의 무인자동차 비즈니스에 맞서 스스로를 지키고자 했던 캘러닉은 사업 확장에 돌입했다. 그는 무인자동차 연구에 주력하기 위해 카네기멜론 대학 연구팀과 함께 피츠버그에 첨단기술그룹Advanced Technologies Group을 출범시켰다.[11] 사실 첨단기술그룹은 카네기멜론 대학 로보틱스 학부로부터 기술을 빼내기 위한 위장이었다. 우버의 초기 직원이자 캘러닉의 직속 부하인 맷 스위니Matt Sweeney는 40명의 외부 연구원을 마치 우버의 신입 엔지니어인 것처럼 이끌었다. 이에 대해 카네기멜론 대학 측은 불편한 심기를 드러냈다.

오토 인수에는 중요한 의미가 담겨 있었다. 그것은 실질적으로 우버가 구글의 자율주행 연구팀을 가로챘다는 뜻이었다. 최종 인수가는 6억 8,000만 달러(약 7,500억 원—옮긴이)로 당시 우버 전체 가치의 1퍼센트에 해당하는 금액이었다. 캘러닉은 레반도브스키와 그의 팀에게 자율운행 트럭의 운송 비즈니스 수익에서 20퍼센트를 가져갈 권리를 보장했다.

대신 캘러닉은 오토의 모든 데이터, 로드맵, 지적재산권과 특허권에 대한 완전한 통제권, 그리고 '1파운드의 살점'(우버에 대한 레반도브스키의 헌신을 일컫는 캘러닉의 표현)[12]을 얻었다.

2016년 8월 18일 캘러닉과 레반도브스키는 인수 사실을 발표했다. 언론은 그 거래를 쿠데타로 규정했다. 이로 인해 우버는 갑작스럽게 자율운행 시장에서 구글의 경쟁자로 떠올랐던 것이다.

캘러닉은 최고엔지니어링책임자와의 회의에서 이렇게 말했다. "좋은 시간은 끝났습니다. 이제 전쟁을 벌여야 할 시간이 왔습니다."[13] 구글 경영진은 그 소식에 놀라고 분노했다.

19장

순조로운 항해

캘러닉은 언제나 한발 앞섰다. 심지어
안전성이 입증되지 않은 기술도 적극 시도했다.

캘러닉이 보기에 상황은 순조롭게 흘러갔다.

그가 리프트의 공동 창업자 로건 그린과 존 지머를 만나 합병 의사를 타진한 것은 그리 오래전 이야기가 아니었다. 고객 쟁탈전에서 우버는 리프트를 압도하고 있었지만, 핑크 콧수염의 리프트 역시 6개월마다 자금을 끌어 모아 비즈니스를 유지하고 있었다. 이에 우버 경영진은 가격 경쟁을 이어가는 것보다 차라리 리프트를 사들이는 편이 비용 효율적이라고 생각했다.

캘러닉은 리프트의 대표 존 지머를 카스트로 언덕 꼭대기에 있는 자신의 아파트로 초대했다. 그 자리에는 캘러닉의 오른팔 에밀 마이클도 함께했다. 그들은 중국 요리를 함께 먹으면서 공정한 거래에 대한 각자의 생각을 말했다. 입장 차이는 컸다. 리프트 창업자들은 기업을 매각하는 조건으로 우버 지분 10퍼센트를 요구했다.

캘러닉과 마이클은 8퍼센트 정도를 생각했다. 양측이 타협점을 찾는 동안(분명하게도 9퍼센트를 넘지 않는 선에서) 회의에 함께 참석했던 벤처 투자자 파트너는 그보다 훨씬 더 높은 17퍼센트의 지분을 요구했다. 대화는 대충 그렇게 끝이 났다.

사실 캘러닉은 리프트를 인수하고 싶지 않았다. 그는 지머를 싫어했다. 특히 그 성격이 마음에 들지 않았다. 그는 지머가 무릎 꿇게 만들고 싶었다. 머지않아 리프트의 자금은 바닥을 드러낼 것으로 보였다.

반면 캘러닉과 마이클이 이끄는 우버는 최고의 투자 유치 능력을 확보하고 있었다. 우버는 사우디아라비아 국부펀드에 35억 달러의 투자를 요청했다.[1] 그 협상 과정에서 양측은 우버의 가치를 625억 달러(약 70조 원—옮긴이)로 평가했다. 비공식적인 금액이었지만 IT 기업으로서는 전례 없는 기록이었다.

2016년 6월 우버는 사우디아라비아 국부펀드의 투자를 공식적으로 발표했다. 이를 계기로 캘러닉은 조직을 더욱 공고히 장악할 수 있었다. 캘러닉은 우버 이사회에 세 명의 이사회 멤버를 추가적으로 임명할 수 있는 권리를 요청했다.[2] 빌 걸리를 포함한 몇몇 이사회 사람들은 그의 요청에 긴장했다. 이를 승인할 경우, 캘러닉은 어느 누구도 도전하지 못할 막강할 권력을 갖게 되기 때문이었다.

하지만 35억 달러 투자를 유치한 것은 다름 아닌 캘러닉이었다.

이번 투자에는 현금 확보 이상의 의미가 있었다. 사우디아라비아의 투자는 일종의 군자금이었다. 그 무렵 우버는 중국의 디디, 동남아시아의 그랩과 고젝, 인도의 올라, 미국의 리프트와 전쟁을 벌이고 있었다. 전쟁에는 엄청난 자금이 필요했다. 우버가 막강한 자금력을 갖춘 적들과 여러 대륙에서 치열하게 싸우고 있는 상황에서 사우디아라비아의 투자는 모든 적을 압도하기에 충분한 무기가 되어줬다.

결국 우버 이사회는 캘러닉의 요청을 받아들일 수밖에 없었다.

또한 리프트의 어려운 재정 상황은 캘러닉의 기분을 더욱 고조시켰다. 2016년 말 리프트는 우버와의 보조금 출혈 경쟁으로 큰 어려움을 겪고 있었다. 캘러닉은 그린과 지머가 고통받는 상황을 지켜보면서 쾌감을 느꼈다. 그는 일말의 자비심도 보여주지 않았다. 또한 우버의 보안 책임자 설리번은 리프트의 웹사이트와 데이터베이스를 감시하면서 그들을 쓰러뜨릴 한 방을 준비하고 있었다.

캘러닉은 '워케이션Workation'(work와 vacation의 합성어―옮긴이) 기간에 엔지니어들로부터 새로운 비밀 병기를 선물받았다. '워케이션'은 우버의 전통으로서, 직원들은 12월에 이주일 동안 쉬는 대신 자신들이 원하는 다양한 프로젝트에 집중할 수 있었다. 이 기간에 몇몇 엔지니어들이 운전자의 스마트폰 기능(특히 가속도계와 자이로스코프)을 이용해서 리프트 앱의 알림을 추적해주는 운전자 앱을 개발했다. 이 앱을 이용하여 특정 운전자가 리프트 운전자로 일하고 있다는 사실을 알아낼 경우, 우버는 그에게 현금 보너스를 지급함으로써 분홍 콧수염을 떠나도록 유도할 수 있었다.

이들 엔지니어는 회의에서 우버의 경영진과 변호사가 지켜보는 가운데 그들의 프로젝트를 소개했다. 당시 회의에 참석했던 사람들 모두 흥분과 긴장감을 감추지 못했다. 그것은 리프트와의 전쟁을 승리로 이끌 강력한 신무기였다. 하지만 운전자의 스마트폰에서 나는 소리를 허락 없이 추적하는 기술은 자칫 윤리적인 문제를 일으킬 수 있었다. 프레젠테이션이 끝난 후에도 캘러닉은 조용히 자리에 앉아 있었다. 누구도 입을 떼지 않았다.

캘러닉은 말했다. "좋습니다. 한번 생각해봅시다." 그러고는 긍정적인 의미로 고개를 끄덕였다. 그는 일어서서 엔지니어들을 바라보며 이렇게 말했다. "하지만 이번 일로 연방통상위원회로부터 전화를 받고 싶지는 않습니다." 캘러닉은 참석자들에게 감사의 말을 전하고 회의실을 빠져나갔다. 회의는 그것으로 끝났다. 그 기능은 결국 우버 앱에 탑재되지는 못했다.

실리콘밸리에서 고객의 프라이버시는 데이터를 수집하려는 기업의 강한 욕망에 오랫동안 뒤로 밀려나 있었다. 특히 우버는 거기서 한 걸음 더 나아갔다. 캘러닉은 사용자의 프라이버시를 일종의 후속 조치 대상으로 여겼다. 한번은 우버 앱의 프라이버시 설정을 변경함으로써 사용자가 하차한 뒤에도 그들을 추적할 수 있게 했다. 사용자들은 항의하며 엄격한 프라이버시 설정을 요구했지만 캘러닉은 오랫동안 요구에 응하지 않았다. 그는 사람들이 하차 후에 어디를 가는지 관찰함으로써 그들의 행동을 분석하고자 했다.

우버는 거의 모든 측면에서 리프트보다 한 수 위였다. 그린과 지머는 유능하고 야심찬 인물이었지만, 캘러닉은 언제나 그들보다 한발 앞섰다. 그리고 안전성이 입증되지 않은 기술을 적극적으로 시도했다. 캘러닉은 리프트의 사용자 기반을 공격한 것은 물론, 그들의 고위 인사를 빼오기까지 했다. 가령 2013년에 자신이 설립한 스타트업인 체리Cherry(세차 업계의 우버라 불렸다)를 리프트에 매각했던 트래비스 밴더잰든Travis VanderZanden의 사례를 살펴보자. 그는 캘러닉이 높이 평가하는 '열정가'였다. 밴더잰든은 리프트에 합류하고 1년만에 최고운영책임자로 승진했다. 그러나 2014년에 그는 파트너를 배신하고 우버에 합류했다.

그게 바로 캘러닉이었다. 부하 직원이 좋은 소식(대개는 경쟁자의 나쁜 소식)을 들고 올 때마다 그는 언제나 소년 같은 매력적인 미소를 지으면서 손을 비벼댔다. 그러고는 자리에서 일어나 우버의 다음 행보를 고민했다. 그는 스카워 시절 자신을 못살게 굴었던 마이클 오비츠를 끔찍이 싫어했다. 하지만 오비츠로부터 많은 것을 배웠다. 오비츠는 미국의 대표적인 에이전시 기업 CAA 회장으로 취임한 뒤 20년 동안 할리우드를 장악했다. 그런 그가 바이블로 삼았던 책이 있으니 그것은 다름 아닌 《손자병법》이었다.[3] 그리고 캘러닉 역시 그 책을 자신의 바이블로 삼았다.

'자고로 전쟁에서는 강자를 피하고 약자를 공격해야 한다.'

당시 리프트는 약자였고 우버는 강자였다. 그리고 두 기업은 전쟁을 벌이고 있었다. 우버는 리프트보다 더 빠르고, 더 자본력이 강하고, 더 잔인했다. 그린과 지머가 좋은 사람 행세를 했다면, 캘러닉은 이기기 위해 수단과 방법을 가리지 않았다. 리프트가 자금이 말라가고 투자 유치에 계속 어려움을 겪으면서 판도는 점차 우버로 기울었다.

✖

우버 임원인 제프 존스Jeff Jones가 한숨을 내쉬며 말했다. "젠장. 대체 무슨 짓을 한 거지?" 존스는 자신의 비서와 함께 우버 본사의 휴게실에 놓인 입식 책상 앞에 서서 자신의 페이스북 페이지 아래로 끊임없이 이어진 운전자들의 댓글을 멍하니 쳐다봤다. 모두가 그를 욕하고 비난하고 있었다. 온순한 성향의 미네소타 사람들에게 익숙한 존스의 눈앞에 너무나도 믿기 힘든 상황이 펼쳐지고 있었다. 그는 누군가 자신의 처지를 동정해주길 바라듯 이렇게 말했다. "사람들 입이 너무 거칠구먼!" 그러나 그의 비서를 제외하고 휴게실에 있던 몇몇 직원은 검은색 가죽 소파에 앉아 맥북에 고개를 처박고 있을 뿐이었다. 존스는 혼자였다.

우버 운전자들은 그에게 분노를 쏟아내고 있었다. 그건 일상적인 상황이 아니었다. 사실 사람들은 존스를 좋아했다. 쉰에 가까운 나이에 머리는 희끗희끗했지만 얼핏 보면 마치 보이스카우트 소년 같은 얼굴이었다. 표정은 유쾌하고 밝았으며(심지어 씩씩하기까지 했다), 넉넉한 미소는 언제나 회의실 분위기를 밝게 만들었다. 포크유니언

밀리터리 아카데미Fork Union Military Academy 시절에 1년 동안 야구선수로 뛰면서 존스는 엄격한 규율과 똑바른 자세를 익혔다. 그는 타고난 활력과 리더십 덕분에 지금까지 여러 기업을 옮겨 다녔다. 그는 첫 직장인 갭Gap에서 코카콜라로 옮겼다가 다시 타깃Target으로 이직했다. 특히 타깃에서는 마케팅 전문가로 이름을 날렸다.

많은 고객이 타깃의 로고인 크고 붉은 과녁을 사랑했다. 그들은 종종 타깃을 프랑스 발음으로 부르곤 했다. 그러나 존스가 최고마케팅책임자로 있던 동안 타깃은 역사상 최악의 시기를 겪어야 했다. 2013년 수천만 명의 개인 정보와 금융 관련 데이터를 해킹당했기 때문이었다. 그때 존스는 사람들에게 욕을 먹는다는 것이 어떤 것인지 알게 되었다.

그리고 우버로 넘어와서도 운전자들로부터 욕을 먹고 있었다. 캘러닉은 우버의 비즈니스가 계속 성장하고 있다고 확신했고 실제로 어느 때보다 많은 사람이 우버 서비스를 이용했다. 동시에 캘러닉은 운전자의 불만이 커지고 있으며, 점차 매출에 영향을 미치고 있다는 사실도 알았다. 당시 운전자의 '이탈률'(우버 운전자 중 활동을 그만두고 다시 돌아오지 않는 비율)이 높은 수준을 기록하고 있었다.

우버 사람들 모두 그 이유를 알았다. 그리고 존스 역시 조만간 깨닫게 되었다. 우버 운전자가 된다는 것은 끔찍한 일이었다. 요금은 시시각각 바뀌고 본사와는 소통이 되지 않았다. 뉴욕에 카풀 서비스를 론칭한 후, 우버는 상황을 파악하기 위해 그들의 운전자를 대상으로 설문조사를 실시했다. 회의실을 가득 메운 우버 직원들이 설문 결과를 살펴보고 있을 때, 한 관리자가 운전자들이 작성한 설문지에 철자와 문법 실수가 많다며 투덜거렸다. "세상에. 선거에서 이 사람들과 우리가 모두 같은 한 표라니 믿을 수가 없군."

설문조사 결과, 우버 운전자들은 스스로를 소모품으로 느끼고 있었다. 사실이 그랬다. 우버의 프로덕트매니저들은 내부 프레젠테이션을 통해 (이미 낮은) 운전자 '만족도'가 2016년 초에 크게 떨어졌다고 보고했다. 우버 운전자 중 약 4분의 1이 3개월 단위로 그만뒀다. 사람들은 우버 운전자로 일하는 것을 끔찍이 싫어했고, 그래서 우버는 새로운 운전자를 계속해서 끌어들여야 했다. 이를 위해 우버는 리프트나 택시 기사는 물론, 최저임금을 받는 맥도널드나 월마트 직원, 혹은 타깃의 신입 직원에게까지 눈독을 들였다.

존스는 테드 콘퍼런스에서 캘러닉을 처음 만났다. 캘러닉이 무대에서 내려온 뒤, 두 사람은 우버의 부정적인 이미지를 개선할 방법에 대해 이야기를 나눴다. 사람들은 우버의 서비스는 좋아했지만 우버라는 브랜드는 싫어했다. 그리고 존스는 브랜드 전문가였다. 캘러닉이 존스를 우버로 데려오기까지는 그리 오랜 시간이 걸리지 않았다. 그때 존스의 직함은 '승차 공유 대표President of Ridesharing'였다. 거창한 만큼 애매모호한 직함이었다.

존스는 수석 부사장인 라이언 그레이브스로부터 대부분의 마케팅 업무를 넘겨받았다. 우버의 초창기 멤버인 그레이브스는 마케팅 전문가가 아니었다. 당시 우버의 이미지는 최악이었고 전문가의 손길이 필요했다. 그래서 캘러닉은 그레이브스가 마케팅에서 손을 떼

고 음식 배달 및 배송 서비스에 집중하게 했다.[4]

존스에게 주어진 임무는 크게 두 가지였다. 바로 마케팅 활동을 가동하고 운전자 문제를 해결하는 것이었다. 그때까지 그레이브스는 그 두 가지 일을 그냥 내버려두고 있었다. 그는 효율적인 마케팅 방안은 물론, 우버의 수많은 프리랜서 '운전자'의 불만을 해결할 효과적인 방안도 마련하지 못했다.

우버에 합류한 지 몇 주 후, 존스는 노트북 앞에 앉아 수백 명에 이르는 우버 운전자들의 분노를 들여다보고 있었다. 원래 그의 계획은 페이스북을 통해 질의응답을 주고받음으로써 운전자와의 관계를 개선하는 것이었다. 그러나 운전자들은 이번 기회에 그들의 분노를 터뜨리고 있었다.

운전자들은 존스에게 불만과 비난을 마구 쏟아냈다. "무인자동차가 나오면 운전자들은 어떡할 생각인가?" "무인자동차가 등장하면 운전자에게 스톡옵션이라도 나눠줄 것인가?" "우버는 운전자들이 키웠다는 사실을 잊어버린 건가?" "우버의 성공에 기여한 운전자들이 왜 쫓겨나야 하는가?"[5] 그때 존스가 마주하고 있었던 것은 수년간 억눌린 운전자들의 분노였다. 그는 정해놓은 30분 동안 겨우 12개의 질문에 답했을 뿐이었다. 해묵은 분노와 불만을 해결하기에는 턱없이 부족한 시간이었다.

한 운전자는 이렇게 썼다. "우버가 운전자에게 아무런 관심이 없다는 사실을 분명하게 밝혀줬군. 마음 깊숙한 곳에서 저주를 보낸다."[6] 존스는 맥북 화면을 바라보며 고개를 저었다. 내가 어쩌자고 여기에 들어온 걸까?

✖

반면 캘러닉은 그동안에도 억만장자* 플레이보이로서의 라이프
스타일을 마음껏 누리고 있었다.

스카워 시절 캘러닉은 부모와 함께 살았다. 우버 초창기만 해도
캘러닉은 스트립바에서 댄서들에게 돈을 찔러 넣어주는 것보다 엑
셀 스프레드시트에 파묻혀 있는 것을 더 좋아했다. (친구들이 그를 데
리고 스트립바에 갔을 때도 그는 노트북을 꺼내서 일을 했다.) 하지만 우버
는 이제 유니콘이 되었다. 그리고 캘러닉은 친구이자 우버의 초기
투자자인 셔빈 피셔바의 도움으로 한층 세련된 사람이 되었다. 피
셔바는 캘러닉의 내면에 숨겨져 있던 끼를 끌어내는 역할을 했다.

작은 키에 헤어스타일이 깔끔한 벤처 투자자 피셔바는 우정과 경
쟁이 공존하는 전형적인 실리콘밸리 투자자였다. 하루는 한 기업가
에게 칭찬 세례를 퍼부었다가 다음 날에는 그와 계약 조건을 놓고
다툼을 벌였다. 무엇보다 피셔바는 권력의 중심에 있는 것을 좋아
했고, 그런 기회를 포착하는 예민한 감각을 소유하고 있었다.

그는 새로운 친구인 캘러닉에게서 그 기회를 봤다. 그는 자신의
기업인 먼로벤처스Menlo Ventures를 통해 우버에 투자하고 싶다는 뜻

● 캘러닉은 말 그대로 억만장자였다. 그는 레드스우시를 매각한 돈으로 먹고살았다. 우버의
CEO로 있는 동안 우버 주식은 단 한 주도 팔지 않았다.

을 밝혔다. 그 과정에서 피셔바의 파트너인 숀 캐롤란Shawn Carolan은 투자가 이뤄지도록 많은 노력을 기울였다. 그러나 투자를 성사시킨 공은 대부분 피셔바에게로 돌아갔다. 피셔바는 심지어 뒤통수에다 'UBER'라는 글자를 새기기까지 했다. 우버에 대한 애정을 드러내 보이기 위해서였다.

나중에 피셔바는 여러 건의 성추행 혐의로 고소당했다. 그중 한 건은 우버의 초창기 직원으로 캘러닉과 아주 오랫동안 함께 일했던 오스틴 게이트와 관련된 사건이었다. 2014년 우버가 '열광적인 20년대'를 주제로 주최한 파티에 피셔바는 진짜 조랑말을 끌고 등장했다. 게이트는 그날 피셔바가 자신의 드레스 아래로 손을 쓸어 올리면서 다리를 더듬었다고 주장했다. 하지만 피셔바는 반박했다. 그날 파티에 참석했던 사람은 피셔바가 그럴 수 없었을 것이라며 그를 두둔했다. "한 손에는 조랑말 고삐를, 다른 손에는 술잔을 들고 있었거든요."[7]

피셔바는 캘러닉에게 이제 그는 록스타이며 그에 걸맞은 라이프 스타일을 누려야 한다고 했다. 한번은 캘러닉이 파나마에서 로스앤젤레스로 돌아왔을 때, 피셔바는 자신의 비서를 공항으로 보내 캘러닉을 맞이하게 했다. 자동차 뒷좌석에는 캘러닉을 위한 정장이 마련되어 있었다. 그들은 그 길로 베벌리힐스에서 열린 파티에 참석했고, 거기서 소피아 부시와 에드워드 노튼과 같은 유명인과 어울렸다. 리어나도 디캐프리오 역시 그 모임의 단골손님이었다.

캘러닉의 친구들은 그런 그를 보며 '파티광 증후군'에 걸렸다고 했다. 사실 캘러닉은 우버를 설립하기 오래전부터 리무진을 타고 멋진 여성과 데이트를 즐기며 파티를 돌아다니는 꿈을 꿨다. 그리고 그 꿈은 이제 현실이 되었다. 캘러닉은 오랫동안 품어왔던 갈망을 이뤄냈다. 그러나 그 세상에는 입장료가 있었다. 우버 지분의 상당 부분을 이들 모임 구성원들에게 우선적으로 넘겨줘야 했던 것이다.● (물론 전략적으로 지분을 넘겨주는 경우도 있었다. 스타트업 세상에서는 유명인에게 지분이나 돈을 지불하고 앱을 홍보하게 하는 경우가 종종 있었다.)

외국의 멋진 장소에서 열린 파티는 캘러닉과 그의 오른팔인 에밀 마이클의 흥미를 자극했다. 캘러닉의 연인 가비 홀츠워스는 스페인 이비사섬에서 열린 파티에 자신의 친구와 유명인을 초대했다. 제트기와 유명인, 그리고 신나는 파티 게임은 캘러닉과 그의 주변 사람들을 매료시켰다.

유명인과 어울리기 시작한 캘러닉은 마이클과 함께 '빅스타'를 우버 이사회에 영입하는 방안에 대해 이야기를 나눴다. 두 사람은 각광받는 스타트업이라면 당연히 할리우드로 눈길을 돌려야 한다고 믿었다.

가장 먼저 떠오른 인물은 오프라 윈프리였다. 캘러닉은 이비사 파티에서 오프라를 만났고 어떻게든 그녀를 우버 이사회로 끌어들이고 싶었다. 사실 실리콘밸리의 모든 기업가가 오프라를 그들의 이사회에 영입하고자 했다. 그녀는 자수성가한 흑인 여성 사업가로

● 기업가인 오렌 미헬스Oren Michels는 우버 초창기에 캘러닉에게서 5,000달러에 달하는 지분을 얻었다. 2017년 말 그의 지분 가치는 3,300배 뛰어 2,000만 달러에 육박했다. 미헬스는 2013년 자신의 스타트업을 인텔에 매각했을 때보다 더 많은 돈을 벌어들인 것이다.

수많은 추종자와 더불어 자신의 글로벌 제국을 거느리고 있었다. 많은 스타트업이 오프라를 끌어들이기 위해 그녀의 오랜 친구이자 〈CBS 디스모닝This Morning〉의 공동 진행자인 가일 킹Gayle King에게 접근을 시도했지만 성공한 경우는 거의 없었다. 피셔바도 킹을 저녁 식사에 초대하고자 했다. 캘러닉은 홀츠워스를 보내서 킹과 이야기를 나누게 했다. 그렇게 온갖 노력을 했지만 킹도 오프라도 아무런 반응이 없었다.

그래도 캘러닉은 힙합계의 거물, 숀 카터와 성공적인 관계를 맺을 수 있었다. 카터는 아내 비욘세와 함께 우버의 초기 투자자로 참여했다. 두 사람은 우버의 성공을 예견했다. 카터는 우버의 은행계좌로 약속된 금액보다 더 많은 돈을 송금하기도 했다. 그것은 우버가 허락한 것보다 더 많은 지분을 확보하기 위한 시도였다. 캘러닉과 마이클은 대스타 제이지에게 거절 의사를 밝혀야 한다는 생각에 짜릿함까지 느꼈다. 그들은 이미 너무 많은 투자자가 관심을 보여줬다는 말과 함께 나머지 금액을 카터에게 정중하게 돌려줬다.

우버는 정기적으로 스트립바에서 파티를 열었다. 일반적으로 우버 임원이 고객 접대나 비즈니스 개발 명목으로 그 비용을 결제하고, 다른 임원이 이를 승인하는 방식으로 처리했다. 2014년 한국을 방문했을 때에도 그런 식으로 접대비를 처리했고 이는 나중에 큰 골칫거리가 되었다.

우버의 조직 문화는 위에서부터 만들어졌다. 캘러닉은 직원들(대부분 20대 백인 남성)에게서 자신이 무엇을 기대하는지 잘 알았다. 그리고 그런 기대를 기준으로 채용을 했다. 그 결과, 우버의 조직은 캘러닉의 성향을 그대로 반영했다.

이는 전 세계 우버 사무소에도 똑같이 해당되는 말이었다. 캘러닉은 직원들에게 상당한 권한을 부여하고(우버의 기업 가치인 '실무자가 일하게 하기') 모두가 각자의 분야에서 책임을 지게 했다. 그럼에도 캘러닉은 자신과 닮은 사람들을 채용했기 때문에, 전 세계 모든 지역 사무소가 많은 유사점을 갖고 있었다.

예를 들어 동남아시아 지역 사무소 관리자들 역시 파티를 좋아했다. 술과 코카인은 빠지지 않았고 성추행은 심각한 수준이었다.

2015년 우버의 말레이시아 사무소에서 근무하던 한 여성이 퇴근 후 집으로 돌아가던 중이었다. 그녀는 언젠가부터 몇 명의 남성이 자신을 따라오고 있다는 것을 눈치챘다. 동네 불량배들처럼 보였다. 그녀는 도움을 요청하는 메시지를 사람들에게 보냈고, 그중에는 지역 총관리자도 포함되어 있었다. 그 내용은 지금 도움이 필요하며, 강간을 당할까봐 두렵다는 것이었다.

하지만 관리자에게서 돌아온 답변은 이런 것이었다. "걱정 마. 우버는 의료보험이 잘되어 있으니까. 치료비는 우리가 부담할게."

태국 사무소의 상황은 더욱 심각했다. 사무실에서 마약 복용과 매춘부 출입이 공공연하게 이뤄지고 있었으며, 어느 누구도 이의를 제기하지 않았다.

어느 날 저녁 태국 사무소 직원들이 사무실에서 술을 마시며 코카인을 하고 있었다. 종종 있는 일이었다. 당시 그 자리에 함께 있던 여성 직원은 동료들이 권하는 마약을 거절했다. 그녀가 사무실을 나가려 하자 관리자가 그녀를 잡고 흔들며 때렸다. 그러고는 그녀의 머리채를 움켜쥐고 테이블 위에 놓인 코카인 더미로 그녀의 머리를 들이밀어 코카인을 강제로 흡입하게 했다.

뉴욕 사무소의 분위기 역시 남자다움, 성차별주의, 공격성을 노골적으로 드러냈다. 나쁜 실적에 화가 난 상파울루 사무소 관리자는 커피 잔을 내던지면서 직원들에게 소리를 질렀다. 그밖에 관리자가 부하 직원과 잠자리를 같이하는 일은 빈번했다.

이런 상황에도 불구하고 우버 경영진은 특별한 조치를 취하기는 커녕 잘못을 알고 있었음에도 묵인했다. 그들은 이런 문제를 심각하게 받아들이지 않았다. 비록 지금은 문제가 많아도 조만간 구글과 아마존, 혹은 애플의 뒤를 이어 글로벌 거물로 성장할 것이라는 기대가 더 컸다. 우버는 은행계좌에 수십억 달러를 쌓아놓고, 실리콘밸리 전역에서 몰려온 최고의 인재들과 함께 세계 시장을 정복할 준비를 하고 있었다. 우버 직원들은 회사 지분을 포함하여 엄청난 보수를 받고 있었다.

캘러닉의 40번째 생일은 그가 평생 잊지 못할 만큼 떠들썩한 행사로 채워졌다. 그는 에게해에 여러 대의 요트를 띄우고 수많은 모델을 초대했다. 2016년 말 캘러닉의 인생은 더없이 화려했다. 돈과 권력이 함께했고, 그의 제국은 나날이 성장하고 있었다.

✖

2017년 초 한 젊은 여성이 샌프란시스코에 기반을 둔 결제 서비스 스타트업인 스트라이프Stripe에서 일을 시작했다. 그녀는 두 달 전 우버를 떠났다. 그러나 왜 그 주목받는 스타트업을 떠났는지 누구에게도 자세하게 이야기하지 않았다. 우버 시절을 떠올릴 때마다 그녀는 역겨움과 분노 그리고 슬픔을 느꼈다. 우버에서의 생활은 그녀가 기대했던 그런 삶이 아니었다.

친구와 가족은 왜 그만뒀냐고 계속 물었지만, 그녀는 마땅한 대답을 찾지 못했다. 그러던 2월, 그녀는 자신의 블로그 susanjfowler.com에 우버 시절의 경험을 정리한 글을 올렸다. 그 글은 3,000단어 이상으로, 잡지 기사에 해당하는 분량이었다. 그녀는 그 글의 제목을 바라볼 때마다 긴장감을 느꼈다. '우버에서 보낸 아주 아주 이상한 한 해에 대한 회상.'[8] 그런데 누가 이 글을 읽어볼까? 신경이라도 쓸까?

수전 파울러는 이렇게 글을 시작했다. "아직 기억이 살아 있을 때 말해야 할 생소하고, 흥미롭고, 조금은 끔찍한 이야기. 자, 이제 시작합니다."

4부

밝혀지는 민낯

20장

폭풍 3개월 전

트럼프의 승리가 확정된 그날 밤,
캘러닉은 한줄기 희망을 봤다.

수전 파울러가 자신의 블로그 글을 '공개'하기 3개월 하고도 보름 전, IT 세상은 충격에 빠졌다.

2000년 초 닷컴 붕괴 이후 그리고 스마트폰 시대 내내 언론은 미국의 기술 산업에 아첨을 했다. 〈월스트리트저널〉과 〈뉴욕타임스〉를 비롯한 주요 매체는 헤드라인을 통해 기술 천재가 일궈낸 업적을 칭송했다. 특히 마크 저커버그는 소셜네트워크를 중심으로 전 세계 친구와 가족을 연결한 선지자였다. 그리고 트위터는 중동에서 민주주의가 뿌리를 내리는 과정에 중요한 기여를 했다. 구글 경영진은 환상적인 지도를 제작해서 사람들의 삶을 더욱 편하게 만들어줬으며, 게다가 모두에게 공짜 이메일을 선물했다. 나아가 일론 머스크는 현실을 초월한 꿈을 꾸었다. 그는 전기차 테슬라로 세상을 구원하고 스페이스X로 우주를 정복할 계획을 세웠다.

물론 기술의 부정적 측면에 대한 기사도 많았지만, 대부분의 미국 언론과 대중은 소셜미디어 시장에서 더욱 공고해지고 있는 페이스북의 독점, 인터넷 전반으로 무대를 넓혀가는 아마존과 구글의 광고 기술에 따른 프라이버시의 종말, 트위터가 조성한 악의적인 인종 차별, 유튜브 자동 알고리즘을 통해 사용자에게 확산되는 이상하고 해로운 음모론(지구는 평평하고, 백신은 자폐증을 유발하고, 9.11은 미국 내부의 소행이라는 주장 등)은 못 본 척 넘어갔다. 그러나 기술 산업을 바라보는 그동안의 호의적인 시각은 도널드 트럼프가 예상을 깨고 대선에서 승리한 2016년 11월 8일 밤에 사라지고 말았다.

미 대선은 기술 산업 전반에 어두운 그림자를 드리우는 한편, 우버에 전환점이 되었다. 물론 우버의 문제가 대선에서 비롯된 것도, 대선 결과에 영향을 미친 것도 아니었다. 그럼에도 우버는 대선 후 폭풍에 휘말리게 되었다. 그 소용돌이는 우버 역사상 최악의 12개월을 알리는 신호탄이었다.

✖

대선 다음 날 아침, 잠에서 깨어난 기술 업계 사람들은 그동안 스스로에 대해 가졌던 이미지(젊음과 민주적 이상의 근간으로서 보다 효율적이고 건강하고 긴밀하게 연결된 사회를 구축하는 데 기여했다는 생각)가

산산조각 났음을 깨달았다.

도널드 트럼프가 미국 대통령이 되었다. 세 번 결혼한 부동산 재벌로서 지난 10년간 오바마의 출생지를 놓고 트위터상에서 무차별적 공격을 했던 인물이 이제 국가 수장이 된 것이다. 실리콘밸리 인사들은 힐러리 캠프에 수백만 달러를 후원하면서 향후 힐러리 행정부에서 직책을 맡을 수 있기를 기대했다.

그러나 이제 그들은 대중의 손가락질을 받고 있었다. 사람들은 페이스북, 구글, 트위터, 레딧, 인스타그램이 트럼프의 승리를 도왔다고 비난했다. 영국의 데이터 분석업체인 케임브리지애널리티카 Cambridge Analytica가 페이스북의 사용자 정보를 수집·유출하여 트럼프 캠프에 전달한 것이 밝혀졌던 것이다.[1] 기술은 젊은이들이 이끄는 평등을 향한 원동력(이 원동력이 오바마를 백악관으로 보냈다)에서 이제는 사악하고 교묘한 선전 기계로 전락하고 말았다. 갑작스럽게도 대중은 구글과 페이스북이 가동하는 광고 엔진의 영향력을 깨닫게 되었다. 이에 불안감을 감지한 정치인들은 기술 기업들을 비난하기 시작했다. 언론도 가세했다.

〈뉴욕〉의 한 기자는 이렇게 주장했다. "트럼프가 대선에서 승리할 수 있었던 것은 페이스북이 거짓말이나 가짜 뉴스 문제에 제대로 대처하지 못했거나, 혹은 대처하지 않았기 때문이다."[2] 그 기사는 서서히 피어오르는 대중의 인식, 즉 "도널드 트럼프는 페이스북 때문에 이겼다"는 생각을 반영하고 있었다. 이런 의심과 걱정은 기술 세상의 사람들 마음속에서도 흘러넘치기 시작했다. 페이스북의

가장 열성적인 직원들조차 자신들의 플랫폼이 세상에 미치는 영향력에 대해 점차 의문을 품기 시작했다.[3]

트위터도 비난에서 비껴갈 수 없었다. 그들은 억만장자 괴물에게 플랫폼을 마련해줬고, 트럼프는 이를 최대한 활용하여 자신의 존재를 끊임없이 노출시켰다. 트럼프는 트위터라는 '언드미디어 Earned Media'(기업이 통제할 수 없는, 소비자·언론 등이 생산하고 발신하는 미디어—옮긴이)를 통해 20억 달러가 넘는 홍보 효과를 공짜로 누렸다.[4] 이는 다른 후보자와는 비교가 되지 않는 수준이었다.

한때 대중과 언론은 거대 기술 기업을 숭배했다. 페이스북과 트위터는 많은 사람에게 발언권을 줬고, 우버와 리프트는 자유로운 차량 서비스를 선물했다. 하지만 이제는 정부의 지원을 받는 해커가 방대한 개인 정보 데이터베이스를 활용해서 선거에 영향을 미치려 한다는 소문이 나돌았다. 갑작스럽게도 실리콘밸리의 사악한 힘이 미국을 절벽으로 몰고 갔고, 그 혼란 속에서 거대 기술 기업은 이익을 챙기고 있었다.

캘러닉은 힐러리 클린턴의 당선을 예상하고 2년 동안 그에 맞게 우버의 기반을 강화했다. 그는 주요 지역에서 로비스트를 고용했다. 그리고 이를 통해 노동조합에는 우호적인 반면 계약직에 의존하는 기업에는 적대적인 차기 행정부에 대처할 준비를 했다. 힐러리는 실리콘밸리의 주요 후원자와 각별한 관계를 맺고 있었다. 여기에는 페이스북의 셰릴 샌드버그 Sheryl Sandberg, 클라이너퍼킨스의 존 도어, 그리고 세일즈포스 Salesforce의 마크 베니오프 Marc Benioff가 포함되어 있었다. 그녀는 아직까지는 기술 대기업을 공격하지 않았다. 만약 힐러리 행정부가 공격할 기업이 있다면, 그건 아마도 미국 사회에서 가장 미움받는 스타트업인 우버일 것이다.

하지만 예상치 못한 트럼프의 승리는 우버 사람들을 충격에 빠뜨렸다. 진보 진영의 시민들 대부분은 트럼프가 대통령이 되었다는 소식에 머리를 쥐어뜯었다(공화당을 지지한 우버 사람들조차 말이 안 되는 일이 벌어졌다고 생각했다). 우버의 최고기술책임자인 투안 팜은 내부 메일에서 트럼프의 당선을 '과거로의 후퇴'[5]라고 성토했다. 그는 트럼프를 '무식한 인간'이라고 부르면서 그의 당선을 중국에서 마오쩌둥과 같은 잔인한 독재자가 권력을 잡은 것에 비유했다.

그러나 트럼프의 승리가 확정된 그날 밤, 캘러닉은 한줄기 희망을 봤다. 공화당 행정부가 우버를 공격할 가능성은 낮았다. 특히 캘러닉이 자신의 기업을 역사상 가장 많은 일자리를 창출한 스타트업으로 만든다면 말이다. 자동차를 소유한 누구나 우버에서 일할 수 있게 된다면, 캘러닉은 그 성과를 인정받을 것이었다. 그렇다면 다음 4년은 우버에게 그리 나쁘지 않을 것이다.

그밖에도 캘러닉에겐 골치 아픈 문제가 있었다. 2년간 엄청난 손실과 사기 사건을 겪은 후, 우버 투자자들은 캘러닉에게 중국 시장을 포기할 것을 요구했다. 미국의 어떤 기술 기업도 중국 시장에 성공적으로 진입하지 못했다. 우버의 실패는 첫 번째가 아니었다. 캘러닉의 노력에도 불구하고 중국 정부는 자국 기업인 디디를 지지하고, 우버에게는 적대적인 태도로 일관했다.

캘러닉은 실패를 인정하기 싫었다. 그는 어떻게든 복수를 하고 싶었다. 우버가 사우디아라비아로부터 투자받게 되었다는 소식이 〈뉴욕타임스〉에 실렸을 때[6] 캘러닉은 전략서비스그룹Strategic Services Group(SSG)을 통해 디디의 대표 청리우의 일그러진 표정을 사진에 담으려 했다.

캘러닉이 앞으로의 전쟁을 위해 마음을 다잡고 있었다면, 투자자들은 다른 생각을 하고 있었다. 특히 우버 이사회의 '치킨리틀'인 빌 걸리는 중국 시장에 엄청난 돈을 퍼붓는 것에 불만이 많았다. 이사회 내부에서 캘러닉에 반대했던 또 다른 인물인 데이비드 본더만 역시 목소리를 높였다. 그는 캘러닉이 이기지 못할 전쟁에 돈을 쓰고 있다고 비난했다.

우버의 기관투자자들은 디디의 최대 투자자들과 전화 통화를 해서 갈등 상황을 해결하고자 했다.[7] 물론 캘러닉은 화가 났지만 크게 놀라지는 않았다. 투자자들은 언제나 뒤통수를 친다. 결국 8월 1일 우버는 패배를 인정했다. 그리고 디디의 지분을 받는 조건으로 우버의 비즈니스를 넘겨주기로 합의했다.[8]

그러나 우버 투자자에게 그건 승리였다.[9] 더 이상 엄청난 돈을 낭비하지 않아도 되는 데다 성장하는 시장에서 이익을 얻을 수 있었기 때문이었다. 우버는 그 거래에서 디디의 지분 17.7퍼센트를 받았다. 디디의 주가는 계속 오르고 있었기 때문에 디디가 기업공개를 하게 된다면 그 가치는 엄청나게 높아질 것이었다. 디디와의 협상 과정에서 에밀 마이클이 많은 노력을 했고, 그는 이를 자신이 우버에서 이룬 대표적 성과로 꼽았다. 하지만 캘러닉에게 그건 쓰디쓴 참패였다. 그는 결국 페이지와 저커버그를 넘어서지 못했다. 그리고 중국 시장을 정복한 미국 최초의 CEO가 되지도 못했다.

한편 캘러닉은 다른 생각을 품고 있었다. 승자인 트럼프와 함께하는 시장 친화적인 공화당 행정부는 IT 업계를 비난하지 않을 것이며, 노동시장과 운송 분야의 규제를 철폐할 것이었다. 이제 우버는 빨리 움직여야 했다. 대통령 당선자 트럼프는 이미 기술 분야의 최고 리더들과 함께 정책위원회를 꾸리기 시작했고, 캘러닉도 거기에 참여하고 싶었다. 당선 한 달 만에, 트럼프는 백악관에서 기술 최고 회의를 열고 IT 분야의 유명 CEO를 초청했다.[10] 캘러닉은 그때 인도에 있었기 때문에 트럼프와 사진을 찍을 첫 번째 기회를 놓치고 말았지만, 그래도 트럼프와의 연결고리는 마련되었다.

하지만 우버 직원들의 생각은 달랐다. 본사에서 많은 불만의 목소리가 터져 나왔다. 그들은 왜 그들의 CEO가 외국인을 혐오하고, 무식하고, 인종 차별적인 대통령과 손을 잡으려고 하는지 이해하지 못했다. 내부 전체 회의에서 직원들은 캘러닉에게 다시 한 번 생각하고 자문위원회에서 물러날 것을 촉구했다.

그러나 캘러닉은 뜻을 굽히지 않았다. 그는 위원회에 들어가는 것이 더 나은 선택이라고 믿었다. 그리고 직원들이 느끼는 혼란은 시간이 지나면 어느 정도 해결될 것이라고 생각했다.

21장

#우버를 삭제하라

*#deleteUber*는 우버 앱이 상징하는
모든 것에 대한 혐오를 드러내는 행위였다.

캘러닉이 트럼프의 비즈니스 자문위원회에 들어가기 위해 애쓰는 동안, 시카고 지역의 근로자인 댄 오설리번Dan O'Sullivan은 여전히 트럼프가 거짓말쟁이라고 믿었다.

트럼프는 취임 첫 주일 동안 취임식에 모인 군중의 규모를 놓고 언론과 논쟁을 벌였다. (백악관 홍보팀은 "역대 최고의 취임식 관중!"이라고 발표했다. 그러나 그건 명백한 허위 주장이었다.) 오설리번은 트럼프가 광대에 불과하고, 〈폭스뉴스〉에 세뇌당한 유권자들에 의해 대통령 자리에 오른 멍청이라고 생각했다. 그는 트럼프가 2016년 연단에서 내뱉은 공약을 이루지 못하기를 기도했다.

아일랜드 출신의 전화 가선공인 아버지와 간호사인 어머니 밑에서 태어난 댄 오설리번은 번쩍번쩍한 트럼프 타워가 있는 맨해튼과는 멀리 떨어진 롱아일랜드에서 자랐다. 그는 자신이 노동자 집안 출신임을 자랑스러워했다. 그의 친척인 마이크 퀼은 1934년 뉴욕시에서 운송노동자조합을 공동 설립한 인물이었다. 그는 공산당과 긴밀한 관계를 맺으면서 '레드 마이크'라는 별명을 얻기도 했다. 오설리번의 아버지는 누이의 생일날에도 통신노동자조합 동료들과 함께 파업에 참가했다.

롱아일랜드와 메인주에서 학교를 다닌 오설리번은 시카고에 정착했다. 그는 그곳을 잘 알지 못했지만 마음에 들어 했다. 190센티미터의 키에 100킬로그램의 거구인 오설리번은 자신의 아버지처럼 벨애틀랜틱에서 일하는 가선공이 아니라 미식축구팀 시카고 베어스의 라인맨lineman에 더 가까워 보였다.

오설리번의 꿈은 글을 쓰는 것이었다. 그는 〈고커Gawker〉나 〈자코뱅Jacobin〉과 같은 진보 성향의 잡지에 정치 기사를 기고했다. 그리고 생계를 꾸려가기 위해 기술 기업의 콜센터에서 일하며 성난 고객을 응대하는 일을 맡았다. 일은 무척 고됐지만 여가 시간에 틈틈이 글을 썼다. 또한 자신의 글을 기고할 기회를 부지런히 찾았다.

오설리번의 직장 생활은 지루했지만 디지털 세계의 삶은 화려했다. 그는 트위터에서 정치나 뉴스 계정을 팔로했고, 많은 작가들과 소통했으며, 진보주의자들과 종종 메시지를 주고받았다. 그는 트위터 피드를 통해 익명의 아바타로 만난 사람들과 농담을 주고받으면서 친분을 쌓아나갔다. 트럼프의 인기와 성공에 충격을 받긴 했지만, 적어도 트위터 세상에서는 대통령의 우스꽝스러운 행동을 친구들과 함께 마음껏 조롱할 수 있었다.

오설리번은 디지털 세상의 익명성을 소중하게 생각했다. 그는 트위터 세상에서 고집 센 인물이었다. 하지만 그는 트위터에서 트럼프를 비난한 트윗의 내용이 회사에 알려지면 좋지 않을 것이라는 사실을 잘 알았다. 게다가 새로 직장을 구할 때, 트위터 친구들과 나눈 은밀하고 상스러운 농담을 회사들이 결코 좋아하지 않을 것이라는 사실도 잘 알았다.

그럼에도 그에게 트위터는 소중한 공간이었다. 오설리번의 온라인 친구들은 그를 '@Bro_Pair'라는 계정으로 기억했다.

✖

대통령 취임 선서를 하고 일주일이 지난 1월 27일 금요일 밤, 트럼프는 즉각적인 국경 봉쇄를 명령했다. 그는 주로 이슬람 국가를 거론하면서 내전을 피해 도망친 시리아 난민의 입국을 막았다.

트럼프는 취임식에서 소위 '급진 이슬람 테러리스트'(그는 무슬림을 이렇게 불렀다)에 대해 이렇게 말했다. "우리는 그들이 여기로 들어오길 원치 않습니다. 우리 군인이 해외에서 맞서고 있는 바로 그 위협이 이 땅을 겨냥하지 않도록 해야 합니다. 우리는 미국을 지지하고 미국 국민을 진정으로 사랑하는 사람들만 받아들일 겁니다."[1]

2015년 말 트럼프는 선거 운동 중에 이미 자신의 의지를 드러냈었다. 샌버너디노, 캘리포니아, 그리고 프랑스 파리에서 유혈 테러 사태가 벌어지자 트럼프는 무슬림의 입국을 전면 금지해야 한다고 주장했다.[2] 그리고 이슬람 피난민보다 기독교나 다른 종교를 믿는 이들의 입국을 우선적으로 고려해야 한다고 말했다. 이슬람 난민의 입국을 전면 금지해야 한다는 주장은 선거 운동에서 큰 힘을 발휘했다. 트럼프 지지층은 그의 결정을 반겼다. 물론 양당 정치인들은 그런 주장이 반인류적이고 헌법에 위배된다고 비난했다. 그러나 그 비난은 그리 오래가지 못했다.

2017년 트럼프는 대통령으로 취임하자마자 자신의 선거 공약을 철저히 따랐다. 오설리번처럼 트럼프를 비난하는 사람들 사이에서 무슬림의 입국 금지는 11월 9일 이후 서서히 끓어오르고 있던 분노를 폭발시켰다. 트럼프의 명령은 그들이 상상했던 것만큼 그가 극악무도한 인물이라는 사실을 확인시켜줬다.

사람들의 분노는 쉽게 가라앉지 않았다. 수백만 명이 미국 전역의 공항은 물론, 교통안전국과 이민세관단속국 등 이민자를 막는 연방 기관들로 몰려들었다. 또한 노란색 모자와 티셔츠 차림의 변호사 수천 명이 함께 참여해서 유치장에 갇힌 이민자에게 무료로 법적 조언을 해줬다.[3] 시위 참가자들은 수하물 구역이나 교통안전국 보안 라인으로 몰려들어 트럼프에 반대하는 노래를 부르면서 이민자를 환영하는 메시지를 적은 포스터를 들고 서 있었다.

시위가 금요일 밤부터 토요일 새벽까지 이어지자 뉴욕에서 활동하는 이슬람 택시 기사들까지 공항으로 합류했다. 그들은 이를 통해 연대를 과시하고 이슬람 노동자가 사라진 미국 사회가 어떤 모습일지 보여주고자 했다. 뉴욕시 택시 기사 연합은 오후 2시가 지나자마자 트위터를 통해 다음과 같은 메시지를 전했다. "오늘 오후 6~7시에는 JFK공항에서 픽업 서비스를 하지 않습니다. 우리 택시 기사들은 비인간적이고 비헌법적인 트럼프의 명령 #MuslimBan에 저항하는 수천 명의 사람들과 함께할 것입니다."[4]

택시 기사들이 집단행동에 들어가면서 우버의 뉴욕 사무소 직원들은 걱정하기 시작했다. 많은 사람이 공항으로 이동하면서 종종 우버를 이용했다. 이로 인해 JFK공항 일대는 혼란스러웠고 공항 터미널에는 이번 주말 미국에서 가장 거대한 인파가 모여들고 있었다. 엄청나게 많은 승객이 우버를 이용해 JFK공항으로 간다면 우버의 요금은 크게 인상될 것이었다. 이 말은 사람들이 기본 요금의 2배나 3배, 혹은 그 이상을 물게 될 거라는 뜻이었다. 단지 공항에서 시위를 하기 위해 말이다. 뉴욕과 샌프란시스코 사무소 관리자들은 요금이 상승하면 언론이 우버에 대해 부정적인 기사를 쏟아낼 것이라고 우려했다. 언론은 아마도 인도주의적 시위를 펼치는 선량한 시민들을 갈취하는 악독한 기업으로 우버를 공격할 것이었다.

그건 결코 우버가 바라는 바가 아니었다. 이에 대해 샌프란시스코 관리자는 JFK공항으로 가는 우버 차량의 요금 인상을 즉각 중단해야 한다고 분명한 입장을 밝혔다. 그날 저녁 늦게 그는 트위터 계정, @Uber_NYC로 이런 메시지를 올렸다. "#JFK공항에서 요금 인상이 중단되었다. 아마도 대기 시간이 길어질 것이다. 부디 인내심을 갖자."

우버는 그 트윗으로 수백만 달러의 손해를 입게 된다.

✹

오설리번은 보고도 믿을 수 없었다.

선거일 밤에 그는 땅바닥에 털썩 주저앉고 말았다. 그는 진보 잡지인 〈자코뱅〉에 트럼프의 승리에 관한 기사를 썼다. 그것은 트럼프주의, 그리고 미국이 그런 인물을 대통령으로 선택하게 만든 세력에 대해 반쯤 넋이 나간 상태에서 작성한 분석이었다.[5] 그는 그 글을 끝으로 정치 관련 기사는 쓰지 않겠노라고 다짐했다. 그러고는 텅 빈 시카고 거리를 정처 없이 헤맸다. 깊은 우울감이 밀려왔다. 그 우울감은 2017년까지 이어졌고 이로 인해 체중이 5킬로그램이나 빠졌다.

1월에 있었던 취임식은 보고 있기 힘들었다. 국회의사당에서 거물과 벼락부자들이 트럼프를 둘러싸고는 악이 선을 이긴 것을 축하하는 모습을 보며, 그는 섬뜩한 느낌을 받았다. 그로부터 일주일도 지나지 않아 나온 입국 금지 명령은 그에게는 가학적인 처사로밖에 보이지 않았다. 입국 금지 명령은 외국인 혐오와 국수주의로 무장한 트럼트의 두 자문, 스티븐 밀러Stephen Miller와 스티브 배넌Steve Bannon의 정체성, 그리고 이민자에게 고통을 주려는 그들의 욕망을 상징적으로 보여준 것이었다.

그래도 오설리번은 트럼프의 부당한 처사에 맞서기 위해 공항에 모인 군중에 관한 뉴스를 보고 한줄기 희망을 발견했다. 자신처럼 공포와 분노로 가득한 수천 명의 시민이 시위를 통해 행정부에 저항하고 있었다. 그건 가장 미국인다운 행동이었다. 오설리번은 @Bro_Pair 계정에서 자신이 지금까지 썼던 글을 읽어보고 기자, 언론사, 디지털 세상의 친구들(그들 역시 대통령에 대해 부정적이었다)과 나눈 이야기를 쭉 살펴봤다. 그렇게 토요일을 보내던 그는 뉴욕시 택시 기사 연합의 트윗을 통해 JFK공항에서 벌어지고 있던 시위 상황을 확인했다. 오설리번은 택시 기사들의 연대에 감탄했다.

그리고 몇 분 후 또 다른 트윗이 올라왔다. 이번에는 우버의 트윗이었다. JFK공항 내에서 요금 인상을 중단하겠다는 소식이었다.

그때까지도 오설리번은 우버에 대해 별 감정이 없었다. 기술 세상의 사람들이 그러하듯 그 역시 우버와 관련된 논란을 그냥 수동적으로 접하고 있었다. 진보주의자 오설리번이 보기에, 캘러닉은 자신과 같은 노동자의 삶이 아니라 사용자 증가와 매출 성장에만 관심을 기울이는 실리콘밸리 자본가의 전형에 불과했다. 그는 우연히 우버 서비스를 이용한 적이 있었다. 어쨌든 우버는 획기적이고 대단히 편리한 서비스임에는 틀림없었다. 하지만 기분이 썩 좋지는 않았다.

그런데 그 순간, 우버의 트윗 메시지가 올라오는 것을 지켜보면서 그는 그것이 연대를 배신하는 행동이라는 생각이 들었다. 오설리번을 비롯한 많은 사람이 우버의 트윗을 파업 중인 택시 기사들 뒤에서 이익을 챙기려는 계략으로 해석했다. 다시 말해 위기의 순간을 이용해서 돈을 벌려는 속임수로 봤다. 그는 우버의 트윗을 보고는 그 기업에 대한 이념적 불만과 더불어 그들의 비즈니스 모델을 떠올렸다. 우버는 직접 고용을 회피하기 위해 계약 채용을 기반으로 삼고 있었다. 그것은 노동조합을 조직하고자 하는 운전자들의 희망을 거스르는 것이었다. 이렇게 냉정하고 전형적인 기술 기업이 이슬람 택시 기사들을 보호해줄 리는 없었다. 오설리번은 자신의 감정이 노동조합에 대한 깊고 가족적인 연대감인지, 지겨운 콜센터 업무에 대한 좌절감인지, 아니면 트럼프에 저항하고 싶어 하는, 마음속 깊숙이에 자리 잡은 욕망인지 알 수 없었다.

시카고의 추운 겨울 날, 오설리번은 싸늘한 아파트에 홀로 앉아서 여전히 분노를 가라앉히지 못한 채 우버의 트윗에 답장을 달기 시작했다. 그는 @Bro_Pair를 통해 이렇게 말했다. "지옥으로 몰린 난민을 이용해 돈을 벌어보겠다고 파업을 방해한 @Uber_NYC에게 축하를 보낸다. 똥이나 처먹고 뒈져라."[6] 그리고는 사람들이 우버에 대한 분노를 트윗 메시지로 터뜨리도록 해시태그를 만들어야겠다는 생각을 했다. 그것은 다름 아닌 '#deleteUber'(우버 앱을 삭제하자)였다.

그는 트윗에 이렇게 썼다. "@Uber의 착취적인 반노동 정책과 트럼프에 대한 협조에 반대한다. 이제는 외국인 혐오로 돈을 벌고 있는 것인가? #deleteUber"[7] 오설리번은 우버 웹사이트의 고객지원 페이지를 뒤져서 우버 계정을 삭제하는 방법을 알아냈다. 놀랍도록 까다로웠다. 정해진 양식을 작성해서 이를 우버 기술팀에 보내야만 했다. 오설리번은 온라인 계정을 삭제하는 방법을 보여주는 스크린 샷과 링크를 트윗으로 올려서 다른 사용자들이 좀 더 쉽게 계정을 삭제하도록 도왔다.

오설리번의 해시태그는 널리 퍼져나갔다. 우버에 불만이 많았던 사용자들이 @Bro_Pair의 해시태그 운동에 동참했다. 그들은 #deleteUber를 자신의 트윗 메시지 끝에 붙였다. 많은 미국인이 그동안 억눌러온 분노를 터뜨릴 배출구를 모색하는 가운데, 우버가 이번 시위를 이용해 돈벌이를 하고 있다는 주장이 공감을 얻었다. 수백 명이 @Bro_Pair에게 답장을 하거나 리트윗을 하면서 분노한 다른 시민의 관심을 증폭시켰다. 수백 명은 곧 수천 명이 되었고, 이는 다시 수만 명으로 늘어났다. 이들 모두 디지털 세상에서 #deleteUber를 외쳐대고 있었다.

놀랍게도 많은 사람이 우버 계정을 삭제했다는 인증 샷을 오설리번에게 보내오기 시작했다. 한 사용자는 인증 샷과 함께 이런 메시지를 남겼다. "파시스트와 작당해서 파업을 망치고 있다."[8] 다른 사용자는 @Bro_Pair에게 이런 답장을 보냈다. "뉴욕시 택시 파업을 이용하는 행위는 잔인한 자본주의와 노골적인 파시스트 행정부의 결탁을 보여주는 역겨운 사례다."[9] 또 다른 이는 이렇게 덧붙였다. "차량을 공유해서 지옥에나 가라."[10]

오설리번은 놀랐다. 유명인들까지 우버 계정을 삭제한 인증 샷을 트윗으로 보내오기 시작했다. 언론의 인터뷰 요청이 쇄도했다. 그는 자신이 생각했던 것보다 훨씬 많은 사람의 분노를 자극했던 것이다. 무엇보다도 그에게 리트윗했던 사람들 대부분이 트럼프 행정부의 차별 정책에 분노를 터뜨렸다. 우버 계정을 삭제한다는 것은 단순한 탈퇴 그 이상을 의미하는 것이었다. 그것은 누구나 얼마든지 실천할 수 있는 행동이었다. 사람들은 이런 행동을 통해 기술 문화와 가짜 뉴스, 그리고 실리콘밸리에 대한 반감을 드러냈다. 많은 이들은 이런 것들이 미국인들을 속여서 트럼프에게 투표하게 했다고 믿었다. #deleteUber는 단지 휴대전화에서 승차 호출 앱을 삭제하는 행동이 아니었다. 그것은 탐욕적인 인간과 그들의 '패거리 문화', 그리고 대규모 기술 산업, 다시 말해 우버의 앱이 상징하는 모든 것에 대한 혐오감을 드러내는 행위였다.

밤늦게 @Bro_Pair 계정에서 로그아웃을 하고 컴퓨터를 껐을 때, 오설리번은 몇 달 만에 처음으로 행복감을 느꼈다. #deleteUber는 이제 전 세계 트위터 세상에서 하나의 유행이 되었다. 언론은 그 영향력을 다뤘다. 반면 우버는 어떻게든 사태를 수습하기 위해 정신이 없었다.

@Bro_Pair는 이렇게 트윗을 날렸다. "이제 자러 가야겠다. 이것은 지금까지 봐왔던 것 중 유일하게 좋은 해시태그다. 모두에게 감사한다. 계속 나아가자."

그러고는 이렇게 해시태그를 달았다. "#deleteUber."

우버 본사는 대혼란에 빠졌다.

#deleteUber 해시태그가 유행하면서 우버 기술팀에는 전 세계 수천 명의 사용자로부터 계정을 삭제해달라는 요청이 들어왔다. 그때까지만 해도 사용자가 계정 삭제를 요청하는 경우는 거의 없었다. 많은 사람이 우버 서비스에 만족했고 그렇지 않은 사람도 그저 스마트폰에서 앱만 삭제했다. 당시 우버에는 계정 삭제 요청을 처리하기 위한 자동화 시스템이 마련되어 있지 않았다. 그러나 @Bro_Pair가 시작한 해시태그 운동이 대규모 저항으로 확산되자 캘러닉은 홍수처럼 밀려드는 계정 삭제 요청을 처리하기 위해 기술팀에 시스템 구축을 지시해야 했다.

우버 홍보팀은 기자들에게 그들이 파업을 방해하려던 것이 아니라 시위자들이 요금 인상 없이 JFK공항으로 갈 수 있도록 도움을 주려던 것뿐이었다고 해명했다. 주말에 캘러닉은 어쩔 수 없이 사과 발언을 하면서 다음 주에 트럼프 대통령을 개인적으로 만나 입국 금지에 대한 우버의 입장을 전달할 것이라고 말했다.[11] 캘러닉은 트럼프와의 첫 번째 경영자 자문위원회 모임을 며칠 앞두고 있었다. 그러나 그의 사과 발언은 오히려 역효과를 가져왔다. 캘러닉이 트럼프 행정부에 적극적으로 협조하고 있다는 인상을 사람들에게 주었던 것이다. 많은 사람이 캘러닉은 암묵적으로 트럼프 행정부를 지지하고 있다고 생각했다. 그리고 언젠가부터 우버 직원들도 그런

시선으로 캘러닉을 바라보기 시작했다.[12)]

캘러닉은 이메일을 통해 직원들에게 자신의 생각을 전했다. "조직 내외부의 많은 사람이 저의 결정에 동의하지 않으리라는 것을 잘 압니다. 그래도 괜찮습니다. 누구나 자유롭게 반대할 수 있다는 것은 미국에서 살아가는 마법이니까요."

하지만 자문위원회 자리를 지키겠다는 캘러닉의 고집은 그리 오래가지 못했다. 일주일 사이에 무려 50만 명이 넘는 사용자가 우버 계정을 완전히 삭제했다. 스마트폰에서 앱만 삭제한 사용자 수는 짐작조차 할 수 없었다. 이후 우버가 가장 중요하게 생각하는, 그리고 몇 년 동안 가파른 상승세를 보여줬던 성장 곡선이 하향세를 그리기 시작했다. 캘러닉은 긴장했다.

그 무렵 자금이 바닥나 항복할 준비를 하고 있던 리프트는 우버가 맞이한 역풍으로 큰 이익을 얻었다. 사람들은 우버를 버리고 리프트로 갈아타기 시작했다. (시위에 찬성하는 사람들도 때로는 차량 호출 서비스를 이용해야 했다.) 이런 상황에서 리프트 경영진은 효과적인 홍보 마케팅을 시도했다. 그들은 앞으로 4년 동안 미국시민자유연맹에 100만 달러를 기부하겠다고 공식 선언했다.[13)] 우버가 트럼프 앞에서 쩔쩔매는 동안, 리프트는 백기사로서의 이미지를 만들어갔다.

이후 서비스 이용이 증가하면서 리프트는 위기에서 벗어났다. 그리고 마침내 성장의 긍정적인 신호가 등장했다. 사모펀드 기업인 콜베르그크라비스로버츠Kohlberg Kravis Roberts로부터 투자 유치에 성공한 것이다. 그들이 투자한 5억 달러 이상의 자금은 리프트를 다시

한 번 날아오르게 했다.

캘러닉은 그 소식에 망연자실했다. 그는 작년 여름 내내 중국 시장에서 최대 경쟁자를 물리치기 위해 노력했지만 실패하고 말았다. 그리고 이제 미국 시장의 최대 경쟁자를 물리칠 절호의 기회마저 놓치고 말았다. 존 지머는 쓰러지기 일보직전까지 갔다. 그러나 더 이상은 아니었다.

그로부터 일주일이 지나지 않은 화요일, 전체 회의에서 캘러닉은 직원들의 질문 세례에 직면해야 했다. 직원들은 트럼프 자문위원회에 그대로 남겠다는 캘러닉의 결정에 강한 이의를 제기했다. 특히 두 엔지니어는 캘러닉이 그 자리에서 물러나기 위해 무엇이 필요한지 따져 물었다.[14] 그건 캘러닉이 계속해서 회피해왔던 질문이었다. 하지만 매출 규모가 계속해서 크게 줄어들고 경영진에 대한 직원들의 신뢰가 흔들리면서 캘러닉은 결국 고집을 꺾어야 했다.

백악관 자문위원회가 열리기까지 24시간도 남지 않은 시점에 캘러닉은 트럼프와 통화를 했다. 그리고 위원회에서 물러나겠다는 뜻을 밝혔다.

트럼프와의 통화는 짧고도 어색했다. 캘러닉은 사과와 함께 애써 해명을 했다. 트럼프는 통화 내내 불만의 뜻을 비쳤다. 두 사람은 한 번도 만난 적이 없었지만, 캘러닉은 전화를 끊으면서 자신이 미국 대통령의 심기를 건드렸음을 느꼈다.

그 후 캘러닉은 직원들에게 이메일을 보냈다. 거기서 그는 자문위원회에서 물러나기로 했다는 소식을 전했다. 조직 내외부의 많은 사람이 그 양보는 대수롭지 않고, 또한 너무 늦었다고 생각했다. 캘러닉의 결정에도 불구하고 우버의 하락세는 멈추지 않았다. 그리고 우버에 대한 부정적인 인식은 비즈니스는 물론 브랜드에도 큰 타격을 입혔다. 그러나 캘러닉은 당분간 즉각적인 위협을 무마하면서 부정적인 언론 기사에 우버의 이름이 오르내리는 것을 막을 수 있었다.

당분간은 말이다.

22장

"우버에서 보낸
아주 아주 이상한 한 해…"

인사와 관련해서 캘러닉이 주목한 것은 채용뿐이었다.
체계적인 교육이나 지침은 관심사가 아니었다.

2015년 11월 트럼프를 권좌에 앉힌 대선이 있기 1년 전, 신입 엔지니어가 우버에 들어왔다. 철학과 물리학을 전공한 24세의 엔지니어는 그해 1월에 채용된 수십 명의 엔지니어, 그리고 새롭게 우버에 합류한 수백 명의 직원(여성의 비중은 40퍼센트 미만이었다) 중 한 명이었다. 그녀는 남성의 비중이 압도적으로 높은 부서에 들어갔다. (나중에 조사한 결과 엔지니어의 85퍼센트가 남자였다.)[1] 애리조나의 소도시에서 성장한 그녀가 우버에 엔지니어로 들어간 것은 대단히 특별한 일이었다. 그녀, 즉 수전 파울러는 꿈을 실현한 것이었다. 그녀는 나중에 한 인터뷰에서 당시의 소감에 대해 '달을 넘어' 날아가는 기분이었다고 했다.[2]

파울러는 대학 졸업 후 두 곳의 스타트업에서 일했다. 하지만 당시 실리콘밸리에서 가장 주목받는 기업인 우버에 엔지니어로 들어간 것은 그녀에게 엄청난 성공이었다. 하지만 파울러는 엘리트 엔지니어들이 거치는 일반적인 경로를 걷지 않았다. 그녀는 MIT 출신도 아니고, 학부에서 컴퓨터공학을 전공한 것도 아니었으며, 엔지니어링 분야에서 인턴 생활을 한 것도 아니었다. 그럼에도 그녀는 꿈을 이뤘다.

7남매의 둘째로 태어난 파울러는 애리조나 얀넬에서 성장했다. 그곳은 2013년 대형 들불로 이름이 알려지긴 했지만, 대부분의 사람들에게 낯선 지역이었다. 그녀는 형제들과 함께 집에서 홈스쿨링을 했다. 그녀가 얻은 지식의 대부분은 도서관을 뒤지면서 읽었던 플루타르크와 에픽테토스, 세네카(그녀가 좋아했던 스토아학파 철학자들)의 책에서 나온 것이었다. 가정 형편은 그리 넉넉지 못했다. 전도사인 아버지는 부업으로 전화기를 팔았다. 어린 파울러는 마구간에서, 그리고 파트타임 보모로 일하면서 가족의 생계를 도왔다. 파울러의 가족은 믿음이 신실했다. 그녀는 어릴 적부터 다양한 철학 분야에 많은 관심을 보였고, 동네 도서관에서 혼자 공부하는 것을 좋아했다.

열여섯 살이 되던 해에 파울러는 갑작스럽게 대학 진학을 결심했다. 그러나 집안의 지원을 기대할 수 없었기에 혼자서 진학 정보를 열심히 찾았다. 그때만 해도 지원서가 어떻게 생겼는지도 몰랐다. 또한 추천서가 필요하다는 것은 물론, 고등학교를 가지 않은 사람은 어떻게 추천서를 받아야 하는지도 알지 못했다. 그러나 대학 진학은 그녀의 꿈이었다. 결국 그녀는 화려한 입학 에세이와 행운에 힘입어 애리조나 주립대학에 장학생으로 들어갈 수 있었다. 거기서 기초 과정을 마친 후 그녀는 다시 펜실베이니아 대학에 들어갔다. 마을 도서관에서 책을 읽던 소녀가 아이비리그에 입성한 것이다.

실리콘밸리에서 일하는 엔지니어들 대부분은 비슷한 부류였다. 20대 백인 남성으로 마른 체형에 다소 괴짜 같고 숫자에 능하며 사교성이 부족하다. 하지만 파울러는 정반대였다. 그녀는 낯선 사람에게도 따뜻하고 친절했으며, 누구와도 편안하게 대화를 나눴다. 섬세하고 예민한 성격의 그녀는 남서부 지방의 억양이 특징이었다. 어깨 정도 길이의 머리카락에 짙은 갈색 눈을 가진 파울러는 예쁘고 단정한 외모였다. 그녀는 상대방을 반갑게 맞이했고 호의적인 느낌을 잘 전달했다. 파울러가 따뜻한 인사말을 건넬 때면 모두가 자연스럽게 환한 미소로 답했다.

외적인 유쾌함과는 달리 파울러의 내면에는 뜨거운 불이 있었다. 그녀는 언제나 꿈을 향해 달려들었다. 대학에 들어가는 것이든, 스타트업이라는 남성의 세계에 도전하는 것이든 어떤 어려움이 있다고 해도 그녀는 저돌적이었다.

물론 쉽지만은 않았다. 그녀는 펜실베이니아 대학에서 첫 학기를 보낼 때 많은 어려움을 겪었다. 그녀의 홈스쿨링에 회의적이었던 사람들은 그녀에게 물리학은 손대지 말라고 조언하기도 했다.

그러나 파울러는 그 말을 듣지 않았다. 그녀는 펜실베이니아 대학 총장인 에이미 거트먼Amy Gutmann의 집무실을 찾아가 메모를 남겼다. 자신의 꿈은 아이비리그 대학에서 물리학을 공부하는 것이라고. 나중에 거트먼 총장은 졸업식 연설에서 펜실베이니아 대학은 학생들이 꿈을 이루도록 도울 것이라면서 파울러에게 그녀의 생각은 절대적으로 옳으니 앞으로 계속 밀고 나아가라고 격려했다. 출발은 힘들었지만 그녀는 다시 한 번 힘을 냈고, 결국 2014년에 물리학과 철학에서 학위를 받았다.

펜실베이니아 대학을 졸업하고 몇 년 후, 수전 파울러는 마침내 실리콘밸리의 빛나는 유니콘인 우버에 사이트 안전 엔지니어로 입사했다. 우버는 그녀에게 또 다른 도전이었다. 실리콘밸리에서도 가장 공격적이고, 남성적이고, 엘리트 중심적인 조직에서 성공하기 위해 어떻게 해야 할 것인가?

우버에 입사한 바로 그 달에 파울러는 평생의 짝을 만났다. 그녀의 연인 채드 리제티Chad Rigetti는 영화배우 마이클 패스벤더를 닮은 잘생긴 외모에 양자컴퓨팅 이론에 대한 열정이 넘치는 청년이었다. 파울러는 즉각 그에게 매력을 느꼈다. 저녁 식사와 영화 관람으로 첫 데이트를 마친 후 그녀는 자신의 아이폰으로 우버를 호출하려고 했다.

그러나 리제티는 이렇게 말했다. "아뇨. 전 우버를 쓰지 않아요."[3]

파울러는 당황스러웠다. 어쨌든 자신은 우버 직원 아닌가.

리제티는 우버를 둘러싼 온갖 좋지 않은 소문 때문에 신경이 쓰인다고 했다. 직접 스타트업을 운영하는 기업가로서 그는 우버를 좋아하지 않았고 우버를 지지할 생각도 없었다. 그리고 우버 앱을 사용하지도 않았다.

돌이켜보면 그것은 파울러의 인생을 뒤흔들 하나의 조짐이었다.

✖

이주일간의 교육을 마친 2015년 12월, 수전은 새로운 팀에서 일을 시작했다. 그날 그녀는 상사로부터 채팅 메시지를 받았다.

파울러는 신입 사원으로서 잔뜩 긴장한 상태였다. 놀랍게도 그녀는 자신이 원했던 팀에 들어갔다. 사이트 안전 엔지니어는 우버에서 핵심적인 자리였다. 그 이름에서 알 수 있듯이 우버의 플랫폼을 구축하고 유지하는 임무를 맡았다. 페이스북이나 트위터 같은 기업에서 사이트 안전 엔지니어는 사용자가 언제나 상태 업데이트나 트윗을 올릴 수 있도록 하루 24시간 서비스가 멈추지 않게 관리했다.[4] 우버의 경우, 사이트 안전 엔지니어는 우버에서 일하는 수십만 명의 운전자들이 언제나 서비스에 연결되어 있도록 관리하는 일을 했다. 시스템이 단 몇 분간이라도 다운되면 우버는 심각한 타격을 입게 된다. 그동안 혼란을 겪은 승객은 즉각 우버를 포기하고 다른 서비스로 이동한다. 우버를 온라인 상태로 유지하는 일은 파울러에게 엄청난 과제였다.

우버의 사이트 안전 엔지니어들은 종종 최악의 위기를 맞이했다.

특히 2014년 할로윈 저녁은 우버 직원들의 기억에 상처로 남았다. 1년 중 가장 바쁜 그날 저녁에 우버의 수요 공급 시스템이 균형을 잃으면서 승객들은 엄청난 바가지요금을 물어야 했다. 다음 날 아침, 잠에서 깨어난 사람들은 메일함에서 360달러의 우버 청구서를 발견하고는 분노했다.

한편 파울러의 업무 첫날, 상사가 그녀에게 수작을 걸어왔다. 그는 채팅창에서 느닷없이 자신은 여러 사람을 동시에 만난다는 이야기를 꺼냈다. 자신의 애인이 새로운 섹스 파트너를 만나는 동안 자신도 그렇게 한다고 했다. 그러고는 직장에서는 그런 일을 벌이지 않기 위해 노력하지만 너무 오랜 시간을 근무하다 보니 어쩔 수 없는 경우가 있다고 했다.

파울러는 깜짝 놀랐다. 실리콘밸리가 여성 엔지니어에게 좋은 곳이 아니라는 사실은 익히 알고 있었다. 어느 기업의 어느 부서든 여성 동료와 잠자리를 하기 위해 혈안이 된 남자 직원이 있었다. 하지만 일을 시작한 첫날부터 우버의 유챗uChat 시스템으로 그런 제안을 받는 것은 그야말로 최악이었다. 게다가 상대는 쉽게 무시해도 되는 사람이 아니었다. 그는 자신의 직속 상사였다.

그래도 우버는 구식 기업이 아니었다. 2016년 초 우버는 수십 개국에 사무소를 설립한 어엿한 글로벌 기업이었다. 이 정도 기업이라면 상사의 이상한 행동에 대해 정당한 조치를 취해줄 것이라는 믿음을 파울러는 갖고 있었다. 상사가 성적으로 해보고 싶은 일들을 나열할 때, 파울러는 대화창을 캡처해서 인사팀에 보고했다. 우버는 대기업이었다. 대기업 인사팀은 해결책을 갖고 있을 것이었다. 파울러는 자신의 상사가 주말에, 혹은 빠르면 오늘 당장 회사를 나가게 될 것으로 기대했다.

그러나 파울러가 몰랐던 점이 있었다. 캘러닉은 우버가 실리콘밸리의 '대기업'이 되는 것을 끔찍한 악몽처럼 여긴다는 사실이었다. '적은 것으로 많은 것을 이루고', '끊임없이 들이대기' 위해서 우버는 소규모 조직으로 남아야 했다. 그가 보기에, 우버가 획일적인 대기업으로 성장한다는 것은 곧 현재 상태에 만족하는, 게으르고 비효율적인 조직이 된다는 뜻이었다. 중간 간부들이 폴로 티셔츠 차림으로 일하는 거대 조직인 시스코를 닮아간다는 것은 우버가 더이상 자유롭게 활보할 수 없게 된다는 의미였다.

캘러닉이 '대기업'이 되는 것을 경계한다는 것은 동시에 인사팀과 같은 조직을 경계한다는 뜻이기도 했다. 인사와 관련해서 캘러닉이 주목했던 것은 채용뿐이었다. 그는 인사팀을 우버의 노동력을 구축하고 관리하는 기반이 아니라, 뛰어난 인재를 끌어들이고 그렇지 못한 인력을 재빨리 내보내는 도구로 여겼다. 체계적인 교육이나 지침은 그의 관심사가 아니었다. 그는 소규모 인사팀으로 수천 명에 달하는 직원의 업무적인 삶을 총괄하게 했다.● 캘러닉에게 '인사'란 행동 규범, 감수성 훈련, 성추행 관련 정책, 잘못된 행동을 보고하고 공식적으로 검토하는 시스템을 뜻하는 것이었다. 그리고 이

● 신규 채용은 계속되었다. 파울러가 말한 '아주 아주 이상한 한 해'인 2016년 말, 우버의 근로자 수는 1만 명에 육박했다.

모두는 활력 넘치는 젊은 남성 직원들을 위축시키는 것이었다. 인사에 대한 캘러닉의 생각과는 관계 없이 우버는 해마다 2배씩 성장했다. 특히 2016년 초에는 6,000명이 넘는 직원이 채용됐다. 이는 운전자를 포함하지 않은 숫자였다. 캘러닉은 '대기업' 느낌을 주는 시스템을 우버 내부에 구축하고 싶지 않았지만, 그래도 계속해서 미룰 수만은 없었다. 우버는 이미 대기업이었기 때문이다.

여러 다양한 불만과 업무 관련 문제 외에도 우버 직원들은 인사팀이 직원을 공정하게 평가하는 시스템을 구축하지 못했다고 느꼈다. 당시 우버의 성과 평가는 개별 직원의 세 가지 긍정적인 특성과 세 가지 부정적인 특성(캘러닉이 만든 'T3와 B3')을 기준으로 이뤄졌다.[5] 관리자는 이 세 가지 항목에 대해 임의적으로 점수를 매긴다. 그러나 평가 점수는 편차가 컸고, 성과를 평가하는 관리자나 부서장과의 개인적인 관계에 크게 영향을 받았다. 또한 우버의 전체 평가 시스템은 열네 가지 문화 가치에 기반을 두고 있었다. 가령 '적극성'이 떨어지는 직원은 낮은 점수를 받았다. (우버의 문화 가치는 '때로 들이대기'가 아니라 '끊임없이 들이대기'다.) 관리자는 개인적인 차원에서 평가를 내리고 임의적으로 점수를 매겼다. 그리고 그 점수가 어떻게 나왔는지에 대해서는 아무런 설명이 없었다. 결과가 나오면 그걸로 끝이었다. 그리고 그 평가를 기준으로 연봉과 연말 보너스, 승진 여부가 결정되었다.

장기적인 평가 점수와 승진은 사내 정치와 연줄, 그리고 무엇보다 성장에 대한 기여도에 달려 있었다. 조직의 구성원으로서, 혹은 하나의 인간으로서 성품은 고려 대상이 아니었다. 최종 성과, 다시 말해 서비스·승객·사용자·매출 규모가 그 어떤 요소보다 중요했다.

성장에 대한 집착은 때로 의도하지 않은 부작용(경영학 용어로 '부정적인 외부효과')을 유발했다. 우버 관리자들은 다른 부서의 효율성을 떨어뜨리는 경우에도 그들 자신의 성장을 양보하지 않았다. 예를 들어 초창기에 우버는 신규 가입 운전자에게 아이폰4를 무상으로 나눠줬다. 더 많은 운전자가 더 빨리 운행을 시작하도록 우버 관리자들은 운전자가 우버에 가입하는 즉시 아이폰4를 지급했다. 심지어 열정이 지나친 일부 관리자는 운전자의 신원 확인 절차를 마치지 않은 상태에서, 혹은 가입을 위한 서류 작업이 끝나지 않은 상태에서 서둘러 아이폰부터 지급했다. 이런 방식으로 그들은 더 많은 운전자를 모집했고, 이는 더 좋은 실적으로 이어졌다. 하지만 아이폰을 노린 사기꾼들이 허위로 가입하면서 우버는 그만큼 손실을 떠안아야 했다.

또 다른 사례로 우버의 '엑스체인지Xchange' 리스 프로그램을 꼽을 수 있다. 우버가 생각하기에, 시장에는 대출로 차량을 사고 싶지만 담보나 신용이 부족한 잠재적인 운전자가 많이 있었다. 우버는 이들을 대상으로 리스 프로그램을 실시했다. 우버가 리스 프로그램을 신청하는 사람들에게 요구한 것은 곧바로 우버 운전자로 일하겠다는 다짐뿐이었다. 결론적으로 우버는 신용이 낮은 고위험군에게 차를 빌려준 것이었다. 그래도 효과는 있었다. 대출 자격이 없는 사람들이 우버로부터 차량을 대여받으면서 운전자는 크게 증가했다. 수천 명의 신규 운전자가 우버의 비즈니스 플랫폼으로 들어왔고, 리스 프로그램을 주도한 관리자들은 두둑한 상여금을 챙겼다. 그러나 그 프로그램은 승차 호출 시장의 '서브프라임'으로 드러나고 말았다.

그 결과는 미국의 2008년 상황과 비슷했다. 엑스체인지 리스 프로그램을 시작한 이후 안전사고 건수가 급증했다. 이 프로그램을 이용한 많은 운전자들(신용이 낮거나 아예 없는)이 과속에서 성추행에 이르기까지 다양한 범죄를 저질렀다. 결국 우버 관리자들의 과도한 욕심으로 도덕적 해이가 발생하고, 이로 인해 수많은 사람이 고통을 겪었다. 또한 기업 이미지가 추락하고 많은 법적 문제가 발생했다.

게다가 엑스체인지 리스 프로그램은 운전자들에게 높은 경제적 비용을 부과했고 운전자의 수익 구조는 더욱 열악해졌다. 이를 만회하기 위해 운전자들은 최대한 차량을 운행했고, 반납 차량의 상태는 아주 좋지 않았다. 머지않아 우버는 엑스체인지 리스 프로그램을 통해 차량 한 대당 최대 9,000달러까지 손해를 봤다는 사실이 드러났다.[6] 이는 초기에 예상했던 500달러보다 훨씬 더 높은 손실이었다. 결론적으로 우버는 자격 미달인 운전자에게 서브프라임 대출을 실시했던 것이다. 그들은 갚지도 못할 돈을 빌리면서 신용 등급이 더 낮아졌다. 결국 엑스체인지 리스 프로그램은 긱이코노미에 불과했다.

과도한 인센티브에 따른 낭비와 다양한 부작용에도 불구하고, 캘러닉은 성장에 대해 보상하는 접근방식을 포기하지 않았다. 우버에서 성장이란 일반 직원과 최고 성과자를 구분하는 잣대였다. 최고 성과자는 누구도 건드릴 수 없었다.

이는 또 하나의 우버 가치, 즉 챔피언 마인드에 따른 결과였다.

✖

파울러는 기대한 답을 얻지 못했다.

인사팀 담당자는 이번이 그 관리자의 첫 번째 성희롱 사건이기 때문에 강력한 경고 정도로 끝날 것이라고 했다. 게다가 그는 '우수 성과자'이기 때문에 '의도하지 않은 실수'[7]로 해고되는 일은 없을 것이라고 말했다. 파울러에게는 두 가지 선택권이 있었다. 하나는 현재의 관리자 밑에 그대로 있는 것이었다. 그러나 그럴 경우 파울러는 성과 평가에서 아마도 나쁜 점수를 받게 될 것이었다. 나머지 하나는 파울러가 다른 팀으로 이동하는 것이었다.

그러나 파울러가 보기에 그건 선택권이 아니었다. 인사팀은 파울러의 감정, 혹은 다른 여성이 입을 수 있는 피해에 대해서는 전혀 관심을 기울이지 않는 듯했다. 어쨌든 그녀는 업무 평가에 신경 쓰지 않을 수 없었고, 결국 다른 팀으로 이동하기로 했다. 이후 며칠 동안 파울러는 자신에게 어울릴 또 다른 팀을 찾았다.

파울러는 걱정이 되었다. 직장에 들어오자마자 상사에게 성희롱을 당했고, 이를 인사팀에 보고함으로써 잠재적인 보복의 위험까지 떠안게 되었다. 그리고 결국 자신이 부서를 옮겨야 하는 상황에 처하고 말았다. 파울러는 자신이 꿈에 그리던 직장에 대해 의구심을 품게 되었다. 어쨌든 그로부터 몇 주가 지나 파울러는 또 다른 사이트 안전 엔지니어 팀에 들어가게 되었고, 원하던 일을 다시 할 수 있게 되었다. 그리고 거기서 했던 일을 기반으로 기술 관련 책도 쓰게 되었다.

그러나 시간이 흐르면서 파울러는 자신과 비슷한 경험을 한 여성 동료들을 여러 부서에서 만날 수 있었다. 그리고 자신의 전 상사가 다른 여성 직원에게도 부적절한 행동을 했다는 사실을 알게 되었다. 그건 인사팀에서 들었던 것과는 상반된 이야기였다. 그는 이미 수차례에 걸쳐 비슷한 잘못을 저질렀지만 우수 성과자라는 사실만으로 해고를 면할 수 있었던 것이다.•

파울러가 인사 관련 자료를 검토하고 동료들로부터 많은 정보를 수집하면서, 그녀가 생각하는 우버의 이미지는 더욱 나빠졌다. 우버의 성과 시스템은 상대를 죽이지 않으면 자신이 죽는 방식이었다. 나중에 한 회의에서 파울러는 관리자가 한 임원에게 아부하기 위해 다른 임원에게 고의로 정보를 숨겼음을 자랑하는 장면까지 목격했다.[8] (그의 아부는 효과가 있었다.) 그러나 우버는 이런 행위를 인정할 뿐 아니라 적극적으로 장려하기까지 했다.

파울러는 나중에 이렇게 말했다. "사람들은 프로젝트에 신경 쓰지 않았다. 누구도 조직의 당면 과제가 무엇인지 몰랐다. 업무가 제

• 파울러가 팀을 옮기고 얼마 지나지 않아 그는 또 다른 직원에게 잘못된 행동을 저질렀다. 그 직원은 사건을 경영진에 보고했고 그는 결국 2016년 4월에 우버를 떠났다.

대로 이뤄질 리 없었다." 우버 직원들은 자신의 팀이 해체되어 경쟁 관계에 있던 팀으로 흡수될지 모른다는, 혹은 이번 달에 리더가 대규모로 조직을 재정비하고 나면, 다음 달에 들어온 새로운 리더가 이를 다시 되돌릴지 모른다는 두려움을 항상 갖고 있었다. 파울러는 우버를 '완전히 무자비한 혼란 속의 조직'[9]이라고 평가했다.

상황은 여성 직원들에게 더 힘들었다. 파울러가 소속된 부서의 여성 비율은 25퍼센트 정도에 불과했다. 이는 대부분의 다른 기업에 비해 낮은 수치였지만, 우버와 같은 남성 중심적 조직에서는 오히려 높은 비중이었다. 나중에 미국 남성 잡지인 〈지큐〉는 우버에서 여성 직원은 '부버'로 불린다는 캘러닉의 말을 실었다.

파울러의 기억 속에 가장 선명하게 남아 있는 에피소드는 가죽 재킷과 관련된 것이었다. 그해 초 사이트 안전 엔지니어 팀은 팀원들의 사기를 높이기 위해 가죽 재킷을 선물로 주기로 했다. 이를 위해 모든 팀원의 치수까지 쟀다. 그러나 몇 주 후 파울러를 포함한 여섯 명의 여성 팀원은 가죽 재킷을 받지 못하게 되었다는 내용의 이메일을 받았다. 그 이유는 이랬다. 우버는 120벌의 남성 재킷을 구매하면서 할인을 받았지만 여성 재킷은 수가 적어서 그럴 수 없었다는 것이었다. 팀장은 여섯 명만을 위해 따로 주문하는 것은 합리적인 생각이 아니었다고 설명했다.

파울러는 깜짝 놀랐다. 그건 공정한 처사가 아니었다. 팀장의 답변은 통명스러웠다. "우리 여성들이 정말로 평등을 원한다면, 가죽 재킷을 받지 않음으로써 평등을 얻었다는 사실을 깨달아야 합니다."[10] 팀장의 논리에 따르면, 여성에 대한 특별대우는 조직의 품위를 떨어뜨리고 능력주의를 훼손하는 것이었다. 물론 팀장은 상황이 바뀌어서 남성 직원이 재킷을 받지 못했더라도 똑같은 말을 했을 것이다. 하지만 그런 일은 없을 것이었다. 남성이 지배하는 실리콘 밸리에서 그런 상황은 절대 발생하지 않을 것이기 때문이다.

인사팀과의 경험에 재킷 사건. 거기다 여성 직원에 대한 우버 경영진의 입장까지 들은 뒤, 파울러는 이제 충분하다는 생각이 들었다. 이미 우버에 정나미가 떨어진 파울러는 다른 IT 기업에서 일자리를 알아보기 시작했다. 재킷 사건이 있고 몇 달 후, 파울러는 영원히 우버를 떠났다.

✸

우버를 나오고 두 달이 지난 2017년 초의 어느 비 오는 일요일 아침, 파울러는 자신의 경험을 공개하기로 결심했다. 당시 우버는 캘러닉이 트럼프 행정부의 자문위원회 자리를 고수하면서 언론으로부터 강한 공격을 받고 있었다. 캘러닉은 직원들로부터 자문위원회에서 사임하라는 압박을 받고 있었다.

파울러는 우버에서 보낸 시간을 3,000단어 분량의 글로 정리했다. 그리고 이를 자신의 블로그에 게재했다. 거기서 파울러는 상사의 성희롱 사건, 인사팀과의 끔찍한 싸움, 가죽 재킷 에피소드 등 모든 이야기를 풀어냈다. 그러나 그런 이야기로 어떤 일이 벌어질지는 예상하지 못했다.

파울러는 컴퓨터 화면으로 자신의 글을 마지막으로 훑어봤다. 제목은 '우버에서 보낸 아주 아주 이상한 한 해에 대한 기억'이라고 붙였다. 그녀는 크게 숨을 들이마셨다.

그리고 올리기 버튼을 눌렀다.

23장

주홍글씨

*우버는 파울러의 폭로로
최악의 위기를 맞이하고 있었다.*

캘러닉은 전화 벨 소리에 잠을 깼다.

파울러의 블로그 링크는 불과 몇 시간 만에 문자메시지나 채팅 방을 통해 수백 회 공유되었다. 우버 직원들은 분노와 흥분, 혼란에 휩싸였다. 일요일 아침 샌프란시스코에는 비가 내리고 있었지만 그 날 캘러닉은 로스앤젤레스에 있었다. 그는 간신히 잠을 깨고 임원 들의 전화를 차례로 받기 시작했다.

파울러는 조직 내에서 눈에 띄는 직원은 아니었다. 그런데 그런 그녀가 지금 우버 전체를 뒤흔들고 있었다. 홍보팀에는 파울러의 글에 대해 해명을 요구하는 언론사의 전화가 빗발쳤다. 파울러는 기자들의 전화에 응답하지 않았다. 오로지 글만 남기고 사라졌다.

우버가 지금껏 겪어온 수많은 스캔들 중 파울러의 폭로는 최악이었다. 직원들의 대화방은 파울러 이야기로 뜨거웠다. 분노로 가득 찬 직원들은 요구 사항을 담은 이메일을 경영진에게 보냈다. 파울러의 글은 방아쇠가 되어 댐에 구멍을 냈다. 그리고 이를 시작으로 댐이 허물어지면서 수년간 억눌려왔던 직원들의 불만이 흘러넘쳤다. 더욱 나쁜 소식은 다른 직원들 역시 우버에 대한 안 좋은 경험을 트위터에서 공유하기 시작했다는 사실이었다.

얼마 전 우버를 나간 크리스 메시나는 이런 트윗을 남겼다. "화가 나고 끔찍하다. 나 역시 우버에서 제대로 보호받지 못했다. 이번 사건으로 우버는 비난받아 마땅하다."[1]

하지만 이런 상황이 파울러의 폭로로 느닷없이 시작된 것은 아니었다. 캘러닉이 트럼프 행정부의 자문위원회 자리를 고수하면서 직원들의 불만은 이미 고조되기 시작했다. 직원들의 생각은 선거 이후 크게 달라졌다. 2016년 11월 이전만 해도 우버 직원들은 에너지가 넘치고 비전을 지닌 그들의 창업자가 역사의 올바른 편에 서 있다고 믿었다. 하지만 이제는 그를 위압적인 전제 군주로 바라봤다. 캘러닉이 위원회 자리를 포기한 후에도 직원들의 불만은 식지 않았다. 그들은 자신의 최고 상사가 대통령만큼 나쁜 인간일 것이라고 생각했다.

지난 몇 달 사이에 우버 직원들은 베이에어리어 칵테일파티에서 환영받지 못하는 존재가 되고 말았다. 그들에게 우버는 일종의 주홍글씨가 되고만 것이다. 예전에는 우버의 블랙 티셔츠(페이스북의 블루 티셔츠처럼)가 큰 자랑거리였지만, 이제는 우버에서 일한다고 밝히면 분위기가 싸늘하게 얼어붙었다. 그들은 상대방의 표정에서 이런 생각을 읽을 수 있었다. "어떻게 우버 같은 회사에서 일할 수 있죠?"

많은 우버 직원이 회사를 나가기 시작했다. 2014~2016년 수천 명의 구글 직원이 우버로 넘어왔다. 하지만 이제 우버에서 일하는 것에 양심의 가책을 느낀 많은 직원이 다시 구글로 돌아갔다. 게다가 에어비앤비와 페이스북, 심지어 리프트조차 그런 우버 직원을 데려가고 있었다. 우버는 도덕과 관련된 문제를 진작 해결했어야 했다. 결국 우버는 파울러의 폭로로 최악의 위기를 맞이하고 말았다.

캘러닉은 대응에 나섰다. 월요일 아침 일찍 비행기를 타고 샌프란시스코 본사로 돌아가 이번 상황에 대처할 준비를 했다.

이사회 회의에서는 외부 감사를 받자는 아이디어가 나왔다. 캘러닉은 우버가 이번 사건을 심각하게 받아들이고 있다는 사실을 보여주기 위해서는 코빙턴앤벌링Covington & Burling 같은 유명하고 강력한 외부 기관의 도움이 필요하다고 생각했다. 워싱턴에 자리한 로펌인 코빙턴에는 오바마 행정부 시절 법무장관을 지낸 에릭 홀더 Eric Holder가 있었다. 캘러닉은 이미 홀더를 알고 있었다. 홀더는 예전에 우버와 협력한 경험이 있었다. 그는 강직한 사람이었다. 그런 그가 파트너인 태미 알바란Tammy Albarrán과 함께 외부 감사를 맡아준다면 긍정적인 이미지를 대중에 전할 수 있을 것이었다.

물론 이사회의 다른 멤버들은 신중한 입장이었다. 특히 정책 및 커뮤니케이션 담당 수석 부사장인 레이철 웻스톤은 긴장했다. 그녀는 구글에서 커뮤니케이션과 정책 담당 임원으로 10년 가까이 일한 후에 우버에 합류했다. 마른 체형에 다소 신경질적인 표정, 그리고 붉은빛이 감도는 긴 금발에 우아한 영국 억양을 구사하는 웻스톤은 보수적인 영국 정계에서 기술 분야로 업종을 전환한 인물이었다. 그녀는 타고난 전략가였다. 주변 상황을 살펴서 언론의 관심사를 확인하고 그에 대처하는 능력이 탁월했다. 그녀는 우버 경영진과 대등한 자격으로 장기 정책과 관련된 의사결정에 참여했다. 캘러닉은 기업 대변인보다 정치인과 관계를 맺거나 연설문을 작성하는 일에 더 걸맞은 데이비드 플러프를 허울뿐인 요직으로 승진시킨 뒤, 그의 자리를 웻스톤에게 넘겼다.

웻스톤은 지난 몇 달 동안 캘러닉과 긴장 관계였다. 캘러닉은 웻스톤과 그녀의 부하 직원인 질 헤이즐베이커Jill Hazelbaker(또 다른 구글 출신으로 정계 경력이 있는)가 우버의 이미지를 제고시키는 임무를 제대로 못 하고 있다고 생각했다. 우버에 대한 부정적인 기사가 끊임없이 나왔기 때문이었다. 그러나 웻스톤의 커뮤니케이션 팀은 기업 이미지를 높이기 위해 최선을 다하고 있었다. 그들의 CEO는 부정적인 이미지에 고집이 셌고, 그들이 일하는 공간은 수천 명의 남성들로 가득했다. 파울러의 글이 올라왔을 때, 캘러닉은 다른 임원들 앞에서 웻스톤의 전략에 대해 강하게 문제 제기를 했다.

캘러닉을 포함한 경영진 전원이 참석한 월요일 아침 회의에서 웻스톤은 몇 년 전 전직 구글 CEO인 에릭 슈미트Eric Schmidt가 자신에게 했던 조언을 소개했다. "외부인을 끌어들이는 것은 통제력을 잃어버리는 지름길이다." 우버 스스로 문제를 확인하고 직원을 교육하거나 해고하는 것은 미국 최고 변호사들에게 그 과제를 맡기는 것과는 차원이 다른 일이었다. 그들은 호기심 많고 집요한 자세로 예상치 못했던 우버의 또 다른 치부를 발견해낼 것이 틀림없었다. 그럼에도 홀더의 이름을 가장 먼저 거론한 것은 다름 아닌 웻스톤이었다. 만일 우버가 외부 감사를 반드시 받아야 한다면, 그와 같은 인물에게 맡겨야 했다.

캘러닉은 이미 외부 감사 쪽으로 마음이 기울어 있었다. 그 역시 파울러의 글에 충격을 받았고 사태를 당장 수습하길 원했다.

그러나 외부 감사는 캘러닉이 예상했던 것보다 더 심각한 상황으로 이어질 위험이 있었다. 캘러닉은 외부 감사가 어떻게 전개될 것인지 예상하지 못했다. 그리고 홀더가 얼마나 철저하게 우버를 파헤칠 것인가에 대해서는 더욱 알지 못했다. 그럼에도 캘러닉은 에밀 마이클을 통해 홀더에게 그 역할을 맡겼다. 그리고 이메일을 보내 직원들의 분노를 누그러뜨리고자 했다.

여러분,

힘든 24시간이었습니다. 모두가 상처를 받았다는 사실을 알고 있습니다. 그리고 무슨 일이 벌어지고 있는지에 대해, 또한 우리가 어떤 행동을 취할 것인지에 대해 더 자세히 알고 싶어 할 것이라 생각합니다.

첫째, 오바마 행정부 시절에 법무장관을 지낸 에릭 홀더, 그리고 태미 알바란(모두 유명 로펌인 코빙턴앤벌링의 파트너입니다)이 수전 파울러가 제기한 업무 환경상의 문제는 물론, 다양성 및 포용과 관련된 우버의 정책에 대해 광범위하고 독립적인 감사를 진행할 것입니다…….

둘째, 아리아나가 지금 이곳으로 날아오고 있습니다. 저는 아리아나, 라이앤[인사팀장인 라이앤 혼시]과 함께 내일 전체 회의에서 현재 불거진 문제와 우리의 대책에 대해 논의할 생각입니다…….

셋째, 우버 기술팀의 성평등 문제에 대해 많은 의문이 제기되었습니다. 현재 우버의 기술팀과 제품관리팀, 그리고 연구팀 전반에 걸쳐 여성 직원의 비중은 15.1퍼센트이며, 이 수치는 지난해와 크게 다르지 않습니다. 참고로 말씀드리자면 페이스북은 17퍼센트, 구글은 18퍼센트, 트위터는 10퍼센트입니다. 저는 라이앤과 함께 앞으로 몇 달 동안 전반적인 다양성 보고서Diversity Report(미국 기업이 직원의 성별, 인종별 구성에 관해 발표하는 보고서—옮긴이)•를 발표하고자 합니다. 우리는 공정함이 모든 것의 기반이 되는 조직을 구축할 수 있을 것입니다……. 우리의 가치를 실현하고 불이익을 겪는 직원들을 보호하는 더 나은 조직을 창조하는 것이야말로 저의 첫 번째 과제입니다.

감사합니다.

트래비스

• 다양성 보고서에 대한 캘러닉의 갑작스러운 발표에 직원들은 깜짝 놀랐다. 우버 직원들은 수년간 다양성 보고서를 내라고 캘러닉을 압박해왔다. 2017년 당시 다양성 보고서는 백인 남성이 지배하는 실리콘밸리에서 투명성을 강화하기 위한 일반적인 방안으로 자리 잡았다. 우버 최고보안책임자인 조 설리번 역시 캘러닉을 강하게 압박했다. 그러나 캘러닉은 다양성 보고서가 우버의 문화적 가치에 반한다는 이유로 계속 거부해왔다. 그가 생각하는 우버는 결국 '능력주의 사회'였던 것이다. 캘러닉은 우버가 성이나 민족과는 무관하게 최고의 인재만을 뽑는다고 믿었다. 트럼프 위원회를 사임했을 때와 마찬가지로 많은 사람이 다양성 보고서를 내겠다는 캘러닉의 발표 역시 너무 미미하고 늦은 선택이라고 생각했다.

임원들은 직원들의 반발을 예상했지만, 그래도 캘러닉의 글은 조직 내부의 긴장감을 어느 정도 완화해주었다. 적어도 내일 전체 회의 때까지는 말이다. 유챗은 조용해졌고 직원들은 업무로 복귀했다.

캘러닉은 자신이 올바르게 대처하고 있다고 믿었다. 다른 이들의 증언에 따르면, 캘러닉은 파울러가 촉발한 상황을 바로잡기 위해 신속하고 단호하게 움직였다. 또한 우버의 이미지를 개선하기 위해 또 다른 이사회 멤버이자 최근 6개월간 급속하게 가까워진 인물에게 도움을 요청했다.

그 사람은 다름 아닌 아리아나 허핑턴이었다.

✳

캘러닉은 개인적으로도, 그리고 업무적으로도 아리아나 허핑턴을 신뢰했다. 캘러닉에게 그건 자연스러운 일이었다.

캘러닉과 에밀 마이클이 유명인으로 가득한 우버 이사회를 꿈꿀 때, 1순위로 떠올린 사람은 오프라 윈프리였다. 하지만 그 계획이 실패로 돌아가면서, 캘러닉은 오랫동안 알고 지냈던 또 다른 유명인을 떠올렸다. 바로 아리아나 허핑턴이었다.

두 사람은 2012년 기술 콘퍼런스에서 처음 만났다. 캘러닉은 잠시 쉬는 시간에 허핑턴에게 다가가서 우버의 비즈니스 모델에 대해 설명했다. 당시 우버는 부유층을 대상으로 한 블랙카 서비스에만 집중하고 있었다(우버X는 몇 달 후에 나왔다). 그런 상황에서 허핑턴이야말로 우버의 이상적인 얼리어답터였다. 나중에 허핑턴은 이런 트윗을 날렸다. "@travisk가 모두를 위한 개인 기사인 우버의 멋진 앱을 보여줬다. uber.com"[2] 그리고 콘퍼런스에서 캘러닉과 함께 찍은 사진을 게시했다. 캘러닉에게 그건 중요한 기회였다 허핑턴은 유명인이었고, 또한 우버 블랙카 서비스를 이용하게 만들고 싶은 고객이었다.

1950년 그리스 사람인 콘스탄티노스와 엘리 스타시노폴루스 사이에서 태어난 아리아나는 아테네에서 성장했다. 기자인 아버지가 바람을 피우면서 부모는 이혼했고, 두 자매는 어머니 슬하에서 자랐다.[3] 따뜻한 성품에 지적인 그녀의 어머니는 4개 국어에 능통했고 자녀 교육에 헌신적이었다.[4] 살림은 넉넉하지 않았지만 어머니는 특히 교육을 강조했다. 그녀는 두 딸에게 이렇게 말했다. "교육이야말로 너희들의 밑천이란다."[5]

이후 그녀의 가족은 런던으로 이사했고 어머니의 헌신은 결실을 거뒀다. 아리아나는 부분 장학금을 받고 케임브리지에 들어갔던 것이다. 그것은 엘리트 사회로 향하는 첫걸음이었다. 성적이 우수했던 그녀는 케임브리지에서 경제학을, 그리고 나중에 인도에서 비교종교학을 공부했다. 1960년대 파티와 약물에 열광했던 여느 10대들과는 달리, 아리아나는 토론과 공민학을 좋아했다. 졸업 후 페미니즘을 주제로 한 TV 토론회에 우연히 출연한 것이 계기가 되어 그녀는 출판사와 인연을 맺게 되었다. 그리고 그 덕분에 1973년 첫 책인 《더 피메일 우먼The Female Woman》을 출간하게 되었다. 여기서 아리아나는 여성과 관련된 문제에 다소 보수적인 견해를 드러냈다. 여성해방운동에 대한 부정적인 입장을 담은 그 책은 주류에 대한 비판자로서 그녀가 쌓아온 오랜 경력의 출발점이었다.

아리아나는 그 책을 통해 많은 (캘러닉을 만났을 무렵에 비해 10배는 더 많은) 사람들을 알게 되었고, 소신 있는 용감한 작가로서 이미지를 구축하게 되었다. 그리고 1981년에는 그리스의 유명 소프라노 가수 마리아 칼라스의 전기를 썼다. 1988년에는 피카소를 주제로 한 책을 펴냈다. 둘 다 베스트셀러가 되었다.•

1980년대에는 은행가이자 공화당 정치인인 마이클 허핑턴Michael Huffington을 만나 짧은 연애 끝에 1986년 결혼했다. 이후 아리아나는 공화당 하원의원의 아내이자 공화당 인사로서 활동했다. 또한 〈내셔널리뷰National Review〉에 종종 기사를 게재했으며, 밥 돌Bob Dole이나 뉴트 깅리치Newt Gingrich와 함께 라디오 프로그램에 출연해서 보수의 대변자로 활약했다. 그리고 1990년대에는 〈래리 킹 라이브Larry King Live〉나 빌 마허Bill Maher의 정치 토크쇼에 정기적으로 출연했다.

허핑턴은 언제나 모임의 분위기를 주도적으로 이끌었다. 구릿빛이 감도는 헝클어진 붉은 머리카락에 180센티미터 가까운 키의 아리아나는 어디서든 사람들의 시선을 사로잡았다. 게다가 활기가 넘치는 억양은 그녀의 개성을 더욱 돋보이게 했다. 아리아나는 처음

• 두 책은 논쟁을 불러일으켰다. 칼라스 전기가 출간되었을 때, 칼라스 전기를 쓴 또 다른 작가가 아리아나를 표절로 고소했다. 그리고 피카소 책의 경우, 1994년에 예술사학자 리디아 개스먼Lydia Gasman이 한 기자에게 이렇게 말했다. "그녀는 내가 노력을 바친 20년의 세월을 훔쳐갔다." 그러나 아리아나는 표절에 관한 의혹을 끝까지 부인했고 첫 번째 사건은 합의로 해결됐다. 개스먼은 소송을 제기하지 않았다.

만난 사람도 마치 오래전부터 알고 지냈던 것처럼 '다알링Daaah-ling'
이라고 친근하게 부르곤 했다.

허핑턴의 카리스마는 독보적이었다. 그건 친구는 물론 그녀의 정
적들도 인정하는 바였다. 일자리를 소개받고 싶은가? 허핑턴은 뉴
욕, 로스앤젤레스, 워싱턴의 모든 주요 인사를 알고 있다. 책 표지에
넣을 추천사를 받고 싶은가? 허핑턴이 써줄 것이다. 그녀는 이미 열
다섯 권의 책을 집필한 저자였다. 추천사는 물론이거니와 출간 기
념 파티를 열어 유명인 친구들까지 초대해줄 것이다.

그녀는 새로운 시도를 하는 데도 남달랐다. 어릴 때는 신비주의
에 심취했었고, 어른이 되어서는 명상의 세계를 탐구했다. 또한 한
동안은 공화당원이었다가 이후에는 전향해 친환경 정책을 받아들
이고 존 케리John Kerry의 대권 행보를 돕기도 했다.

그러나 2004년 존 케리가 조지 W. 부시에게 패한 후 아리아나는
원래 목표였던 온라인 매체에 도전했다. 〈뉴요커〉는 그녀의 도전을
'〈드러지리포트Drudge Report〉(미국의 보수 인터넷 신문—옮긴이)를 진보주
의 색깔로 포장한 것'6)이라고 평가했다. 2005년 그녀는 〈허핑턴포
스트Huffington Post〉를 창간하고 '시민 저널리즘'이라는 새로운 분야를
개척했다. 많은 프리랜서들이 〈허핑턴포스트〉 웹사이트를 통해 다
른 매체의 기사를 요약하고, 종합하고, 재게시함으로써 그 사이트
의 기반을 닦았다. 주류 언론은 그녀의 도전을 비웃었다. 하지만 아
리아나와 그녀의 파트너들은 이를 통해 엄청난 돈을 벌었고, 2011
년 〈허핑턴포스트〉를 AOL에 3억 1,500만 달러에 매각했다. 이로써

그녀의 순 자산 가치는 2,000만 달러를 넘어섰다.

허핑턴은 한마디로 단정 짓기 불가능한 인물이다. 외부인이 보기에 그녀의 삶을 일관적으로 관통하는 이념이나 세계관은 존재하지 않았다. 아리아나에 대해 분명하게 말할 수 있는 한 가지는 그녀 자신을 제외한 누구도 그녀를 특정한 범주로 분류할 수 없다는 사실이다. 그녀에게서 변하지 않는 것이 있다면 언제나 변하고 있다는 사실뿐이었다.

2006년 한 작가는 허핑턴의 열한 번째 책에 대해 이렇게 말했다. "아리아나에 대한 통일된 이론을 내놓는 것이 과연 가능할까요? 그녀가 믿는 것은 대체 뭘까요?"[7]

66세에 AOL의 권좌에서 물러난 아리아나는 건강관리 분야에 관심을 기울였다. 그리고 라이프스타일 브랜드인 '스라이브글로벌Thrive Global'을 론칭하면서 자신의 신간 홍보에 열을 올렸다.

피카소 책을 출간할 때 에이전트를 맡았던 모트 쟁클로Mort Janklow는 1994년 〈배니티페어〉와의 인터뷰에서 이렇게 말했다. "아리아나에 대한 두 가지 주장이 있습니다. 하나는 그녀가 모든 것을 치밀하게 계산하는 냉철한 인물이라는 것이죠. 그리고 다른 하나는 그녀가 자기 자신에 대한 확신으로 가득 차 있다는 것입니다. 그녀가 무엇보다 알리려고 하는 것은 바로 자기 자신입니다."[8]

아리아나의 정치 경력은 디지털 매체로 고스란히 이어졌다.[9] 그리고 디지털 매체는 그녀가 새로운 벤처 기업을 통해 건강과 행복을 추구하는 밑거름이 되었다. 또한 그 도전은 다시 실리콘밸리의 혁신에 대한 관심으로 이어졌다.

2012년에 처음 만난 후 아리아나와 캘러닉은 서서히 가까워졌다. 두 사람은 콘퍼런스에 종종 함께 참석하곤 했다. 또한 아리아나는 해마다 자신의 집에서 여는 크리스마스 파티에 캘러닉을 초대했고 캘러닉은 그 자리에 부모와 함께 참석했다.

아리아나와의 우정은 캘러닉의 삶에서 중요한 순간에 찾아왔다. 2016년 말은 캘러닉에게 대단히 힘든 시기였다. 그 무렵 2년간 사귄 가비 홀츠워스와 헤어졌다. 캘러닉에게 비즈니스 이외의 관계는 부모와 홀츠워스뿐이었다. 그런데 그런 홀츠워스가 그의 인생에서 사라져버린 것이다. 두 사람은 캘러닉의 살인적인 일정을 버티지 못했다. 우버에 미친 캘러닉은 깨어 있는 시간 대부분을 일했다. 홀츠워스는 감정을 정리하기 위해 몇 주 동안 친구와 함께 유럽으로 여행을 떠났고, 캘러닉은 일을 했다.

2016년 초 캘러닉은 아리아나를 우버 이사회에 영입하기로 결심하고 브렌트우드에 있는 그녀의 별장을 찾았다. 캘러닉은 방 안을 서성거리며 자신의 비전을 늘어놨다. 언젠가 우버는 사람 말고도 음식과 제품 등 모든 것*을 실어 나르게 될 것이다. 캘러닉은 우버의 자율주행 군단이 샌프란시스코를 돌아다니는 장면을 상상했다. 미래에는 날아다니는 우버도 등장해서 하늘 길을 통해 사람들을 이 도시에서 저 도시로 이동시킬 것이다. 그렇게 네 시간 동안 캘러

● '모든 것'에서 빠진 한 가지는 우편이었다. 캘러닉은 우버가 현대적인 형태의 우편 서비스가 되는 것에 극구 반대했다. 그는 우편 서비스를 매력적인 시장으로 생각하지 않았다. 베저스가 원한다면, 캘러닉은 그 시장을 기꺼이 아마존에 양보했을 것이다.

닉은 방 안을 돌아다니며 이야기를 했다. 아리아나는 캘러닉의 비전을, 그리고 우버를 향한 열정을 진심으로 받아들였다. 캘러닉은 아리아나에게서 따뜻함과 포근함을 느꼈다. 그건 자식의 꿈을 지지하는 어머니의 마음과 같은 것이었다.

두 사람은 아리아나가 직접 만든 오믈렛을 먹으면서 이야기를 마무리 지었다. 캘러닉은 여전히 방 안을 서성이면서 식사를 했다. 이제 아리아나 허핑턴은 우버의 새로운 이사회 멤버로서 캘러닉의 든든한 지원군이 될 것이었다.

24장

래리 페이지의 분노

"오토와 우버는 독자적 기술 개발에 필요한 모험과 시간,
비용을 회피하기 위해 웨이모의 지적재산권을 침해했다."

수전 파울러의 폭로가 있기 몇 달 전인 2016년 말, 캘러닉에게
또 다른 문제가 떠오르고 있었다. 그것은 샌프란시스코 본사에서
남쪽으로 60킬로미터 떨어진 곳에서 래리 페이지가 분노하고 있다
는 사실이었다.

2016년 1월 페이지가 아끼던 인재이자 제자인 레반도브스키가
구글을 떠났다. 그 과정에서 레반도브스키는 구글의 무인자동차
프로젝트에 기여한 대가로 1억 2,000만 달러에 달하는 보너스를 챙
겼다. 구글 경영진이 보기에, 레반도브스키는 8년 동안 수억 달러
의 자금과 수십 명의 인력, 그리고 막대한 시간과 자원을 투자받은
뒤 갑자기 무인자동차 프로그램을 버리고 나가버린 것이었다. 게다

가 많은 구글 인재와 데이터, 그리고 경험을 빼내서.

그건 페이지 개인의 문제이기도 했다. 그는 오래전부터 검색엔진 비즈니스에 깊숙이 개입해왔다. 2015년 구글은 기업의 지배 구조를 개편하면서 지주회사인 알파벳Alphabet을 설립했고, 그 CEO 자리에 페이지가 앉았다. 구글의 검색 비즈니스는 여전히 엄청난 수익을 올리고 있었고(분기별로 수십억 달러에 달한다), 이를 기반으로 알파벳 산하의 여러 기업은 저마다 다양한 프로젝트를 자유롭게 시도해볼 수 있었다.

덕분에 은둔형인 페이지는 대중의 시선에서 조금은 벗어날 수 있었다. 그는 구글 CEO 시절 자신을 따라다니는 시선을 무척 부담스럽게 여겼다. 그는 더 많은 시간을 자신이 원하는 프로젝트에 투자할 수 있기를 바랐다. 특히 무인자동차는 페이지의 오랜 목표였다. 사실 무인자동차는 꿈의 시작이었다. 페이지가 개인적으로 투자한 키티호크Kitty Hawk 프로젝트는 날아다니는 자동차의 최초 상용화 모델 개발에 집중하고 있었다.[1] 페이지는 어린 시절의 꿈을 자신이 살아 있는 동안에 현실로 만들어내고 싶었다.

구글은 무인자동차 개발에 엄청난 자원을 투자한 첫 번째 IT 대기업이기는 했지만, 구글 경영진은 여전히 신중하게 움직이고 철저하게 테스트해야 한다고 생각했다. 그사이 애플이나 테슬라와 같은 경쟁자들이 치고 올라왔다. 페이지는 레반도브스키가 떠난 뒤 무인자동차 사업부의 운영 방식에 변화를 줬다. 예전에는 그 프로젝트를 '문샷' 프로젝트와 더불어 구글X 산하에서 추진했지만, 이제는 무인자동차 연구를 별개의 비즈니스로 독립시켰다. 그리고 '웨이모Waymo'라는 이름을 붙였다. 이는 '운송의 새로운 방식a new way forward in mobility'[2]이라는 의미를 담고 있었다. 페이지는 현대자동차 아메리카 사장을 지낸 존 크라프칙John Krafcik을 웨이모 CEO 자리에 앉혔다. 웨이모는 경쟁사들보다 수년을 앞서 있었고 앞으로 계속 그런 우위를 유지해나가고자 했다.

구글을 떠나고 4개월이 지난 2016년 5월, 레반도브스키는 자신의 새로운 스타트업인 오토를 세상에 공개했다. 그리고 다시 3개월이 지난 8월, 오토를 우버에 6억 달러에 매각했다. 페이지는 깜짝 놀랐다. 구글은 이미 레반도브스키와 법적 다툼을 벌이고 있었다. 몇 달 전 구글은 레반도브스키가 직원을 데려가기 위해 연봉과 관련된 비밀 정보를 빼낸 혐의로 그를 고소했다.[3] 그런데 그가 이번에는 자신의 사업체를 우버에 팔아넘긴 것이다. 페이지는 곤혹스러웠다. 그는 레반도브스키의 구글 업무 계정 등에 대한 포렌식 분석을 지시했다.[4] 뭔가 찜찜한 기분을 떨쳐버릴 수 없었기 때문이었다.

페이지의 직감은 정확했다. 레반도브스키의 업무용 노트북을 조사한 결과, 그가 구글을 떠나기 직전 몇 주 동안 자율운행 프로그램과 관련된 1만 4,000건의 보안 문서를 구글 서버에서 자신의 노트북으로 다운로드받았다는 사실이 드러났다. 여기에는 웨이모가 특허권을 갖고 있는, 그리고 무인자동차의 핵심 장비 중 하나인 라이다*의 설계도 포함되어 있었다. 레반도브스키는 문서들을 모두 다운로드받은 다음 9.7기가바이트에 달하는 데이터 전부를 외장

하드드라이브로 옮겼다. 그러고는 노트북을 포맷하고 새로 운영체제를 깔았다.

레반도브스키를 따라 오토로 넘어간 직원들 역시 구글의 데이터를 다운로드받은 것으로 드러났다. 여기에는 '비밀 공급 업체 목록, 제조 관련 세부 사항, 그리고 첨단 기술 정보가 들어 있는 작업 지시서'[5]가 포함되어 있었다. 또한 레반도브스키가 떠날 무렵에 그의 파트너인 라이어 론이 뭔가 수상쩍은 단어들을 검색한 것으로 드러났다. '맥 파일을 몰래 삭제하는 방법', 혹은 '내 컴퓨터에서 구글 드라이브 파일을 완전히 삭제하는 방법' 같은 것들이었다.

하지만 웨이모에 라이다 장비를 공급하는 업체가 실수를 하지 않았더라면 페이지의 직원들은 퍼즐을 완성하지 못했을 것이다. 오토를 매각하고 몇 달이 지난 2017년 2월, 그 업체는 실수로 이메일 주소록에 웨이모 직원을 포함시켰다. 그 이메일 안에는 우버의 최신 라이다 부품 설계도가 들어 있었다. 그 이메일을 받은 웨이모 엔지니어는 뭔가 이상한 점을 발견했다. 우버의 라이다 장비가 웨이모의 것과 꼭 닮아 있었던 것이다.

페이지는 지금껏 레반도브스키를 믿어왔다. 오랫동안 잘 대우해줬고, 그의 반대를 받아들였으며, 해고를 요구하는 임원들로부터 지켜줬다. 그런데 레반도브스키가 페이지를 배신한 것이다.

2017년 2월 23일, 퀸이매뉴얼어콰트앤설리번Quinn, Emanuel, Urquhart

● 라이다lidar(Light Detection And Ranging)는 무인자동차 개발을 놓고 경쟁을 벌이는 기술 기업과 자동차 기업들이 내놓은 프로토타입에서 대단히 중요한 부분을 차지한다.

& Sullivan 로펌 변호사들은 웨이모를 대신해서 캘리포니아주 북부연 방지방법원에 소송을 제기했다. 거기서 그들은 오토와 우버가 웨이모의 지적재산권과 기업 비밀을 훔치고, 웨이모의 여러 가지 특허권을 침해했으며, 함께 공모하여 위법한 사기 행위를 저질렀다고 주장했다. 그리고 우버가 자율운행 기술을 자체적으로 개발하는 것이 여의치 않자 웨이모 기술을 훔치려 한 것이라고 지적했다.

웨이모 변호사들은 다음과 같이 주장했다. "오토와 우버는 독자적인 기술 개발에 필요한 모험과 시간 그리고 비용을 회피하기 위해 웨이모의 지적재산권을 침해했다. 그들은 치밀한 절도 행위를 통해 5억 달러가 넘는 이익을 가로챘고, 웨이모의 비용으로 그들의 정체된 개발 프로젝트를 되살리고자 했다."[6]

이번 소송은 페이지의 결단이었다. 패션이나 자동차 분야 못지않게 실리콘밸리의 많은 기업이 경쟁사의 프로젝트를 종종 베낀다. 가령 페이스북은 스냅챗의 핵심 기능을 베꼈다. 그리고 지난 6년 동안 인스타그램을 베낀 수많은 앱이 애플의 앱스토어를 가득 메웠다. 하지만 그렇다고 해서 무조건 소송을 하지는 않는다. 특히 소송 대상이 전 직원일 경우에는 엄청난 부담이 따랐다. 수사 과정에서 온갖 형태의 예상치 못한 이메일이나 서류가 나올 위험이 있기 때문이다. 게다가 우수한 인재들은 퇴사한 직원을 고소하는 회사에 입사하는 것을 꺼린다.

페이지는 이번 소송을 통해 레반도브스키를 포함하여 실리콘밸리 전체에 메시지를 보내고자 했다. 그것은 누구도 자신으로부터 뭔가를 훔쳐 달아날 수 없다는 것이었다.

✶

2017년 어느 겨울 날, 우버의 브랜드 이미지를 책임지고 있는 제프 존스는 경영진의 생각을 강하게 흔들어놓기로 결심했다. 그가 생각하기에 우버의 문제는 브랜드 이미지가 아니었다. 문제는 캘러닉이었다.

우버 경영진 중 유일하게 마케팅 경력이 있는 존스는 브랜드에 대한 부정적인 인식의 근원을 밝혀내고자 했다. 우버에 들어오기 전까지는 전혀 생각하지 못했던 일이었다. 존스는 많은 사람이 캘러닉을 부정적인 시선으로 바라본다는 사실을 알았다. 하지만 여기에 어떻게 대처해야 할지는 몰랐다. 이런 상황에서 수전 파울러의 폭로는 문제를 더욱 심각하게 만들었다.

게다가 파울러의 폭로 이후 4일 만에 불거졌던 웨이모와의 소송 사태는 또 다른 중대한 문제를 야기했다. 자율주행 기술을 이끄는 우버의 리더가 말 그대로 도둑이자 잠재적 범죄자로 전락해버린 것이다. 문제는 거기서 그치지 않았다. 3일 후에는 우버가 영입한 주요 인사인 아미트 싱할Amit Singhal(구글에서 검색 알고리즘을 담당했다)이 새로운 역할을 맡기도 전에 사임해버렸다. 캘러닉이 싱할의 영입을 발표한 지 한 달 만이었다.[7] 사실 웨이모가 우버를 고소한 지 며칠 만에 언론은 싱할이 성추문으로 인해 구글에서 쫓겨났다는 사실을 보도하기 시작했다.[8] 구글 측은 그가 회사를 떠날 때까지 이런 사실을 외부에 알리지 않았었다. (싱할은 성추행 의혹을 끝까지 부인했다.) 그를 영입할 당시 캘러닉 역시 그런 의혹에 대해 알지 못했다. 우버로서는 최악의 타이밍이었다.

존스는 더 많은 것을 알고 싶었다. 그는 우버에서 일을 시작하면서 사람들이 우버를 어떻게 생각하는지, 그리고 그 CEO를 어떻게 생각하는지에 대해 설문조사를 하고 싶다는 뜻을 캘러닉에게 밝혔다. 우버는 지금까지 그런 설문조사를 한 적이 없었다. 존스는 이를 통해 사람들의 생각을 들여다보고 싶었다.

그리고 몇 달 후 설문조사 결과가 나왔다. 존스는 임원들을 외부에서 진행되는 이틀간의 회의에 초대했다. 그리고 캘러닉에게는 회의에 참석하지 말 것을 당부했다. 상사 앞에서가 아니라 경영진과 함께 설문조사 결과를 검토하고 싶었기 때문이었다. 캘러닉은 그런 요구가 마음에 들지는 않지만 존스의 태도가 워낙 강경했기 때문에 물러서기로 했다.

2월 말에 우버의 여러 사업부를 책임지는 약 12명의 임원이 설문조사 결과를 검토하기 위해 샌프란시스코 배터리스트리트에 위치한 르메르디앙Le Méridien 호텔에 모였다. 존스는 미리 회의실을 잡아놓고 파워포인트 자료까지 준비했다.

결과는 명백했다. 사람들은 우버 서비스를 좋아했다. 하지만 캘러닉에 대해서는 아니었다. 캘러닉에 대한 부정적인 인식은 우버 브랜드를 나쁜 방향으로 몰아가고 있었다.

그날 늦게 존스는 캘러닉에게서 문자를 받았다. 그도 회의에 참석하기 위해 그곳으로 오고 있다는 내용이었다. 캘러닉은 자신이 제외된 상태에서 기업의 미래가 논의된다는 사실을 참기 힘들었다. 임원들로 가득한 호텔 회의실로 들어서자, 벽에 가득 붙은 도표와 설문지, 그리고 분석 자료가 캘러닉의 눈에 들어왔다. 그리고 한가운데에 붙은 거대한 종이에는 뭔가 적혀 있었다. 외부인들이 생각하는 우버의 이미지였다. '말도 안 되는 성공을 거둔 어린 불량배 집단.' 딱히 부정하기 힘든 지적이었다.

그럼에도 캘러닉은 벽에 붙어 있는 데이터를 외면한 채 존스의 주장을 반박했다.

"믿을 수가 없군요. 저는 그렇게 생각하지 않습니다."

임원들은 황당했다. 우버 역사상 가장 심각한 위기를 맞이하고서도 캘러닉은 벽에 걸린 진실을 인정하지 않았다. 그때 애런 쉴드크라우트가 나서서 존스의 주장과 데이터를 옹호하기 시작했다. 그리고 존경받는 임원인 대니얼 그라프Daniel Graf와 레이철 홀트Rachel Holt도 쉴드크라우트의 주장을 거들었다. 당시 캘러닉은 존스를 탐탁지 않게 생각했지만 그라프와 쉴드크라우트는 인정하고 있었다. 또한 홀트는 초창기부터 캘러닉과 함께한 인물이었다. 그런데 그 세 사람이 설문조사 결과를 지지하고 나선 것이다.

논쟁은 더 이상 이어지지 않았다. 커뮤니케이션 책임자인 레이철 웻스톤이 걸려온 전화를 받기 위해 복도로 서둘러 나갔다. 그리고 얼마 후에 자신의 부하 직원인 질 헤이즐베이커에게 복도로 나오라고 손짓했다. 뭔가 좋지 않은 일이 벌어지고 있는 분위기였다. 하지만 그 방에 있던 누구도 무슨 일인지 몰랐다.

잠시 후 존스도 복도로 나왔고 캘러닉도 뒤를 이었다. 웻스톤은 회의실에서 노트북을 가져와 의자 위에 올려놓았다. 그러고는 〈블룸버그 뉴스〉 웹사이트로 들어가서 캘러닉에 관한 기사를 클릭했다.[9] 기사 위에는 영상 하나가 떠 있었다.

임원 네 명이 노트북 주위를 에워싸고, 캘러닉은 바닥에 무릎을 꿇고 자리를 잡았다. 재생버튼을 클릭하자 흐릿한 영상이 시작되었다. 장소는 우버 자동차 안이었다. 운전자와 함께 뒷좌석에 앉은 세 명의 승객이 보였다. 두 명의 여성 사이에 한 명의 남성이 끼어 앉아 있었다. 그는 다름 아닌 캘러닉이었다.

이야기가 오가고 웃음소리가 들릴 뿐, 별 특이한 점은 없었다. 비틀대는 것으로 봐서 밤에 술을 마시고 집으로 돌아가는 길인 듯했다. 라디오에서 마룬5의 노래가 흘러나오자 캘러닉은 어깨를 들썩이며 리듬을 탔다. 거기에 있던 임원들 모두 영상 속에서 자신의 상사를 보며 아마도 하나의 단어를 떠올렸을 것이다. '허세남.'

목적지에 도착할 때쯤 영상 속의 운전자인 포지 카멜Fawzi Kamel이 이야기를 시작했다. 자신은 캘러닉의 얼굴을 안다고 했다. 그러고는 대뜸 우버의 요금 인하 정책 때문에 운전자들이 어려움을 겪고 있다고 그를 비난했다. "당신 때문에 9만 7,000달러를 손해 봤어요. 당신 때문에 파산했다고요. 매일 요금을 바꾸고 있잖아요!"

그때 캘러닉이 끼어들었다. "잠깐만!" 그리고 언쟁이 시작되었다.

"내가 우버 블랙과 관련해서 뭘 했다고?"

카멜이 말했다. "모든 걸 망쳐놨죠!"

캘러닉이 말했다. "젠장. 당신이 뭘 알아?" 그러고는 차에서 내리면서 카멜의 면전에다 이렇게 소리 질렀다. "어떤 놈들은 똥을 싸놓고 치우지도 않는단 말이야!"

캘러닉은 손가락을 허공으로 치켜세우고는 이렇게 말했다. "언제나 남 탓이지. 잘 살아보셔." 항의하는 카멜을 뒤로하고 캘러닉은 차에서 내렸다. 몇 초 후 영상은 끝났다. 누군가 노트북 화면을 닫았다.

캘러닉은 호텔 바닥에 무릎을 꿇은 채로 임원들에게 이렇게 말했다. "좋지 않아. 아주 좋지 않아."[10] 그러고는 고개를 숙이고 몸부림을 치면서 이렇게 외쳤다. "대체 내가 뭘 잘못했냐고?"

임원들은 어떡해야 할지를 몰랐다. 자신의 상사가 몸부림치는 모습을 지켜보는 것은 너무도 불편한 일이었다.

캘러닉은 그때 떠오른 한 사람에게 전화를 걸었다. 아리아나 허핑턴이었다. 캘러닉은 전화기에 대고 울부짖었다. "아리아나, 도움이 필요해요. 어떻게 하면 좋을까요? 상황이 좋지 않아요. 완전 엉망이라고요."

허핑턴은 정신이 나간 캘러닉을 진정시키기 위해 이런저런 이야기를 했다.

존스도 그를 위로하고자 했다. 그는 위기관리 PR 업체*에 의뢰해서 전략을 세우고 방안을 모색해보자고 했다.

존스는 말했다. "트래비스, 전문가의 도움을 받을 수 있어요."

그러나 웻스톤은 동의하지 않았다. "저나 질보다 더 나은 사람을 찾을 수는 없을 겁니다." 웻스톤은 우버의 홍보 책임자들이 이번 악몽을 끝낼 수 있다고 생각했다.

캘러닉은 웻스톤과 헤이즐베이커에게 분노를 터뜨렸다. "당신 두 사람은 이번 사태를 해결할 만큼 전략적이지도, 창의적이지도 않습니다." 캘러닉의 비난이 허공에 울려 퍼지면서 회의장은 일순간 얼어붙었다. 웻스톤과 헤이즐베이커는 기가 막혔다. 두 사람은 곧 짐을 챙겨 회의실을 빠져나갔다.

그 순간 캘러닉은 자신의 실수를 깨달았다. 조만간 덤벼들 언론사로부터 자신을 지켜줄 사람들을 내친 것이다. 그는 곧장 복도로 달려나가 두 사람을 붙잡았다.

헤이즐베이커는 캘러닉의 얼굴에다 이렇게 소리쳤다. "어떻게 그런 말을 할 수가 있어요!" 다른 임원들은 충격을 받았다. "당신과 이 회사를 위해 지금껏 참아왔습니다! 이건 당신이 자초한 일이라고요!"••

캘러닉은 웻스톤과 헤이즐베이커를 간신히 설득했다. 회의에 참석한 임원 중 절반은 우버를 타고 20분 거리에 있는 헤이즐베이커의 타운하우스로 향했다. 그녀는 사람들을 위해 음식을 주문했다.

- 우버 임원들은 머독Murdoch 집안을 위해 정기적으로 일했던 위기 PR 전문가 스티븐 루벤스타인Steven Rubenstein에게 전화를 걸었다. 그러나 루벤스타인은 그들의 요청을 거절했다. 그래도 그로부터 한 달이 지나기 전에 그는 캘러닉을 만나 두 가지 조언을 했다. 첫째, 셰릴 샌드버그가 마크 저커버그의 균형을 잡아주었던 것처럼 캘러닉도 '자신만의 셰릴을 찾아야 한다'. 둘째, 휴가를 가져야 한다. "스스로 자기 무덤을 파거나, 아니면 언론이 당신 머리에 총을 쏠 겁니다."
- •• 목격자의 증언에 따르면, 헤이즐베이커는 다분히 원색적인 표현을 사용했다고 한다.

우버 임원들은 거실 소파에 둘러앉아 각자의 생각을 말했다. 그동안에도 캘러닉은 카펫 바닥에 주저앉아 괴로워하고 있었다. 캘러닉은 계속해서 똑같은 말을 내뱉었다. "난 형편없는 놈이야. 난 형편없는 놈이야. 형편없는 놈이라고."

윗스톤은 건성이나마 그를 위로했다. "당신은 형편없는 사람이 아니에요. 형편없는 일을 저질렀을 뿐이에요."

얼마 후 윗스톤과 헤이즐베이커, 그리고 캘러닉은 언론사에 배포할 해명서를 작성했다. 그동안에도 영상은 입소문을 타고 퍼져나가며 언론과 여론의 관심을 자극했다. 그 영상에는 캘러닉이 우버 운전자를 하찮게 여긴다는 결정적인 증거가 담겨 있었다. 또한 그가 흥청망청 파티를 즐기는 사람이라는, 그리고 실제로 나쁜 사람이라는 증거가 담겨 있었다.

그날 늦게 캘러닉은 직원들에게 사과 메시지를 냈다. 다음 날 아침, 우버는 캘러닉의 메시지를 공식 블로그에 게재했다.

지금쯤 제가 우버 기사를 함부로 대하는 영상을 보셨을 겁니다. 부끄럽다는 말로는 충분한 해명이 되지 않겠죠. 리더로서 저의 역할은 조직을 이끌어가는 것입니다. …… 그리고 그 시작은 여러분 모두가 자부심을 느끼도록 행동하는 일일 것입니다. 하지만 저는 그러지 못했습니다. 어떠한 변명으로도 용서받을 수 없습니다.

영상 속 인물이 저라는 것은 분명한 사실입니다. 그리고 사람들의 비난은 제가 리더로서 완전히 바뀌어야 하고 성숙해야 한다는 질책일 것입니다. 리더십과 관련해서 도움이 필요하다는 생각이 처음으로 들었습니다.

포지를 비롯한 모든 우버 운전자와 직원들께 진심으로 사과드립니다.

—트래비스[11)

25장

그레이볼

*엔지니어는 '그레이볼'을 조작하여 고객에게
특정 차량을 숨기거나 혹은 드러낼 수 있었다.*

수전 파울러의 블로그 글이 실리콘밸리를 넘어 전 세계 언론을 강타한 지 일주일. 내게 전화 한 통이 걸려왔다. 내가 모르는 번호였다.

상대는 말했다. "여보세요, 마이크? 마이크 아이작? 전 밥이라고 해요. 우버 직원입니다. 비공개를 조건으로 이야기를 나눌 수 있을까요?"[1]

며칠 전 내가 쓴 기사, '공격적이고 무자비한 우버의 조직 문화 들여다보기'가 〈뉴욕타임스〉 1면에 실렸었다.[2] 나는 30명이 넘는 우버의 전·현직 인사들을 만나 우버에서의 삶에 대해 자세한 이야기를 나눴다. 2014년 〈뉴욕타임스〉에 입사한 후 나는 우버를 주제로 많은 기사를 썼다. 그러나 이번 파울러 사건은 좀 달랐다.

상사에게서 성적인 요구를 받았던, 혹은 직장에서 듣는 부적절한 말을 지금껏 참아왔던 기술 업계의 모든 여성에게, 그리고 형편없는 아이디어로도 쉽게 투자를 따내는 남성 창업자를 멀리서 지켜봐야 했던 모든 여성 창업자에게, 파울러의 글은 기술 지상주의자들이 그토록 오만하게 자랑해왔던 '능력주의' 시스템 이면에 감춰진 선입견과 권력 남용을 분명하게 보여주는 사례였다.

아마도 파울러는 예상하지 못했겠지만, 그녀의 글은 2017년 후반기에 시작된 새로운 흐름을 알리는 신호탄이었다. 2017년 가을, 〈뉴욕타임스〉와 〈뉴요커〉는 할리우드 거물 프로듀서 하비 와인스타인Harvey Weinstein이 그때껏 저질러온 체계적이고 광범위한 성추행에 대해 놀라운 기사를 실었다. 이는 결국 그에 대한 비난 여론과 함께 미투 운동을 촉발했다. 파울러의 폭로가 올라왔을 때, 나 역시 우버 내부의 혼돈과 무질서를 고발하는 기자들의 대열에 합류했다.

밥은 내게 내 기사를 봤다고 했다. 거기서 나는 'X의 X제곱' 행사 중에 우버가 라스베이거스에서 벌인 난잡한 파티, 우버 직원들이 그들의 회사를 상대로 제기한 여러 다양한 소송, 그리고 파울러의 주장을 넘어서는 약물과 성추행 관련 사건을 세부적으로 파고들었다. 밥은 말했다. "우버를 파헤치고자 했던 시도 중 제일 확실한 기사였어요."

밥은 이어서 말했다. "그런데 그건 빙산의 일각에 불과해요. '그레이볼'이라는 말을 들어봤나요?" 나는 모른다고 했다.

그가 만남을 청했다.

✹

화요일 저녁 8시, 팰로앨토에 있는 금방이라도 쓰러질 듯한 피자 레스토랑 앞 주차장은 한산했다. 그곳은 느끼한 피자에 김빠진 탄산음료가 나오는 맛없는 피자 가게였다. 그리고 그 점이 우리에겐 중요했다. 밥은 나와 함께 있는 장면을 누군가에게 들켜서는 안 되었다. 아마도 이런 싸구려 음식점에서 다른 우버 직원을 만날 일은 없을 것이었다.

나는 차에 앉아서 밥이 보내준 체크리스트를 훑어봤다. 집을 떠나기 전에 나는 우버 앱을 지웠고, 앱 메뉴에 숨겨져 있던 설정으로 들어가서 우버 서버에서 내 연락처 정보를 삭제했다. 우버 앱은 사용자에게 전화번호부 데이터를 클라우드에 업로드할 것을 요구했다. 이런 기능 덕분에 두 친구가 함께 우버에 탑승할 경우, 간편하게 요금을 나눠 낼 수 있다. 이는 대부분의 사용자에게 획기적이고 편리한 기능이었다. 하지만 밥과 나의 경우는 달랐다. 우버 보안팀이 마음만 먹는다면 내가 어디서 누굴 만났는지, 그 사람의 이름과 전화번호까지 알아낼 수 있었다. 그건 내가 우버 앱을 설치하면서 이런 정보를 넘겨주기로 동의했기 때문이었다. 그래서 나는 우버 앱을 완전히 삭제했다. 그리고 휴대전화는 전원을 끈 채 차 안에 두고서 펜과 노트만 들고 갈 생각이었다. 밥은 레스토랑에서 나를 알아볼 것이다.

피자 가게 안은 어두침침했고 무척 낡아 보였다. 테이블은 싸구려 플라스틱 칸막이로 나눠져 있었다. 한쪽에 놓인 당구대 위에는 버드와이저 광고등 불이 반만 들어와 있었다. 나는 자리를 잡고 피자를 주문했다. 그리고 밥이 나타나기를 기다렸다. 거기에 있던 사람이라고는 당구를 치는 젊은 남성 둘과 카운터 종업원, 그리고 뒤편에서 피자를 만드는 주방장뿐이었다.

마침내 긴장한 표정의 밥이 나타났다. 야구 모자를 눌러쓴 채 서류로 가득한 폴더 하나를 들고 있었다. 기자와의 만남이 익숙지 않았던 그는 이번 일을 위해 꽤 큰 위험을 감수해야 했다. 혹시라도 우버가 우리의 만남을 알게 된다면, 우버 변호사들은 밥의 인생을 완전히 바꿔놓을 수도 있었다. 나는 밥이 내어준 시간에 감사했다. 나는 최대한 상냥한 표정으로 밥에게 손을 흔들어 보였다. 기자로서 내게 한 가지 기술이 있다면 그것은 편안한 분위기를 조성하고는 입을 다물고 있는 것이었다. 그런 태도가 열정적이고 적극적인 태도보다 더 효과가 좋았다.

물기로 흥건한 차가운 펩시 잔과 페페로니 피자 조각들을 사이에 두고 밥과 나는 서류를 살펴봤다. 그것들 모두 우버의 다양한 프로젝트에 관한 것이었다. 그중 하나는 한 지역 총관리자가 운전자들에게 보낸 이메일이었다. 거기에는 경찰의 단속을 피하기 위한 다양한 기술이 나열되어 있었다.

- 우버용 휴대전화를 대시보드 위에 두지 말고 컵홀더에 내려놓으세요.[3]
- 승객에게 먼저 앞좌석에 앉을 것인지 물어보세요.
- 터미널에서 승객을 태우거나 내려줄 때에는 인도에서 가장 멀리 떨어진 차선을 이용하세요.
- 공항에서 승객을 태우거나 내려주면서 단속에 걸릴 경우, 우버가 과태료를 지불할 것이며, 또한 필요한 법률 서비스도 제공할 것이라는 사실을 기억하세요. 과태료 고지서를 찍어서 ××××××××××@uber.com으로 보내주세요.

  감사합니다. 좋은 하루 보내세요![4]

친근한 말투의 그 이메일은 운전자가 경찰 단속을 피하도록 우버가 체계적으로 교육하고 있다는 사실을 보여주었다.

피자를 다 먹고 나서 밥은 가방에서 노트북을 꺼냈다. 그리고 웹 브라우저를 띄우고는 주소를 입력했다. 그러자 포틀랜드 지역 신문인 〈오레고니언Oregonian〉이 게시한 3년 전의 유튜브 영상이 나왔다. 영상에서는 교통경찰인 에릭 잉글랜드가 불법 운행하는 우버 차량을 단속하기 위해 차량을 호출하고 있었다. 일종의 함정수사였다. 그런데 잉글랜드는 좀처럼 우버 차량을 잡지 못하고 있었다.[5] 두 운전자가 잉글랜드의 차량 호출에 답변을 보내왔지만 이내 취소해버렸다. 잉글랜드는 뭐가 문제인지 잘 모르겠다는 표정으로 어깨를 으쓱했다. "승객이 많아서 그런가 보군." 그의 앱 지도에는 당장 이용 가능한 우버 차량이 한 대도 보이지 않았다. 그는 결국 포기했다.

영상이 끝나자 밥은 이렇게 말했다. "이건 우연이 아니에요. 그레이볼이라는 겁니다."

우버가 체계적으로 경찰을 속이고 단속을 피하기 위한 소프트웨어인 그레이볼을 탄생시킨 것은 필라델피아 시장에 진입할 무렵이었다. 필라델피아 시장에 우버X를 론칭하려던 2014년 가을, 필라델피아 교통국은 운전자들에게 엄중한 경고 메시지를 냈다. "우버X 차량을 적발할 시에는 차량을 세우고 압수할 것입니다."[6] 실제로 필라델피아 교통국은 가짜 우버 계정을 이용해서 함정수사를 시작했다. 그리고 우버 운전자를 적발하면 차량을 압수하고 수천 달러의 벌금을 부과했다. 단속은 꽤 효과적이었다. 겁을 먹은 운전자들은 우버를 위해 운전하려 하지 않았다.

필라델피아 사무소 관리자는 당황했다. 경찰이 차량을 압수한다면, 어떻게 우버 운전자가 되어달라고 사람들을 설득한단 말인가? 밥은 내게 필라델피아 관리자가 운전자들에게 보낸 문자메시지를 보여줬다. 그들은 우버가 끝까지 책임질 거라는 약속을 하고 있었다.

우버X에서 알려드립니다. 경찰에 단속을 당할 경우, ×××-×××-××××로 전화를 하세요. 우버 운전자로 계속 활동하기만 한다면 100퍼센트 보상받을 수 있습니다. 당장 달려가서 당신을 안전하게 집에까지 모셔다 드리겠습니다. 모든 부대비용은 우리가 부담합니다. 안전하고 믿음직한 서비스를 필라델피아 시민에게 제공하는 귀하의 노고에 감사드립니다. 우버 화이팅![7]

필라델피아 관리자는 해결책을 내놓으라고 본사 엔지니어들을 압박했다. 이후 미국 전역에서 비슷한 상황이 펼쳐지면서 샌프란시스코 본사를 향한 압박은 더욱 거세졌다. 본사의 운행 및 기술팀은 우버X 서비스와 관련하여 필라델피아 지역의 정확한 법률 조항을 살펴봤다. 그리고 우버의 법률 자문위원인 샐리 유는 우버가 회색지대에 있다고 결론 내렸다. 필라델피아 법률에는 승차 공유 서비스와 관련된 구체적인 조항이 없었다. 그렇기 때문에 기술적으로 불법이 아니라고 주장할 수 있었다.

우버 사기방지팀에는 쿠엔틴이라는 유능한 엔지니어가 있었다. 당시 쿠엔틴에게 좋은 아이디어가 떠올랐다. 우버 앱에는 승객의 지도에 나타나는 차량을 숨기거나 드러내는 기능이 있었다. 실제로 우버 측은 그 기능을 다양한 방식으로 활용했다. 가령 널리 알려진 '아이스크림 배달 행사on-demand ice cream truck'와 같은 프로모션을 실시하는 경우, 고객에게 근처에서 돌아다니는 아이스크림 차량만 보여주고 다른 우버 차량들은 보이지 않게 숨길 수 있었다. 이런 기능은 '그레이볼'이라고 불렸다. 엔지니어는 이 기능을 조작함으로써 고객에게 특정 차량을 숨기거나, 혹은 드러낼 수 있었다.

그런데 이 기능을 경찰이나 단속 공무원을 대상으로 실행한다면 어떨까? 그래서 그들이 도로에 있는 우버X 차량을 보지 못하게 한다면? 그렇게 된다면 경찰은 어떤 차량이 우버 차량인지 확인할 수 없게 된다. 그리고 운전자는 안전하게 단속을 피할 수 있게 되고, 고객은 계속해서 우버 서비스를 이용하게 될 것이었다. 그건 모두

의 승리였다. 정확하게 말해서 필라델피아 교통국을 제외한 모두의
승리였다.

밥은 내게 설명을 계속했다. 여기서 중요한 문제는 그레이볼 기능
을 실행하기 위해 어떤 사용자가 필라델피아 교통국 직원인지를 특
정해야 한다는 것이었다. 우버가 엉뚱한 사람을 필라델피아 교통국
직원으로 특정해버리면 그는 더 이상 우버 서비스를 이용할 수 없
게 된다.

우버의 엔지니어와 사기방지팀, 그리고 현장 관리자들은 필라델
피아 교통국 직원을 특정할 다양한 방법을 내놨다. 그중 하나는 '지
오펜싱' 기술을 활용해서 해당 지역의 경찰서를 중심으로 디지털 경
계를 그리는 것이었다. 우버는 그 경계 안에서 우버 앱을 열고 닫는
고객을 추적한다(엔지니어들은 이를 '아이볼링eyeballing'이라고 불렀다[8]).
그리고 신규 사용자 계정의 세부 사항(신용카드, 전화번호, 집주소 등 개
인 정보)을 검토해서 경찰 신용조합과 관계가 있는지 확인한다. 일
단 우버가 특정 사용자를 경찰이나 단속 기관으로 지목했을 경우,
간단한 프로그램('그레이볼'이라는 단어와 일련의 숫자)을 앱에 삽입하
는 방식으로 그 사용자가 우버 차량의 활동을 보지 못하도록 막을
수 있었다. 이 방법은 실제로 효과가 있었다. 필라델피아 교통국은
우버의 속임수를 알아채지 못했고 단속 건수는 크게 줄었다.

쿠엔틴의 팀은 그레이볼과 관련하여 '서비스약관위반Violation of Terms
of Service(VTOS)'이라는 제목으로 지침을 내놓았다. 여기서 그들은 우
버 앱을 이용해서 부정하게 차량을 호출하는 단속 기관은 우버의

서비스 약관을 침해하는 것이라고 주장했다. 그리고 우버는 이를 근거로 그레이볼 기능을 활용할 수 있었다. 우버의 모든 직원은 위키와 비슷한 내부 정보사전을 통해서 여러 다양한 문제에 대해 우버가 작성한 수십 가지 지침과 함께 VTOS를 확인할 수 있었다.

거의 모든 시장에서 저항과 단속에 직면한 우버에게 VTOS와 그레이볼 기술은 뜻밖의 행운이었다. 예를 들어 한국 시장에서는 우버 운전자를 경찰에 신고할 경우 포상금을 받을 수 있었다. 유타주 역시 이와 비슷한 정책을 실시하고 있었다. 이에 대해 우버는 그레이볼 활용을 확대하는 방식으로 대응했다. 또한 우버 사기방지팀은 그레이볼 활용 방법과 관련해 정상회의(전 세계 수십 개국 총관리자를 대상으로 했다)까지 열었다.

피자 가게에서 그레이볼에 대해 설명하는 동안 밥의 표정은 좀 더 편안해졌다. 그는 오랫동안 감춰왔던 비밀을 누군가에게 털어놓게 되어서 다행이라고 했다. 그레이볼은 분명 법적으로 문제가 될 수 있었지만 우버는 실적을 올리기 위해 그런 문제를 외면하고 있었다.

밥은 빈 종이 접시를 한쪽으로 치우더니 서류 뭉치를 올려뒀다. 그러고는 이렇게 말했다. "이걸 가지고 당신이 뭘 할 수 있을지 모르겠어요. 그래도 이렇게라도 이야기를 나누니 한결 기분이 나아졌어요."

그러고는 이렇게 덧붙였다. "어쩌면 뭔가를 바꿀 수도 있겠죠?"

나는 작별 인사를 하고서 피자 가게를 나와 차로 돌아왔다. 마음이 복잡했다. 그로부터 몇 달 후 밥이 알려준 전화번호로 연락을 했지만 이미 없는 번호가 되어 있었다. 내가 그를 만난 것은 그때가 처음이자 마지막이었다.

3월 3일 아침, 〈뉴욕타임스〉는 구독자들의 휴대전화로 다음과 같은 알림 메시지를 전송했다. "수년 동안 우버는 우버 서비스가 제한되거나 금지된 지역에서 앱을 활용하여 경찰의 존재를 은밀하게 파악하고 피해왔다."[9]

반응은 즉각적이었다. 미국 전역의 주 검찰청은 해당 지역에서 그레이볼을 사용한 사실이 있는지 우버에 문의했다. 관련 기사가 나가고 며칠 후, 우버의 보안 책임자 조 설리번은 앞으로는 경찰을 상대로 그레이볼을 사용하지 말 것을 지시했으며, 지금까지의 그레이볼 활용 사례를 검토하고 있다고 밝혔다.[10] 미 법무부는 수사에 착수하면서 우버 그레이볼의 적법성을 따지기 시작했다.[11] 수사는 필라델피아와 포틀랜드를 비롯한 여러 지역으로 퍼져나갔다.[12] 우버는 지금까지 비협조적이고 공격적인 조직으로 악명 높았다. 그리고 이제는 잠재적 범죄자 취급을 받기 시작했다.

직원들은 또다시 회사를 떠나기 시작했다. 아무도 공공장소에서 우버 로고가 들어간 티셔츠를 입지 않았다. 두 달 전에 트럼프 자문위원회 일로 여론이 악화되었을 때처럼 시위자들이 우버 본사로 몰려와 정문을 가로막았다. 이후 본사 앞에서는 거의 매주 시위가 벌어졌다. 우버의 평판은 더욱 나빠졌고 직원들은 하나둘 출근을 하지 않기 시작했다. 한번은 본사 사무실에 남아 있던 정책팀 직원

두 명이 기다란 복도에서 공을 굴렸다. 복도는 한쪽 끝에서 반대쪽 끝까지 수백 미터에 이를 만큼 길었다. 그들은 누군가 나와 보기를 기대했다. 하지만 아무도 나와 보지 않았다. 아무도 없었던 것이다.

✱

캘러닉이 운전자에게 소리를 지르는 영상이 널리 퍼지고 그레이볼에 대한 연방 수사가 시작되면서 제프 존스는 점점 지쳐갔다. 이제 우버라는 지옥에서 빠져나가고 싶었다.

그의 임무는 수십만 명에 달하는 운전자와의 관계를 개선하는 일이었다. 하지만 캘러닉의 영상만으로 지금까지의 노력이 수포로 돌아갈 지경이었다. 2015년 우버가 요금을 인하했을 때, 캘러닉은 그에 따른 소득 감소가 운전자의 생계에 미칠 영향에 대해서는 고민하지 않았다. 캘러닉에게 가격 인하는 곧 수요 증가를 의미했다. 그는 수요 촉발을 통해 다시 한 번 성장을 가속화하고자 했다. 성장이야말로 그가 가장 중요하게 생각하는 것이었다.

운전자들이 예전만큼 돈을 벌기 위해 더 많은 승객을 태우고 더 오랫동안 운전해야 한다는 사실은(일반적으로 2배) 캘러닉에게 중요하지 않았다. 그리고 운전자들이 샌프란시스코와 같이 복잡한 도시에서 일하기 위해 오랜 시간을 들여 통근을 해야 한다는 사실도 그에게는 전혀 중요하지 않았다. (통근에 두 시간이 걸리는 경우도 많고 여섯 시간이 걸리는 경우도 적지 않았다.) 운전자들은 승객을 한 명이라도 더 태우기 위해 길가나 주차장에 차를 세워두고 쪽잠을 잤다. 샌프란시스코에는 공중 화장실이 충분하지 않다는 사실, 그래서 어떤 방식으로든 알아서 생리현상을 처리해야 한다는 사실 역시 캘러닉에게 중요하지 않았다. 운전자들이 하루 종일 과로에 시달리고 잠조차 제대로 자지 못한다는 사실 역시 마찬가지였다.

캘러닉은 운전자들이 감당해야 할 비용(차량 관리나 의료보험 등)에 대해서도 걱정하지 않았다. 우버는 운전자를 그냥 프리랜서 직군으로 분류했다. 우버의 비즈니스 모델에서 핵심은 운전자에 대한 우버 측의 책임을 최소화하는 것이었다.

우버 운전자들은 스스로 살길을 찾아야 했다. 그들은 비공식 조합을 결성하고 우버피플UberPeople.net과 같은 사이트를 통해 연대함으로써 정보를 공유하고 파업이나 시위를 조직했다. 우버와 리프트에서 운전자로 일했던 우주항공 엔지니어 해리 캠벨Harry Campbell은 승차 공유 운전자로 살아남기 위한 팁과 노하우를 자신의 개인 블로그에 올렸다. 그는 그 글의 제목을 '라이더셰어가이Rideshare Guy'라고 붙였다.[13]

한편 제프 존스는 캘러닉 밑에서 우버 운전자들을 돕는 데 한계를 느꼈다. 그는 지난 6개월을 찬찬히 돌이켜보면서 이제 결심을 해야 할 때라고 느꼈다. 2017년 3월 19일 비즈니스 뉴스 웹사이트인 〈리코드Recode〉는 우버의 승차 공유 사업부 사장인 제프 존스가 자리에서 물러났다는 기사를 보도했다. 그리고 우버를 위기로 몰고 간 일련의 사건이 사임의 직접적인 원인이라고 덧붙였다.[14]

캘러닉은 가만있지 않았다. 그는 직원을 통해 〈리코드〉에 메모를 전했다. 존스가 최고운영책임자 승진 후보에서 탈락하면서 우버를 떠났다는 내용이었다. 그러나 존스도 예전 상사가 자신의 명예를 더럽히도록 그냥 지켜보고 있지만은 않았다. 그는 〈리코드〉에 공식적인 해명을 전달했다. 여기서 그는 자신이 조직을 떠난 이유가 우버의 리더십 문화 때문이라고 설명했다.

저는 조직의 성장과 번영을 뒷받침해줄 글로벌 역량을 장기적으로 구축해야 한다는 사명감과 책임감으로 우버에 들어왔습니다.

그러나 제가 간직해온 리더십에 대한 믿음과 생각이 우버에서 직접 보고 경험한 것과 조화를 이루지 않는다는 사실을 분명히 깨닫게 되었습니다. 저는 더 이상 승차 공유 사업부의 사장으로서 임무를 수행할 수 없게 되었습니다.

우버에는 수많은 인재가 있습니다. 진심으로 그들의 행복을 기원합니다.

존스는 신중하게 작성한 발표문을 통해 캘러닉을 강하게 비난했다. 존스의 전략은 성공을 거두었다. 잠깐의 휴식 시간을 가진 뒤, 존스는 대형 세무 기업인 H&R블록H&R Block의 사장이자 최고경영자로 취임했다.

그 달은 우버에게 좋지 않은 때였다. 하지만 최악의 날은 아직 오지도 않았다.

★

2017년 3월, 가비 홀츠워스는 전 남자친구 캘러닉을 잊기 위해 애쓰고 있었다. 그녀는 자동차 분야의 스타트업에서 새롭게 일을 시작했다. 캘러닉과 결별한 후에 그녀가 처음으로 잡은 정규직 일 자리였다. 그러던 어느 날 에밀 마이클에게서 전화가 걸려왔다.

홀츠워스는 3년 동안 캘러닉과 사귄 뒤 2016년 말에 헤어졌다. 이별은 두 사람 모두에게 상처를 남겼다. 주변 친구와 지인들 모두 두 사람이 서로를 끔찍이 아낀다고 믿었다. 캘러닉이 유명 인사가 되면서 두 사람은 서로에게 버팀목이 되어줬다. 캘러닉은 일을 하지 않을 때면 언제나 홀츠워스와 함께 있었다.

하지만 두 사람 사이에는 문제가 있었다. 나중에 홀츠워스가 밝힌 바에 따르면, 캘러닉은 때로 감성적으로 둔감한 모습을 보였다. 그녀에게 소리를 지른 적은 없었지만, 직장에서 직원들에게 그러듯이 집에서는 그녀를 다그치고 무시했다. 홀츠워스는 캘러닉의 부탁으로 생일 파티를 비롯한 다양한 행사에 모델들을 초대했다. 당시에는 몰랐지만 나중에 돌이켜보건대, 캘러닉이 홀츠워스 자신과 다른 여성을 대하는 방식이 종종 그녀를 불쾌하게 했다.

그녀는 이렇게 말했다. "행사장에 가면 언제나 모델들이 있었어요. 그들은 그렇게 노는 것을 좋아했어요. 매번 그런 식이었죠."[15]

그리고 몇 년 후 사건이 벌어졌다. 2014년 중반에 홀츠워스는 캘러닉과 함께 서울로 출장을 떠났다. 당시 우버는 우버X 서비스를 론칭하는 과정에서 서울시와 많은 갈등을 빚고 있었다. 출장 중 어느 날 저녁, 캘러닉, 홀츠워스, 에밀 마이클, 그리고 또 다른 우버 여직원은 한국 사무소 관리자들과 함께 술을 마시게 되었다. 그리고 분위기가 무르익으면서 그들은 가라오케로 자리를 옮겼다.

우버 사람들이 들어갔을 때, 가라오케에서 일하는 여성들이 둥그렇게 원을 그리고 앉아 있었다. 모두들 미니스커트에 번호가 적힌 '태그'를 달고 있었다. 거기서 남성 고객이 번호를 고르면, 여성 종업원은 따로 마련된 방으로 들어가 함께 노래를 하며 술시중을 들었다. 때로 여성들은 그렇게 몇 차례 손님을 받고 나서 손님과 함께 집으로 가기도 했다.

몇몇 우버 사람들은 태그를 단 여성들이 고용된 도우미라는 사실을 눈치챘다. 홀츠워스와 여성 우버 직원은 불편했지만 그래도 분위기를 깨지 않기 위해 한동안 함께 어울렸다. 한국 관리자 네 명은 여성을 선택해서 노래를 부르기 시작했다. 얼마 후 우버 여직원은 자리를 떴다. 충격을 받은 표정이 역력했다. 노래를 몇 곡 부른 뒤 홀츠워스와 캘러닉을 비롯한 본사 사람들도 자리를 떴다. 가라오케에는 한국 관리자들만 남았다.

다른 이들의 증언에 따르면, 캘러닉과 마이클을 비롯한 우버 사람들은 홀에서 노래를 부르고 술을 마셨다. 다른 일은 없었다. 그럼에도 그날 모임은 모두를 곤경에 빠뜨리기에 충분했다. 캘러닉과 마이클은 다른 사람들이 도우미들과 노는 동안 별로 신경을 쓰지 않았다. 하지만 나중에 그 자리에 함께했던 여직원이 인사팀에 불만을 제기했다. 그리고 캘러닉에게 당시 상황이 몹시 불쾌했었다고 말했다. 하지만 그걸로 끝이었다. 인사팀은 그 문제를 즉시 경영진에 보고했지만, 모두들 그때 일을 잊어버리기로 작심한 듯했다.

홀츠워스도 그때 일을 누구에게도 말하지 않으려 했다. 적어도 에밀 마이클로부터 전화가 걸려오기 전까지는.

3월 1일 홀츠워스는 마이클로부터 한 통의 문자를 받았다. 2016년 말 캘러닉과 헤어진 이후 홀츠워스는 마이클과 이야기를 나눈 적이 없었다. 그는 문자로 통화가 가능한지 물었고 그녀는 괜찮다고 했다.

홀츠워스는 마이클과 그리 가까운 사이가 아니었다. 마이클이 캘러닉의 오른팔이 되고 나서 그와 그의 여자친구와 가끔 어울렸을 뿐이었다. 마이클이 말했다. "이곳 상황이 심상치 않아요." 그리고 두 사람은 우버가 겪고 있는 어려움에 대해 이런저런 이야기를 나눴다. 마이클은 본론으로 들어갔다.

"한국으로 출장 갔을 때 기억나나요? 지금 기자들이 그날 밤 일을 캐고 있어요. 당신과 그 이야기를 나누고 싶군요." 그러고는 이렇게 덧붙였다. "우리는 함께 가라오케에 갔고, 그게 전부예요. 그렇죠?"

홀츠워스는 기분이 상했다. 마이클의 어투는 마치 말끔한 뒤처리를 맡은 마피아 법률 고문 같았다. 나중에 그는 그날 밤의 일이 언론에 보도될지 모른다고 알려주기 위해 전화한 것이라고 둘러대게 된다.

홀츠워스는 말했다. "저는 그 일에서 빼주시겠어요?" 그녀는 자기 삶을 살기 위해 노력하고 있었다. 자신의 전 남자친구의 얼굴이 웹사이트와 신문에 도배되는 것을 지켜보면서, 그녀는 이미 충분히 힘든 시간을 보내고 있었다. 그런데 이제 마이클까지 그녀를 괴롭히고 있었다.

마이클은 그들이 그날 저녁에 한 일은 가라오케에 간 것뿐이었다고 거듭 강조했다. "그렇죠? 그게 전부예요. 맞죠?"

홀츠워스는 소리치기 시작했다. "제 일만으로도 충분히 힘들다고요!" 그러고는 흐느끼며 이렇게 말했다. "제발 그냥 내버려두세요!"

결국 홀츠워스는 언론에 아무런 이야기도 하지 않겠다고 약속했다. 통화가 끝나갈 무렵 마이클은 친구 행세를 하며 그녀를 위로했다. "다 잘될 거예요."

홀츠워스는 말했다. "고마워요. 잘 지내세요." 그들은 인사를 하고 전화를 끊었다.

그리고 홀츠워스는 펑펑 울었다. 캘러닉이 어떻게 자신의 자존감을 무너뜨렸는지가 한꺼번에 기억났던 것이다.

얼마 후 홀츠워스는 커뮤니케이션 책임자인 레이철 윗스톤에게 전화를 걸었다. 그리고 한국에서 있었던 일에 대해, 마이클의 전화에 대해 털어놨다. 깜짝 놀란 윗스톤은 홀츠워스에게 연신 사과의 말을 했다. 그녀는 홀츠워스에게 몇 가지 질문을 하고는 위로의 말을 전했다. 통화는 그렇게 끝났다.

윗스톤은 우버 임원들을 소집했다. 샐리 유와 라이앤 혼시, 그리고 아리아나 허핑턴도 참석했다. 그들은 이번 사건을 어떻게 해결할 것인지, 그리고 어떻게 새어나가지 않게 할지에 대해 논의했다. 그들 모두 에밀 마이클의 섣부른 행동에 분노했다. 그의 판단은 어리석고 무모했다. 마치 〈대부〉의 한 장면처럼.

마이클은 자신의 실수를 깨달았다. 임원 회의 다음 날 마이클은 홀츠워스에게 문자메시지를 보내 이렇게 말했다.

일전에 전화를 걸어서 무례를 범한 점 사과드립니다. 그때 저는 충격에 빠져 있었습니다. 먼저 당신이 어떻게 지내는지 물어봤어야 했어요. 저는 당신을 아끼며 언제나 친구라고 생각합니다. 함께 즐거운 시간을 보내기도 했죠. 부디 저를 믿어주세요. 언젠가 다시 만나길.[16)

마이클은 또한 몇몇 여성에게 도움을 요청했다. 먼저 자신의 여자친구를 통해 홀츠워스에게 문자를 보냈다. 그리고 우버의 여직원을 통해 그녀가 어떻게 지내고 있는지 안부 메시지를 전했다. 친구인 또 다른 여성을 통해 생일 파티에 초대하기도 했다.

홀츠워스는 슬프고, 혼란스럽고, 두려웠다. 그리고 무엇보다 자신을 이런 처지로 만든 에밀 마이클에게 화가 났다. 더 이상 침묵을 지키고 싶지 않았다. 나중에 언론에 그 이야기를 해야겠다는 생각이 들었다. 그녀에게 마이클은 악당이었다. 우버에 방해가 되는 사람을 괴롭히듯이 그녀도 괴롭혔다.

홀츠워스는 몇 년 전, 기술 전문지인 〈더 인포메이션The Information〉

창간 행사에서 바이올린을 연주했던 것이 기억났다. 그 매체는 우버에 대해 종종 비판적인 기사를 싣고 있었다. 그리고 그녀는 거기에서 일하는 몇몇 사람과 아직까지 가깝게 지내고 있었다.

홀츠워스는 여전히 그들의 전화번호를 갖고 있었다.[17]

26장

치명적인 사건들

"견제와 균형이 없는 성장은 심각한 위험을 초래합니다.
저는 미시적으로는 성공했지만 거시적으로는 실패했습니다."

2017년 1월 #deleteUber를 시작으로 파울러의 블로그 글, 〈블룸버그 뉴스〉 영상, 트럼프 위원회와 관련된 소동, 그레이볼에 대한 폭로로 캘러닉의 이미지는 완전히 추락했다.

게다가 한국에서 있었던 일은 경영진에까지 퍼져 있는 유해한 우버의 조직 문화를 캘러닉이 묵인하고 있다는 여론의 의심을 더욱 고조시켰다. 임원인 에드 베이커와 아미트 싱할은 곤경에 처했다. 제프 존스는 언론의 무자비한 공격이 시작되는 가운데 조직을 빠져나갔다. 그리고 캘러닉의 오른팔인 마이클의 처지는 절박했다. 상황이 이런 가운데 홀더 보고서가 조만간 이사회에 제출될 예정이었다. 우버 본사 사람들은 '홀더 보고서'를 언제 떨어질지 모르는 머리 위의 칼날처럼 바라보고 있었다. 홀더의 수사 대상은 우버의 8년 역사였다. 거기서 그가 무엇을 발견해낼지 누가 알겠는가?

캘러닉에게 더 나쁜 소식은 이사회가 레반도브스키를 해고하라고 압박하고 있다는 사실이었다.

2016년 12월 레반도브스키는 캘리포니아 교통국의 허가를 받지 않은 상태에서 자율주행 테스트를 추진했다. 교통국은 그 테스트를 불법으로 규정했다.[1] 테스트는 시작부터 삐걱거렸다. 테스트 차량이 대낮에 빨간 신호등을 그냥 지나치는 장면이 인근 차량의 블랙박스에 찍힌 것이다. 영상은 온라인으로 퍼져나갔고, 우버는 해명을 내놨다. "이번 사건은 인간의 실수였습니다. 차량은 자율주행 중이 아니었고 승객을 태우고 있지 않았습니다. 우버는 해당 운전자를 조사 중에 있습니다. 우리는 자율주행 우버가 더 안전한 운전 환경 구축에 기여할 것이라고 믿습니다."[2]

하지만 3개월 후 〈뉴욕타임스〉는 우버의 해명이 거짓임을 말해주는 내부 문건을 폭로했다.[3] 그 문건에 따르면 신호등을 놓친 것은 인간이 아니라 자율주행 소프트웨어였다. 결국 우버는 그들의 불법적인 테스트와 관련하여 언론에 공식적으로 거짓말을 한 셈이었다.

레반도브스키는 우버가 뭔가를 숨기고 있는 것처럼 행동했다. 그는 웨이모가 제기한 민사소송에 협조하지 않았고, 3월 말에는 형사 고발에 대비해 진술거부권을 행사했다.

캘러닉은 레반도브스키의 해고가 불가피하다는 사실을 알았다.

하지만 자신이 직접 그를 해고할 수는 없었다. 레반도브스키는 캘러닉처럼 매력을 타고난 인물이었다. 카리스마는 강했고 쇼맨십은 화려했다. 캘러닉은 그와 함께 샌프란시스코 부둣가를 오랫동안 산책했고 항상 함께 어울려 지냈다. 심지어 '이복형제'처럼 생각한다고까지 했다. 또한 두 사람은 완전한 자율주행 세상을 함께 꿈꾸었다. 무인자동차 군단을 움직이는 소프트웨어가 수백만 운전자의 노동을 대신하는 미래를 상상했다. 하지만 이제는 갈라서야 했다. 캘러닉은 레반도브스키가 자율주행 프로젝트를 추진하기는 했지만 웨이모 소송의 핵심 쟁점인 라이다와는 관련이 없다고 주장하면서 내부적인 강등 조치로 상황을 무마하려고도 했다. 그러나 그런 허술한 거짓말로는 누구도 속일 수 없었다. 어쨌든 레반도브스키가 프로젝트를 이끌었다는 사실에는 변함이 없었다.

캘러닉은 면전에서 직원을 해고하는 일을 힘들어했다. 결국 빌 걸리와 데이비드 본더만의 압박을 받고 나서야 캘러닉은 마지못해 칼을 빼들었다. 2017년 늦은 봄, 레반도브스키는 쓸쓸히 자리에서 물러났다.[4] 가까운 친구이자 동료를 잃은 캘러닉은 무척 슬퍼했다. 그러나 그를 제외한 우버 사람들은 그렇지 않았다.

몇 주 후 웨이모의 민사소송을 담당했던 윌리엄 앨섭William Alsup 판사는 '기업 비밀에 대한 조사'[5]를 위해 사건을 샌프란시스코 검찰청에 넘겼다. 이는 레반도브스키에게 형사 책임을 묻겠다는 의미였다. 그가 수감될 가능성이 높아진 것이다.

나중에 웨이모와의 소송을 맡은 우버 변호사는 배심원단 앞에서 이렇게 말했다. "우버는 앤서니 레반도브스키를 이사회에 받아들인 것을 대단히 유감스럽게 생각하고 있습니다."

✖

2017년 1사분기에 여러 건의 재앙이 터지면서 우버의 커뮤니케이션 팀은 피해 복구에 집중했다. 어떤 직원은 그들의 임무가 지뢰밭을 헤쳐나가는 것이라고 설명하기도 했다. 한 걸음 디딜 때마다 그들은 다음번 폭발물을 향해 다가서고 있었다.

한 가지 해결책은 투명함을 보여주는 것이었다. 한국에서 있었던 일이 수면으로 떠오르고 며칠 후, 우버는 첫 번째 다양성 보고서를 발표했다. 여기서 그들은 우버 근로자를 성과 만족을 기준으로 분류하고 세부적인 설명을 덧붙였다. 2월 스캔들이 터지기 몇 주 전에 우버 인사팀을 맡은 라이앤 혼시는 언론과의 인터뷰에서 유감의 뜻을 밝혔다.[6] 그녀는 캘러닉의 부정적인 이미지를 완화하기 위해 노력했다. 또한 지속적인 내부 변화를 이끌어내는 것이야말로 우버의 가장 중요한 과제라는 점을 강조했다.

혼시의 인터뷰는 여론을 잠시나마 누그러뜨렸다. 한편으로 아리아나 허핑턴은 우버는 더 이상 '똑똑한 멍청이'를 고용하지 않을 것이라고 언급했다. 그녀는 우버의 브랜드 이미지를 되살리기 위한 활동에서 점점 더 많은 역할을 하기 시작했다. 그녀는 권력의 공백 상태를 인식했다. 그것은 조직의 리더십 위기인 동시에 더 이상 주변 사람을 믿지 못하는 캘러닉의 개인적인 위기이기도 했다. 그녀는 우버의 지분을 갖고 있었다. 게다가 위기의 순간에 배의 키를 바로잡아줄 특수한 지위와 권력도 갖고 있었다. 그것도 우버라고 하는 690억 달러(약 76조 원—옮긴이)짜리 타이타닉을 말이다.

✖

3월 말에는 다양성 보고서와 혼시의 인터뷰 기사가 나오면서 약 2주간 여론의 분노가 잦아들었다. 그런데 다른 곳에서 또 폭탄이 터졌다.

우버와 리프트 사이의 경쟁관계는 이미 널리 알려져 있었다. 캘러닉이 원한 것은 단지 리프트를 이기는 것이 아니었다. 그는 리프트의 파산을 원했다. 캘러닉의 이런 생각은 2017년 4월 13일에 분명하게 밝혀졌다. 우버의 프로그램, '헬'을 파헤친 기사가 나온 것이다.[7] 헬은 리프트 운전자를 추적해서 그들을 우버로 끌어들이기 위해 불법적으로 개조한 프로그램이었다. 그러나 그것도 시작에 불과했다.

헬을 개발한 것은 COIN팀이었다. 경쟁사의 동태를 파악하기 위해 설립된 COIN팀의 엔지니어들은 우버의 메인 시스템과 분리된 특수한 서버를 기반으로 작업했다. 그들은 리프트의 앱과 웹사이트 그리고 정보 저장 시스템에서 가져온 데이터를 저장하고, 가공하고, 분석하는 일을 했다.

또한 COIN팀은 인도의 올라, 중국의 디디와 같은 해외 경쟁사도 꾸준히 감시했다.[8] 또 다른 조직인 전략서비스그룹은 은밀한 전략을 기반으로 움직였다. CIA와 비밀경호국 그리고 FBI의 전직 요원으로 구성된 SSG는 익명 계약의 형태로 하청 업체를 고용함으로써 뒤에 우버가 있음을 숨겼다. 그렇게 만들어진 은밀한 조직은 우버와 관련된 광범위한 활동에 참여했으며, 그중 일부는 우버의 통제 범위를 넘어선 것이었다.

닉 기신토Nick Gicinto가 이끄는 SSG 직원들은 가상사설망VPN과 싸구려 노트북, 그리고 선불 무선 핫스팟을 활용하여 감찰과 첩보 활동을 수행했다. 그들의 은밀한 작전에는 우버 운전자로 위장하고 폐쇄적인 왓츠앱 그룹챗에 들어간 다음 운전자들이 우버를 상대로 파업을 조직하고 있는지 확인하는 일까지 포함되어 있었다.

SSG는 실질적인 감시 활동을 벌였다. 그들은 디디와 리프트 인사들을 추적 촬영하고 특정 지역의 유명 정치인과 법조인, 경찰의 움직임을 감시했다. 그들은 걸어서, 혹은 차량으로 사람들을 추적하고, 이들의 디지털 활동과 움직임을 감시했으며, 심지어 공공장소에서 그들의 사진을 찍기도 했다. 또한 리프트의 운전자나 승객으로 가장하여 관련 정보를 수집했다. 게다가 디디와 그랩 내의 사적인 대화를 녹취하기까지 했다.[9] 우버로부터 추적당하고 있다고 확신한 리프트 임원은 현관을 나서면서 양손의 중지를 치켜들어 흔들기도 했다. 자신이 감시당하고 있음을 알고 있다는 메시지였다.

SSG 직원들은 위커Wickr로 메시지를 주고받았다. 위커는 전송되는 메시지 전부를 암호화하여 메시지를 주고받는 사람만 내용을 확인할 수 있게 했다. 또한 모든 메시지는 특정 시간이 지나면 자동적으로 삭제되었다. 이를 통해 그들은 향후 발생할지 모를 법적 위험을 최소화하고자 했다. 게다가 변호사인 크레이그 클라크Craig Clark와 설리번은 종종 문서를 변호사와 고객만이 열람할 수 있는 형태로 지정했다. 이 역시 잠재적인 법적 위험에 대응하기 위한 또 다른 보호막이었다.

이런 비밀 작전의 예산이 어디서 나오는지는 애매모호했다. 그런 예산을 관리할 권한은 전적으로 캘러닉에게 있었다. 캘러닉과 그의 A팀은 무제한에 가까운 예산을 활용하여 SSG 직원들이 은밀한 임무(SSG의 한 직원은 이를 '실제 스파이 짓'이라고 불렀다)를 수행하고, 캘러닉이 위협을 느끼는 이들에 대한 정보를 수집하도록 지원했다. 가령 그들은 코드 콘퍼런스에서 디디의 대표 청리우의 사진을 찍었다. 이런 첩보 활동이 우버에 어떤 도움이 되었는지는 분명치 않다. 그럼에도 캘러닉은 감시 활동과 글로벌 작전, 그리고 정보 수집을 위해 수천만 달러의 예산을 집행했다.

캘러닉은 경쟁자의 모든 움직임을 파악하고자 했다. 그는 여러 국가에 걸쳐 정보 전쟁을 벌였다. 그리고 SSG를 통해 경쟁자에 관한 모든 정보를 얻고자 했다. 하지만 이런 집착은 현실적인 수준을 넘어서는 것이었다. 예를 들어 35억 달러 규모의 사우디아라비아 투자가 확정된 순간에 청리우의 일그러진 표정을 사진으로 찍은 것은 중국에서 디디로부터 당했던 수모를 되갚아주기 위함이었다. 캘러닉의 지인들은 디디에 패했다는 사실이 그의 내면을 바뀌놨다고 말했다. 중국 시장에서 철수한 후, 캘러닉은 다른 사람들이 자신의 눈을 멀게 하고 자신을 속이려 든다는 의심을 품기 시작했다. 그리고 계속되는 전쟁 상황을 파악하게 해줄 데이터를 첩보 활동을 통해 확보할 수 있다고 믿었다.

우버의 보안 책임자 조 설리번은 캘러닉의 첩보 활동에 특별한 문제가 있다고 생각하지 않았다. 나중에 설리번과 그의 부하 직원 맷 헨리Mat Henley, 그리고 크레이그 클라크는 우버의 첩보 활동이 일반적인 기업이 수행하는 정보 수집 활동과 크게 다르지 않았다고 수사관들에게 해명했다. 그들에게 그건 시장 조사와 다름없었다. 경쟁력을 높이기 위해 제3자로부터 정보를 사들이는 것은 일반적인 비즈니스 활동이었다. 우버가 스파이 조직을 은밀하게 운영했다고 비난한 사람들은 설리번이 합류하기 전에 우버가 어땠는지를 확인해봐야 한다. 당시 우버 시스템은 혼란 그 자체였다. 모든 직원이 언제든 '헤븐' 프로그램에 접근할 수 있었고, 사기꾼들은 마음대로 우버의 인센티브 시스템을 악용했으며, 우버 운전자들은 차량 안에서 살해당했다. 설리번은 남미와 인도를 비롯한 여러 지역에서 SSG가 작전을 수행한 것은 운전자의 생명을 보호하기 위해서였다고 말했다. 그리고 이런 노력은 직접적인 성과로 이어졌다. 설리번의 팀은 우버 운전자에 대한 위협과 관련해서 경찰 수사에 많은 도움을 줬다. 그리고 사기 건수는 32퍼센트 이상 떨어졌다. 분명 성과였다.

그럼에도 SSG와 COIN은 존재만으로도 사람을 불편하게 했다.

우버는 조직 전반에서 '데이터 쓰레기 청소'라는 명목으로 내부 이메일과 단체 채팅, 기업 데이터를 대량으로 삭제했고, 직원들은 크게 당혹감을 느꼈다. 우버 직원들은 검찰 소환에 대비해 경영진이 증거를 없애고 있다고 봤다.

아시아 지역에서는 뇌물 문제도 불거졌다. 해당 지역의 우버 직원들은 뇌물을 필요악으로, 다시 말해 미국 기업이 해외에서 비즈니스를 운영하기 위해 지불해야 하는 필요 비용으로 인식했다.

예를 들어, 인도네시아에서는 예전에 보고된 적이 없던 문제가 심각해지고 있었다. 우버는 인도네시아 시장에서 그랩과 경쟁하면서 '그린라이트허브green light hub' 서비스를 시작했다. 이는 우버 운전자가 차량 검사를 받거나, 구역 관리자에게 불만을 제기할 수 있는 일종의 고객 센터였다. 그런데 문제는 이들 허브가 주로 교외 주거 지역에 자리 잡고 있다는 사실이었다. 그린라이트허브가 들어서자마자 수백 명의 운전자가 그곳으로 몰려들면서 인근 도로가 막히고 지역 주민들의 원성이 높아졌다. 현장을 확인하러 나온 경찰은 허브를 폐쇄하겠다고 으름장을 놓았다.

우버는 허브를 옮기는 대신 경찰에게 뇌물을 줬다. 우버의 지역 관리자들은 경찰이 나타날 때마다 뇌물을 건넸다. 대개 50만 루피아(약 35달러)였다. 당연하게도 경찰은 정기적으로 허브를 방문했다.

우버 직원들은 현금함에서 돈을 꺼내 주거나, 혹은 가짜 영수증을 만들어 비용으로 처리했다. 이 글을 쓰는 현재, 미 사법부는 우버의 이런 행위가 해외부패방지법을 위반한 것인지 조사 중이다.

에릭 홀더가 소속된 코빙턴앤벌링이 보고서 작성을 위해 수백 명의 직원들과 면담을 나누면서 이와 같은 문제가 조직 전반에 걸쳐 하나씩 드러나기 시작했다. 레이철 웻스톤은 외부인을 데려오면 회사에 대한 통제력을 잃어버릴 거라고 캘러닉에게 경고했었다. 어쩌면 그녀의 경고가 실현되는 것처럼 보였다.

캘러닉은 위험한 상황에 놓였다. 하지만 주변 사람들은 그가 상황의 심각성을 제대로 이해하는지 확신하지 못했다. 투자자들이 이런 행위가 문제가 될 수 있으며 심지어 범죄가 될 수도 있다는 사실을 알게 되면, 우버의 가치는 엄청난 영향을 받게 될 것이었다. 우버는 3개월 만에 세계 최고의 투자처에서 700억 달러짜리 시한폭탄으로 전락하고 말았다.

✳

레반도브스키를 해고하고 몇 주가 지난 후, 캘러닉은 또 다른 오랜 동료를 해고해야 했다. 바로 에릭 알렉산더Eric Alexander였다. 그는 캘러닉에게 해결사와 같은 인물이었지만, 이제는 그에게 치명상을 입히고 말았다.

에밀 마이클이 캘러닉의 오른팔이라면 알렉산더는 왼팔이었다. 그렇다고 해서 그가 우버에서 서열 3위라는 뜻은 아니었다. 알렉산더의 공식 직함은 아시아태평양 비즈니스 사장이었으며, 그의 역할은 아시아 지역 전체에서 관계를 유지하는 것이었다. 알렉산더는 사람들과 관계를 맺는 방법을 잘 알았다. 그랬기 때문에 그는 지지 부진한 아시아 시장의 불리한 상황을 뒤집어줄 소중한 인재였다.

사실 알렉산더는 그 이상의 존재였다. 캘러닉의 친구였던 것이다. 한국이나 동남아시아에 출장을 가면 알렉산더는 유흥을 즐기기 위해 밤거리로 나서는 캘러닉과 마이클을 언제나 동행했다. 캘러닉과 마찬가지로 알렉산더 역시 삶을 온통 우버에 바친 인물이었다. 그는 매주 비행기를 타고 아시아 각국을 돌아다녔다.

2014년 12월 인도에서 강간 사건이 벌어졌을 때, 캘러닉은 알렉산더에게 곧장 연락했다. 이후 그는 인도로 날아가서 정치인과 언론을 만나 사태를 수습했다. 그의 발 빠른 노력 덕분에 우버는 피해 여성이 우버를 상대로 제기했던 소송을 어떻게든 마무리 지을 수 있었다. 이후 우버는 델리 지역에서 서비스를 일시 중단했다가, 2015년 초 다시 인도 전역에서 서비스를 재개했다. 일단 최악의 시기는 벗어난 듯했다.

하지만 2017년 여름 알렉산더가 강간 사건을 조사하는 과정에서 피해자의 의료 파일을 로펌을 통해 전달받았다는 사실이 언론에 폭로되었다.[10] 그 파일은 성폭행 직후의 검진 내용을 자세히 담고 있었다. 이후 알렉산더는 그 파일을 미국에 가져갔다. 그리고 법률팀은 캘러닉과 임원들에게 진행 중이던 수사 상황에 대해 보고했다.

얼마 후, 강간 사건이 실제로 일어난 것이 아니며, 인도 시장의 경쟁자인 올라가 우버를 물리치기 위해 계획한 것이라는 음모론이 흘러나왔다. 운전자와 피해자의 우버 계정을 분석한 결과, 운전자는 여러 개의 우버 계정을 갖고 있었고 피해자의 계정 역시 여러 사람에 의해 사용된 것으로 드러났다. 수사관들은 각 계정에 연결된 신원 정보를 확인하느라 애를 먹고 있었다. 그들은 강간 사건을 조작하기 위해 이들 계정을 만들었을 가능성을 제기했다.

그 가능성을 뒷받침하는 또 다른 증거가 있었다. 의료 파일에 따르면 피해자의 처녀막이 전혀 손상되지 않았던 것이다. 캘러닉은 이 사실에 주목하고 종종 언급하곤 했다.

2017년 4월 〈뉴욕타임스〉는 캘러닉의 발언에 대해 우버의 공식 입장을 듣고자 했다. 그러나 우버 임원들 모두 캘러닉이 피해자의 주장을 의심하고 있다는 사실을 부인했다. 커뮤니케이션팀 역시 그런 주장을 거짓으로 일축했다. 이후 이와 관련된 의혹은 제기되지 않았다.

여름에는 〈리코드〉가 알렉산더에게 의료 파일이 있다는 소문을 들었다면서, 다음 날 기사에서 공식적으로 이를 밝힐 것이라고 예고했다. 게다가 알렉산더가 캘러닉, 마이클과 함께 한국의 가라오케에 갔다는 사실 또한 불리하게 작용했다. 그런 사실들이 모두 알려진다면 우버에는 재앙이 될 것이었다.

우버 임원들은 신물이 났다. 그들은 인도에서 진행되던 수사에 협조했다. 알렉산더는 강간 사건이 벌어진 직후에 GPS 기록을 인도 당국에 넘겼다. 그 자료는 사건이 일어난 시점에 사건 현장 근처에서 운전자 계정이 오프라인으로 전환되었음을 보여줬다. 이후 알렉산더는 운전자에 대한 재판에 증인으로도 출석했다.

그럼에도 피해자의 의료 파일을 갖고 있었다는 사실은 의혹을 키웠다. 캘러닉은 〈리코드〉가 기사를 내보내기 전에 알렉산더를 해고해야 한다고 생각했다. 그는 알렉산더에게 상황을 설명하고 그를 해고하는 것에 대해 유감을 표했다. 6월 7일 에릭 알렉산더는 물러났다.[11] 그는 사임함으로써 체면은 지키고자 했다. 하지만 그것도 실패로 돌아갔다. 곧 기사가 터졌고 우버 직원들은 분노했다.

이제 우버 경영진은 갈림길에 섰다. 그때까지 벌어진 일들만으로도 충분히 좋지 않았다. 하지만 강간 사건에 대한 캘러닉의 노골적인 부인은 도를 넘어선 것이었다. 그 무렵 커뮤니케이션 책임자 레이철 웻스톤도 자리에서 물러났다. 그녀는 수차례 사임을 요구했지만 그때마다 캘러닉이 만류했다. 그러나 결국 4월에는 캘러닉도 손을 들어야 했다.[12] 그때까지 남아 있던 약 여섯 명의 임원은 이사회에 전하는 서한을 작성했다. 여기서 그들은 캘러닉의 전권에 맞설 독립적인 이사회 의장이 필요하다고 주장했다. 그리고 캘러닉을 충동질하는 에밀 마이클의 해임을 촉구했다.

무엇보다 그들은 캘러닉의 휴직을 요구했다. 기업 이미지를 회복하기 위해 이사회의 지원과 과감한 결단을 요청했다. 회사를 살리기 위한 그들의 노력을 캘러닉이 가로막고 있었던 것이다.

✶

그해 5월 말 캘러닉은 뉴욕에서 한 통의 전화를 받았다. 부모가 보트 사고를 당했다는 소식이었다. 캘러닉은 즉시 프레스노로 날아갈 준비를 했다.

맨해튼에서 프레스노로 가기 위해 전세기를 알아보고 있을 때, 그의 마음은 이미 부모에게 가 있었다. 그에게 부모는 세상에서 진정으로 신뢰할 수 있는 유일한 존재들이었다. 5개월 동안 최악의 시기를 버텼건만, 더 큰 시련이 그에게 찾아온 것이다. 캘러닉의 아버지는 사고로 중태에 빠졌고 어머니의 상태는 더 좋지 않았다.

사고 몇 주 전, 캘러닉은 부모와 함께 파인플랫레이크로 함께 나들이를 떠날까 고민했었다. 어린 시절 그는 항상 거기서 여름을 보냈다. 거기서 그는 먼지로 자욱한 야영지에서 뛰어놀고 아버지의 망가진 모터보트를 몇 시간 동안 수리하곤 했다. 사고가 나고 며칠 후 캘러닉은 페이스북에 이런 글을 남겼다. "어머니가 내게 남긴 마지막 메시지는 야영장에서 바라본 호수의 아름다운 사진이었다. 그 사진을 보고 이스트코스트 회의를 당장이라도 취소하고 달려가고 싶었다. 하지만 나는 그러지 못했다."[13]

어린 시절 캘러닉의 가족은 여름 휴가 때마다 보트를 타고 북쪽으로 30킬로미터 떨어진 킹스리버의 수원지를 다녀왔다. 이번 5월 말 금요일에 그의 부모는 바로 그 여정을 떠났다. 보트가 수원지에 거의 도착했을 때, 어머니는 자신이 한번 키를 잡아보겠다고 했다. 이에 대해 캘러닉은 '예전에도 수십 번 봤던 모습'이라고 썼다. 그런데 함께 타고 있던 강아지가 방해를 하면서 갑작스럽게 키가 돌아갔고, 그 바람에 보트가 암초를 향해 돌진하고 말았다. 아버지가 다시 키를 잡으려는 순간 보트는 이미 바위를 들이받았고, 그는 차가운 호수로 떨어지고 말았다. 충돌 순간에 캘러닉의 어머니는 보트 안에 있었다.

아버지는 갈비뼈 다섯 대가 부러지고, 척추와 폐에 손상을 입고, 다리가 골절되었다. 그런데도 아버지는 어머니를 구하기 위해 배로 헤엄쳐 갔다. 아버지는 어머니에게 구명조끼를 입혔고, 두 사람은 두 시간 가까이 헤엄을 쳐서 호숫가로 나왔다. 육지에 도착하자마자 아버지는 곧바로 어머니에게 인공호흡을 했지만 소용이 없었다. 어머니는 이미 사고 당시에 목숨을 잃었다. 두 사람은 한 낚시꾼의 도움으로 안전한 곳까지 이동할 수 있었다.

캘러닉은 절망했다. 어머니는 세상에서 자신과 가장 가까운 사람이었다. 캘러닉의 부모는 언제나 그를 지지해줬다. 대학을 마치고 부모 집에 얹혀살 때에도, 돈이 없어서 사업을 시작하지 못했던 시절에도 그랬다. 특히 어머니는 그를 끔찍이 아꼈다. 그런 어머니가 이제 세상에 없다.

캘러닉이 어머니의 죽음을 슬퍼하는 동안 IT 세상은 잠시 그에 대한 비난을 멈췄다. 캘러닉은 자신의 형제 코리와 함께 아버지의 병상을 지켰다. 그의 비보가 널리 퍼지면서 많은 사람으로부터 위로의 이메일이 날아들었다. 지난 몇 년 동안 싸웠던 팀 쿡조차 위로의 뜻을 전했다.

캘러닉은 황망한 마음에 아리아나 허핑턴에게 전화를 걸었다. 그때 그녀는 프레스노행 비행기를 기다리던 중이었다. 많은 사람이 캘러닉에게 연락해서 도울 일이 없는지 물었다. 친구로 지내고 있는 전 애인 앤지 유는 함께 아버지를 돌봐주겠다고 제안했다. 그녀는 캘러닉과 사귈 때부터 그의 부모를 잘 알았다. 허핑턴은 삶의 가장 어두운 순간에 캘러닉에게 진정한 관심과 걱정을 보여주었다. 방문객들은 허핑턴이 캘러닉을 마치 어머니처럼 돌봐줬다고 기억했다. 당시 거기 있던 사람들은 허핑턴이 그때 캘러닉과 더욱 가까워졌다고 증언했다.

✖

아버지의 병상을 지키지 않을 때면 캘러닉은 병원 맞은편에 있는 홀리데이인에서 자신에게 주어진 과제에 몰두했다. 이를 위해 캘러닉은 호텔에 회의실을 하나 빌렸다.(그가 평소 사용하는 포시즌스 스위트룸에 비해서는 한층 소박했다.) 그리고 이를 본사에서 멀리 떨어진 임시 작전실로 썼다. 캘러닉은 슬픔을 잠시 잊기 위해 직원들에게 편지를 썼다. 그는 진정한 뉘우침을 담은 편지를 통해 자신이 그들의 목소리에 귀 기울이고 있으며, 스스로도 변화를 바라고 있다는 사실을 전하고자 했다. 캘러닉은 회의실과 복도를 왔다 갔다 하면서 자신의 생각을 불러주고 글로 옮겨 적게 했다. 아리아나의 조언에 따라 겸손함과 사과의 마음을 전하고, 또한 직원들을 격려하고자 했다. 그것은 다시 회사로 돌아가 위기에 봉착한 조직을 새롭게 이끌어갈 의지와 능력을 지닌 리더에게 어울리는 시도였다.

여러 번 고쳐 쓴 끝에 마침내 글이 완성되었다. 여기서 캘러닉은 모든 것이 자신의 책임임을 밝혔다. 그 글은 직원들이 그에게서 듣고 싶어 할 내용을 담았다. 그것은 다름 아닌 진정한 사과였다. 처음으로 캘러닉은 자신의 잘못을 글로써 인정했다. 편지를 쓰면서 그는 자신의 실수를 오래전에 인정했어야 했다는 사실을 깨달았다. 그리고 이 편지가 자신을 다시 살려줄 것으로 기대했다.

직원 여러분,

지난 7년간 우리 기업은 엄청나게 성장했습니다. 하지만 성숙하지는 못했습니다.

저는 평생 기업가로 살았습니다. 그리고 대부분의 시간을 실패와 파산의 위기 속에서 살았습니다. 그래서 조직의 번영에 신경 쓰지 못했습니다. 그저 살아남기 위해 애를 썼습니다.

우버가 날아올랐을 때, 저는 난생처음 매일 실패의 문턱에 서 있지 않은 조직을 이끌게 되었습니다. 지난 3년 6개월간 우리의 서비스와 조직은 전례 없는 속도로 성장했습니다…….

성장은 마땅히 축하해야 할 일입니다. 그러나 견제와 균형이 없는 성장은 심각한 위험을 초래하기 마련입니다. 이제 우리의 자그마한 실수도 직원과 고객, 그리고 사회 전반에 중대한 피해를 입힐 수 있습니다. 그렇기 때문에 조직의 규모가 커지면 접근방식도 바꿔야만 합니다. 저는 미시적으로는 성공을 거두었지만 거시적으로는 실패하고 말았습니다…….

…… 모두들 짐작하셨겠지만 저는 지난 며칠 동안 가족 생각을 많이 했습

니다.

제 어머니는 언제나 지금의 우버를 만들어준 멋지고, 유능하고, 활력 넘치는 사람들과 최대한 가까이 지내라고 말씀하셨습니다. 어머니는 언제나 사람이 우선임을 강조하셨습니다. 이제 어머니의 뜻을 받들어야 할 때가 왔습니다. 아버지는 말보다 행동을 우선시하고 스스로 모범이 되어 조직을 이끌라고 말씀하셨습니다. 그래서 저는 우리가 직면하고 있는 과제에 대해, 그리고 상황을 바로잡을 방법에 대해 여기서 솔직하게 이야기하는 것이 중요하다고 느꼈습니다.

여러분 모두 더 나은 우버를 만들어나가는 여정에 저와 함께해줄 것이라 믿습니다.[14)]

캘러닉은 홀리데이인 복도에 서서 노트북에 고개를 파묻은 채 자신의 편지를 읽었다. 거기에 이런 말도 넣었다. "자신이 옳다는 것을 입증하기보다 자신이 관심을 기울이고 있다는 사실을 보여주는 것이 때로 더 중요합니다." 갑자기 피로가 몰려왔다. 며칠 동안 잠도 제대로 자지 못했다. 하지만 반드시 해야만 하는 일이었다. 그는 이 편지를 몇 주 후에 직원들에게 전할 것이다. 홀더 보고서가 마무리된 이후 자신의 리더십에 대한 신뢰를 회복하기 위해 반드시 필요한 숙제였다.

그때 캘러닉은 그 편지를 직원들에게 전할 수 없을 것이라고는 상상조차 하지 못했다.

생존을 위한 투쟁

27장

홀더 보고서

"우리가 처한 이 위기에서 벗어나려면
꽤 오랜 시간이 걸릴 것입니다."

캘러닉이 에릭 홀더와 그의 파트너에게 조사를 맡기고 4개월 보름의 시간이 흘렀다. 그들이 발표할 홀더 보고서는 직원과 외부인들 사이에서 기대를 모으고 있었다. 어떤 사람들은 그 보고서를 네크로노미콘Necronomicon, 다시 말해 기업의 어두운 비밀로 가득한 신비의 문서라고 생각했다. 다른 사람들은 자정의 기회, 즉 잘못을 인정하고 논의의 틀을 쇄신할 기회로 봤다. 어느 쪽이든 우버는 6월 13일 화요일 전체 회의에서 홀더 보고서의 권고안을 발표할 계획이었다.

홀더 보고서에는 분명 나쁜 소식이 담겨 있을 것이라고 모두 예상했다. 문제는 나쁜 소식이 얼마나 많이 담겨 있을 것인가였다. 우버 임원들은 미리 충격을 완화하고자 했다. 우선 그들은 6월 6일에 열린 내부 회의에서 보고서의 권고안에 따라 이미 20명을 해고하기로 결정했다고 발표했다.[1] 거기에는 기자를 추적하고 직원들과 음모를 꾸몄던 뉴욕 총관리자 조시 모러도 포함되어 있었다. 그래도 모러는 연착륙할 수 있었다. 그는 우버를 떠나 터스크벤처스Tusk Ventures*에 총괄 파트너로 합류했다. 다른 사람들 역시 연착륙에 성공했다. 우버는 또한 해고와는 별개로 31명의 직원이 상담이나 추가 교육을 받고 있으며, 일곱 명의 직원은 서면 경고를 받았다고 밝혔다.

6월 11일 일요일, 우버 이사회는 로스앤젤레스 도심에 위치한 코빙턴앤벌링 사무실에 모여서 보고서의 내용과 권고안에 대해 논의했다. 그날 오후 코빙턴앤벌링 사무실로 들어선 일곱 명의 이사회 멤버들 모두 서로 다른 안건을 갖고 있었다. 우선 벤처 자본가 빌 걸리는 이번 사태를 끝내기 위한 극적인 연출을 원했다. 사모펀드 거물 데이비드 본더만은 우버가 언론과의 끔찍한 관계로부터 벗어나길 원했다. 그리고 무엇보다 두 사람은 우버가 기업공개를 함으로써 그들의 초기 투자에 대해 수십억 달러의 보상을 받기를 원했다.

가장 먼저 우버에 투자했던 개럿 캠프는 오랫동안 조직 외부에 머물러 있었다. 그는 우버의 공동 창업자였지만 캘러닉에게 전권을 맡겼다. 사실 그는 캘러닉 덕분에 큰 부자가 되었고 그의 재산은 계

● 터스크벤처스 창업자 브래들리 터스크Bradley Tusk는 우버 초창기에 캘러닉의 자문을 맡았다. 당시 상담료가 수십만 달러에 달했던 터스크는 우버에 대한 자문의 대가로 지분을 받았다. 현재 그 지분의 가치는 1억 달러가 넘는 것으로 알려져 있다.

속해서 늘어나고 있었다. 마찬가지로 경영 일선에서 물러나 있던 라이언 그레이브스 역시 캘러닉을 절대적으로 신뢰했다. 그는 언론이 우버와 캘러닉을 부당하게 몰아세우고 있다고 생각했다. 그레이브스는 캘러닉이 물러나야 한다고 생각하지 않았다. 그래도 잠시 떠나 있는 것이 캘러닉에게도 회사에도 도움이 될 것으로 봤다.

사우디아라비아 국부펀드 대표 야시르 알루마얀Yasir al-Rumayyan은 처음부터 줄곧 캘러닉을 지지했다. 사우디 왕족의 자산을 다각화하는 방안을 모색하고 있던 그는 석유 이외 분야로 투자를 확대했고, 결국 캘러닉을 통해 우버에 투자하게 되었다. 알루마얀은 캘러닉을 좋아했고, 그가 우버를 떠날 이유가 없다고 믿었다. 그는 언제든 캘러닉의 뜻을 따르고자 했다.

아리아나 허핑턴 역시 객관적인 관점과는 거리가 멀었다. 홀더의 조사가 진행 중인 동안에도 그녀는 캘러닉에 대한 지지를 공공연하게 드러냈다. 3월에 열린 콘퍼런스에서 허핑턴은 캘러닉에 대해 이렇게 말했다. "저는 그를 절대적으로 신뢰합니다. 우리 이사회 역시 그를 믿고 있습니다."[2] 그녀의 발언은 다른 이사회 멤버와 임원들의 마음을 불편하게 했다. 그들은 허핑턴이 '트래비스 팀'의 일원이며, 캘러닉이 자리를 그대로 유지하는 쪽에 투표할 것이라고 생각했다. 우버 이사회에 합류한 이후 허핑턴은 몇 년 동안 캘러닉과 가까운 사이를 유지했다. 또한 그녀는 동맹인 캠프와 그레이브스, 알루마얀이 함께하는 한 캘러닉은 여전히 이사회에서 막강한 영향력을 행사할 수 있다는 사실을 알았다. 공식적으로 허핑턴은 중립을 선언했지만 우버의 내부자 모두는 캘러닉을 향한 그녀의 절대적인 신뢰를 잘 알고 있었다.

그리고 마지막으로 캘러닉이 있었다. 그는 홀더 보고서를 통해 여론의 압박에서 어느 정도 벗어나기를 기대했다. 물론 보고서가 어떤 권고안을 내놓든 CEO 자리를 내놓을 생각은 추호도 없었다.

보고서 내용이 미리 유출되는 것을 막기 위해 이사회 멤버들은 안전한 방법에 합의했다. 그들 모두 코빙턴앤벌링 사무실에서 인쇄물의 형태로 보고서를 읽기로 했다. 그 안에 전자 기기는 가지고 들어갈 수 없었다. 그리고 코빙턴앤벌링 사무실에 있는 하드드라이브 이외에 어떠한 디지털 복사본도 남기지 않기로 했다.

이사회 멤버들은 보고서를 보고 깜짝 놀랐다. 수백 페이지 분량의 보고서는 성추행과 폭행 사건을 비롯하여 전 세계 우버 사무소에서 일어났던 모든 불법행위를 망라하고 있었다. 당시 우버는 이와 관련해서 수많은 소송에 직면해 있었고 소송 건수는 앞으로 더 늘어날 전망이었다. 라이언 그레이브스는 보고서를 읽고 토할 것 같았다고 회상했다.

6월 11일 일요일에 열린 마라톤 회의에서 이사회 멤버 일곱 명은 보고서 내용에 대해 논의했다. 이사회 멤버 이외에 누구도 그 보고서를 볼 수 없었지만 유출에 대한 두려움은 여전히 남아 있었다. 당시 기자들은 우버 조직 전체에 걸쳐 인터뷰 대상을 물색하고 있었다. 또한 홀더 보고서가 발표되면 언론이 이를 주요 기사로 다룰 것이 분명했다. 회의를 시작하면서 그레이브스는 논의 내용을 전부

비밀에 부치기를 요청했다. 그는 이렇게 강조했다. "제발 언론과는 접촉하지 말아주세요."

보고서에는 홀더와 그의 파트너 태미 알바란의 권고안도 포함되어 있었다. 총 12쪽 분량의 권고안에는 대대적인 구조조정 방안이 포함되어 있었고, 이후 그 내용은 다양한 버전으로 발표되었다. 홀더와 알바란은 가장 중요한 권고 항목을 맨 위에 적시해뒀다. 바로 캘러닉의 휴직에 대한 것이었다. 두 사람은 캘러닉이 권한을 내려놓고 자신을 도와서 조직을 이끌어줄 최고운영책임자를 채용해야 한다고 권고했다. 두 번째 권고 항목은 에밀 마이클을 해고하라는 것이었다. 그리고 경영과 관련된 의사결정에 견제와 균형을 확립하기 위해 우버와 아무런 관련이 없는 인물을 독립 이사회 의장으로 선출할 것을 권고했다.

회의에 참석한 이사회 임원들은 의견이 나뉘었다. 걸리와 본더만은 홀더의 권고가 만족스럽지 못하다고 우려했다. 그들은 캘러닉을 영원히 몰아내고자 했다. 다른 임원들은 허핑턴이 최종 보고서에 캘러닉의 사임 권고안을 넣지 말라고 홀더와 알바란을 설득했을 것으로 추측했다. 어쨌든 걸리와 본더만은 권고안에 대해 대체로 만족을 표했다. 이제 조직을 깨끗하게 청소할 시간이 왔고, 변화는 위로부터 시작되어야 했다.

허핑턴과 캠프, 그레이브스, 알루마얀은 캘러닉을 해임해야 한다고 생각하지는 않았지만 잠시 경영에서 손을 떼게 해야 한다는 주장에는 동의했다. 우버를 향한 여론의 압박은 날로 강해지고 있었다. 언론은 우버의 과감한 개혁을 원했다. 잠시나마 캘러닉이 조직을 떠난다면 그 압박을 어느 정도 모면할 수 있을 것이었다.

캘러닉 스스로도 일선에서 물러나야 한다는 사실을 잘 알고 있었다. 문제는 과연 복귀가 가능할 것인가였다. 그리고 마이클을 해고하라는 요청은 캘러닉에게는 무척 가슴 아픈 일이었다. 캘러닉은 지난 6개월 동안 세상 모두가 그의 친구에게서 등을 돌리는 모습을 지켜봤다. 그럼에도 마이클은 끝까지 자신의 곁을 지켰다. 그는 캘러닉이 신뢰할 수 있는 유일한 우버 사람이었다. 자신의 전 여자친구조차 배신을 했다. 캘러닉은 우버의 결단을 진정성 있어 보이게 하려면 이사회가 한목소리를 내야 한다는 사실을 잘 알았다. 회의가 끝날 무렵 이사회 멤버 일곱 명은 홀더 권고안을 수용하기로 의견을 모았다. 그러나 당시 그 보고서를 조직 전체에 발표할 때 캘러닉이 어떤 행동을 취할지는 누구도(캘러닉 스스로도) 알지 못했다.

그날 저녁 마이클은 전화로 해고 통보를 받았다. 마이클 밑에서 일했던 많은 직원이 여전히 그를 지지했다. 그를 비난했던 사람들조차 그가 유능한 임원이라는 사실만큼은 인정했다. 일을 향한 열정, 그리고 관계를 맺고 거래를 성사시키는 능력은 그야말로 탁월했다.

마이클은 팀원들에게 보내는 메시지에 이렇게 썼다. "목표 달성을 위해 가야 할 길이 멉니다. 앞으로 여러분이 어떤 성취를 보여줄 것인지 기대하고 있겠습니다."[3] 그러고는 예고 없이 팀원들과 마지막으로 콘퍼런스 콜을 진행했다. 마이클은 슬픔에 빠져 있었다. 그는 지난 4년을 우버에 바쳤고 캘러닉이 올바른 길로 나아가도록 최선을 다했다. 하지만 그는 결국 캘러닉을 수렁에 밀어 넣고 말았다. 콘퍼런스 콜에서 마이클은 세상을 바꾸는 기업을 구축하는 과정에 기여할 수 있어서 영광이었다고 다시 한 번 말했다.

에밀 마이클은 그렇게 우버를 떠났다.

✷

우버 직원들은 태평양 시간을 기준으로 화요일 오전 10시에 시작될 기업 전체 회의를 잊지 않기 위해 달력에 표시해뒀다. 그리고 회의 당일, 해외 사무소 직원들은 영상 콘퍼런스를 통해 부사장에서 이사회 멤버, 그리고 캘러닉에 이르기까지 조직의 리더들이 차례로 나와 회사 상황에 대해 설명하는 장면을 지켜보기 위해 대기하고 있었다. 본사 직원들은 대형 콘퍼런스홀로 들어서면서 임원과 이사회 멤버들이 프레젠테이션을 준비하는 모습을 봤다.

그들은 걱정스러웠다. 지난 6개월 동안 일어났던 일련의 사건은 그들의 업무적인 삶에, 그리고 개인적인 삶에 많은 영향을 미쳤다. 이번 봄에는 아리아나 허핑턴이 CNN이나 CNBC 등 다양한 채널에 자주 모습을 비췄다. 거기서 허핑턴은 일주일, 혹은 이주일 후에 보고서가 나올 것이라고 했다. 그녀는 이를 통해 언론의 공세가 누그러지기를 바랐다. 그러나 우버의 전체 회의는 캘러닉의 어머니가 갑작스럽게 세상을 떠나면서 연기되었다. 그리고 이제야 아리아나는 연단에 서서 모두가 자리에 앉기를 기다리고 있었다.

그날 아침 캘러닉의 모습은 보이지 않았다. 그때 그는 본사에 없었다. 지난 주말에는 캘러닉이 우버를 떠날 것이라는 뉴스 기사가 흘러나왔다. 그런데 보고서 발표 당일에는 우버 경영진조차 캘러닉이 어디서 무얼 하고 있는지 알지 못했다. 전 세계 직원들이 온라인으로 콘퍼런스 회의에 접속하고 있을 때, 캘러닉은 회의장과 멀리 떨어진 곳에서 직원들에게 무슨 말을 해야 할지 고민하며 키보드를 두드리고 있었다. 그리고 정확하게 오전 9시 59분, 모든 우버 직원의 메일함에 캘러닉의 메시지가 도착했다. 그 순간 아리아나 허핑턴은 빌 걸리, 데이비드 본더만과 함께 회의장 연단을 오르고 있었다.

허핑턴은 마이크에 대고 말했다. "여러분 안녕하십니까?" 몇몇 직원이 건성으로 사회자의 인사말에 답했다. 허핑턴은 이렇게 물었다. "시작하기에 앞서 확인할 게 있군요. 캘러닉은 어디에 있는 거죠?"

그 대답은 캘러닉의 이메일에 들어 있었다. 허핑턴이 연설을 시작하는 순간 몇몇 직원은 그 메일을 열어봤다. 내용은 이랬다.

여러분,

저는 8년이라는 세월을 우버와 함께했습니다. 최근 여러 사건이 불거지면서 저는 일보다 사람이 중요하다는 사실을, 그리고 금요일에 장례를 치른 어머니를 애도하고, 나 자신을 돌이켜보며, 세계적인 수준의 리더십팀을 구축하는 과제에 집중할 시간이 필요하다는 사실을 깨달았습니다.

27장

430

우리가 지금 어디에 있고, 또한 어떻게 여기까지 왔든지 간에 최종 책임은 모두 제게 있습니다. 물론 그간 자랑할 일도 많았지만 고쳐야 할 것도 많았습니다. 우버 2.0의 성공을 위해 저의 모든 시간을 리더십 팀 구축에 바치기로 했습니다. 그보다 중요한 일은 없으니까요. 하지만 우리가 우버 2.0을 창조하려면 먼저 제가 트래비스 2.0을 창조해야 합니다. 그래야만 저는 조직이 필요로 하고 여러분에게 어울리는 그런 리더가 될 수 있을 것입니다.

앞으로 당분간은 리더십 팀이 우버를 이끌 것입니다. 저는 중요한 전략적인 의사결정에만 관여하겠습니다. 그리고 우리 조직이 앞으로 나아가도록 리더십 팀이 과감한 결단을 내릴 수 있게 권한을 위임하겠습니다.

이런 상황이 언제까지 이어질지 장담할 수는 없습니다. 생각보다 길 수도, 짧을 수도 있습니다. 사랑하는 사람을 잃는 것은 제게 너무도 힘든 일이었습니다. 저는 이제 작별 인사를 해야만 합니다. 여러분 모두 제게 진심 어린 위로의 말을 건네줬습니다. 대부분 이렇게 물었습니다. "어떻게 도울 수 있을까요?" 제 대답은 분명합니다. 우리의 사명을 실현하기 위해 여러분이 맡은 일을 하십시오. 저는 가족과 함께하겠습니다. 사람을 우선으로 생각하세요. 이는 제 어머니의 유언입니다. 그리고 우버 2.0을 실현함으로써 여러분 모두의 노력을 세상에 보여주십시오. 그리고 여러분의 열정으로 위대한 우버를 만들어주십시오.

조만간 뵙겠습니다.

트래비스[4]

캘러닉은 그렇게 자리에서 물러날 뜻을 밝혔다.• 한편으로 캘러닉이 없는 우버는 상상하기 힘들었다. 그는 우버와 함께 숨 쉬고 우버와 함께 살았다. 그러나 다른 한편으로 직원들은 이제야 그가 우버의 이미지에 얼마나 부정적인 영향을 미쳤는지 깨닫게 되었다.

캘러닉이 이메일의 마지막에 덧붙인 말은 리더십 팀의 몇몇 사람들을 두렵게 만들었다. '조만간 뵙겠습니다.' 또한 '길 수도 짧을 수도' 있다는 말은 그들을 초조하게 했다. 그래도 그들은 캘러닉이 당분간이나마 물러나 있을 것이라는 사실에 안도했다. 비록 그게 언제까지일지 아무도 모른다고 해도 말이다.

허핑턴은 계속 말을 이었다. 그녀는 보고서에 담긴 권고안이 몇 달에 걸쳐 어렵게 만들어진 결과물임을 강조했다. 실제로 홀더와 알바란은 200명이 넘는 직원을 일일이 만나 면담했다. 또한 전·현직 직원 수백 명과 익명을 조건으로 대화를 나눴다. 그리고 300만 장이 넘는 서류를 검토하고 조직 곳곳을 샅샅이 뒤졌다. 허핑턴은 그 작업에 수천만 달러의 비용이 들었다는 말은 하지 않았다. 경영진은 문제를 해결할 수만 있다면 그 돈이 결코 아깝지 않다고 생각했다.

직원들이 캘러닉의 이메일을 흘끗흘끗 살펴보는 동안 허핑턴은 이렇게 말했다. "권고안은 사내 뉴스 게시판에 당분간 게시하도록 하겠습니다." 우버는 그 보고서를 검토하기 위해 특별위원회까지

• 그로부터 9개월 뒤, 〈제퍼디!Jeopardy!〉 진행자 앨릭스 트레벡Alex Trebek은 프로그램 참가자들에게 '트래비스 2.0을 창조하기 위해 자리에서 물러난' 우버 CEO의 이름을 물었다. 캘러닉은 그 장면을 캡처해서 트윗에 올렸다. 그리고 이렇게 해시태그를 달았다. '#bucketlist.'

조직했다. 그 위원회는 허핑턴과 걸리, 본더만으로 구성되었다. 세 사람은 권고 사항을 정리해서 나머지 이사회 멤버에게 전달했다. 허핑턴은 말했다. "제가 참석했던 회의 중 가장 길었던 일요일 이사회 모임에서 만장일치로 권고안을 받아들이기로 했습니다."

허핑턴이 그 말을 하는 동안 보고서 권고안이 온라인 게시판에 올라왔다. 직원들 모두 안도의 한숨을 쉬었다. 권고안의 맨 위에는 허핑턴이 방금 이야기했던 내용이 명시되어 있었다. 캘러닉의 권한은 축소될 것이며, 앞으로 더 많은 감시를 받게 될 것이었다.

다음으로 허핑턴은 다양성에 관한 주제로 넘어갔다. "우버에 합류한 이후 제 개인적인, 그리고 공식적인 목표는 이사회의 다양성을 높이는 일이었습니다. 이제 완링 마텔로Wan-Ling Martello를 우버 이사회에 영입하게 되었다는 소식을 전하게 되어 기쁩니다." 박수 소리가 듬성듬성 이어졌다. 크래프트Kraft와 보든Borden에서 일하다 최근에는 네슬레Nestlé에서 아시아 및 아프리카 지역 담당 부사장을 지낸 식품 산업의 인재인 마텔로가 독립 이사회 멤버로 들어오면서 우버와 주주의 이익을 위해 합리적인 목소리를 내줄 것으로 기대를 모았다.

허핑턴은 이야기를 이어나갔다. "아마도 여러분은 마텔로가 누구인지 궁금하시겠죠?" 그녀가 누구인지 아는 사람은 많지 않았지만, 어쨌든 또 다른 여성을 이사회에 받아들이는 것은 분명 환영할 만한 결정이었다. 마텔로는 끊임없이 싸우는 파벌 사이에서 '스위스'와 같은 존재가 되겠다고 했다. 사실 그녀가 우버에 합류했을 때,

파벌 간의 갈등이 한창이었다. 허핑턴은 계속해서 백인과 남성 중심적인 이사회에서 다양성을 높이고자 했던 자신의 노력을 강조했다. "이사회에 여성이 한 명 있으면, 또 다른 여성이 들어올 가능성이 훨씬 더 높아진다는 사실을 보여주는 데이터가 많습니다."

그 순간 그녀 옆에 서 있던 데이비드 본더만이 목소리를 높였다. 그때까지 그와 걸리는 침묵을 지키고 있었다. 그러던 어느 순간, 본더만의 머릿속에 어떤 생각이 떠올랐다.

그는 이렇게 말했다. "말하자면 이제 이사회에서 잡담을 나눌 일이 더 많아진 거죠."

회의장이 일순간 얼어붙었다. 대체 누가 그런 자리에서 여성이 너무 말이 많다는 성차별적 발언을 한단 말인가?

청중은 충격을 받았다. 텍사스 포트워스 출신의 헤지펀드 억만장자이자 75세 백인인 본더만이 여성을 혐오하는 우버의 문화를 바꾸기 위한 프레젠테이션 중에 여성을 차별하는 발언을 한 것이다. 본더만 뒤에 서 있던 빌 걸리는 말없이 고개를 저었다.

허핑턴은 어떻게든 분위기를 바꾸기 위해 아무렇지 않은 듯 웃으며 말했다. "오, 데이비드. 모두들 걱정 마세요. 데이비드도 말이 많으니까요." 그러나 회의장은 여전히 쥐 죽은 듯 조용했다.

순간의 어색함에서 벗어나려는 듯 허핑턴이 말했다. "자, 이제 마지막 항목입니다. 마지막 주제는 문화입니다."

청중석에서 누군가 큰 소리로 웃었다.

몇 개월 동안 본더만은 캘러닉을 거세게 몰아붙였다. 노련한 금

융가이자 사업가인 본더만은 1992년 짐 콜터Jim Coulter와 함께 사모
펀드 기업인 텍사스퍼시픽그룹TPG, Texas Pacific Group을 설립하고 이후
줄곧 이끌어왔다. TPG가 우버에 투자를 결정했을 때, 우버는 확실
한 투자 대상임을 가파른 성장세로 보여주고 있었다. 그러나 캘러
닉이 조직을 장악한 상황에서 본더만은 강력한 영향력을 행사하지
못했다.

  큰 키에 걸음이 느린 본더만은 언제나 몸에 잘 맞지 않는 정장을
걸치고 다녔다.[5] 그는 엄청난 부자였음에도 그렇게 보이지 않았다.
석유로 부자가 된 텍사스 거물처럼 화려한 복장으로 돌아다니지
않았다.[6] 높고 거친 목소리에 머리가 벗어진, 그리고 잡담을 끔찍이
싫어하는 본더만은 이사회에서 캘러닉에게 노골적으로 맞섰다. 그
는 중국 시장에 목숨을 거는 캘러닉의 집요함에 짜증을 냈다. 그리
고 우버에서 최초이자 유일한 최고재무책임자인 브렌트 캘리니코
스를 해고한 캘러닉의 결정에 화를 냈다. 또한 레반도브스키를 즉
각 해고하지 못하고 머뭇거리던 캘러닉의 우유부단함에 분노를 터
뜨렸다.

  본더만은 캘러닉은 물론 우버 경영진의 생각에 별로 신경 쓰지
않았다. 그가 신경을 썼던 유일한 대상은 돈이었다. 그는 모두의 기
대만큼 우버가 성장하길 원했다. TPG는 우버에 이미 수십억 달러
를 투자한 상태였다.

  그런 본더만이 실수를 저지르자, 캘러닉은 기회를 놓치지 않았
다. 캘러닉은 그동안 나이 많은 본더만의 간섭과 불만에 염증을 느

껐다. 본더만이 연단에서 실수를 저지른 직후, 캘러닉은 휴대전화로 부지런히 작업을 시작했다. 허핑턴의 프레젠테이션이 끝나기 전에 캘러닉은 이사회와 경영진 멤버들에게 문자메시지를 보냈다.

그의 메시지는 간단했다. 본더만이 사임해야 한다는 것이었다.

✹

본더만의 실언을 어떻게 받아들여야 할지 당황스러워하는 청중들 앞에서 허핑턴은 프레젠테이션을 이어갔다. 그녀는 몇 가지 상징적인 조치를 발표했다. 예를 들어 저녁 식사를 위해 8시까지 기다리지 않게 하겠다고 했다. 야근을 유도하기 위해 캘러닉이 고집했던 관행을 철폐하겠다는 것이었다. 그리고 본사 사무실 중앙에 자리 잡은 '전략회의실'의 이름을 '평화의 방'으로 바꾸겠다고 했다. 형식적인 변화였지만 어쨌든 청중은 수긍하는 분위기였다.

허핑턴의 뒤를 이어 연단에 올라선 사람은 걸리였다.

그는 큰 키에 어울리지 않는 어색한 표정으로 이야기를 시작했다. "전반적인 상황을 고려하여 몇 가지 말씀을 드리고자 합니다. 분명하게도 우버는 실리콘밸리 역사상 최고의 성공을 거둔 기업입니다. 전례 없는 속도로 성장하면서 수많은 고객과 각국 도시로 사업을 넓혀갔습니다. 큰 성공에는 큰 책임이 따릅니다. 세상은 더 이상 우리를 스타트업이라 생각하지 않습니다. 사람들은 우리를 세상에서 가장 크고 가장 중요한 기업 중 하나로 생각합니다. 우리는 그런 기대에 걸맞게 행동해야 합니다. 그렇지 않으면 문제는 끊이지 않을 것입니다."

청중은 그의 말에 고개를 끄덕였다.

걸리는 말을 이었다. "우리는 지금 이미지상의 위기를 겪고 있습니다. 어떤 기사는 편파적이라는 생각이 들기도 하지만, 중요한 것은 그게 아닙니다. 우리가 이 위기에서 벗어나려면 꽤 오랜 시간이 걸릴 것입니다. 사람들은 우리에게 무죄추정의 원칙을 허용하지 않을 것이기 때문입니다."

그러고는 이렇게 덧붙였다. "우리가 홀더 권고안을 발표했다고 해서 모든 일이 잘될 거라 생각하는 사람은 없을 겁니다. 권고안에만 매달리지 마십시오. 그보다 우버 2.0을 구축하는 데 최선을 다해주십시오." 그러고는 마이크를 넘겼다.

청중은 박수로 답했다. 그들은 우버의 변화가 아마도 가능할 것이라 믿었다.

본더만의 실수에도 불구하고 화요일 전체 회의는 성공적이었다. 허핑턴이 연단에 오른 직후 회의장에 있던 〈뉴욕타임스〉 기자가 회의 내용을 트위터로 생중계하기 시작했다.* 캘러닉은 화가 났다. 보안팀 직원들은 그 기자를 찾아내기 위해 회의장을 돌아다녔다. 그러나 우버에는 다행스럽게도 그 기자는 본더만의 실언을 놓쳤다.** 덕분에 그의 실언은 내부적으로 덮일 수도 있었다.

● 　그 기자는 바로 나였다.
●● 나의 실수였다.

하지만 그런 행운은 없었다. 허핑턴의 프레젠테이션이 끝나고 몇 시간 후, 또 다른 웹사이트가 프레젠테이션의 전체 내용을 소개하면서 본더만의 성차별 발언을 집중적으로 보도한 것이다.[7] 치명적인 일격이었다. 본격적인 변화를 알리는 자리에서 이사회 멤버가 여성은 너무 말이 많다고 지적했던 것이다. 사람들은 분노했다. 그러나 기자들은 당연하게 받아들였다. 우버의 조직 문화는 맨 위에서부터 썩어 있다고 생각했기 때문이다.

그러나 캘러닉의 생각은 달랐다. 이로써 본더만을 쫓아낼 명분이 마련된 것이다. 하루 종일 문자메시지를 보내고 긴급 이사회를 소집한 끝에, 본더만은 스스로 결단을 내려야 한다는 사실을 깨달았다. 그날 늦게 본더만은 우버 직원들에게 메시지를 전했다.

오늘 전체 회의에서 제 동료이자 친구인 아리아나 허핑턴에게 부주의하고, 부적절하며, 변명의 여지가 없는 실언을 하고 말았습니다. 제 의도는 그런 것이 아니었습니다만, 그 발언이 미칠 부정적인 영향을 충분히 이해하며 이에 대해 책임을 지고자 합니다…….

우리 모두가 자랑스러워할 문화를 구축하는 과정에서 제 실수가 혼란을 야기하지 않기를 바랍니다. 우버가 받아들이길 원하는 똑같은 기준을 제 자신에게도 적용하고자 합니다.

그래서 저는 내일 오전에 우버 이사회에서 사임하기로 했습니다. 우버의 이사회는 제게 영광이자 특권이었습니다. 우버의 발전과 성공을 기원합니다.[8]

본더만은 이 말을 남기고 사라졌다. 이사회에서 캘러닉의 적이 하나 줄어들었다. 캘러닉이 자리에서 물러나고 우버가 새롭게 태어날 시간, 즉 '우버 2.0'으로 거듭날 시간이 왔다.

모두가 그렇게 기대하고 있었다.

28장
투자자 연합 전선

걸리는 그동안 캘러닉에게 외면받아온
벤처 투자자들과 수개월 동안 연락을 하고 있었다.

전체 회의에서 본더만이 입을 열었을 때, 빌 걸리의 머릿속에는 이런 생각이 떠올랐다. '그런 농담은 나한테나 했어야지.'

화요일 아침 전체 회의에 들어가면서 걸리는 기대에 차 있었다. 홀더 보고서는 차마 읽기조차 힘들었다. 마치 외설 잡지, 혹은 실리콘밸리의 인종주의자나 성차별주의자들이 벌이는 총각 파티 같았다. 그래도 이사회가 권고안을 만장일치로 받아들이기로 하면서 걸리는 희망을 품었다.

우버 사람들은 걸리가 혼란을 다스려주기를 기대했다. 그는 캘러닉을 오래전부터 알았다. 걸리는 큰 키에 어울리게 권위적인 분위기를 풍기는 인물이었다. 모두들 그런 그가 뭔가를 해주길 원했다.

그러나 걸리는 그런 기대에 부담을 느꼈다. 6월 중반부터는 체중이 늘기 시작했다. 그해 초 그는 무릎 수술을 받기 위해 샌디에이고를 다녀왔다. 6월 13일 회의가 열리기 전 몇 주일 동안 그는 부기를 방지하기 위해 다리에 특수 장비를 차고 돌아다녀야 했다. 벤치마크 사무실인 캘리포니아 우드사이드에서 걸리는 의자에 몸을 기대고는 남부 텍사스 특유의 저음으로 캘러닉의 고집에 대한 불만을 맷 콜러, 피터 펜턴, 에릭 비쉬리아, 새러 타벨 같은 파트너들에게 털어놓았다. 무릎 통증은 심했지만 우버의 상황이 그와 그의 회사에 가하고 있는 압박에 비할 바는 아니었다.

우버의 힘든 상황은 고스란히 걸리에게 부담으로 작용했다. 그는 항상 벤치마크 파트너들과 통화를 하느라 바빴다. 대학기금에서 연금펀드에 이르기까지 다양한 자산을 운용하는 엄청나게 부유한 투자자인 벤치마크 파트너들은 수억 달러에 달하는 자본을 다른 기업에 투자했다. 그들은 우버가 어려움을 겪으면서 수십억 달러의 수익이 사라질까봐 걱정하고 있었다. 걸리는 이메일과 전화로 자신이 우버의 모든 것을 통제하고 있다고 파트너들을 안심시키느라 정신이 없었다.

그러나 동료 파트너들의 생각은 달랐다. 2017년 어느 저녁, 4년 전 우버에 대한 2억 5,000만 달러의 투자를 주도했던 구글벤처스 파트너 데이비드 크레인이 자신의 집에서 파티를 열었다. 언제나 그렇듯 벤치마크 파트너들이 모습을 드러냈고, 거기에는 빌 걸리도 포함되어 있었다. 그날 걸리는 주로 술을 마시거나, 아니면 구석진 곳에 서 있었다. 당시 걸리는 과중한 스트레스와 피로로 가만히 서 있기조차 힘든 상황이었다. 그는 몸을 가누기 위해 안간힘을 썼다. 얼마 전부터 요가와 명상을 시작했지만 불면증은 여전했다. 걸리는 완전히 지친 상태였다.

홀더 보고서는 이제 결실로 이어져야 했다. 캘러닉은 물러났고 우버는 브랜드를 재구축하는 단계에 들어섰다. 앞으로 모든 문제가 잘 풀릴 듯 보였다.

하지만 본더만의 갑작스러운 성차별 발언으로 분위기가 예상치 못한 방향으로 흘러가면서 회의는 재앙으로 끝났다. 게다가 캘러닉은 자리에서 내려올 생각이 없어 보였다. 다음 날 캘러닉은 경영진 및 관리자들과 부지런히 통화를 했다. 어제 자신의 퇴진을 세상에 공표하지 않은 것처럼 그대로 업무를 봤다. 이후 몇 주에 걸친 '휴직' 기간에도 캘러닉은 엔지니어들과 함께 일을 했고, 엔지니어들은 이사회에 보고하지 않은 채 캘러닉의 지시에 따랐다.

해결책은 간단했다. 누군가 나서서 캘러닉을 물러나게 만들어야 했다. 하지만 캘러닉은 그럴 생각이 없었다. 그는 자리에서 내려오겠다는 약속을 완전히 무시했다. 그리고 자신을 밀어내려는 모든 시도에 적극적으로 대응했다. 걸리는 캘러닉을 절대 과소평가해서는 안 된다고 생각했다. 그만큼 캘러닉을 잘 알았다.

걸리의 불안은 실질적인 동시에 철학적인 것이었다. 벤치마크의 이미지는 '창업자 친화적인' 벤처캐피털 기업으로서의 평판에 기반을 두고 있었다. 헤지펀드나 사모펀드의 투자를 받는 경우, 창업자는 종종 지배 구조와 관련하여 투자자의 강압적인 요구를 수용해야 했다. 예를 들어 본더만은 우버의 지나치게 빠른 비용 지출 속도에 제동을 걸었다. 본더만은 사모펀드 투자자였다.

반면 벤처캐피털 기업들은 '창업자 친화적'인 이미지를 추구했다. 벤치마크 역시 투자 기업을 지원하고, 최고경영자를 영입하는 과정에 도움을 주며, 전략에 대해 함께 고민하면서 소중한 조언을 주고자 했다. 만약 그들이 캘러닉을 영원히 추방한다면, 다음번 우버나 다음번 페이스북과 같은 새로운 거물이 그들에게 다시 한 번 투자할 기회를 줄까?

불안의 실질적인 이유는 돈이었다. 우버의 시장가치는 685억 달러를 찍었다. 페이스북 가치를 넘어섰던 적도 있었다. 그리고 우버의 초창기에 투자를 한 벤치마크의 투자금 1,100만 달러는 이제 수십억 달러로 불어나 있었다. 우버는 그야말로 실리콘밸리 역사상 최고의 투자처였다. 그러나 벤치마크의 지분은 이제 위태로운 상황을 맞이했다. 언론에서 흘러나온 온갖 부정적인 이야기가 우버의 가치를 갉아먹고 있었다. 이는 빌 걸리의 명예를 실추시켰을 뿐만 아니라 투자 수익까지 크게 떨어뜨렸다.

몇몇 투자자는 우버를 공개적으로 비난했다. 우버의 초기 투자자인 미치 카포Mitch Kapor와 그의 아내 프리다 카포 클라인Freada Kapor Klein은 사회적으로 의식 있는 투자 방식인 '임팩트 투자impact investing'를 추구했다. 두 사람은 블로그에 이렇게 썼다. "우버 내부에서 조용히 영향력을 행사하려고 했지만 결국 막다른 골목에 들어서고 말았습니다. 이제 우리는 공개적으로 목소리를 높이고 있습니다. 우버의 투자자와 이사회는 앞으로 자신의 행동과 태만에 따라 평가받게 될 것이라고 생각하기 때문입니다. 다른 모든 방법이 실패로 돌아간 상황에서, 우리의 행동이 우버 경영진에게 책임감을 느끼게 했으면 합니다."[1]

걸리는 한 창업자로부터 이메일을 받고 나서야 상황의 심각성을 깨닫게 되었다. 그해 여름, 걸리가 메일함을 살펴보고 있는데 새로운 이메일이 눈에 들어왔다. 인터넷으로 맞춤형 의상을 판매하며 많은 고객에게 사랑받고 있는 스티치픽스Stitch Fix의 최고경영자 카트리나 레이크Katrina Lake가 보낸 메일이었다.

걸리는 레이크를 잘 알았다. 스티치픽스가 가능성을 보여주고 있었지만(레이크는 비즈니스스쿨 시절에 침실에서 스티치픽스를 창업했다) 여전히 성공을 장담할 수 없었던 2013년에, 벤치마크는 1,200만 달러 규모의 펀딩 라운드를 이끌었다. 스티치픽스는 2017년에 기업공개를 성공적으로 마쳤고, 그 과정에서 벤치마크는 수억 달러의 투자 수익을 올렸다. 스티치픽스의 이사회 멤버인 걸리는 레이크와 점차 가까운 사이로 발전했다. 걸리는 레이크의 가치를 믿었고 레이크는 걸리의 조언을 신뢰했다.

레이크는 이메일에서 단도직입적으로 이렇게 말했다. "우버와 같은 기업이 존재하고 번영한다는 것은 참담하고 슬픈 현실입니다. 그리고 제가 존경하는 분이 그 회사의 일부라는 사실에 큰 실망감을 감출 수 없습니다."

레이크에게 우버 이야기는 극히 가슴에 와 닿는 것이었다. 레이크는 실리콘밸리에서 가장 두드러진 여성 CEO 중 한 사람이었다. 소규모 스타트업을 수백만 달러 가치의 기업으로 성장시키기까지 레이크는 성차별주의자들을 많이 만났다. 스티치픽스가 성장할 무렵에 레이크는 자신의 투자자인 저스틴 콜드벡Justin Caldbeck으로부터 성추행을 당했다.[2] 이후 레이크가 그 사건을 문제 삼으면서 콜드벡은 이사회에서 물러났다. 레이크는 기술 기업과 벤처캐피털 세상의 남성 중심적 문화가 여성에게 얼마나 끔찍할 수 있는지 잘 알고 있었다.

그러나 수전 파울러의 블로그 글, 인도 성폭행 사건, 캘러닉과 관련된 수많은 스캔들에 대한 기사를 읽고 난 후, 레이크는 자신의 회사가 우버와 함께 거론된다는 사실에 모멸감을 느꼈다. 게다가 자신에게 스승과 같은 인물이 그런 상황을 그저 바라보고만 있었고, 심지어 부추기기까지 했다고 생각하니 마음이 괴로웠다.

레이크가 생각하는 실리콘밸리 기업가는 단지 최신 기술을 이용해서 새로운 것을 만들어내는 사람이 아니었다. 그들은 자신의 가치를 실현하기 위해 조직을 구축하는 사람이었다. 그녀는 이렇게 썼다. "스티치픽스가 반대 사례가 되길 바랍니다. 가치를 기반으로 성공하는 기업이 되길 원합니다."

걸리는 고마운 마음을 담아 즉각 답장을 보냈다. 그는 이렇게 썼다. "마치 악몽과도 같은 시간이었습니다." 레이크의 이메일은 그가 정신을 차리게 해줬다.

홀더 보고서 이후에 열린 파트너 회의에서 벤치마크 사람들은 '올바른 일'을 해야 한다는 주장에 모두 동의했다. 다시 말해 캘러닉을 완전히 몰아내기로 했다.

물론 벤치마크 혼자서 그 일을 할 수는 없었다. 걸리에게는 동맹의 힘이 필요했다.

✖

캘러닉이 자신의 투자자들을 그토록 강력하게 통제하려 한 데에는 이유가 있었다. 언젠가 그들이 자신에게 등을 돌리는 날이 오면 (스카워 시절에 마이클 오비츠가 그랬던 것처럼) 캘러닉은 스스로를 지킬 수 있기를 바랐던 것이다.

그래서 캘러닉은 장기간에 걸쳐 주주의 힘과 영향력을 서서히 위축시켰다. 그는 최대한 많은 정보를 움켜쥐고, 투자자들이 기업의 재무 상황을 제대로 파악할 수 없게 방해했다. 투자자들은 불만이 많았다. 그들은 우버에 엄청난 돈을 투자했기 때문에 기업이 어떻게 돌아가는지, 그리고 그들의 돈이 어디에 쓰이는지 알 권리가 있다고 생각했다. 한 투자자는 캘러닉이 그들을 마치 버섯처럼 대했다고 했다. 다시 말해 거름이나 주면서 어둠 속에 처박아두었다는 것이다.• 그러나 캘러닉은 그 정도 대우에도 고마워해야 한다고

• 이는 아카데미상을 수상한 마틴 스콜세지 감독의 2006년 범죄 스릴러 〈디파티드〉에서 마크 월버그가 했던 대사였다. 경찰로 나왔던 월버그는 FBI와의 경쟁적인 관계에 대해 그렇게 언급했다.

생각했다.

물론 우버의 시장 가치가 성장하는 동안에는 어떤 투자자도 간섭하지 않았다. 그러나 캘러닉의 주장은 근거가 없는 것이었다. 상당한 지분을 확보한 투자자는 기업에 관한 정보를 알 권리가 있었다. 그럼에도 캘러닉은 막무가내였다. 그는 한 투자자에게 이렇게 말했다. "그러면 고소하세요. 그런데 자신이 투자한 기업을 고소하면 이 시장에서 당신의 평판은 어떻게 될까요?" 옳은 말이었다.

게다가 캘러닉은 '복수의결권주식'을 상당량 확보하고 있었다. 복수의결권주식은 대부분의 투자자가 보유하고 있는 일반주보다 더 많은 의결권이 주어졌다. 또한 캘러닉의 일반주 역시 계속 늘어났다. 우버 직원이 내부 환매 프로그램을 통해 그들의 주식을 현금으로 바꿀 때, 캘러닉이 그 주식을 매입했기 때문이다.[3] 직원들이 주식을 매각하거나 조직을 떠나면서 캘러닉의 의결권은 점점 더 늘어났다.

물론 복수의결권주식이 모든 상황에서 캘러닉을 구제해줄 수 있는 것은 아니었다. 예를 들어 새로운 임원을 선출하는 것과 같은 일부 사안은 이사회의 만장일치로 결정되었다.

캘러닉에게는 또 다른 무기가 있었다. 실질적으로 이사회를 장악하고 있다는 사실이었다. 총 여덟 명으로 구성된 우버 이사회의 멤버 대부분은 캘러닉을 지지했다. 아리아나 허핑턴, 완링 마텔로, 야시르 알루마얀, 라이언 그레이브스, 개럿 캠프 모두 캘러닉 편이었다. 2016년 사우디아라비아 국부펀드로부터 35억 달러 투자를 유치했을 때, 이사회의 만장일치로 합의된 투자 조건에는 캘러닉이 언제든 세 명의 이사회 멤버를 추가적으로 임명할 수 있다는 조항이 포함되어 있었다.

2017년 여름 여론의 압박이 거세지면서 그레이브스와 캠프의 시름도 깊어졌다. 어쨌든 두 사람은 캘러닉에게 큰 신세를 졌다고 생각했다. 캠프는 경영 전면에 나서기를 원치 않았다. 그는 뒷좌석에 앉아 있는 것만으로도 만족했다. 그리고 그레이브스는 지난 몇 년간 우버에서 수많은 파티와 여행을 즐겼다. 캘러닉은 두 사람에게 많은 신경을 썼다. 그레이브스는 캘러닉이 그들을 마치 '형제'처럼 생각한다고 확신했다.

캘러닉은 주변에 있는 누군가가 불만을 제기할 때마다 언제나 똑같은 말로 그들을 달랬다. "제가 당신에게 얼마나 많은 돈을 벌어다줄지 알고 계시죠?"

그리고 그 말은 대부분 효과가 있었다.

◼

2017년 중반, 우버 투자자들은 무력감을 느꼈다. 캘러닉은 투자자들에게 조언을 구하지 않을 듯했다. 이미 그는 오랫동안 간교하게 투자자를 배제해왔다. 그의 목표는 투자자의 힘을 약화시키는 것이었다. 그리고 이를 위해 캘러닉은 지난 8년 동안 수차례 선제공격을 감행했다.

먼로벤처스 파트너인 숀 캐롤란은 초기 투자 라운드에서 이사회 옵서버 자리를 놓고 캘러닉과 협상을 벌였다. 캘러닉은 그 자리에 의결권이 없음을 분명히 했다. 퍼스트라운드캐피털 부사장 롭 헤이스는 운 좋게도 '시드라운드'에서 우버에 투자할 기회를 잡았다. 그는 상당한 지분과 함께 이사회 자리를 얻었다.● 그러나 시리즈 B라운드에서 캘러닉은 계약 조건을 변경하는 방식으로 헤이스에게서 의결권을 빼앗고 정보 접근을 제한했다. 구글 변호사로 활동하다가 로어케이스캐피털Lowercase Capital의 투자자이자 창업자로 변신한 크리스 사카는 캘러닉을 친구로 여겼다. 사카는 우버 초창기에 30만 달러를 투자함으로써 상당한 지분을 확보했다. 그러나 사카가 다른 초기 투자자로부터 우버 지분을 사들이기 시작하자(소위 '이차 주식 매입') 캘러닉의 태도가 바뀌었다. 캘러닉은 사카에게서 이사회 옵서버 자격을 박탈했다. 이후 두 사람은 거의 말을 하지 않았다.[4]

걸리는 그 모든 내막을 잘 알고 있었다. 그는 지금까지 캘러닉에게 외면받아온, 그리고 자신의 투자가 실패로 끝나지 않을까 걱정하는 벤처 자본가들과 수개월 동안 연락을 하고 있었다. 그는 자문가의 도움을 구했다. 먼저 전문 분야가 기업 지배 구조와 화이트칼라 범죄인 스탠퍼드 대학 법학과 교수들에게 연락했다. 그리고 기술 기업과 벤처캐피털 회사에 정기적으로 자문을 제공하는 실리콘밸리의 두 컨설팅 기업인 쿨리Cooley와 폴앤바이스Paul, Weiss 출신 변

●   헤이스는 50만 달러의 초기 투자로 4퍼센트의 우버 지분을 확보했다. 그리고 8년 후 그 지분의 가치는 20억 달러를 넘었다. 걸리의 경우와 마찬가지로, 이는 기술 기업에 대한 벤처캐피털의 가장 성공적인 투자 중 하나로 손꼽힌다.

호사들에게도 연락을 취했다. 다음으로 위기관리 PR 업체와 계약을 맺었다. 그리고 이들 모두와 함께 전략을 수립했다. 걸리는 캘러닉이 스스로 자리에서 물러나지는 않을 거라고 생각했다. 그렇다면 강제로 끌어내리는 수밖에 없었다.

걸리의 전략은 간단했다. 우선 우버의 최대 주주인 벤치마크, 퍼스트라운드, 쿨리, 폴앤바이스, 로어케이스, 먼로를 중심으로 연합 전선을 형성한다. 이들이 확보하고 있는 우버 지분을 다 합하면 전체 지분의 4분의 1을 넘었다. 다음으로 캘러닉에게 그들의 요구를 담은 서한을 전달한다. 즉 우버를 위해 최고경영자 자리에서 물러나라고 요구할 것이었다. 만약 캘러닉이 거부한다면, 언론을 통해 그들의 계획을 전부 공개할 생각이었다. 그러면 캘러닉에게 보낸 서한이 다음 날 〈뉴욕타임스〉 1면을 장식할 것이었다. 이 전략은 향후 더 많은 우버 투자자를 결집시키는 데 도움이 될 것이었다.

걸리는 캘러닉이 그들의 요구를 무시하고 끝까지 자리에서 물러나지 않을 것으로 예상했다. 한편 벤치마크는 위기관리 PR 전문가인 스티븐 루벤스타인과 계약을 맺었다. 걸리는 〈뉴욕타임스〉를 통해 기사를 터뜨린 다음 루벤스타인을 통해 다른 언론으로 확대할 생각이었다.* 걸리는 연합 전선을 통해 언론을 장악해야 한다고 믿었다. 캘러닉은 틀림없이 아리아나 허핑턴을 통해 동정표를 구하면서 그들 투자자를 악당으로 몰아갈 것이었다.

● 아이러니하게도 루벤스타인은 몇 달 전 캘러닉에게 고용될 뻔했다. 그가 운전자에게 소리치는 영상이 퍼져나간 뒤에.

모든 계획이 수포로 돌아가더라도 연합 전선에는 마지막 카드가 남아 있었다. 그들은 우버의 기업 정관에 중대한 결함이 있다는 사실을 발견했다. 당시 연합 전선의 투자자 모두 상당량의 B클래스 주식, 즉 '복수의결권주식'을 확보하고 있었다. 이 주식은 한 주당 10개의 의결권이 주어졌다. 그런데 모든 B클래스 주식은 주당 하나의 의결권밖에 없는 A클래스 주식으로 강제 전환될 수 있었다. 그럴 경우 벤치마크의 의결권이 크게 줄어들기는 하지만, 동시에 캘러닉의 의결권도 줄어들게 된다. 그리고 이런 상황에서 투자자들은 경영권을 잡기 위해 연합 전선을 펼칠 것이다. 물론 걸리도 상황이 거기까지 가는 것은 원치 않았다. 복수의결권을 포기하는 전략은 최후의 보루였다.

걸리의 전략에서 가장 중요한 변수는 시간이었다. 걸리의 연합 전선은 그들의 요구에 응답할 시한을 최대한 촉박하게 제시함으로써 캘러닉을 압박해야 했다. 캘러닉은 틀림없이 발 디딜 곳을 찾는 암벽등반가처럼 연합 전선의 전략에서 결함을 찾아내 집중 공격할 것이었다. 캘러닉은 생존가였다. 그렇기 때문에 완전히 꼼짝달싹하지 못하도록 얽어매야 했다.

캘러닉에게 서한을 전달하는 날, 걸리는 연합 전선의 투자자 및 자문가와 함께 콘퍼런스 콜을 진행했다. 그날 걸리는 벤치마크의 우드사이드 사무실 대회의실에 있었다. 거기에는 광이 나는 기다란 목재 테이블을 중심으로 검은 가죽과 금속으로 만든 의자가 둥그렇게 자리 잡고 있었다. 지금까지 걸리는 거기서 실리콘밸리의 많은 창업자와 함께 이야기를 나눴다. 그리고 중요한 계약에 서명을 하고, 우버와 스냅, 트위터 등 그들의 포트폴리오 기업과 회의를 했다. 하지만 2017년 6월 21일, 그 회의실은 캘러닉을 최고경영자 자리에서 끌어내리기 위한 전략사령부로 쓰였다. 그날 아침 걸리는 투자자들에게 자신의 전략에 대해 설명했다. 그리고 왜 빠르고 과감하게 움직여야 하는지, 그리고 어떤 위험을 감수해야 하는지 자세하게 설명했다. 투자자와 변호사를 비롯한 참석자 모두 걸리의 말에 귀를 기울였다.

걸리는 이렇게 물었다. "혹시 〈라이프〉라는 영화를 보셨습니까? 라이언 레이놀즈와 시커먼 외계인이 등장하죠. 우주비행사들이 외계인을 발견했을 때, 그들은 그를 튼튼한 상자에 담아 우주선 연구실에 가둬놓습니다. 갖가지 실험을 하는 동안 그들의 안전을 보장하기 위해서죠. 그러나 결국 외계인은 상자에서 빠져나와 우주선에 있던 모든 인간을 죽이죠. 그러고는 인류를 멸종시키기 위해 지구로 향합니다. 그 모든 일은 외계인이 상자에서 빠져나왔기 때문에 벌어진 것이었습니다."

콘퍼런스 콜에 참석한 모두는 조용히 귀를 기울이면서 그의 이야기가 어디로 향할지 주목했다. 간혹 웃음이 터져 나오기도 했다. 걸리는 자신의 비유가 마음에 들었다.

그는 말했다. "캘러닉이 바로 그 외계인입니다. 그를 풀어준다면 언젠가는 전 세계를 파괴할 것입니다."

29장

벤처캐피털의 역습

*"트래비스 미안하네. 자네를 믿고 싶지만
더 이상 자네를 우버 최고경영자로 지지할 수 없어."*

연합 전선 멤버들과 콘퍼런스 콜을 진행하기 하루 전, 걸리는 캘러닉이 샌프란시스코에 있을 거라고 생각했다. 하지만 6월 20일에 캘러닉은 카스트로 언덕 꼭대기에 위치한 자신의 아파트에 없었다. 또한 우버 본사에도 없었다. 캘러닉은 거기서 3,000킬로미터 이상 떨어진 곳에서 노트북을 들여다보며 일하고 있었다.

수요일인 그날 시카고는 섭씨 27도의 따뜻하고 습한 날씨였다. 하지만 아직까지 중서부 지방 특유의 무더운 여름날은 아니었다. 그날 캘러닉은 홀푸드Whole Foods 공동 CEO를 역임했던 월터 롭Walter Robb과 면접을 볼 예정이었다. 캘러닉은 롭을 우버의 새로운 최고운영책임자 후보로 생각하고 있었다. 그는 면접을 위해 미시간애비뉴에 위치한 리츠칼튼 시카고 호텔의 최고층 회의실을 빌렸다. 캘러닉은 고급 호텔을 좋아했다. 리츠칼튼의 맨 꼭대기 회의실이야말로 그가 가장 좋아하는 곳이었다.

그날 캘러닉이 시카고에 있다는 사실은 연합 전선의 계획에서 중요한 변수로 작용했다. 연합 전선 측은 캘러닉이 우버 본사에서 하루 종일 일을 하고 있다고 생각했다. 많은 사람이 걸리에게 전화를 걸어 캘러닉이 아직 물러나지 않았다는 소식을 전해줬기 때문이다. 그러나 그가 지금 우버의 2인자•가 될 사람을 면접하기 위해 다른 주에 가 있다는 사실은 몰랐다. 계획을 추진하려면 어쩔 수 없이 캘러닉이 있는 일리노이로 가야 했다.

2017년 여름 내내 걸리와 캘러닉은 한마디 말도 나누지 않았다. 걸리는 그날 시카고로 날아가서 캘러닉을 설득해 사임시킬 적임자가 자신이 아니라는 것을 잘 알았다. 캘러닉은 걸리의 잔소리와 우려 그리고 변화를 받아들이라는 요구를 좋아하지 않았다. 걸리가 협상을 위해 캘러닉이 있는 호텔 방으로 들어서는 순간, 캘러닉은 아마도 2미터가 넘는 거구의 텍사스 사람에게 당장 꺼지라고 할 것이었다. 걸리에겐 중재자가 필요했다.

연합 전선은 중재자로 맷 콜러와 피터 펜턴을 지목했다. 2008년 벤치마크에 합류한 페이스북 출신의 영리한 콜러는 현실적이고 솔직한 인물이었다. 그라면 캘러닉에게 그들의 요구 사항을 차분하게

• 2인자를 영입하는 것은 그렇게 중대한 사안은 아니었다. 캘러닉은 면담에서 다른 후보자에게 그저 자신의 명령을 수행하는 자리가 될 것이라고 설명했다. 이 말을 듣고 걸리는 크게 분노했다.

전할 수 있을 것이었다. 가느다란 갈색 곱슬머리에 큰 눈과 발그레한 뺨의 콜러는 이제 막 마흔이 되었지만 적어도 10년은 젊어 보였다. 콜러는 걸리 다음으로 우버의 상황을 잘 알았다. 걸리가 캘러닉에게 접근할 때부터 콜러는 벤치마크에 있었다. 게다가 그는 캘러닉이 보자마자 주먹을 날리고 싶어 할 그런 인상이 아니었다.

하지만 그런 콜러에게도 부족한 면이 있었다. 바로 감성지능이었다. 그래서 피터 펜턴과 함께 가게 한 것이었다. 펜턴은 카리스마 넘치는 벤치마크 파트너로서, 부드러운 스킨십으로 젊은 스타트업 창업자들에게 편안한 인상을 주는 인물이었다. 45세에 가까운 펜턴 역시 나이보다 훨씬 젊어 보였다. 옅은 녹색 눈동자에 넓은 이마와 짙은 금발은 노련한 벤처 자본가보다는 '옆집 소년' 같은 인상을 줬다. 펜턴은 뚝심 있는 협상가였지만 필요할 때는 타협하고 양보하며 상대의 말에 귀를 기울이고 편안하게 대화를 이끄는 인물이었다. 특히 지금처럼 좋지 못한 소식을 전해야 하는 상황에서는 그가 꼭 필요했다.

연합 전선은 수주일에 걸쳐 다양한 상황에 대해 논의했다. 걸리는 다른 벤처 자본가들(퍼스트라운드의 조시 코플먼Josh Kopelman과 롭 헤이스, 먼로의 더그 칼라일Doug Carlisle과 숀 캐롤란, 로어케이스의 크리스 사카)과 오랜 시간 통화를 했다. 또한 벤치마크 파트너들과 앞으로 벌어질 상황에 대해 논의했다. 그들은 누군가 자신들의 계획을 엿들을까봐 캘러닉을 코드명으로 부르기까지 했다. 가령 '트래비스' 대신에 '밥'이나 '제프' 등으로 불렀다. 캘러닉이 우버 운전자에게 소리치는 영상이 널리 퍼진 뒤로, 그들은 누군가 그들의 말을 엿듣거나 녹화하지 않을까 항상 걱정했다.

벤치마크 파트너들의 회의는 대부분 우드사이드 사무실에 있는 기다란 목재 테이블을 사이에 두고 이뤄졌다. 그들은 계획의 세부 사항에 대해 거의 외울 정도로 오랫동안 논의를 했다. 그리고 콜러와 펜턴이 캘러닉과 만났을 때 어떤 일이 벌어질지 경우의 수에 대해 생각했다. (캘러닉이 충격을 받을 것인가? 즉각 동의를 할까? 탁자 위로 뛰어올라 그들을 죽이려 든다면?) 또한 캘러닉에게 전할 서한을 열두 가지 버전으로 작성했다. 그것은 다가올 최후의 만남을 위해 각각의 시나리오에 따라 조금씩 다르게 작성한 것이었다. 오랜 전통을 자랑하는 로펌인 폴앤와이스 변호사들은 각각의 버전을 면밀히 검토했다.

그들 모두 거사를 하루 앞둔 화요일에 벤치마크 사무실에 모였다. 그들은 한 번 더 계획을 검토하면서 지저분하게 전개될 싸움을 준비했다. 캘러닉이 순순히 항복할 리는 없었다. 우버의 한 임원은 캘러닉이 자리를 물려주기 전에 '우버의 가치를 0으로 만들 것'이라고 말했다고 증언했다. (나중에 캘러닉은 대변인을 통해 이를 부인했다.) 연합 전선은 마음을 단단히 먹어야 했다.

그들은 오랜 논의 끝에 벤치마크의 파트너들이 무슨 일을 해야 할지 합의를 봤다. 그것은 기업을 살리고 그 유산을 구하는 일이었다. 캘러닉 혼자서 685억 달러 가치의 거대 기업을 망가뜨리도록 가만히 내버려둘 수는 없었다. 지난 6주 동안 그들은 함께 계획에 대해 논의했다. 그들은 할 수 있는 일을 다 했다. 시도할 수 있는 모든 방법을 다 동원했다.

회의실 창문으로 비치는 볕이 서서히 엷어질 무렵, 걸리는 방 안에 있는 파트너들을 둘러보고는 고개를 끄덕였다. 비록 걱정은 되었지만 그들의 임무를 담담하게 받아들이기로 했다.

그는 말했다. "우리는 지금 옳은 길을 가고 있다고 믿습니다."

✠

그날 아침 맷 콜러와 피터 펜턴은 전세기를 타고 샌프란시스코 국제공항에서 오헤어로 향했다. 두 사람은 리츠칼튼과 같은 거리에 있는 또 다른 고급 호텔에 체크인하기 전에 스티븐 루벤스타인을 만났다. 그는 캘러닉이 제안을 거절할 경우 언론전을 펼치기 위해 동부에서 날아왔다. 두터운 검은 안경테가 인상적인, 깐깐하고 냉소적인 표정의 뉴요커인 루벤스타인은 두 사람이 먼저 캘러닉을 만난 뒤에 기자들과 접촉할 생각이었다.

캘러닉이 리츠칼튼에 있다는 사실을 알았지만, 그래도 콜러와 펜턴, 루벤스타인은 도심 어딘가에서 캘러닉을 우연히 마주칠지 모른다는 걱정을 완전히 떨쳐버릴 수 없었다. 벤치마크 사람들의 편집증은 이미 수개월 전부터 최고조에 달해 있었다. 벤치마크가 우버 보안팀의 수상쩍은 움직임을 조사한 이후, 걸리는 누군가 자신의 뒤를 밟고 있는 것은 아닌지, 혹은 캘러닉이 자신의 집 밖에 카메라를 설치해둔 것은 아닌지 의심을 떨쳐버릴 수 없었다.

한편 우드사이드 회의실에서는 걸리가 검은색 가죽 의자 등받이에 몸을 기댄 채 상체를 앞뒤로 움직이고 있었다. 그사이에 벤치마크 파트너들이 회의실에 들어왔다 나갔다. 연합 전선은 최대한 증거를 남기지 않기 위해 왓츠앱을 통해 단체로 채팅을 했다. 당시 캘러닉을 몰아내는 계획에 참여한 사람은 12명이 넘었다. 걸리는 그들 모두 같은 생각으로 움직이게 해야 했다. 몇몇 사람들은 왓츠앱 외부에서도 문자를 주고받았지만 걸리는 그러지 않았다.

콜러와 펜턴은 자신들의 호텔을 빠져나와 리츠칼튼으로 향했다. 루벤스타인은 언론에 공개해야 할 경우에 대비해 그대로 호텔에 머물렀다.

그런데 연합 전선 멤버 중 한 사람이 그 주말에 〈뉴욕타임스〉 기자에게 전화를 걸었다. 그는 지금 우버 투자자들이 무슨 일을 꾸미고 있으며, 조만간 중대한 일이 벌어질 터이니 기사 쓸 준비를 하라고 했다. 그의 말은 애매모호하면서도 흥미로웠다.

그 기자는 바로 나였다.

6월 20일 아침 9시, 나는 샌프란시스코 국제공항 내의 버진아메리카 터미널에 앉아 있었다. 그때 주머니에서 휴대전화가 울리기 시작했다. 나는 기술 콘퍼런스에서 연설을 했던 경영자를 인터뷰하기 위해 로스앤젤레스로 가는 중이었다. 인터뷰 후에는 업계 지인들을 만나볼 생각이었다. 나는 무음 버튼을 누르고 아이폰 화면을 들여다봤다. 내 우버 정보원이 건 전화였다.

그는 지난 주말에 갑작스럽게 내게 연락을 했다. 그러고는 뭔가 중요한 일이 벌어질 거라고 귀띔해줬다. 나는 오랫동안 이런 연락을 종종 받아왔다. 물론 대부분은 아무것도 아닌 일로 드러났지만. 하지만 그날 아침, 그는 캘러닉의 시간이 이제 얼마 남지 않았다고 했다. 그날 캘러닉이 물러날 가능성이 높다고 했다. "물러날 겁니다. 아마도 오늘."

나는 깜짝 놀라 말을 더듬으며 이렇게 물었다. "네? 뭐라고요? 막 비행기를 타려던 참이었어요. 지금 그 일이 벌어지고 있다고요? 비행기를 취소해야 할까요?"

승무원이 탑승 안내를 시작했다. 수개월 동안 스캔들과 여론의 질타에 시달리고 나서도 캘러닉이 자리를 지킬 수 있을지 실리콘밸리 모두가 지켜보고 있는 상황이었다. 게다가 얼마 전에는 홀더 보고서에 대한 프레젠테이션이 실패로 돌아가고, 데이비드 본더만이 갑작스러운 사임을 발표하기도 했다. 오늘이 바로 캘러닉이 물러나는 날이라면, 나는 만반의 준비를 하고 있어야 했다. 정보원은 말했다. "컴퓨터를 곁에 두고 휴대전화를 켜놓으세요. 연락할게요." 그러고는 전화를 끊었다.

✳

콜러와 펜턴이 금색으로 빛나는 엘리베이터에서 걸어 나와 리츠 칼튼 21층 로비의 흑백 대리석 바닥에 발을 디뎠을 때, 놀랍게도 거기에는 정장을 차려입은 사람들이 모여 있었다. 그날 그 호텔에서는 부동산 콘퍼런스가 열리고 있었다. 품이 넉넉한 정장을 빼입은, 리맥스RE/MAX나 콜드웰뱅커Coldwell Banker와 같은 부동산 업체에서 나온 사람들이 로비 층을 가득 메우고 있었다. 두 사람은 조심스럽게 군중을 뚫고 지나갔다.

그곳 리츠칼튼 호텔이 문을 연 지도 40년이 지났다. 그동안 한 번도 리모델링 공사가 없었다. 지역 주민과 고객들은 건물에서 세월의 흔적을 느꼈다. 그러나 콜러와 펜턴이 그날 아침 호텔에 도착했을 때, 건물은 공사 중이었다. 몇 주 후면 1억 달러의 비용과 18개월의 시간을 들인 최초의 대규모 리모델링 공사가 끝난다고 했다.[1] 군중 위로 팝아티스트 로이 리히텐슈타인의 작품이 걸려 있는 것이 보였다. 로비 한쪽에 북쪽으로 난 통유리 창으로는 미시간 호수가 내려다보였다. 앞으로 벌어질 일만 아니었더라면 두 사람은 그 경치를 만끽했을 것이다.

콜러와 펜턴은 로비를 가로질러 건물 맨 꼭대기 회의실로 올라가는 두 번째 엘리베이터를 탔다. 그날 아침 펜턴은 캘러닉에게 연락을 했다. 그는 지금 시카고에 와 있으며, 캘러닉을 급하게 만나야 한다고 말했다. 그 순간 캘러닉은 무슨 일이 벌어지고 있다는 사실을 깨달았다. 그는 그들에게 리츠칼튼으로 오라고 했다. 그러고는 맨 꼭대기 층에서 일을 하며 그들을 기다렸다.

두 벤처 자본가는 캘러닉이 있는 회의실로 들어서면서 서로 심각한 표정을 지어 보였다. 그나마 걸리가 함께 오지 않아 다행이었다. 적어도 캘러닉이 방을 박차고 나갈 위험은 없었다. 콜러와 펜턴은 슬며시 본론으로 들어갔다. 그들은 캘러닉에게 요구 사항을 전달해야 했다. 사실 그건 요구가 아니었다. 기업을 위해 '즉각적으로, 그리고 영구적으로' 물러나라는 지시였다.

캘러닉이 긴장된 표정으로 자리에 앉자 펜턴은 테이블 위로 서한을 내밀었다.● 캘러닉은 잠시 내려다보더니 이내 자신 앞에 놓인 편지를 읽기 시작했다.

트래비스.

여기서 우리는 벤치마크와 퍼스트라운드, 로어케이스캐피털, 먼로벤처스 등을 대표하여(모두 합치면 우버 지분의 26퍼센트, 의결권의 39퍼센트는 넘어섭니다) 우버의 상황에 대한 중대한 우려를 표하고 앞으로의 방향을 제시하고자 합니다.

먼저 지난 8년간 당신이 보여준 비전과 끊임없는 노력에 우리 모두 깊이 감사하고 있다는 사실을 알아주셨으면 합니다. 그것이 있었기에 누구도 꿈꾸지 못한 기업과 산업이 탄생할 수 있었습니다. 그러나 안타깝게도 최근 일련의 폭로가 터지면서 심각한 피해가 발생하고 있습니다. ……그 모든 사건들은 우버의 브랜드에 치명적인 타격을 입혔으며, 우버의 가치를 위협하고 있습니다. 우리는 이 모든 사태가 깊이 뿌리내린 우버의 문화적·조직적 문제와 경영

● 연합 전선은 서한을 여러 버전으로 작성했다. 여기에 소개한 서한은 캘러닉이 받은 최종 버전은 아니지만 그것과 아주 흡사하다. 최종 버전은 아직 공개되지 않았지만 뮤추얼펀드 거물인 피델리티인베스트먼트가 포함되었다고 한다. 내용과 관련된 출처를 보호하기 위해 일부 구체적인 정보는 삭제했다.

진의 태도에서 비롯되었다고 생각합니다…….

이제 우리는 문제를 해결하고 우버의 이미지를 회복하기 위한 구체적인 단계를 밟아나가야 합니다. 지금 당면 과제를 해결하지 못한다면 우버의 브랜드와 시장점유율은 계속해서 추락할 것이며, 조직 전체와 당신을 포함한 모든 주주에게 큰 피해가 돌아갈 것입니다.

…… 우리는 이번 혁신을 통해 실리콘밸리가 만들어낸 가장 중요한 기업 중 하나인 우버의 위상이 회복될 것이라 확신합니다. 부디 앞으로의 여정에 당신도 함께하길 기대합니다.

우버가 나아갈 길: 투자자들의 요구

첫째, 즉각적이고 영구적으로 CEO 자리에서 물러나길 바랍니다. 우리는 리더십 혁신(실질적인 이사회 감시와 경영 개선 등 즉각적인 다양한 변화)이 우버가 앞으로 나아가기 위한 필수 과제라고 확신합니다. 많은 당면 과제를 해결하고 우버의 잠재력을 완전히 실현해줄, 신뢰 있고 경험 많고 열정적인 새로운 CEO가 필요합니다.

둘째, 이사회 구성을 포함하여 우버의 기존 경영 방식은 1만 4,000명이 넘는 직원을 거느린 680억 달러 규모의 조직에 더 이상 어울리지 않습니다. 새로운 CEO는 실질적인 감독을 수행하게 될 독립 이사회에 보고를 해야 합니다. …… 아시다시피 홀더 보고서는 이사회 멤버의 추가적인 임명을 요구하고 있습니다. 홀더 보고서의 권고안에 따라 독립 이사회 멤버와 함께 추가적인 세 자리 중 두 자리(하나는 당신 자신을 위한 자리)를 채워야 합니다…….

셋째, 이사회의 주도하에 독립 의장과 경영진 대표 그리고 운전자 공동체 대표가 함께 참여하는 CEO 영입위원회를 지지해줄 것을 요구합니다……

넷째, 우버는 충분한 경험을 갖춘 최고재무책임자를 임시직, 혹은 정규직으로 즉각 채용해야 합니다. 우버는 지금까지 2년 넘게 최고재무책임자를 의도적으로 두지 않은 상태에서 운영되어왔습니다. 투자자 전체는 이번 채용이 신속하게 이뤄져야 한다고 생각합니다.

앞으로 나아가기 위한 여정에 함께할 것을 기대하며 답변을 기다리겠습니다.

캘러닉은 화가 났다. 그는 편지를 끝까지 읽지 못하고 자리에서 벌떡 일어섰다. 갑작스러운 비극적인 사고로 어머니를 떠나보내고 몇 주가 채 지나지도 않아 이런 문서를 들고 불쑥 왔다는 것에 분노했다. 벤치마크가 어떻게 자신에게 이럴 수 있단 말인가?

캘러닉은 일주일 전에 열렸던 이사회를 떠올렸다. 그레이브스와 걸리를 비롯한 다른 이사회 멤버들은 캘러닉의 사퇴에 대해 언급했고 공식적으로 그의 결단을 기대했다. 걸리는 사퇴 후 복귀에 대해 아직 결론을 내지 못했다면서 어느 쪽이든 결정을 지지하겠다고 했다. 캘러닉은 그 말에 안도했다. 지금껏 개인적인 시련을 겪을 때마다 캘러닉은 이사회 동료들로부터 격려와 위안을 얻었다. 그런데 이제 콜러와 펜턴이 자신의 사망 통지서를 테이블 위에 들이밀고 있었다. 캘러닉은 그들이 자신을 내쫓기 위해 얼마나 오랫동안 작당해왔을지 궁금했다. 그건 말 그대로 배신이었다.

캘러닉은 버릇대로 방 안을 서성이기 시작했다. 그는 (한때 자신의 동맹이자 후원자로 여겼던) 두 투자자를 향해 소리를 질렀다. 콜러와 펜턴은 창백한 얼굴로 가만히 앉아 있었다. 캘러닉의 반응은 궁지에 몰린 동물처럼 절박했다. 가만히 앉아서 당할 수는 없었다. 그들의 요구에 순순히 응하지 않을 것이다. 맞서 싸울 것이다.

캘러닉은 말했다. "그런 결정을 내렸다면 상황은 당신들에게 꽤 힘들어질 겁니다. 진심입니다."

두 투자자는 캘러닉의 말이 진심이라고 생각했다. 하지만 그들 역시 진심이었다. 콜러와 펜턴이 그에게 서한을 전달했을 때, 시한폭탄은 이미 작동을 시작했다. 그때는 정오에 가까운 시간이었다. 그들은 캘러닉에게 최후통첩을 전했고 오후 6시까지 대답을 달라고 했다. 캘러닉이 답변을 거부하거나 시간을 끈다면, 혹은 그들을 계속해서 잡아두거나 뭔가 은밀한 계략을 꾸미려 든다면, 두 사람은 그 방을 걸어 나올 생각이었다. 그리고 연합 전선 멤버들에게 문자를 보내고 싸움을 언론에 알릴 것이었다. 그러면 그 소식은 다음 날 아침 〈뉴욕타임스〉 1면을 장식하게 될 것이었다. 소문은 금방 퍼져나갈 것이고, 우버 최대 주주들이 취한 강경한 입장에 용기를 얻은 다른 투자자들 역시 전선에 합류할 것이다. 이미 한 명의 강타자가 마지막 순간에 합류했다. 다름 아닌 강력한 주주이자 벤치마크의 군건한 동맹인 피델리티인베스트먼트였다. 그들 역시 캘러닉의 사퇴를 촉구하는 서한에 서명했다. 그밖에도 글레이드브룩캐피털파트너스Glade Brook Capital Partners와 웰링턴캐피털그룹Wellington Capital Group을 비롯하여 데이비드 삭스David Sacks 같은 에인절 투자자 역시 캘러닉을 내쫓기 위해 은밀하게 논의를 진행하고 있었다. 콜러와 펜턴은 벤치마크가 언론에 발표를 하면 나머지 투자자들도 그들과 함께할 것이라고 캘러닉을 협박했다.

캘러닉은 자신이 덫에 걸려들었다는 사실을 깨달았다. 그는 좀 더 방을 서성이다가 두 사람에게 생각할 시간을 달라고 했다. 콜러와 펜턴은 동의하고 방을 나왔다.

콜러와 펜턴은 벤치마크 본사에 있는 걸리에게 보고를 했다. 걸리는 다시 연합 전선 멤버들에게 문자를 보내 상황을 전했다.

그는 이렇게 썼다.

"캘러닉이 시간을 끌고 있군요."

✻

그러나 캘러닉이 단지 시간을 끌고 있는 것만은 아니었다. 콜러와 펜턴이 방을 나간 뒤 캘러닉은 사람들에게 부랴부랴 전화를 걸기 시작했다. 첫 상대는 아리아나 허핑턴이었다. 그녀는 이제 몇 안 남은 동맹 중 한 사람이었다. 허핑턴은 투자자들이 그런 일을 꾸몄다는 소식에 캘러닉만큼이나 충격을 받았다고 했다. 그리고 어떤 선택을 해야 할지 함께 논의했다.

캘러닉은 허핑턴을 믿었다. 그는 허핑턴 역시 그의 사임을 촉구하는 서한을 작성하는 과정에 참여했다는 사실을 까맣게 모르고 있었다.

콜러와 펜턴은 우드사이드 사무실에 남아 있는 멤버들에게 계속해서 소식을 전했다. 사실 걸리는 두 사람의 보고에 크게 놀라지 않았다. 그는 이미 예상했었다. 캘러닉은 우버 내에서 이미 많은 친구를 잃었다. 자신의 자리를 지키기 위해 그나마 남은 동맹에게 손을 뻗을 것이었다. 이런 상황에서 벤치마크가 해야 할 일은 캘러닉을 계속해서 압박하는 것이었다. 영화 〈라이프〉에 나오는 외계인처럼 꼼짝달싹하지 못하게 상자에 가둬야 했다.

한 멤버가 걸리에게 문자를 보내 상황을 물었다. 걸리의 답변은 이랬다. "아직 답변을 내놓지 않았습니다."

캘러닉은 우버의 또 다른 임원인 데이비드 리히터David Richter와 캠 포이처Cam Poetzscher에게 연락을 취했다. 두 사람 모두 아직 마음을 정하지 못했다. 어쩌면 이번 사태에서 빠져나올 기회를 그들에게서 찾을 수 있을지 몰랐다. 또한 캘러닉은 오랜 동맹인 개럿 캠프와 라이언 그레이브스에게도 전화를 걸었다. 그리고 연합 전선에 대한 자신의 반격을 지지해줄 또 다른 투자자들에게도 연락을 취했다.

캘러닉은 희망의 끈을 놓지 않았다. 다른 주주들을 자신의 편으로 끌어들인다면, 연합 전선에 맞서 싸울 충분한 의결권을 확보할 수 있었다. 이런 생각으로 그는 연합 전선 멤버들에게 전화를 걸기 시작했다. 그들의 마음을 어떻게든 돌려놓을 수 있다고 생각했다.

캘러닉은 아이폰에다 애처로운 목소리로 말했다. "숀! 어떻게 이런 일이 벌어질 수 있죠? 내가 상황을 되돌려놓을게요! 제발 믿어줘요!"

먼로벤처스의 파트너이자 우버의 초기 투자자인 숀 캐롤란은 캘러닉의 요청을 쉽게 무시할 수 없었다. 캐롤란은 동료들에게 캘러닉이 설득력 있는 인물이라고 종종 이야기했다. 사실 그는 캘러닉의 확신과 고집, 그리고 영민함과 매력 때문에 우버에 대한 초기 투자를 결심했다. 그러나 이제 자신의 자리를 지키기 위해 안간힘을 쓰고 있는 캘러닉의 절박한 부탁을 듣고 있자니 마음이 무척 괴로웠다. 전화기 저편에서 들리는 캘러닉의 목소리는 마치 울부짖는 듯했다. 캐롤란은 죄책감을 느꼈다. 지금 자신은 우버의 창업자를 내쫓는 일에 동참하고 있었다. 그것은 벤처 비즈니스 세상에서 중대한 범죄였다. 캐롤란은 이리저리 말을 돌리다가 결국 마음을 다잡고 이렇게 이야기했다.

"트래비스 미안하네. 자네를 믿고 싶지만 이젠 그럴 수가 없군. 자네를 우버의 최고경영자로 더 이상 지지할 수 없어." 그러고는 전화를 끊었다.

✖

얼마나 시간이 흘렀을까 콜러와 펜턴은 다시 캘러닉을 찾았다. 그들은 솔직하게 이야기했다. 아무런 분쟁 없이 평화롭게 사퇴에 동의한다면 그에게 명예로운 퇴진의 기회를 주겠다고. 일반적으로 실리콘밸리 기업은 경영자를 교체하거나 내쫓을 때에도 조직의 전직 수장으로서 지위에 걸맞은 대우를 해줬다. 퇴임식에서 경영자들은 대개 "한발 물러나 자문 역할을 수행하도록 하겠습니다"라거나 "가족과 함께 시간을 보내기 위해 사임을 결정했습니다"라고 말한다. (그러나 실상은 조직 내에서 쿠데타가 일어난 경우가 대부분이다.) 벤치마크 역시 캘러닉에게 명예 퇴진의 사치를 누리게 할 생각이었다.

시간은 계속 흘러가고 있었다. 리츠칼튼 회의실 창밖으로 해가 저물고 있었다. 펜턴은 캘러닉의 답변을 마냥 기다릴 수만은 없었다. 그는 저녁 비행기를 타고 대서양 건너 프랑스에 있는 가족을 만나러 가야 했다. 벌써 오후 4시가 지났다. 시계는 계속해서 돌아가고 있었다. 하지만 캘러닉은 또 한 번 생각할 시간을 요구했다. 결국 그들은 그렇게 다시 한 번 헤어졌다.

캘러닉은 어떤 선택을 해야 할지 고민하면서 동시에 투자자들에게 대리인을 보내 그들을 설득하기 시작했다. 한편 그날 캘러닉과 오랫동안 통화를 했던 허핑턴은 펜턴과 문자메시지를 주고받았다.

허핑턴은 오랫동안 캘러닉과 가까운 관계를 유지하면서 그를 지원했고, 언론과 성난 직원들에 맞서 그를 옹호했다. 그해 초에는 CNN에 출연해서 캘러닉의 행동 방식이 '진화'하고 있다면서 최고 경영자로서의 탁월한 역량을 강조했다. 그리고 캘러닉이야말로 우버의 '심장이자 영혼'[2]이라고 했다. 지금 이 순간에도 허핑턴은 캘러닉과 함께했다. 그녀는 이제 출구를 생각해야 할 순간이 왔다고 그에게 조언했다.

보통 때라면 캘러닉은 그런 조언을 즉각 외면했을 것이다. 그는 자신이 원하는 것을 절대 포기하는 법이 없었다. 그는 무엇보다 수렁에서 벗어나고 싶어 했고, 우버와 함께 계속 세상을 정복하고 싶어 했다.

그러나 지금은 상황이 달랐다. 어머니의 갑작스러운 죽음으로 캘러닉은 만신창이가 됐다. 연합 전선의 쿠데타는 그런 그를 마구 흔들어놓았다. 보트 사고로 프레스노에 다녀온 지 겨우 몇 주밖에 되지 않았다. 로스앤젤레스에서 어머니의 장례를 치른 것이 얼마 전이었다. 캘러닉은 태어나서 처음으로 싸움에 지쳤다. 어쩌면 자리에서 물러나 어머니의 죽음을 슬퍼하는 것이 지금 그가 해야 할 마땅한 일일지 몰랐다.

걸리는 연합 전선의 한 멤버에게 문자메시지로 소식을 전했다. "서서히 기울고 있습니다." 왓츠앱 단체 대화방에서 채팅을 나누던 벤처 자본가와 자문가들 모두 정말로 그런 일이 일어날 것인지 알 수 없었다.

해가 저물 무렵까지도 캘러닉은 계속 시간을 끌고 있었다. 투자자들은 점점 지쳐갔다. 캘러닉이 물러날 것 같다는 허핑턴의 메시지를 받은 이후 아무런 소식도 들려오지 않았다. 펜턴과 콜러는 캘러닉을 지지하는 투자자들과 하루 종일 전화로 이야기를 나눴다.

그러나 캘러닉에게서 아무런 답변이 없는 상황이 길어지면서 그들은 지쳐갔다.

동부표준시로 저녁 9시 19분, 피터 펜턴은 허핑턴에게 문자를 보냈다. 〈뉴욕타임스〉에 전화를 걸겠다고 캘러닉에게 통보하겠다는 것이었다.

펜턴은 곧 비행기를 타야 한다면서 이렇게 썼다. "자꾸 재촉해서 죄송합니다. 저는 15분 뒤에 유럽으로 떠납니다. 언론에 공개해야겠습니다. 당신도 최선을 다하고 있다는 사실은 알지만 이제 시간이 없어요."

허핑턴으로부터 즉각 답변이 왔다. "지금 당장 캘러닉에게 전화해보세요." 펜턴은 고마움의 표시로 손을 치켜드는 이모티콘을 보냈다.

허핑턴의 조언과 함께 연합 전선의 최후통첩이 드디어 효과를 드러낸 것이다. 캘러닉은 지쳤고 끝까지 다른 방법을 찾지 못했다. 그는 벤처 자본가에 맞서자고 사람들을 설득하지 못했다. 캘러닉은 결국 서한에 서명하기로 했다.

리츠칼튼에서의 마지막 만남은 협상과 서명을 위한 자리였다. 캘러닉은 펜을 들고 서한을 훑어보면서 동의하지 않는 부분에는 선을 그었다. 그리고 자신이 생각하기에 과한 내용은 수정을 요청했다.

캘러닉은 자신이 설립한 기업을 더 이상 이끌 수 없다고 해도 이사회 멤버로서 발언권을 보장해달라고 했다. 두 사람은 동의했다. 그를 이사회 멤버로 남겨두는 것은 그들이 해야 할 최소한의 도리였다.

하지만 그러자면 빌 걸리를 이사회에서 내보내야 했다. 캘러닉은 걸리와 마주치는 것도 원치 않았다. 논의 끝에 양측은 타협안에 동의했다. 걸리가 우버 이사회에서 물러나는 대신 그의 파트너 맷 콜러가 들어오기로 했다.

연합 전선은 캘러닉에게 연착륙을 약속했다. 그의 퇴진은 간단하고 우아한 방식으로 진행될 것이다. 외부인들은 그 상황을 충분히 납득하게 될 것이다.

펜턴은 허핑턴에 대한 감사의 마음을 가득 담아 다음과 같이 문자를 보냈다.

진심으로 고맙습니다. 오늘 당신은 불가능을 가능하게 만들어줬습니다. 깜짝 놀랐습니다. 언제 어디서든 당신과 함께하고 싶습니다. 지금처럼 급박한 상황이 아니라면, 우리는 아마 더 많은 일을 할 수 있을 겁니다. 앞으로 우버가 더 좋은 방향으로 나아가길 기원합니다. 우버의 밝은 미래를 기대하겠습니다.

걸리는 연합 전선에 마지막으로 소식을 전했다. "서한에 서명을 마쳤습니다."

✖

태평양시간을 기준으로 오후 9시 30분, 로스앤젤레스 도심에 위치한 호텔로 돌아가고 있는데 정보원으로부터 전화가 걸려왔다. 나는 그에게서 캘러닉과 투자자의 협상에 관한 전반적인 이야기를 들었고 서한의 사본도 받았다. 그는 내게 캘러닉과 허핑턴에게 전화를 걸어 그들의 입장을 들어보라고 했다.

그때 난 양측이 캘러닉의 평화로운 퇴임에 합의했다는 사실을 모르고 있었다. 나는 캘러닉이 자의로 사임을 결정했다고 발표할 것이라고는 상상조차 하지 못했다.

내가 정보원에게 들었던 말은 투자자들의 쿠데타로 캘러닉이 축출당했으니, 누구보다 먼저 취재를 해야 한다는 것뿐이었다. 나중에야 알게 되었지만, 캘러닉의 축출을 계획한 연합 전선의 한 멤버가 캘러닉이 영원히 재기하지 못하도록 내게 연락을 취했던 것이었다. 연합 전선 멤버 대부분은 계획대로 캘러닉이 연착륙하기를 원했던 반면, 몇몇 멤버는 이번 사태가 완전한 혼란으로 언론에 비춰지길 원했다. 그리고 이를 위해 자세한 내막을 알지 못했던 나를 끌어들였다.

나는 정보원의 이야기를 듣자마자 호텔 방으로 올라가 캘러닉이 쫓겨났다는 기사를 부리나케 썼다. 그리고 직접 말을 듣기 위해 캘러닉과 허핑턴에게 연락했다.

캘러닉은 내게 보낸 마지막 이메일에 이렇게 썼다. "세상 그 무엇보다 우버를 사랑합니다. 개인적으로 힘든 순간이지만 물러나라는 투자자들의 요구를 받아들이기로 했습니다. 그건 우버가 또 다른 싸움에 휘말리기보다 앞으로 나아가기를 바라는 마음에서였습니다."

동부표준시로 오전 1시 30분, 내 기사가 웹사이트에 올라왔다. 동시에 〈뉴욕타임스〉 앱을 통해 수십만 구독자의 스마트폰에 알림이 갔다. 기사에 나는 이렇게 썼다. "투자자들이 법적 문제와 내부 스캔들을 따져 묻기 시작하면서 트래비스 캘러닉은 결국 우버의 최고경영자 자리에서 물러나고 말았다."

캘러닉은 뒤통수를 얻어맞았다. 그는 스스로 자신의 사임을 발표하게 될 것으로 예상하고 있었다. 그러나 결국 언론을 통해 망신을 당하고 말았다. 누군가 그를 배신한 것이다.

우드사이드 사무실에 있던 연합 전선 멤버들 역시 충격을 받았다. 누군가 그들 몰래 〈뉴욕타임스〉에 이야기를 흘린 것이다. 그들이 정말로 원했던 것은 캘러닉의 사임이지 그를 망신 주는 것이 아니었다. 48시간의 협상 끝에 결과는 그들이 예상하지 못한 쪽으로 흘러가고 말았다. 연합 전선 멤버들 사이에 죄책감이 감돌았다. 하지만 죄책감을 압도하는 보다 강력한 감정이 그들의 마음을 지배했다. 안도감이었다. 캘러닉이 더 이상 우버의 최고경영자가 아니라는 사실에 대한 안도감이었다.

이제 우버는 새로운 출발을 할 수 있게 되었다.

그로부터 24시간이 지나지 않아 〈뉴욕타임스〉는 1면 기사를 통해 시카고에서 있었던 일을 상세하게 보도했다. 그리고 경제란에는 유리조각처럼 산산조각 난 캘러닉의 거대한 얼굴 사진을 전면에 걸쳐 게재했다.[3] 그건 아마도 캘러닉으로서는 도저히 참기 힘든 모욕이었을 것이다. 언제나 그렇듯 이번에도 벤처 자본가들이 자신을 속였던 것이다.

그들은 캘러닉을 온 세상에 조롱거리로 만들었다.

30장

쿠데타 그 이후

캘러닉과 걸리의 동맹이 공개적으로 공격을 주고받는 동안
새로운 인물이 우버 상공을 독수리처럼 맴돌기 시작했다.

연합 전선이 그를 내쫓고 그중 한 사람이 〈뉴욕타임스〉에 그를 팔아넘긴 다음 날 아침, 캘러닉은 무작정 캘리포니아로 날아갔다. 그가 세상에서 가장 아꼈던 두 가지, 회사와 어머니가 모두 자신의 삶에서 사라져버렸다. 언론은 계속 기사를 쏟아냈다. 직원들 대부분 그의 퇴진을 환영하는 분위기였다.

자신이 설립한 회사에서 쫓겨난 창업자는 무엇을 해야 할까? 열정과 에너지로 가득한 캘러닉이었지만 이제 아무 데도 갈 곳이 없었다. 싸움은 끝났고 그는 패했다. 대체 뭘 해야 할까?

일단 머리를 식혀야 했다. 패션 디자이너인 다이앤 본 퍼스텐버그Diane von Furstenberg는 외딴 섬에서 휴가를 보내라고 권유했다.

그녀의 남편이자 맨해튼 언론의 거물, 그리고 인터액티브코프 InterActiveCorp 회장인 배리 딜러Barry Diller는 남태평양에 요트를 갖고 있었다. 딜러와 본 퍼스텐버그 부부는 타히티에서 종종 멋진 파티를 여는 것으로 유명했다. 캘러닉도 언젠가 한번 그들의 초대를 받고 싶었다. 하지만 지금은 파티를 즐길 기분이 아니었다. 그는 완전히 만신창이가 되었다. 그러나 결국 주변 사람들의 조언을 따라보기로 했다. 마지막 순간에 변심했던 아리아나 허핑턴도 캘러닉에게 그 부부의 제안을 따르라고 했다.

6월 말, 캘러닉은 프랑스령 폴리네시아의 수도인 파페에테행 비행기에 올랐다. 거기서 그는 딜러의 요트, '이오스Eos'(세상에서 두 번째로 큰 요트로, 매일 아침 태양을 위해 천국의 문을 열어주는 그리스 여신의 이름을 땄다)를 타고 평온한 일주일을 보냈다. 딜러의 요트 곳곳에는 유명인과 그 동료들이 모여 있었다. 그중 열여섯은 요트에서 숙박을 했고(승무원 20명의 서빙을 받았다), 나머지는 인근 해안 숙소에 묵었다. 많은 손님이 들고 났지만 캘러닉은 계속해서 요트에 머물렀다. 그동안 본 퍼스텐버그의 위로는 캘러닉에게 큰 힘이 되었다.

자신의 퇴진과 관련하여 세부적인 이야기가 언론에 즉각 보도되지 않았더라면, 캘러닉은 아마도 타히티에서 더 오랜 시간을 머물렀을 것이다. 캘러닉은 8년 동안 매일 18시간씩 일을 하다가 외딴 섬으로 휴가를 떠났다. 거기서 그는 단지 쉬는 것 외에 더 많은 일을 할 수 있었을 것이다. 가령 최근 벌어진 사태에 대해 마음을 정리할 시간을 가질 수 있었을 것이다. 그리고 자신의 경력을 끝내버린 비극적인 결말로부터 많은 것을 배울 수 있었을 것이다. 이를 통해 캘러닉은 성장할 수 있었을 것이다.

하지만 전 세계 언론이 당시 일을 파헤치는 것을 지켜보면서 캘러닉은 평화로운 항복은 생각하지 않기로 했다. 6월 말 타히티에서 그는 전쟁을 준비하기 시작했다.

✹

빌 걸리는 시카고 일이 일단락되면서 드디어 두통이 끝났다고 생각했다. 걸리의 인생에서 가장 힘들었던 하루가 지나고 몇 주 동안 상황은 잠잠해 보였다. 언론 보도도 차츰 줄어들기 시작했다. 우버 이사회는 차기 최고경영자를 영입하기 위해 인터뷰를 시작했다.

이사회가 후보자를 물색하는 동안, 14명으로 이뤄진 우버 경영진이 조직을 이끌어갔다. 그러나 신속하고 과감한 결단력을 보여주지 못하면서 캘러닉의 빈자리를 더 크게 보이게만 했다.

더욱 심각한 것은 캘러닉이 경영진에게 따로 연락을 한다는 사실이었다. 캘러닉은 경영진을 분열시켜 자신의 편으로 만들고자 했다. 매일 몇 명의 경영진이 옛 상사로부터 문자메시지나 전화를 받았다. 캘러닉은 마치 리츠칼튼에서 아무 일도 일어나지 않았던 것처럼 일상적인 비즈니스 의사결정에 관여하고자 했다. 또한 캘러닉은 자리에서 물러난 이후에도 자신을 줄곧 괴롭혀온• '운전자 영상' 사건을 해결하고자 했다. 그는 임원들에게 비즈니스 상황에 대해 물었고 향후 의사결정에 대해 조언을 했다. 자리에서 물러났지만 자신의 역할을 내려놓으려고 하지 않았다.

몇몇 경영진 멤버는 마음속으로 갈등을 겪었다. 전 세계 수백 개 도시에서 비즈니스 운영을 감독했던 3인방인 앤드류 맥도널드Andrew Macdonald, 피에르디미트리 고어코티Pierre-Dimitry Gore-Coty, 레이철 홀트 모두 캘러닉의 지휘 아래 있었다. 수학과 물류 전문가 대니얼 그라프는 우버의 핵심 서비스를 책임지는 고위 관리자로 승진한 뒤 캘러닉에게 늘 고마움을 느꼈다. 그리고 최고기술책임자 투안 팜은 캘러닉이 개인적으로 영입한 인물로 수년 동안 그와 함께 일했다. 그러나 이들 모두 이제 캘러닉과의 관계를 끊어야 했다.

물론 우버의 경영진 모두가 캘러닉에게 충성을 다한 것은 아니었다. 지난 18개월 동안 많은 멤버들이 충성과 반목 사이를 왔다 갔다 했다. 캘러닉이 그런 그들에게 한 걸음 다가서고자 했을 때, 그들은 더 단호한 입장을 취했다. 7월로 접어들면서 캘러닉은 핵심 주주이자 이사회 멤버인 라이언 그레이브스를 포함한 여러 사람에게 전화를 걸어 자신에 대한 신뢰와 지지를 요구했다. 그 어느 때보다 위험하고 예상하기 힘든 상황에서 캘러닉은 동맹을 찾았다. 이런 그의 움직임은 경영진을 위협했다. 그들은 캘러닉이 앞으로 무슨 일을 벌일지 두려웠다.

결국 14명의 경영진 전원은 우버 이사회에 보내는 서한을 작성하

● 결국 캘러닉은 운전자 포지 카멜의 입을 다물게 하고 추가적인 피해를 막기 위해 사비로 20만 달러를 지급했다. 이에 대해 일부는 영상이 이미 공개된 상태에서 그만한 돈을 지불할 가치가 있었는지 의문을 제기했다.

고 서명했다.[1] 여기서 그들은 캘러닉의 간섭을 차단하기 위한 추가 조치를 요구했다. 7월 27일 목요일에 그들은 이사회에 다음과 같은 메시지를 전했다.

친애하는 이사회 여러분,

주요 사안을 처리하기 위해 세 가지 사항에 주목해주시길 바랍니다.

1. 트래비스는 최근 한 직원에게 직접 연락을 취했습니다. 그리고 그 직원에게 포지 카멜 사건과 관련하여 앞으로 나올 부정적인 기사에 대비해 기자와 인터뷰해줄 것을 요청했습니다. 이전에도 트래비스의 변호사가 같은 내용으로 해당 직원에게 연락한 바 있습니다. 또한 트래비스는 그 직원에게 자신을 대신해 개인적이고 내부적인 이메일을 발송해줄 것을 요구했습니다. 그리고 그가 자신의 요청을 거부할 경우, 이사회 멤버 자격으로 보안팀을 통해 직접 메일을 보낼 것이라고 했습니다. 그 직원은 요구를 거절했고, 트래비스는 결국 보안팀에 요청했습니다. 그러나 보안팀 역시 이를 거부하고 샐리에게 보고했습니다. 나중에 샐리는 경영진에게 프라이버시를 침해하는 어떤 요구에도 강력하게 맞설 것을 권고했습니다. 트래비스는 또한 그 직원에게 해당 사안과 관련해서 코빙턴의 조사관들과 면담을 했는지 물었습니다. 그 직원은 아마도 큰 곤혹감을 느꼈을 것입니다. 그는 자신의 우려를 법무팀에 보고했습니다.

2. 최근 트래비스는 경영진에게 전화를 걸어 자신을 지지해줄 것인지를 물었습니다(특정한 목적이나 사안은 확인되지 않았습니다). 전·현직 직원들 역시 캘러닉의 전화를 받았다는 사실을 경영진에게 보고했습니다. 이런 행동은 경영

진을 힘들게 만들고 있습니다. 우리는 트래비스의 목적이 무엇인지 궁금하게 여기고 있으며, 이런 상황을 심각하게 받아들이고 있습니다.

3. 트래비스는 비즈니스 사안과 관련하여 경영진은 물론 직원들에게까지 계속해서 연락을 취하고 있습니다. 그 의도가 무엇이든 간에 이런 행동은 우버의 업무 체계를 흐트러뜨리고 있습니다. 게다가 경영진에게 비밀로 해줄 것을 요청했다는 점에서 많은 우려가 됩니다.

깊은 존경심과 함께, 경영진 일동

그 서한에는 보다 단호한 요구 사항도 담겨 있었다. 캘러닉이 다시 자리에 오르기 위한 시도를 멈추지 않는다면, 경영진 14명 모두 사퇴하겠다는 것이었다.

걸리를 비롯한 이사회 모두 충격을 받았다. 경영진이 일괄 사퇴한다면 우버는 죽음의 구렁텅이로 떨어질 것이다. 캘러닉을 묶어둘 대책을 당장 마련해야 했다.

보안 책임자 조 설리번은 한 가지 아이디어를 떠올렸다. 캘러닉을 막기 위해 아무도 적극적으로 나서지 않는 상황에서 그는 자신이 무엇을 해야 할지 잘 알았다. 캘러닉에게서 우버 조직에 대한 전자적 접근권을 박탈하는 일이었다.

설리번은 우버의 민감한 정보에 대한 캘러닉의 접근 권한을 단계별로 제한했다. 얼마 후 캘러닉은 우버의 구글 드라이브에 접속할 수 없게 되었다. 다음으로 채팅방과 내부 위키 페이지, 그리고 직원 게시판에 들어갈 수 있는 권한도 사라졌다. 설리번은 몇 가지 간단한 조치만으로 캘러닉에게서 힘을 빼앗았다.

이 방법은 효과가 있었다. 적어도 잠시 동안은.

✖

우버 이사회는 차기 CEO 물색을 헤드헌팅 기업에 의뢰했다. 이사회 멤버들은 새로운 리더를 임명함으로써 캘러닉의 재기를 영원히 막고자 했다. 그러자면 캘러닉을 압도하기에 충분한 강력한 인물이 필요했다.

벤치마크가 생각한 후보는 메그 휘트먼Meg Whitman이었다. 벤치마크는 포천 500대 기업들을 거치며 조직의 사다리를 하나씩 밟고 올라선 휘트먼과 긴밀한 관계를 유지하고 있었다. 프린스턴 대학을 거쳐 하버드 비즈니스스쿨을 졸업한 휘트먼은 강인하고 저돌적이고 단호한 성격의 소유자였다. 그녀는 베인앤컴퍼니Bain & Company에서 자문으로, 월트디즈니에서 전략 책임자로, 해즈브로Hasbro에서 총관리자로 일했다. 그녀는 직원들을 밀어붙이는 스타일이었다. 성과가 낮은 직원은 좌천이나 해고를 당했다.•

휘트먼은 1998년 3월에 결정적인 순간을 맞이했다. 벤치마크의 설립 파트너인 밥 케이글Bob Kagle이 휘트먼을 이베이의 새로운 CEO 자리에 앉혔던 것이다. 그전까지 이베이를 이끌었던 창업자 피에르

• 2007년에는 말 그대로 모두가 지켜보는 가운데 한 직원을 밀치는 행동으로 고소를 당하기도 했다. 휘트먼과 해당 직원인 김영미는 결국 개인적으로 문제를 해결했다. 보고된 바에 따르면, 휘트먼은 약 20만 달러를 합의금으로 지불했다고 한다.

오미디야르Pierre Omidyar는 전문 경영인 출신이 아니었지만, 이베이는 벤치마크의 투자 포트폴리오에서 핵심적인 위치를 차지하고 있었다. 이베이의 이사회 멤버였던 케이글은 그 스타트업의 성장 잠재력을 확신했고, 그 지휘권을 젊은 휘트먼에게 맡겼다. 그리고 10년 뒤 휘트먼이 떠날 무렵, 이베이는 직원 수가 1만 5,000명이 넘고 시장 가치가 400억 달러에 달하는 업계의 거물로 성장해 있었다.

이후 휘트먼은 캘리포니아 주지사 선거에 출마했지만 당선되지 못했다. 그리고 2011년에 HP 최고경영자로 취임했다. 당시 이베이에서 거둔 성공을 근거로 그녀를 지지했던 사람도 있었던 반면, 쇠락하는 HP의 하드웨어 비즈니스를 되살리기에는 적임자가 아니라고 반대하는 목소리도 많았다. 그리고 이제 시대의 상징적인 '유니콘'인 우버로부터 최고경영자 제안을 받았다. 그녀는 그 제안에 긍정적이었다.

휘트먼은 예전부터 우버를 잘 알고 있었다. 2010년에 에인절 투자자로 우버에 투자하기도 했다. 그리고 벤치마크의 요청에 따라 우버의 젊은 임원들에게 조언을 줬다. 휘트먼은 자신의 집이나 사무실에서 종종 우버 임원들과 함께 저녁 식사를 하면서 많은 이야기를 나눴다. 그녀는 특히 그레이브스를 좋아했다(사실 그는 좋아하지 않기가 힘든 인물이다). 하지만 거칠고 성급한 캘러닉과는 어느 정도 거리를 두고 지켜봤다. 그녀는 새로운 이사회 멤버 영입과 관련해서 우버 경영진에게 조언을 줬다. 또한 그녀 자신도 이사회 후보로 거론되었다. 휘트먼이 캘러닉에게 처음으로 들려준 조언은 중국 시장에 대한 집착과 관련된 것이었다. 그녀는 캘러닉이 결코 중국 시장을 정복하지 못할 것이라고 생각했다. 그녀는 이렇게 말했다. "30퍼센트 이상은 차지하기 힘들 겁니다. 중국 정부가 있기 때문에 그 이상은 아무리 해도 불가능합니다."

캘러닉이 자리에서 물러나자마자 헤드헌팅 기업인 하이드릭앤스트러글스Heidrick & Struggles가 휘트먼에게 연락을 취했다. 처음에 휘트먼은 애매모호한 입장을 보였다. 어쨌든 그녀는 아직 HP의 CEO였다. 그리고 우버가 큰 혼란에 빠져 있다는 사실을 잘 알고 있었다. 휘트먼은 하이드릭스앤스트러글스 측에 이렇게 말했다. "다른 후보자들과 먼저 이야기를 나눠보시길 바랍니다. 그런 뒤에도 여전히 저를 원하신다면 그때 다시 연락주세요."

벤치마크는 이미 마음을 정했다. 그들이 원하는 사람은 메그 휘트먼이었다. 그녀는 전문 경영인이자 글로벌 소프트웨어 비즈니스를 이끈 경험이 있는 인물이었다. 그리고 무엇보다도 그녀는 원칙적인 사람이었다. 휘트먼이 우버를 이끈다면, 캘러닉은 발 디딜 곳이 없을 것이다. 휘트먼은 캘러닉의 간섭이나 개입을 절대 허용하지 않을 것이다. 휘트먼은 자신이 장악한 우버는 곧 트래비스 캘러닉의 마지막을 의미한다고 말했다. 그것이야말로 벤치마크가 가장 듣고 싶어 했던 이야기였다.

캘러닉이 계속 문을 두드리는 상황에서 벤치마크는 한시바삐 움직여야 했다. 벤치마크의 맷 콜러와 TPG의 데이비드 트루히요(데이비드 본더만 대신 들어왔다), 그리고 라이언 그레이브스와 개릿 캠프를

포함한 우버 이사회 멤버 전원은 휘트먼과의 면접을 서두르고자 했다.[2]

7월 25일 화요일 오후, 차를 몰고 팰로앨토 도심으로 들어가던 휘트먼은 HP의 최고커뮤니케이션 및 마케팅전략책임자인 헨리 고메스Henry Gomez로부터 다급한 전화를 받았다. 그는 그녀가 우버의 CEO 후보로 거론되고 있다는 소문이 돈다고 전했다.

휘트먼은 화가 났다. 틀림없이 자신에게 반대하는 캘러닉 측이 그녀를 CEO 후보에서 배제하기 위해 언론에 이야기를 흘렸을 것이다. HP의 직원과 주주들 사이에 분란이 일어나지 않게 하려면 그녀는 HP의 CEO로서 입장을 분명히 해야만 했다.

우버가 접근해오던 동안, 휘트먼은 자신의 생각이나 결정에 관한 어떤 이야기도 외부로 새어나가서는 안 된다는 점을 분명히 했다. 자신의 사임을 암시하는 어떤 소식도 이미 재정적인 곤경에 빠져 있던 HP에 치명상을 입힐 수 있었다. 그렇기 때문에 언론이 낌새를 챌 경우, 모든 것을 부인하겠다고 했다. 실제로 이후 이틀 동안 휘트먼의 대변인은 계속해서 똑같은 말만 되풀이했다. 그것은 휘트먼이 HP에 '전적으로 헌신할 것이며' 자신의 임무를 다할 때까지 HP와 함께할 것이라는 말이었다.

그러나 언론의 추측성 보도는 멈추지 않았고 7월 27일 목요일 오후에는 또 다른 이야기가 흘러나왔다. GE의 CEO인 제프 이멜트Jeff Immelt가 우버의 CEO 후보로 거론되고 있다는 소식이었다.[3]

우버 이사회 측은 누군가 그런 이야기를 언론에 흘린 의도에 대해 의심했다. 그들은 벤치마크가 휘트먼을 임명하려고 서두르는 동안에 캘러닉과 그의 동맹이 이멜트를 밀고 있는 것으로 생각했다.[4] 휘트먼에 비해 이멜트는 캘러닉의 존재를 어느 정도 인정할 가능성이 높았다. 휘트먼은 캘러닉이 같은 건물에 있는 것조차 허락하지 않을 것이었다. 반면 이멜트가 CEO로 취임할 경우, 캘러닉의 복귀 가능성은 높아질 것이었다.

그건 걸리에게 최악의 악몽이었다. 이멜트는 GE에 있는 동안 분명한 비전을 보여주지 못했다. 그가 CEO로 재임하는 동안 GE의 주가와 실적 모두 추락했다. 이런 사실은 우버에도 부정적인 소식이었다. 하지만 걸리의 걱정은 다른 곳에 있었다. 이멜트가 캘러닉에게 문을 열어준다면, 다음에 무슨 일이 벌어질까?

언론의 계속된 추측은 휘트먼에게 점차 압박으로 작용했다. HP 이사회는 그녀가 분명한 모습을 보여주지 않는다고 느꼈고, 직원과 주주들의 생각 역시 마찬가지였다. 결국 휘트먼은 결단을 내려 자신의 입장을 분명히 밝혀야 했다.

목요일 저녁 7시, 우버 이사회는 분기 회의를 열고 CEO 영입 상황에 대해 논의했다. 그때 휘트먼의 세 개의 짧은 메시지를 트위터에 올렸다.[5]

그녀는 이렇게 말했다. "대개 소문에 대해서는 응답하지 않습니다만[6] 최근 저와 우버에 대한 추측성 기사가 혼란을 일으키고 있어 제 입장을 분명히 밝히고자 합니다.[7] 저는 HP만을 생각하고 있으며, CEO로서 앞으로 계속 함께할 것입니다. HP에서 해야 할 일이 많습니다. 저는 이곳에 있을 겁니다." 휘트먼의 트윗 메시지가 하나씩 올라오면서 이사회 여덟 명의 휴대전화도 번갈아 울려댔다.

마지막 메시지에서 휘트먼은 분명하게 못을 박았다. "메그 휘트먼은 우버의 CEO가 되지 않을 것입니다."[8]

✖

빌 걸리는 낙심했다. 벤치마크는 휘트먼을 우버의 CEO 자리에 앉히기 위해 몇 주 동안 애를 썼지만, 마지막 순간에 그녀 스스로 거절했다. 걸리가 우려했던 것처럼 새롭게 전쟁에 뛰어든 캘러닉이 비열한 수법을 썼던 것이다.

이제 걸리가 받아칠 차례였다. 8월 10일, 벤치마크 파트너 맷 콜러(당시 아프리카 오지에서 코끼리와 사자, 하마에 둘러싸여 사파리 여행을 즐기고 있었다)가 다른 이사회 멤버들에게 전화를 걸어 벤치마크의 다음 행보를 전하기 시작했다. 그들은 우버의 주주를 속이고 신뢰 의무를 다하지 않은 것으로 캘러닉을 고소할 생각이었다.[9] 이는 우버의 이사회 내부에서 공식적인 전쟁을 초래하게 될 가장 충격적인 선택이었다.

걸리의 계획은 전략적인 동시에 절박했다. 당시 캘러닉은 자신이 통제할 수 있는 두 명의 독립 이사회 멤버를 추가할 준비를 하고 있었다. 캘러닉이 이사회에 꼭두각시 멤버 두 명을 추가할 경우, 그들은 그의 복귀를 위한 발판이 되어줄 것이었다.

걸리는 캘러닉을 고소함으로써 그에게서 이사 임명권을 원천적으로 박탈하고자 했다. 그 소송에서 벤치마크는 캘러닉이 걸리를 비롯한 이사회 멤버들에게 거짓말을 했다고 주장했다. 그리고 캘러닉이 얼마나 비즈니스를 방만하게 운영했는지 알았더라면 그에게 임명권을 절대 허락하지 않았을 것이라고 말했다.

그러나 이런 주장은 벤치마크의 입장에서 보더라도 어불성설이었다. 캘러닉이 여러 도시에서 규제 기관을 무시하고 불법적으로 비즈니스를 운영하는 동안 걸리는 아무런 이의를 제기하지 않았다. 교통국의 권고를 무시하고 샌프란시스코에서 무인자동차 실험을 강행했을 때에도 마찬가지였다. 결국 걸리는 교통 질서를 파괴한 인물에게 투자했던 셈이다. 우버의 몇몇 이사들은 트래비스의 행동에 '충격!'을 받았다는 걸리와 벤치마크의 주장은 말도 안 되는 소리라고 생각했다.

벤처 투자자가 자신의 CEO를 고소한다는 것은 중대한 문제였다. 이는 벤치마크가 얼마나 절박하게 캘러닉을 우버에서 쫓아내고자 했는지를 잘 보여주는 행동이었다. 쿠데타가 아니었다면, 그 소송은 벤치마크가 오랫동안 가꿔온 '창업자 우호적인' 이미지에 큰 상처를 입혔을 것이다.

우버의 초기 투자자인 셔빈 피셔바는 즉각 캘러닉을 옹호하고 나섰다. 캘러닉과 투자자 사이의 전쟁에서 피셔바는 캘러닉 편에 섰다. 8월 11일, 피셔바는 벤치마크에 보낸 서한에서 벤치마크 사람들이 우버 이사회에서 모두 물러나야 한다고 주장했다.

그는 스스로를 주주 집단의 대표로 내세우면서 이렇게 주장했다. "주주 입장에는, 캘러닉에게 사임을 요구하고 회사를 인질로 잡아 우버의 대외 이미지에 심각한 피해를 초래한 것이 피할 수 없는 선택이었다고는 생각되지 않습니다."[10] 더불어 피셔바와 그의 동맹은 한 가지 제안을 내놓았다. 벤치마크가 보유한 지분의 75퍼센트를 매입하겠다는 것이었다. 이는 벤치마크를 이사회에서 쫓아낼 수 있는 양이었다.

걸리와 그의 동맹은 피셔바의 제안을 받아들이지 않았다. 그들이 보기에 피셔바는 말뿐이었다. 그는 너무 자주 허세를 부려서 벤처 자본가들 사이에 실리콘밸리의 농담꾼으로 알려져 있었다. 심지어 친구들조차 그의 말을 곧이곧대로 믿지 않았다. 그런 그가 느닷없이 주주 집단의 대표라면서 수십억 달러에 달하는 벤치마크의 지분을 사겠다고 나선 것이었다. 그들은 피셔바를, 이사회에서 벤치마크를 몰아내려는 캘러닉의 앞잡이쯤으로 여겼다.

하지만 캘러닉이 정말 벤치마크와 전쟁을 벌이기 위해 대리인을 선택했다면, 그게 피셔바는 아니었을 것이다. 그럼에도 피셔바의 행동에는 어느 정도 전략적 의미가 담겨 있었다. 만약 벤치마크가 그 제안을 받아들여 이사회에서 물러난다면, 캘러닉은 CEO로 복귀할 기회를 잡을 수 있을 것이었다. 이 전략은 아마도 계속해서 시간만 질질 끄는 방법보다 더 나았을 것이다.

∎

캘러닉과 걸리의 동맹이 공개적으로 공격을 주고받는 동안, 돈 냄새를 맡은 새로운 인물이 나타나 우버 상공을 독수리처럼 맴돌기 시작했다. 그는 다름 아닌 손정의였다.

손정의는 세계적인 금융 기업, 이동통신 기업, IT 기업들의 지분을 보유하고 있는 초대형 일본 기업인 소프트뱅크의 창업자이자 CEO였다.

손정의는 비즈니스 세상에서 '독보적인' 전략을 취하는 인물로 유명했다. 경쟁자들은 좀처럼 그의 전략을 이해하지 못했고 다음 행보도 예측할 수 없었다.

작은 키에 활력이 넘치는 한국계 일본인인 손정의는 언제나 아웃사이더였다. 어릴 적에는 한국계라는 이유로 친구들에게서 돌팔매질을 당하기도 했다. 그는 자신의 우상인 일본 맥도널드 창업자에게서 미국 유학을 가라는 조언을 들은 후, 곧장 캘리포니아 대학교 버클리 캠퍼스에 입학했다. 거기서 그는 경제학을 전공했다. 그는 학자금을 마련하기 위해 팩맨Pac-Man이라는 비디오게임기를 수입해서 베이에어리어 지역의 레스토랑이나 바에 대여하는 사업을 했다.[11]

그리고 다시 일본으로 돌아가 이동통신 시장을 뒤엎을 소프트뱅크를 1981년에 설립했다.[12] 이후 20년 동안 그는 자신의 스타트업을 1,800억 달러 규모의 대기업으로 키웠다. 그 과정에서 세상을 바꾸는 기업과 산업에 과감하게 투자하는 그의 독보적인 투자 스타일이 큰 위력을 발휘했다. 닷컴 열풍이 한창일 무렵, 손정의는 실리콘밸리의 다양한 기업에 투자하는 방식으로 소프트뱅크의 자본을 분산했다. 그러나 2000년 버블이 꺼지면서 수십억 달러의 시장가치가 하룻밤 새 사라졌고, 소프트뱅크의 주가도 덩달아 폭락했다. 그는 개인 자산만 700억 달러를 잃었다. 당시 그의 최대 투자처 중 한 곳인 웹밴은 벤치마크의 포트폴리오 기업 중 하나였다.

그러나 손정의는 곧 다시 일어섰다. 이후 10년 동안 과감한 투자를 이어나가면서 소프트뱅크의 영광을 되찾았다. 2010년대 초, 소프트뱅크는 1,000곳이 넘는 인터넷 기업에 지분을 갖고 있었다. 또한 스프린트Sprint를 인수함으로써 세계에서 세 번째로 큰 이동통신 기업으로 도약했다. 친구와 지인들은 그를 겁 없는 사람이라고 말한다. 손정의는 자신이 '미래에 투자하는 미친 사람'[13]으로 기억되길 바란다고 했다.

2017년 소프트뱅크는 사우디아라비아 국부펀드, 아부다비 투자청, 애플, 퀄컴과 손잡고 1,000억 달러 규모의 '비전펀드Vision Fund'를 설립함으로써 실리콘밸리에 광풍을 몰고 왔다. 손정의의 목표는 분명했다. 자신이 경력을 쌓았던 IT 분야에 투자를 집중함으로써 미래를 열어나갈 글로벌 IT 인프라 구축에 재정적인 지원을 하는 것이었다. 그는 빠른 투자를 보장하는 형태로 비전펀드를 설계했다.[14] 비전펀드는 그 방침에 따라 설립 5년 안에 기금 전부를 투자해야 했다. 다시 말해 수많은 스타트업에 돈을 빠르게 실어 날라야 했다.•

우버가 통제력을 잃고 조직의 사기가 저하된 상황에서 손정의는 오히려 기회를 봤다. 당시 캘러닉과 투자자가 서로 갈등을 빚으면서 우버의 잠재적 시장가치는 엄청난 타격을 입었다. 우버의 최종 평가 금액인 686억 달러보다 낮은 가치로 지분을 사들일 수 있다면, 이후 우버의 경영이 정상화되고 기업공개가 추진되었을 때(그런 날이 온다면) 수십억 달러를 벌게 될 것이었다.

물론 기업공개는 손정의의 희망 사항이었다. 이사회 멤버들이 내부적으로 전쟁을 벌이는 동안 직원들은 계속해서 조직을 떠났고 사용자는 경쟁사로 넘어가고 있었다. 어쩌면 지금의 위기를 극복하지 못하고 그대로 주저앉을 위험도 있었다.

그러나 손정의가 보기에, 그런 위험이 우버에 대한 투자를 더 매력적으로 만들었다. 이제 그는 우버로 들어가는 길을 찾아야 했다.

● 이런 투자 전략은 실리콘밸리의 벤처 투자 시장을 어지럽혔다. 실리콘밸리의 어떤 투자자도 소프트뱅크의 자본력과 경쟁할 수 없었다. 소프트뱅크의 1억 달러는 하룻밤 새에 스타트업을 만들 수도, 혹은 무너뜨릴 수도 있었다.

31장

대할인 행사

손정의와 코스로샤히의 합의는 최근 일련의 스캔들이
우버의 시장가치를 약 200억 달러나 떨어뜨렸다는 사실을 보여줬다.

8월 25일 금요일부터 주말까지 우버 이사회는 새로운 최고경영자를 결정하기로 했다.

메그 휘트먼이 후보 명단에서 빠져나가고 몇 주가 흐른 여름의 막바지에 우버의 의뢰를 받은 헤드헌팅 업체는 다섯 명의 후보자 명단을 작성했고, 이를 다시 세 명으로 좁혔다. 우버 이사회는 세 명의 후보자에게 8월 마지막 주말에 프레젠테이션을 요구했다. 이는 향후 우버를 어떻게 이끌어나갈 것인지에 대한 로드맵을 이사회에 보여주는 기회이자 시험의 장이었다.

GE 최고경영자였던 제프 이멜트는 여전히 캘러닉의 첫 번째 후보였다. 60세의 이멜트는 GE에서 인상적인 실적을 보여주지 못했다. 그가 CEO로 있는 동안 GE의 시장가치는 수십억 달러나 떨어졌다.[1] 결국 2017년 GE 이사회는 이멜트에게 조기 '사퇴'를 권고했다. 이멜트가 우버를 수렁에서 건져내어 무사히 기업공개를 마칠 수 있다면, 그는 자신의 이미지를 되살릴 수 있을 것이었다. 반면 캘러닉이 중요하게 생각한 것은 이멜트의 부드러운 태도였다. 그는 캘러닉이 앞으로 지속적인 영향력을 행사할 것이라는 사실을 어느 정도 인지하고 있었다. 권력을 넘겨줄 생각이 없는 쫓겨난 창업자로서는 최고의 선택이 아닐 수 없었다.

또 다른 후보인 다라 코스로샤히Dara Khosrowshahi는 당시 온라인 여행 사이트인 익스피디아Expedia.com의 최고경영자였다. 코스로샤히의 객관적인 자격 조건은 훌륭했다. 브라운 대학에서 생체전기를 전공한 코스로샤히는 이후 앨런앤컴퍼니Allen & Company에 들어가 투자은행가로 변신했다. 성긴 머리숱과 짙은 눈썹 그리고 날카로운 콧날의 코스로샤히는 잘생기고 매력적인 데다가 성격까지 좋았다. 특히 검은색 스키니진이 잘 어울렸다. 사람들은 종종 그의 페르시아계 성을 발음하기 힘들어했다. 그래서 대부분 그를 그냥 '다라'라고 부르곤 했다.

코스로샤히의 가족은 아야톨라 호메이니를 권좌에 앉힌 혁명이 한창이던 1970년대 말에 테헤란에서 프랑스 남부로 탈출했다. 그리고 결국 뉴욕 태리타운에 정착했다. 그의 부모는 자녀들이 미국 문화에 최대한 자연스럽게 적응하도록 최선을 다했다. 어린 다라는 두 형제와 함께 해클리 사립초등학교에 들어갔다. 거기서 그들은 금방 친구를 사귀었다. 고등학교 시절 코스로샤히는 열심히 공부했고 결국 아이비리그에 들어갈 수 있었다. 그는 어린 시절을 이렇게 회상했다. "이민자 신분이라는 무거운 짐 때문에 더 열심히 살았습니다."[2]

앨런앤컴퍼니를 나온 뒤 코스로샤히는 배리 딜러의 인터액티브코프에 들어갔다.[3] 그리고 거기서 수년간 근무하다가 익스피디아에 입사해 최고의 자리에까지 올랐다. 간단하게 말해서 익스피디아의 비즈니스는 운송이었다. 온라인 사이트를 통해 여행자들이 세상을 쉽게 돌아다닐 수 있도록 도움을 주는 일 말이다. 이런 점에서 우버의 비즈니스와 크게 다르지 않았다.

그러나 핀볼 기계 속의 공처럼 에너지가 넘쳤던 캘러닉과는 달리, 코스로샤히는 차분하고 침착한 스타일이었다. 그를 잘 모르는 사람이라면 자칫 재미없거나 수동적인 인물이라고 생각할 법했다. 우버 이사회는 그동안 세상을 바꾸려는 활력 넘치는 비전가이자 진정한 쇼맨인 캘러닉에게 익숙해져 있었다. 코스로샤히에게는 그들이 캘러닉에게서 지금껏 봐왔던 자신감과 고집은 없었다. 그럼에도 그는 경영자로서 충분한 자질을 갖추고 있었다. 또한 이사회 멤버 대부분이 다라를 좋아했다. 하지만 분명한 사실 한 가지는 그들 중 누구도 다라에게 매력을 느끼지 못했다는 것이었다. 다시 말해 코스로샤히는 이사회의 차선책이자 안전한 선택지에 불과했다. 그랬기 때문에 우버가 새로운 CEO를 선정하는 과정에서 그의 존재는 크게 부각되지 못했다.

벤치마크 파트너들이 차기 CEO로서 가장 원하지 않았던 유형은 나약하고 소극적인 리더였다. 조금이라도 빈틈을 보이면 캘러닉이 어떻게든 비집고 들어올 것이었다. 제프 이멜트는 아마도 캘러닉을 통제하지 못할 것이었다. 마찬가지로 코스로샤히도 그럴 배짱이 있을지 확신을 주지 못했다. 그들은 절대 흔들리지 않을 그런 인물을 원했다. 그리고 그는 바로 메그 휘트먼이었다.

걸리는 휘트먼이 다시 게임에 복귀하도록 설득했다. 물론 쉽지는 않았다. 휘트먼이 트위터에 남긴 선언은 단호했다. 그녀가 자신의 말을 뒤집고 우버 CEO 자리를 받아들인다면 위선적인 인물로 비칠 것이었다. 그래서 걸리는 휘트먼에게 그게 대수로운 문제가 아님을 확신시켜줘야 했다. 일단 CEO 자리에 올라 차차 해결하면 될 문제라고 안심시켜야 했다.

이를 위해 벤치마크를 대신해서 휘트먼에게 접근한 것은 라이언 그레이브스였다. 그는 예전에 휘트먼에게서 리더십에 대해 많은 조언을 들었었다. 우버의 상냥한 마스코트인 그레이브스는 휘트먼과 친했다. 그레이브스는 8월의 마지막 주말을 며칠 남겨둔 시점에 휘트먼에게 전화를 걸어 재고를 요청했다. 그는 말했다. "이제 우리는 마지막 단계에 접어들었습니다." 그리고 이번에는 절대 지난번과 같은 일은 없을 것이라고 확신을 줬다. "메그, 약속합니다. 정보가 새나가는 일은 다시는 없을 겁니다."

휘트먼은 다시 고민을 시작했다. CEO로서 스카우트 제의를 받는 것은 물론 기분 좋은 일이지만, 주주들 입장에서는 중대한 문제였다. 휘트먼은 다시 한 번 곤란한 입장에 처하긴 싫었다. 그녀는 확답을 원했다.

휘트먼은 말했다. "그럼 분명히 해주세요. 다른 두 사람과 이야기를 나눈 뒤에도 여전히 저를 원한다면 그때 다시 알려주세요."

그레이브스는 이사회에서 이멜트를 원하는 사람은 캘러닉밖에 없다고 말했다. 그리고 모두가 코스로샤히를 좋아하기는 하지만 그에게 확신을 갖고 있는 사람은 없다고 했다. 그레이브스는 솔직하게 말했다. "우리가 원하는 사람은 당신이에요, 메그." 그는 8월 마지막 주말에 이사회 앞에서 프레젠테이션을 하기만 한다면 그녀가 우버의 CEO가 될 것이라고 확신을 줬다.

메그 휘트먼은 고민했다. 그녀 역시 우버의 차기 CEO 자리를 원했다. 그녀는 이렇게 답했다. "좋습니다. 한번 해봅시다."

✖

8월 25일 금요일, 제프 이멜트와 다라 코스로샤히는 캘리포니아 스트리트 345번지로 향했다. 두 사람은 금색으로 번쩍이는 정문을 통과해서 데이비드 본더만이 설립한 사모펀드 회사인 TPG의 사무실로 곧장 올라갔다. 넓고 채광이 좋은 33층의 TPG 회의실에는 캘러닉을 포함하여 우버 이사회 멤버 대부분•이 모여 있었다. 지금

• 당시 외국에 있었던 두 명의 멤버는 전화 통화로 참여했다.

까지 우버는 자신과 조직을 극단으로 밀어붙였던, 열정과 에너지로 가득한 비전가인 캘러닉이 이끌어왔다. 하지만 이제 우버는 다른 유형의 리더십을 필요로 했다. 그것은 성숙한 리더십이었다. 그날 두 명의 후보자는 우버에 대한 자신의 비전을 펼쳐놓을 예정이었다. 그리고 메그 휘트먼은 다음 날로 일정이 잡혀 있었다.

첫 번째는 이멜트였다. 그러나 그의 프레젠테이션은 엉망이었다. 그는 우버의 상황을 충분히 이해하지 못했고 준비도 제대로 되어 있지 않았다. 규제가 많은 복잡하고 다차원적 시장을 헤쳐나가기 위해 무엇이 필요한지 전혀 모르는 듯했다. 한 이사회 멤버는 이멜트의 프레젠테이션을 '썰렁한 농담' 같았다고 평가했다.

다음으로 다라 코스로샤히 차례가 되자 이멜트의 프레젠테이션은 훨씬 더 형편없게 느껴졌다. 코스로샤히가 노트북을 켜고 슬라이드를 펼치자마자 그가 우버 비즈니스의 핵심을 잘 파악하고 있다는 사실이 분명히 드러났다. 코스로샤히는 물류와 온라인 시장에서 오랜 경력을 쌓았다. 그리고 익스피디아의 CEO로 12년간 재직하는 동안 연 매출을 20억 달러에서 100억 달러로 성장시켰다. 그는 차량 호출 서비스 시장의 복잡성, 다시 말해 저렴한 요금에 대한 승객의 요구와 충분한 소득에 대한 운전자의 요구 사이에서 균형을 유지하는 까다로운 경제학을 잘 이해하고 있었다. 또한 우버 비즈니스가 실질적인 운영 능력에 기반을 두고 있다는 사실은 물론, 기술적인 측면과 엔지니어링 문화의 중요성도 잘 간파하고 있었다. 그리고 무엇보다 코스로샤히는 브랜드의 중요성을 잘 이해하고 있었다. 당시 브랜드 문제로 우버만큼 어려움을 겪고 있던 기업도 없었을 것이다.

코스로샤히는 프레젠테이션 중에 한 장의 슬라이드를 띄워 좌중을 모두 긴장시키기도 했다. 그 슬라이드에는 이렇게 적혀 있었다. "두 명의 CEO는 존재할 수 없다." 코스로샤히는 회의실을 둘러보면서, 특히 캘러닉을 똑바로 바라보면서 우버의 새로운 리더가 될 사람은 자신이며 캘러닉은 완전히 손을 떼야만 한다는 사실을 분명히 밝혔다. 그리고 캘러닉에게 남은 유일한 임무는 이사회에 대한 책임이라고 강조했다.

프레젠테이션이 끝나고 이사회 멤버들은 함께 저녁을 먹으면서 후보 선정에 대해 논의했다. 그들은 와인과 유기농 요리를 나누면서 코스로샤히에게서 받았던 강한 인상에 대해 이야기했다. 새로운 CEO를 물색하던 몇 주일 동안 코스로샤히는 그들의 관심을 끌지 못했지만, 이번 프레젠테이션을 통해 존재감을 확실하게 드러냈다. 이사회 멤버들 모두 놀라움과 함께 만족감을 느꼈다. 휘트먼과 이멜트로 기울어져 있던 상황에서 그들은 모두를 만족시킬 후보가 또 있다는 사실에 안도했다.

반면 이멜트는 그 자리에 적합한 인물이 아니라는 사실에 모두가 공감했다. 캘러닉과 그의 지지자들까지도 양심상 그를 차마 차기 우버 리더로 지지할 수 없었다.

8월 26일 토요일 아침, 메그 휘트먼은 마켓스트리트에 있는 포시즌스 호텔의 엘리베이터에서 걸어 나왔다. 그리고 5층의 널찍한 로비를 지나 스위트룸으로 들어섰다. 거기에는 우버 이사회 멤버들이 그녀의 프레젠테이션을 기다리고 있었다. 그때까지도 휘트먼은 모자를 눌러써서 얼굴을 최대한 가린 모습이었다. 그것은 호텔 레스토랑이나 엘리베이터 주변에 기자들이 진을 치고 있을 상황에 대비한 것이었다. 포시즌스 호텔에 있는 MKT 레스토랑에서 실리콘밸리 중역들이 식사를 하는 것은 드문 일이 아니었다. 게다가 휘트먼의 얼굴은 베이에어리어 지역에서 잘 알려져 있었다. 하지만 누군가 우버나 TGP 사무실에서 휘트먼을 본다면, 그녀는 다시 한 번 곤란한 상황을 겪을 수 있었다.

휘트먼의 프레젠테이션은 솔직하고 직설적이었다. 그녀는 좌중의 시선을 집중시키며 이렇게 말했다. "제가 그 자리에 적합한 인물이라 생각하신다면, 우리는 먼저 몇 가지 문제를 해결해야 합니다." 그러고는 벤치마크와 캘러닉 사이의 갈등을 언급하면서 이렇게 말했다. "이번 소송 말입니다. 우리는 이 문제를 마무리 지어야 합니다."

휘트먼이 생각하기에 더 나쁜 것은 그런 갈등에 관한 이야기가 계속해서 언론에 유출되고 있다는 사실이었다. 그녀는 HP 초창기가 떠오른다고 했다. 당시 HP 이사회 역시 멤버들 간의 불화설이 계속 흘러나가면서 제대로 기능하지 못했다. 그녀는 말했다. "더 이상 이야기가 흘러나가지 않도록 해야 합니다. 어느 누구도 일방적인 행동을 해서는 안 됩니다. 지금 우버 이사회는 완전히 분열되어 있습니다." 그녀의 말이 메아리처럼 회의실에 울려 퍼졌다. 휘트먼은 이렇게 덧붙였다. "우리는 하나가 되어야 합니다. 하나의 이사회

가 필요합니다. 서로에 대한 마구잡이식 공격을 더 이상 용납해서
는 안 됩니다."

휘트먼은 단호했다. 특히 캘러닉에 대해서는 더욱 그랬다. 그녀는
캘러닉이 운영에 관여해서는 안 된다는 점을 분명히 했다. 캘러닉은
창업자이자 이사회 멤버이지 CEO가 아니다. 휘트먼이 CEO가 된
다면 그런 사실에 변화가 없을 것이었다. 더 나아가 휘트먼은 기업
의 지배 구조를 전면 개편해야 한다고 주장했다. 그렇게 된다면 캘
러닉은 이사회 임명과 관련된 막강한 권한까지 잃어버릴 것이었다.

이사회 멤버들이 고민을 이어가던 일요일 아침, 그들의 휴대전화
로 트윗 메시지 알림이 울려 퍼지기 시작했다. 제프 이멜트의 메시
지였다. 내용은 이랬다. "저는 우버의 최고경영자 자리를 포기하기
로 결심했습니다. 우버의 창업자인 트래비스와 개럿, 라이언에 대한
존경심은 변함없을 것입니다."[4] 이멜트와 가까운 멤버들은 그것이
혼선을 피하기 위한 이멜트 자신의 결정임을 알렸다.[5] 사실 몇몇
이사회 멤버는 더 많은 사실을 알고 있었다. 토요일 저녁에 한 이사
회 멤버가 이멜트에게 전화를 걸어 그를 지지하는 사람이 얼마 없
다는 사실을 알렸다. 그리고 얼마 후 이멜트는 자신의 이미지를 지
키기 위해 트윗으로 사퇴 의사를 밝혔던 것이다.

이제 두 명의 후보로 압축된 상황에서 이사회는 최종 결정에 돌
입했다. 진영은 즉각 나뉘었다. 이멜트가 사퇴를 발표하자마자 그를
지지했던 네 명은 코스로샤히 쪽으로 옮겨갔다. 휘트먼을 지지했
던 사람들은 그대로 남았다. 이사회는 창의적인 방법을 통해 익명

투표를 하기로 뜻을 모았다. 즉 각각의 멤버는 새로운 CEO 영입에 많은 도움을 줬던 하이드릭앤스트러글스의 파트너 제프 샌더스Jeff Sanders에게 문자를 보내는 방식으로 투표를 했다. 그러나 결과는 무승부였다. 어느 쪽도 원래의 생각을 바꾸지 않았던 것이다.

아무런 성과 없이 논의가 오후까지 길어지자 벤치마크의 맷 콜러가 나섰다. 당시 벤치마크는 휘트먼의 선출을 예상하고 이미 그녀에게 확답을 준 상태였다. 그리고 커뮤니케이션 팀을 통해 휘트먼이 CEO 자리를 수락했음을 직원들에게 알리기 위해 그녀 대신 메모까지 준비해뒀다. 이미 모든 것을 마친 상태였다. 남은 것은 휘트먼을 선출하는 일뿐이었다.

이런 상황에서 콜러는 나머지 멤버들에게 최후통첩을 했다. 그것은 이사회가 휘트먼을 선출한다면 벤치마크는 캘러닉에 대한 소송을 취하하겠다는 것이었다. 이는 평화를 위해 그가 요구한 대가였다.

그러나 나머지 멤버들은 콜러가 내놓은 방안에 대해 실망을 표했다. 벤치마크는 공정한 절차에 따라 최고의 후보자를 선출하는 것이 아니라, 그들이 지지하는 후보를 뽑기 위해 이사회를 인질로 잡으려 했던 것이다.

콜러의 제안은 휘트먼에게 오히려 불리하게 작용했다. 또 한 번 같은 방식으로 익명 투표가 이뤄졌고 이번에는 승부가 갈렸다. 코스로샤히가 5대 3으로 이긴 것이다. 그렇게 우버 이사회는 코스로샤히를 차기 CEO로 선출했다.

이사회는 통일된 입장을 보여주기 위해 누구를 선택하든 간에 마지막 투표에서는 만장일치로 의결하기로 했었다. 그리고 공식적으로도 만장일치라고 발표할 계획이었다.

그러나 시나리오는 계획대로 이뤄지지 않았다. 이사회가 최종 결정을 발표하기도 전에 이미 언론에 기사가 나기 시작했다. 그리고 이사회가 코스로샤히에게 연락을 하기도 전에, 기자들이 이미 오후 5시에 우버의 새로운 최고경영자에 대해 보도했다.[6] 어쨌든 코스로샤히에게 공식적으로 연락해, CEO로 취임해줄 것을 요청하는 임무를 맡은 사람은 허핑턴이었다.

허핑턴은 뚜렷한 그리스 억양으로 이렇게 말했다. "여보세요, 다라? 좋은 소식과 나쁜 소식이 있어요." 코스로샤히는 웃으며 귀를 기울였다.

"좋은 소식은 당신이 우버의 차기 CEO가 되었다는 겁니다. 그리고 나쁜 소식은 그 이야기가 이미 새나갔다는 거죠."

✶

최종적으로 캘러닉을 리더의 자리에서 물러나게 만든 것은 다라 코스로샤히를 CEO로 앉힌 투표도, 그리고 투자자를 속였다고 주장한 걸리의 소송도 아니었다. 그것은 그로부터 몇 달 뒤에 성사된 거래였다. 걸리의 표현에 따르면, 그 거래는 소프트뱅크와 손정의를 위한 '대할인' 행사였다.

12월에 손정의는 코스로샤히, 그리고 우버 이사회와 거래를 했다.[7] 여기서 소프트뱅크는 우버의 전체 지분에서 17.5퍼센트를 주식공개매입(외부인이 기업 내부의 기존 주주로부터 주식을 매입하는 방식)을 통해 사들였다. 그 과정에서 소프트뱅크는 오랫동안 매도를 기다려왔으나 캘러닉이 걸어놓은 조건 때문에 주식을 팔지 못했던 직원들을 포함하여 벤치마크, 퍼스트라운드, 로어케이스, 구글벤처스를 비롯한 초창기 우버 투자자들로부터 주식을 매입했다. 여기서 중요한 사실은 소프트뱅크가 그해 초에 이뤄진 우버의 가치 평가를 기준으로 크게 할인된 가격에 지분을 매입했다는 점이었다. 손정의와 코스로샤히는 약 480억 달러(약 53조 원—옮긴이)로 평가된 우버의 가치를 기준으로 주당 33달러의 매입 가격에 합의했다. 이 말은 최근 12개월 동안 벌어진 일련의 스캔들이 우버의 시장가치를 약 200억 달러나 떨어뜨렸다는 의미였다.

투자자들은 명목상 가치를 유지하기 위해 머리를 굴렸다. 즉 기존 가치인 685억 달러를 기준으로 12억 5,000만 달러에 해당하는, 새로 발행한 주식을 소프트뱅크가 매입하게 하려는 것이었다. 하지만 그 기준은 터무니없는 것이었다. 증권거래소는 우버의 주식을 최악의 시즌인 2017년보다 훨씬 낮게 평가했기 때문이다. 그럼에도 투자자들의 잔꾀는 효과가 있었다. 어쨌든 우버의 최종 가치 평가는 685억 달러로 남아 있을 것이기 때문이다.

이번 거래로 우버 이사회에 여섯 자리가 새롭게 추가되었다. 그중 둘은 소프트뱅크 몫이었고, 나머지 넷은 독립 이사회 멤버와 새로운 이사회 의장을 위한 것이었다. 여섯은 결코 적지 않은 수였지만 적절한 것으로 평가받았다. 독립 이사회 자리를 추가함으로써 캘러닉이 또 다른 시도를 해도 그에 맞서 균형을 지킬 수 있게 되었다.

'대할인'의 조건을 협상하는 동안에도 캘러닉은 새로운 시도를 했다. 9월에 그는 우버의 정관을 근거로 두 명의 이사회 멤버를 임명했다(제록스의 어설라 번스Ursula Burns와 메릴린치의 존 테인John Thain). 일종의 선제공격이었던 셈이다.[8] 캘러닉은 그 사실을 언론에 공개하기 5분 전에 이사회에 통보했다.

걸리는 그저 허탈한 웃음을 지을 수밖에 없었다. 그러나 그는 소프트뱅크와 협상이 제대로 마무리된다면 캘러닉의 공격은 수포로 돌아갈 것이라는 사실을 알았다.

캘러닉이 새로운 이사회 멤버를 임명하고 몇 시간 후, 걸리는 술을 몇 잔 마시고는 가까운 친구에게 이렇게 문자를 보냈다. "오늘 공격은 쓸모없는 짓이었어. 암흑의 통치가 막을 내리면서 캘러닉이 시도했던 최후의 발악이었지."

걸리는 소프트뱅크와의 협상에서 마지막으로 중요한 조항을 추가했다. 오랫동안 캘러닉은 주당 10개의 의결권이 주어지는 복수의결권주식을 엄청난 규모로 보유하고 있었다. 하지만 마지막 조항은 '한 주당 하나의 의결권'[9] 원칙을 강제함으로써 조직에 대한 캘러닉의 영향력, 그리고 복수의결권주식을 통해 기업의 방향을 흔들어놓을 가능성을 크게 위축시켰다. 복수의결권 폐지와 독립 이사회 멤버 추가로, 우버 이사회는 거의 10년 만에 처음으로 캘러닉의 손아귀에서 벗어날 수 있게 되었다.

2017년 12월 28일, 걸리의 대할인 행사는 그렇게 마무리되었다. 캘러닉은 패했다. 최후의 승자는 걸리였다.

8월의 마지막 일요일에 CEO가 결정되고 이후 48시간은 코스로샤히와 우버 이사회에게 힘든 시간이었다. 유출은 치명적이었다. 이사회는 주말의 결정을 비밀로 유지하기 위해 애썼다. 그들은 새로운 시대를 여는 순간을 맞이하고 싶었다. 하지만 신뢰는 조직의 맨 꼭대기에서 허물어지고 말았다.

최종 협상이 마무리되기까지 이틀의 시간이 더 걸렸다. 우버가 코스로샤히를 차기 CEO로 지목했다는 사실은 온 세상이 알았지만, 그는 여전히 공식적인 답변을 내놓지 않았다. 그는 수락의 조건으로 우버로부터 더 많은 양보를 이끌어내고자 했다. 코스로샤히는 익스피디아에서의 업무를 마무리하면서 새로운 기업을 맞이할 준비를 했다. 코스로샤히는 꽤 좋은 조건으로 협상을 마무리 지을 수 있었다. 그에 따라 2019년 말(대략 2년 후), 우버가 1,200억 달러의 가치 평가를 받고 기업공개를 한다면, 코스로샤히는 1억 달러가 넘는 돈을 챙길 수 있을 것이었다.

계약에 서명을 하고 시애틀에 있는 익스피디아 사무실에서 직원들과 작별 인사를 나눈 뒤, 코스로샤히는 화요일에 샌프란시스코로 날아가 자신의 새로운 기업을 방문했다.

허핑턴은 즉각 인수인계 작업을 이끌기 시작했다. 그녀는 수요일 전체 회의에서 코스로샤히를 소개하고 연단에서 인터뷰를 나눌 것이라고 알렸다. 그리고 그 장면은 1만 5,000명의 우버 직원들에게 생중계될 것이었다. 또한 경영진이 갈등의 벽을 허물었다는 사실을 보여주기 위해, 캘러닉에게 다음 날 코스로샤히와 함께 연단에 오를 것을 요청했다. 허핑턴은 이런 일에 대단히 익숙했다. 이를 통해 그녀는 우버의 횃불을 전 리더에게서 다음 리더에게로 넘겨주는 장면을 극적으로 연출하고자 했다. 캘러닉도 제안에 동의했다.

이사회는 수요일에 언론의 관심이 집중될 것임을 알고 있었다. 그리고 큰 행사를 하루 앞두고 조직을 이끄는 사람들끼리 함께 저녁을 나누면서 서로를 알아가는 기회를 갖는 것이 좋겠다고 생각했다.

화요일 저녁, 우버 이사회와 경영진은 샌프란시스코 잭슨스퀘어에 위치한, 퀸스 레스토랑에 모였다. 홀 뒤편 널찍한 방에 모인 20명의 사람들은 새 CEO에게 많은 질문을 했다. 모두들 함께 웃고 격의 없이 대화하면서 수개월 동안 쌓았던 마음의 벽을 무너뜨렸다. 웨이터들은 보르도와 리슬링 와인을 담은 거대한 디캔터를 들고 다니면서 잔을 채웠다.

그날 밤에 많은 사람이 술이 취했다. 사람들은 즉석에서 발언을 했고 마음속에 품고 있던 불만을 털어놓았다. 그날 밤은 캘러닉이 저물고 코스로샤히가 떠오르면서 그들이 새롭게 시작될 언론과 여론의 감시로부터 한발 벗어나 함께 어울릴 수 있는 마지막 시간이었다.

그날 밤 캘러닉은 여유로워 보였다. 예전과는 달리 대화를 지배하려고도 하지 않았다. 절제했지만 침묵하지는 않았고 친절했지만 과도하게 즐기지는 않았다. 마음속에 품고 있었을 괴로움은 드러내지 않은 채 이전 부하 직원들과 즐거운 시간을 보냈다.

갑자기 우버의 최고보안책임자 조 설리번이 일어서서 건배를 제의했다. 큰 키의 설리번은 한 손에 레드 와인을 들고서 새로운 보스를 바라보며 그 순간 모두가 느끼고 있었을 감정을 털어놓았다.

"다라, 우리 모두를 대표해 당신이 이 자리에 있어서 기쁘다는 말씀을 드리고 싶군요. 우리는 세상을 바꾸기 위해 이곳으로 왔습니다. 우리는 언제나 변화의 일부가 되길 원했습니다. 그리고 그 마음은 여전합니다. 우리는 우버가 상징적인 기업이 되길 바랍니다." 나중에 인정했듯이 설리번은 많이 취해 있었지만, 그때의 말은 살벌한 분위기에서 몸을 사려야 했던 지난 1년 동안 한 번도 드러내지 못한 솔직한 심정이었다.

그는 코스로샤히를 똑바로 바라보며 이렇게 말했다. "부디 2년짜리 CEO가 아니기를 바랍니다. 우리가 원하는 바로 그 사람이길 기대합니다."

그러고는 잔을 들었다. "건배"

사람들이 화답했다. "건배!"

32장

캘러닉 지우기

"우버는 시장을 지배하는 아마존이 될 것인가?
아니면 또 다른 이베이가 될 것인가?"

우버의 새로운 최고경영자 다라 코스로샤히는 18개월에 걸쳐 자신의 전임자가 고집해왔던 것을 거의 대부분 체계적으로 허물어나갔다.

걸리의 '대할인'이 마침내 성공을 거둔 셈이다. 캘러닉의 영향력은 크게 줄어들었다. 캘러닉을 영구적으로 물러나게 하는 대가로 코스로샤히는 우버의 가치 평가에 대한 200억 달러의 손실을 받아들였다.

코스로샤히가 가장 먼저 착수한 과제는 수십만 명의 우버 운전자와 관계를 회복하는 것이었다. 코스로샤히가 CEO로 선출되었을 무렵, 관계 회복을 위해 우버가 추진했던 '180일의 변화'[1] 캠페인

이 절반가량 진행된 상태였다. 레이철 홀트와 애런 쉴드크라우트가 추진한 그 캠페인은 사용자의 목소리를 듣고 운전자가 오랫동안 요청해온 새로운 기능을 추가함으로써 서비스 전반을 개선하려는 것이었다. 그 과정에서 한 가지 의미 있는 변화는 캘러닉이 그동안 반대해왔던 팁 지불 기능을 추가한 것이었다. 캘러닉이 물러나면서 우버는 그 기능을 앱에 추가했고 많은 사람으로부터 긍정적인 반응을 얻었다.

다음으로 코스로샤히는 자신의 사람들을 끌어들이기 시작했다. 캘러닉에게 에밀 마이클이 있었다면 코스로샤히에게는 바니 하포드Barney Harford가 있었다. 하포드는 익스피디아 임원이자 코스로샤히의 오랜 동료로서 우버에서 최고운영책임자를 맡았다.* 캘러닉은 우버의 재정 전반을 직접 관리했던 반면, 코스로샤히는 메릴린치에서 임원을 지낸 넬슨 차이Nelson Chai를 최고재무책임자로 임명했다. 이를 통해 투자자들은 우버가 재정적인 측면에서 책임 있는 조직으로 거듭나기를 기대했다. 방위산업체 노스럽그러먼Northrop Grumman의 최고경영자를 지낸 로널드 슈가Ronald Sugar는 코스로샤히가 취임할 때까지 공석으로 남아 있던 독립 의장의 자격으로 우버 이사회에 합류했다. 또한 코스로샤히는 법무부 차관보를 지낸 토니 웨스트Tony West를 영입함으로써 엄격히 법률을 준수하겠다는 의지를 분명히 보여줬다. 그리고 빌 걸리가 오랫동안 염원해왔듯이 우버는 9년

● 우버에서 하포드의 삶은 평탄하지 못했다. 그는 부하 직원들에게 성차별적, 인종 차별적 발언을 지속적으로 했다. 나는 이에 대해 기사를 썼다. 이후 하포드는 조직으로부터 경고를 받았고, 민감성 훈련과 경영자 교육을 받아야 했다. 하지만 해고되지는 않았다.

의 역사상 처음으로 조직 구조를 합리적인 형태로 개편했다.

코스로샤히는 다음으로 우버의 기업 이념에 주목했다. 한때 신성시되었던 우버의 열네 가지 가치는 단순한 여덟 가지 원칙으로 대체되었다. 자신만만한 젊은이의 머리에서 나왔던 '슈퍼펌프드'나 '끊임없이 들이대기'와 같은 항목은 완전히 사라졌다. 대신에 제프 베저스의 '고객 집착'과 조직 내 다양성과 관련된 보편적인 항목이 그 자리를 대신했다. 무엇보다 중요한 항목은 2018년에 코스로샤히가 뉴스나 TV 인터뷰에 모습을 드러낼 때마다 강조했던 '우리는 올바른 일을 한다'였다.[2]

그 새로운 원칙은 전임자에 대한 전면적인 부정을 의미하는 것이었다.[3] 즉 새로운 CEO는 예전 CEO와는 달리 기업 윤리를 중요하게 여긴다는 뜻이었다. 덕분에 벗어진 머리와 곱슬곱슬한 턱수염, 그리고 온화한 미소가 특징인 다라 코스로샤히는 실리콘밸리의 새로운 '아버지'로 불리기도 했다.[4]

언제부턴가 그 '아버지'는 곳곳에 모습을 드러냈다. 우버는 TV, 잡지, 신문, 유튜브를 코스로샤히의 얼굴이 나오는 광고로 도배했다.[5] 2018년 한 해에만 5억 달러를 들여 추락한 기업 이미지를 회복하고 브랜드를 구축하기 위해 노력했다. 특히 NBA 플레이오프와 결승전, 그리고 황금시간대 인기 TV 프로그램을 비롯하여 〈월스트리트저널〉과 같은 주요 일간지에 광고를 집중했다.

공격적인 광고 전략과는 별개로, 우버 임원들은 어떻게든 스캔들을 일으키지 않기 위해 조심스럽게 행동했다. 신문, 잡지, TV, 인터넷에 걸쳐 부정적인 기사가 끊이지 않았던 1년을 보낸 뒤, 그들은 최대한 존재감을 드러내지 않기 위해 의식적으로 노력했다.

2018년 가을, 〈와이어드〉는 코스로샤히의 취임 일주년을 맞이하여 이렇게 언급했다. "코스로샤히는 365일 동안 무사태평의 브랜드 이미지를 완성해나가고 있다."[6]

물론 브랜드와 홍보는 중요한 과제였다. 하지만 코스로샤히에게는 더 중대하고 힘든 과제가 남아 있었다. 우버의 방탕한 지출을 줄이고 수익성을 높일 방안을 찾는 일이었다. 캘러닉은 오랫동안 자신의 판단을 의심하지 않았다. 그리고 말 그대로 수십억 달러를 태워서 날려버렸다. 그는 여러 대륙에 걸쳐 경쟁사들과 출혈 경쟁을 마다하지 않았다.

반면 인터액티브코프 시절 배리 딜러 밑에서 수년간 최고재무책임자로 일한 경력이 있는 코스로샤히는 숫자에 밝은 사람이었다. 그는 예산에 따라 사업을 추진하는 경영자였다. 붉은 숫자로 가득한 우버의 대차대조표를 확인한 코스로샤히는 손실을 줄일 방안을 모색하기 시작했다. 이를 위해 가장 먼저 동남아시아 지역의 비즈니스를 싱가포르 기업인 그랩에게 27.5퍼센트의 지분을 받고 매각하기로 했다. 또한 예전에 경쟁사로부터 인재를 빼내오는 것으로 악명 높았던 것과는 달리, 코스로샤히는 페이스북이나 구글과 경쟁하기 위해 엄청난 급여 조건을 제시하던 관행을 중단했다.

다음으로 우버의 지출에서 상당한 비중을 차지했던 사업부이자 우버의 생존을 위한 핵심 사업부로 인식되었던 무인자동차 비즈니스는 이 글을 쓰는 현재 중단된 상태다.

한편 실리콘밸리에서 쫓겨났던 앤서니 레반도브스키는 조용히 사라지지 않았다. 그는 현재 또 다른 자율운행 스타트업인 프론토에이아이Pronto.ai를 설립하고 장거리 트럭 기사를 대상으로 자율주행 키트를 5,000달러에 판매하고 있다. 그는 블로그에 자신의 새로운 비즈니스를 소개하면서 이렇게 말했다. "아마도 이렇게 생각하는 사람이 있을 겁니다. '그가 돌아온 건가?' 그렇습니다. 저는 돌아왔습니다."[7]

새로운 스타트업과는 별개로, 레반도브스키는 인공지능이라고 하는 자신의 새로운 종교를 구축하는 일에 몰두하고 있었다. 그는 인공지능을 '미래의 길Way of the Future'이라고 불렀다.[8]

우버 직원들은 코스로샤히의 움직임에 안심했다. 그들은 2017년에 그랬던 것처럼 우버가 미국에서 가장 미움받는 기업의 이미지에서 벗어나고 있다는 사실에 만족감을 드러냈다. 다시 한 번 마음 편하게 칵테일파티에 참석할 수 있게 된 것이다. 하지만 일부는 여전히 의문을 품고 있었다. 다라 코스로샤히 밑에서도 우버는 홈런을 칠 수 있을까? 세계 정복을 향한 원대한 꿈은 접어야 하는 것일까? 애초에 직원들은 트래비스의 원대한 꿈에 이끌려 우버로 들어온 것이었다.

한 전직 우버 직원은 이렇게 우려를 표했다. "우버는 가는 곳마다 시장을 지배하는 아마존이 될 것인가? 아니면 또 다른 이베이가 될 것인가?"

✳

빌 걸리의 마음은 한결 가벼워졌다.

2017년 말, 걸리는 스티치픽스의 CEO 카트리나 레이크와 함께 나스닥 주식거래소를 찾았다. 그날 레이크는 일반 투자자에게 처음으로 연설을 하기 위해 14개월 된 아들을 데리고서 그 자리에 와 있었다. 검은색 정장에 하늘색 넥타이를 매고 점점 희끗해져가는 머리를 왼쪽으로 단정하게 빗어 넘긴 걸리는 막 기업공개를 마친 젊은 여성 창업자인 레이크의 뒤에서 웃음을 지으며 박수를 쳤다. 걸리는 레이크와 같은 창업자를 자랑스럽게 생각했다. 그녀는 28세에 스타트업을 창업한 이후 34세인 지금까지 비즈니스 기반을 다지기 위해 온갖 노력을 했다. 레이크는 걸리의 조언과 지침을 소중하게 생각했다. 동시에 자신의 비즈니스 감각에 확신이 있었고, 그런 자신감을 바탕으로 스티치픽스를 훌륭한 주식회사로 키워나갔다.

걸리는 캘러닉을 예전처럼 대할 수는 없게 되었다. 소프트뱅크와의 거래는 결국 한때 가장 가까운 동맹이자 친구라고 서로를 신뢰했던 창업자와 투자자 사이의 슬픈 결말로 이어지고 말았다. 또한 '창업자 친화적인' 벤치마크의 이미지가 입은 타격은 앞으로 계속해서 남아 있을 것이었다.

그래도 상황은 바뀌었다. 우버가 어두운 터널 속을 걷고 있을 때, 걸리는 자신의 투자가 결국 실패할 운명은 아닌지 염려했다. 어쩌면 수백억 달러가 하루아침에 사라져버릴 수도 있다고 생각했다.

그것은 트래비스 캘러닉이라고 하는 무모한 리더로부터 조직을 구해낼 가능성이 없어 보였기 때문이다.

그러나 더 이상 걱정할 필요는 없었다. 덕분에 걸리는 며칠 사이에 숙면을 취할 수 있게 되었다.

✖

2017년 11월 말, 조 설리번은 가족과 함께 타호 호수 근처에 있는 별장에 있었다. 거기서 그는 딸들과 함께 다음 날인 추수감사절 식사를 준비하는 중이었다. 항상 이맘때면 그는 샌프란시스코에서 북쪽으로 몇 시간 거리에 있는 별장에서 가족과 함께 시간을 보내곤 했다. 요리를 하면서 옆방에서 들려오는 미식축구 중계에 귀를 기울이고 있는데, 갑자기 우버 인사팀에서 메시지가 왔다. 내용은 그날 늦게 있을 콘퍼런스 콜에 참석해달라는 것이었다.

설리번은 눈치가 빠른 사람이었다. 인사팀이 주말을 앞둔 저녁에 느닷없이 긴급 콘퍼런스 콜에 참여하라고 임원에게 메시지를 보내는 일은 없었다. 그는 거절 의사를 밝히고는 무슨 일인지 알려달라고 답변을 보냈다.

인사팀 담당자의 답장이 왔다. 우버가 그를 해고하려 한다는 것이었다. 작년에 운전자 수백만 명의 개인 정보가 유출되었을 때, 설리번은 외부의 법률 자문이나 조언을 구하지 않았다. 그리고 당국에 알리지도 않았다. 대신 설리번과 그의 팀은 수백만 달러를 들여

해커를 추적했고, 결국 유출된 데이터를 몽땅 삭제하고 외부에 발설하지 않는 조건으로 거금을 건넸다.

설리번은 그 일을 일종의 '버그 바운티Bug Bounty'(서비스나 제품의 결함을 찾아낸 해커에게 기업이 포상금을 지급하는 제도) 프로그램이라고 생각했다. '버그'가 중대할수록 포상금의 액수도 커진다. 설리번은 '전도사Preacher'라고 알려진 그 해커에게 10만 달러를 지급했다. 이로써 심각한 재앙으로 번질 뻔한 사건을 사전에 마무리했다. 설리번은 그때의 선택이 옳았다고 확신했다.

하지만 우버의 새로운 경영진은 생각이 달랐다. 최고법률책임자 토니 웨스트는 설리번과 캘러닉이 해킹 사건을 당국에 즉각 알리지 않았던 것에 분노했다. 웨스트는 설리번이 왜 '전도사'(브랜든이라는 21세의 남성으로 플로리다의 이동 주택 주차장에서 어머니, 형제와 함께 살고 있었다)를 추적하기 위해 수백만 달러를 쏟아 부었는지 이해하지 못했다. 설리번은 브랜든을 즉각 당국에 넘겼어야 했다. 데이터 유출 사건이 발생한 경우, 고객들에게 그 사실을 공지해야 하기 때문이었다. 그런 의무를 회피할 경우 자칫 수백만 달러의 벌금을 물어야 할 수도 있다. 그럼에도 설리번은 '전도사'에게 포상금을 지불했고 그를 그냥 내버려뒀다.

설리번은 한 시간 동안 우버의 법률 및 인사 담당자들에게 그들이 잘못 이해했으며, 자신의 방식이 정당했다고 해명했다.

그러나 아무 소용이 없었다. 그들이 제시할 수 있는 최고의 대우는 조용한 사퇴였다. 그것도 설리번이 비방 금지 조항에 서명하는 조건으로 말이다. 화가 난 설리번은 그 제안을 거절했다.

설리번은 자신의 결정을 후회하지 않았다. 그런데 그로부터 45분 후, 한 기자로부터 전화가 걸려왔다. 그 기자는 2016년 데이터 유출 사건에 대한 처리 방법과 해커에게 지급한 포상금과 관련하여 설명을 요구했다. 우버 임원 중 누군가가 설리번이 비밀 작전을 지휘하면서 해커에게 돈을 지불하고 사건의 증거를 은폐하려 했었다는 이야기를 언론에 고의로 흘린 것이었다. 그리고 다시 15분 후, 기사가 나왔다.

이후 설리번이 미처 대응할 틈도 없이 그의 전자 기기들이 작동을 멈췄다. 노트북에 들어 있던 데이터는 우버 본사의 원격조종으로 모두 삭제되었다. 아이폰도 데이터가 날아가면서 아무 쓸모가 없어졌다.

충격과 분노에 휩싸인 설리번은 별장 거실에 앉아 어떻게 해야 할지 생각했다. 자신은 우버를 지키기 위해 노력했고, 그리고 잘 해 냈다고 믿었다. 그가 합류했던 2015년 당시 우버의 보안 시스템은 그야말로 엉망이었다. 사실 시스템 자체가 없는 것과 다름 없었다. 첫 번째와 두 번째 데이터 유출 사건은 물론, 프라이버시 침해 사례까지 잘 처리한 자신에게 고마워해야 했다. 그럼에도 우버의 운영, 법률, 정책, 언론을 담당하는 새로운 리더들은 실리콘밸리에서 자신이 쌓은 평판과 경력에 치명적인 타격을 가하려 하고 있었다. 게다가 적어도 한동안은 연방 검사들이 추가적인 위반 사례를 발견하기 위해 그의 움직임에 주목할 것이었다.

설리번은 자신이 잘못했다고 생각하지 않았다. 그래도 기업 윤리를 등한시하면서 캘러닉과 함께 3년을 보낸 뒤, 그는 뭔가를 깨달았다. 그것은 자신의 삶이 가까운 장래에 크게 나빠질 것이라는 사실이었다.

조 설리번의 삶이 나락으로 떨어질 무렵, 억만장자 캘러닉은 새로운 삶을 시작하고 있었다.

2018년 캘러닉은 주 소득세율이 13.3퍼센트에 달하는 샌프란시스코 아파트를 팔고 갑부들의 천국이라 불리는 마이애미로 넘어왔다. 거기서 캘러닉은 실리콘밸리에서 쫓겨난 두 명의 동료와 함께했다. 그들은 캘러닉의 오른팔이었던 에밀 마이클과 초기 우버 투자자이자 친구인 셔빈 피셔바였다. 두 사람 모두 이미 평판에 큰 타격을 입었다. 그들은 새롭게 얻은 부를 정부로부터 지키기 위해 마이애미에 재빨리 거처를 마련했다.

우버에서 쫓겨나고 몇 달 후, 두 사람은 그들이 우버 커뮤니케이션 팀의 어리석음과 속임수의 희생자였다고 믿게 되었다. 인도 성폭행 피해자의 의료 정보를 입수했다는 사실이 드러나면서 자리에서 물러난 에릭 알렉산더는 이후 우버의 정책 및 커뮤니케이션 책임자였던 레이철 웻스톤을 고소했다. 알렉산더와 마이클을 비롯한 우버의 여러 전직 임원들은 웻스톤이 우버에 있을 당시에 기자들에게 정보를 흘려 그들을 내쫓을 음모를 꾸몄다고 주장했다. 반면 웻스톤은 그들의 주장을 완강히 부인했다. 이 소송은 이 글을 쓰는 지금도 진행 중이다.

아직 결혼을 하지 않은 캘러닉은 마이애미의 밤 문화를 마음껏 즐겼다. 친구들과 함께 클럽들을 돌아다니며 데이트 상대나 여성 지인들에게 자신이 '스리콤마클럽three comma club'(1,000,000,000에 들어가는 세 개의 콤마 즉 쉼표를 뜻한다)의 일원이라는 사실을 자랑하곤 했다. 마이애미에 있지 않을 때면 프랑스령 서인도제도에서 요트 파티를 즐기거나, 혹은 로스앤젤레스에 있는 자신의 두 집 중 한 곳에 머물렀다. (그날의 일정에 따라 로스앤젤레스 동부나 서부에 있었다.)

창업자로서의 삶이 끝난 뒤에도 캘러닉은 다음 스타트업을 준비하기 시작했다. 이번에는 부동산 관련 사업이다. 공실이 많은 건물을 사들여서 '마이크로키친micro-kitchen'을 만들고 여기서 우버이츠 Uber Eats로 배달된 음식을 제공하는 것이었다. 그 비즈니스는 전반적으로 우버의 지속적인 성공에 기초한 것이었다.

일부는 그 비즈니스가 장기적으로 우버에 어떤 영향을 미칠지 걱정했다.

✖

2018년 2월 6일, 캘러닉은 골든게이트가 450번지에 위치한 필립 버튼 연방 건물에 모습을 드러냈다. 그날 그는 법정에서 증언을 하기로 되어 있었다.

검은색 정장에 라벤더 색상의 셔츠를 입고 흑백 넥타이를 맨 캘러닉의 모습은 그날 꽤 근사했다. 그가 증언할 재판은 '웨이모 대 우버Waymo v.s. Uber' 사건이었다. 구글과 우버는 몇 달 동안의 협상 끝에 결국 법정으로까지 가게 되었던 것이다. 건물 정문에는 자리에서 물러난 억만장자의 사진을 찍기 위해 파파라치들이 모여 있었다. 그리고 19층 복도에는 기자들이 줄 지어 있었다. 그들은 방청석을 차지하기 위해 새벽 5시부터 진을 쳤다.

그날 캘러닉은 오토를 인수하기 위해 자신이 했던 행동은 모두 정당한 것이었다고 배심원들을 설득했다. 그는 우버가 자율주행 연구를 시작할 무렵 구글 CEO인 래리 페이지는 이미 관심이 떠난 상태였다고 했다. (자신은 '슈퍼펌프드'되어 있었던 반면 페이지는 '언펌프드 unpumped'되어 있었다고 했다.)[9] 물을 한 모금 마신 뒤 캘러닉은 차분하고 솔직하게 이야기를 이어나갔다. 그런 그의 태도는 배심원들에게 긍정적인 느낌을, 그리고 웨이모의 변호사들에게 당혹스러운 느낌을 전했다.

배심원 중 한 사람인 미구엘 포사도스는 재판이 끝난 후 기자에게 이렇게 말했다. "캘러닉은 모든 질문에 편안하고 차분하게 답변했습니다."[10] 또 다른 배심원인 스티브 페라조는 캘러닉이 "정말로 좋은 사람처럼, 그리고 자신의 아이디어를 끝까지 밀고 나가서 세계 최고가 되기를 원했던 사람처럼 보였다"고 했다.

캘러닉의 증언이 끝난 뒤, 웨이모 변호인단은 사건이 뜻하지 않은 방향으로 흘러가고 있다는 느낌을 받았다. 결국 배심원단은 평결을 내릴 기회를 얻지 못했다. 우버가 2억 4,500만 달러에 달하는 지분을 웨이모에 넘겨주는 것으로 합의하면서 갑작스럽게 재판이 끝났기 때문이었다. 하지만 그 합의에는 부가적인 조항들이 달려 있었다. 우버는 자율운행 프로그램에 웨이모의 독점적인 기술을 활용하지 않기로 동의했다.[11] 또한 이를 확인하기 위해 제3자를 통해 우버의 자율주행 사업부에 대한 감사를 실시하기로 했다. 그럼에도 웨이모는 우버가 성공할 경우 그 이익을 함께 나눌 수 있었다.

캘러닉이 첫 번째 증언을 했던 날 아침, 나도 법원에 있었다. 〈뉴욕타임스〉 편집자는 내가 관련 기사를 써오길 기대하는 눈치였다. 비록 이 책을 쓰느라(당시 끝날 기미가 보이지 않았다) 잠시 휴직계를 낸 상태였지만 나는 취재를 나가기로 했다.

캘러닉은 정오의 휴정이 끝난 오후 시간에 증언할 예정이었다. 내가 법정에 도착했을 때 원고와 피고 측 변호사들이 안으로 들어가는 모습이 보였다. 그 뒤로 기자들이 따라붙었다. 나는 심리가 시작되기 전에 돌아오기 위해 재빨리 화장실로 뛰어갔다.

하지만 그건 나의 실수였다. 문은 이미 닫혔고 재판은 시작되었다. 캘러닉이 법정에서 증언하는 모습을 보도할 기회를 놓친 것이다. 나는 나무와 화강암으로 장식된 기다란 복도에 서서 무장한 보안요원이 혹시나 안으로 들어가게 해주지 않을까 기대하며 기다리는 수밖에 없었다.

그런데 그 순간, 캘러닉이 복도를 따라 내가 있는 쪽으로 걸어오더니 문 앞에 서서 호출을 기다렸다. 문을 막아선 보안 요원들이 캘러닉을 지켜보고 있었다. 나를 비롯하여 거기 있는 몇몇 사람도 마찬가지였다.

캘러닉은 문 앞에서 조용히 대기했다. 나는 지난 몇 달 동안 그와 이야기를 나누지도, 만나지도 못했다. 게다가 자신의 비즈니스 삶에서 대단히 중요한 이 순간에 누구와 이야기를 나눌 것이라고 기대하지도 않았다. 그와 마지막으로 이야기를 나눈 것은 2017년 6월이었다. 그때 나는 캘러닉의 사퇴 소식을 기사로 쓰기 전에 그로부터 직접 이야기를 듣기 위해 연락을 했었다. 나는 그가 당연히 나를 싫어할 것이라 생각했다. 그와 나는 3미터 정도 떨어져 있었다. 그런데 캘러닉이 갑자기 몸을 틀더니 우리 사이에 서 있던 세 명의 변호사를 밀치고 내 쪽으로 걸어왔다.

잠시 후 그의 얼굴이 내 눈앞에 나타났다. 뭔가를 결심한 표정이었다. 캘러닉은 내 눈을 바라보며 손을 내밀었다. 그러고는 속삭이는 목소리로 이렇게 말했다. "잘 지내시죠?" 그는 악수를 하면서 다른 한 손을 내 어깨에 올렸다. 그때까지도 나는 그가 나를 적으로 생각한다고 느꼈다. 그런 그가 지금 근사한 차림으로 내 앞에 서 있었다. 나는 웃으며 악수를 했다.

나는 긴장감을 떨쳐내기 위해 이렇게 말했다. "들어가면 가만히 앉아 있어야 할 텐데 괜찮으시겠어요? 왔다 갔다 돌아다닐 수가 없잖아요!"

"그렇군요!" 그는 웃으며 말했지만 긴장된 표정은 역력했다. 실제로 그는 그날 한 시간 가까이 증언을 하면서 물을 네 병이나 들이켰다.

누군가 그에게 자신의 앞에 있는 사람이 기자라는 사실을 알려준 것처럼 캘러닉은 잠시 머뭇거렸다. 뭔가 이야기를 하고 싶지만 상대를 믿지 못하겠다는 눈치였다. 그는 내게 이렇게 물었다. "지금 이야기는 비밀로 해줄 수 있나요?"

나는 그러겠노라고 약속했다. 물론 그 약속은 여기서도 지킬 것이다. 캘러닉은 마치 자신이 설립한 수십억 달러 규모의 기업이 기술적, 재정적 어려움을 겪을 수도 있는 재판을 앞두고 있지 않은 것처럼 나와 함께 10분 정도 복도에 서서 이야기를 나눴다. 작년 한 해 동안 자리에서 물러나고, 어머니를 보내고, 많은 동료를 잃어버렸음에도 캘러닉은 여전히 매력적이고 유쾌했다. 예전 모습 그대로 내 앞에 서 있었다.

나는 그가 9년의 세월 동안 뭔가 깨달음을 얻지 않았을까 생각했다. 그는 부자였다. 스리콤마클럽의 일원임을 자랑할 만큼 엄청난 부자였다. 그리고 유명했다. 혹은 악명 높았다. 최근 그는 자신의 이미지를 되살리기 위해 애쓰고 있었다. 즉 '트래비스 2.0'이 되고자 했다. 두 달 전에 나는 그가 부상에서 회복 중인 아버지, 그리고 형제들과 함께 세인트바츠에서 크리스마스를 보냈다는 소식을 들었다. 그날 모두가 잠옷을 입고 있는 사진이 캘러닉의 인스타그램에 올라왔다. 그리고 밤에는 친구와 모델들과 함께 술을 마시며 파티를 즐겼다고 했다.

나는 그가 식품 배송 및 운송 분야에서 다음 스타트업을 준비하고 있다는 이야기를 들었다. 내 정보원들에게 들은 바에 따르면, 그는 지금도 열심히(예전보다 더 열심히는 아니라고 해도) 일을 하고 있다고 했다. 그는 우버에서 그랬던 것처럼 여전히 직원들을 밀어붙이고 있었다. 또한 조직을 구축하기 위해 우버에서 해고했던(홀더 보고서 때문에 나가야 했던) 많은 직원을 채용했다.

캘러닉은 억만장자였다. 개럿 캠프와 라이언 그레이브스 역시 부자였다. 이들 벤처 자본가들은 그들의 투자로부터 조만간 엄청난 보상을 거둬들일 예정이었다. 2019년 우버가 기업공개에 나설 때면 더 많은 부자가 실리콘밸리에 등장하게 될 것이었다. 그리고 그들은 혁신의 다음 물결을 내다보며 차세대 스타트업에 투자할 준비를 할 것이다. 나는 캘러닉의 뒤를 잇는 차세대 리더들이 나올 것인지 궁금했다. 그들은 캘러닉의 성공과 이를 위해 그가 택했던 길에 대해 어떻게 생각하게 될까?

캘러닉과 나는 대화를 끝내고 다시 한 번 악수를 했다. 그는 법정 입구로 걸어가 창문으로 안을 들여다봤다.

그러고는 모두를 향해, 혹은 혼잣말처럼 큰 소리로 이렇게 말했다. "슈퍼볼 경기를 앞두고 경기장으로 들어가는 터널 앞에 있는 것 같군."

그는 팔을 머리 위로 천천히 들어 올리고 법정 안의 증인석을 들여다보며 들어갈 준비를 했다. 그리고 보안 요원이 문을 열어 자신을 들여보내주길 기다리면서 웃음을 지어 보였다.

그는 말했다. "자, 시작하자고."

수개월간의 논의 끝에 우버는 마침내 2019년 5월에 기업공개를 발표했다. 리프트는 그보다 몇 주 전에 주당 72달러에 기업공개를 마쳤고, 거래 첫날 상승세를 이어가다 78달러 선에 안착했다. 우버는 기대치를 그보다 높게 잡았다.

기업공개를 앞둔 우버는 모건스탠리 그리고 골드만삭스와 손을 잡고 마지막 투자 라운드 때의 2배에 달하는 1,200억 달러(약 130조 원—옮긴이)의 가치 평가를 기준으로 주식을 공개하기로 했다.

그 과정에서 모건스탠리와 골드만삭스의 은행가들은 그 CEO에 대한 보상 프로그램을 구체적으로 고려했다. 익스피디어를 떠나기 전에 코스로샤히는 이미 미국 상장기업 중에서 최고 대우를 받는 CEO였다. 이후 우버로 자리를 옮기면서 그는 수천만 달러에 달하는 익스피디아 지분을 포기해야 했다. 그는 그 손실을 만회하기 위해 상당한 규모의 특전을 놓고 우버와 협상을 벌였다. 이에 따르면,

1,200억 달러가 넘는 가치 평가를 기준으로 기업공개를 하고 그 가치를 90일 이상 유지할 경우, 코스로샤히는 1억 달러가 넘는 엄청난 보수를 챙길 수 있었다. 모건스탠리와 골드만삭스는 이를 고려하여 1,200억 달러라는 엄청난 시장가치 달성을 목표로 삼았다.

하지만 성대한 파티를 앞둔 몇 달 동안 우버의 현실은 그 높은 목표와 부합하지 못했다. 우버가 동맹이라고 생각했던 소프트뱅크는 남미처럼 우버가 최고의 성장세를 보이는 지역과 식품 배송 분야에서 그들의 경쟁사에 투자를 시작했다. 그리고 투자자들에게 그런 사실이 알려지면서 우버의 장밋빛 전망이 점차 흐려졌다. 몇 주일에 걸친 '로드쇼'(투자 기업이 우버의 주식을 매입할 것인지 결정하는 과정) 기간에 우버의 시장가치가 1,200억 달러에는 못 미칠 것이라는 의견이 널리 퍼졌다.

2019년 5월 10일 아침에 코스로샤히와 그의 측근들이 뉴욕증권거래소에 도착했을 때, 은행가와 증권 트레이더와 우버 직원들, 그리고 우버에서 오랫동안 일한 운전자들까지 초대를 받고 그 자리에 모여 있었다. 행사 진행을 맡은 직원들은 증권 트레이더들에게 우버 브랜드가 찍힌 모자와 티셔츠를 나눠주고는 그들이 바닥에 늘어선 컴퓨터로 첫 번째 매도와 매수 주문을 입력할 때 그 옷과 모자를 착용하고 있게 했다. 또한 빅맥과 감자튀김, 해시브라운이 담긴 접시도 사람들에게 나눠줬다. 이는 우버가 우버이츠 비즈니스와 관련하여 맥도널드와 맺은 중대한 계약을 기념하기 위한 것이었다. 이제 증권거래소에 모여든 모든 사람이 우버의 주식 거래가 시작되기만을 기다리고 있었다.

중요한 날이니만큼 장내에는 긴장이 감돌았다. 코스로샤히는 캘러닉에게 그날 아침 행사에 참석하지 말 것을 권했고, 이는 캘러닉의 심기를 불편하게 했다. 이후 두 사람의 사이가 좋지 않다는 소문이 언론을 통해 퍼져나갔고, 그날 캘러닉이 정말로 모습을 드러내지 않을 것인지 많은 관심이 집중되었다. 그러나 캘러닉은 그날 아침 일찍 나타나서 우버의 현 CEO와 공식적으로 화해하는 모습을 연출했다. 그 자리에서 코스로샤히는 캘러닉을 '한 세대를 대표하는 기업가'라고 추켜세웠고 모두가 고개를 끄덕였다.

그날 아침 코스로샤히가 캘러닉과 개럿 캠프, 라이언 그레이브스를 연단 앞으로 부르자 사람들은 박수를 쳤다. 이제 조금 뒤면 그레이브스의 지분은 16억 달러, 캠프의 지분은 41억 달러가 될 것이었다. 그리고 캘러닉의 지분은 거래 시작을 알리는 벨이 울리고 나면 54억 달러가 될 것이었다. 지난 10년 동안 우버를 키워온 세 사람은 모두 억만장자가 되었다. 하지만 더 이상 살갑게 말을 주고받는 사이는 아니었다. 그날 주식 시장이 열리기 몇 시간 전, 캘러닉은 자신에게 쏟아진 모든 관심을 코스로샤히에게 넘겨주고는 말없이 자리를 떠났다.

코스로샤히가 첫 거래를 실행하기 위해 경영진과 자리를 잡자, 직원과 증권 트레이더, 사진가와 기자들이 그들을 에워쌌다. 그는 모니터를 올려다보며 주가가 어떻게 형성될지 지켜봤다. 전날 밤, 우버는 기업공개를 위한 주식 가격을 45달러로 책정했다. 원래 기대보다는 낮은 가격이었지만 첫날의 뚜렷한 '반등'을 위해 치밀하게 계산된 가격이었다. 은행가들은 이런 반등을 조기 매수에 대한 인센티브로 고객들에게 홍보하길 좋아했다. 실제로 그들은 적어도 몇 달러 이상 즉각 오를 것으로 기대했다.

하지만 그들의 기대는 보기 좋게 빗나가고 말았다. 시간이 지나면서 가격은 더 떨어지기 시작했다. 44달러, 43달러, 그리고 결국 42달러가 공식적인 첫 시장가격이 되었다. 코스로샤히의 얼굴은 납빛이 되었다. 흥분으로 가득했던 거래소에는 숨죽인 속삭임만이 남았다. 우버의 주가는 기업공개 첫날에 목표치보다 떨어지고 말았다. 일반적으로 확고한 반등이 예상되는 기술주로서는 예외적인 일이었다. 그날이 저물 무렵에 우버는 1975년 이후 월스트리트에서 기업공개를 했던 그 어떤 미국 기업보다 많은 돈을 잃었다. 우버의 파티는 악몽으로 끝나고 말았다.

이후 민간 시장의 가치 평가가 얼마나 왜곡될 수 있는지, 그리고 유니콘 중의 유니콘이던 우버가 월스트리트라는 현실의 벽을 뛰어넘지 못한 것은 아닌지 의문이 떠돌기 시작했다. 수익성에 대한 분명한 가능성을 보여주지 못한 상태로 시장 투자자에게 주식을 내놓으면, 수십억 달러의 손실은 피할 수 없는 일이었다. 실리콘밸리 투자자들은 우버의 실망스러운 결과가 앞으로 있을 수많은 기업공개의 실패를 예언하는 것은 아닐까 걱정했다.

그럼에도 코스로샤히는 낙관적인 전망을 포기하지 않았다. 언론이 우버의 기업공개에 대해 씁쓸한 기사를 내보내는 동안에도 그는 그날 저녁 증권거래소에서 열린 파티에서 빅맥과 샴페인 잔을 든 직원들에게 용기를 주고자 건배를 제의했다. 거기에 참석한 많은 직원이 하락 중인 우버 주식의 상당량을 보유하고 있었다.

코스로샤히는 사람들에게 이렇게 말했다. "이제 우리가 스스로를 입증해야 할 시간이 왔습니다. 앞으로 5년 뒤에 우리를 따라 기업공개를 하게 될 기술 기업들은 바로 이곳에서 우리의 성취를 보게 될 것입니다." 코스로샤히는 어떻게든 분위기를 살리고 사람들의 관심을 끌어 모으기 위해 애썼다.

"그때 그들은 이렇게 말할 겁니다. '이런, 우리도 우버처럼 되고 싶어.'"

감사의 글

이 책의 표지에는 내 이름밖에 없지만 지난 2년 동안 나를 도와준 수십 명의 사람들이 없었더라면 이 책은 절대 나올 수 없었을 것이다.

먼저 내 생각과 글에 놀라운 방식으로 생기를 불어넣어준 노련함에 대해 W. W. 노튼의 편집자 톰 메이어에게 감사드린다. 지금까지 함께 일한 편집자 중 톰만큼 재능 있는 사람은 드물었다. 그의 손길은 내 글의 품격을 높여줬다. 그와 함께할 수 있었기에 나는 더 나은 작가가 될 수 있었다.

W. W. 노튼의 또 다른 직원들 역시 이 책이 세상에 나올 수 있도록 도와줬다. 월 스칼렛, 데이시 자이델, 베키 홈미스키, 베스 스타이들, 애나 올러, 네오마 아마디오비, 스티븐 페이스, 브렌든 커리, 니콜라 드로버티스-테이, 엘리자베스 커, 메러디스 맥기니스 등 모든 분들께 감사드린다. 그들은 이 책의 성공을 위해 최선을 다해줬

다. 그들의 지지와 노력은 내게 너무도 소중한 것이었다.

다음으로 레빈 그린버그 로스탄의 에이전트인 대니얼 그린버그에게 고마움을 전한다. 우버가 좋은 이야깃거리가 될 수 있다고 처음으로 생각했던 2014년에 나를 찾아와준 것에 대해, 그리고 이후 3년 동안 참고 기다려준 것에 대해 감사를 드린다.

〈뉴욕타임스〉의 편집자로 나와 오랫동안 함께 일했던 푸이-윙 탐이 없었다면 나는 지금과 같은 기자가 되지 못했을 것이다. 그녀는 내게 훌륭한 스승이며, 우버가 격동을 겪던 2017년 나와 긴밀하게 협력했다. 그녀의 탁월한 조언이 없었다면 나는 우버를 파고들지 못했을 것이다. (우버에 관한 새로운 기사를 정리하기 위해 때로 저녁 시간에 통화한 것에 대해 사과의 말씀도 함께 전한다.)

또한 이 책을 쓰는 동안 지원을 아끼지 않았던 〈뉴욕타임스〉의 모든 분들께 감사드린다. 그중에서도 딘 바케, 조 칸, 레베카 블러멘슈타인, 엘런 폴락은 꼭 언급해야 할 사람들이다. 기술 부문의 동료인 그들은 내가 못 보고 지나친 부분을 지적해줬고, 이에 대해 진심으로 고맙게 생각한다. 특히 내가 어마어마한 자료에 파묻혀 있었을 때, A. G. 슐츠버거는 내 기사와 관련하여 소중한 아이디어를 줬다.

숀 래리는 나의 팩트체커이자 힘든 시기에 심리상담사가 되어줬다. 사이먼 스톨츠오프의 조사 자료와 지지 역시 큰 힘이 되었다. 두 사람에게 아무리 감사해도 모자랄 것이다.

언제나 그렇듯 샘 돌닉와 스테파니 프라이스는 〈뉴욕타임스〉에서 나의 환상적인 동료가 되어줬다.

그리고 내게 이야기를 들려준 모든 이들에게도 감사를 드린다. 일부는 이 책을 위해 개인적인 위험을 무릅쓰면서까지 나와 인터뷰를 해줬다. 그들은 자신들의 이야기가 우버를 이해하는 데 도움이 될 것이라고 기대했다. 여기서 그들 모두에게 감사를 표하고 싶다. 그들의 헌신이 없었다면 이 책은 완성되지 못했을 것이다.

책을 쓰는 과정에서 조언과 지지를 해준 작가와 동료들에게도 고마운 마음을 전한다. 케빈 루스, B. J. 노박, 닉 빌튼, 애나 위에너는 내게 소중한 피드백을 줬고, 트리스탄 루이스과 에밀리 실버먼, 하나 메츠거는 내가 잠시나마 일을 멈추고 쉴 수 있도록 배려해줬다.

그리고 마지막으로 내 가족인 미셸, 로레인, 조, 특히 새러 에머슨과 브루나에게 감사드린다. 가족들 모두 이 책을 쓰느라 밤낮없이 분주하게 일했던 내 생활을 잘 참아줬다. 그들에게 무한한 감사를 보내며 이 책을 바친다.

✖

나는 5년 넘게 우버를 취재하면서 200명이 넘는 사람들과 수백 번의 인터뷰를 나눴고, 그전에는 보지 못했던 수백 건의 자료를 꼼꼼히 검토했다. 이 책은 바로 이런 노력의 결과물이다.

책에서 소개하는 모든 에피소드는 제보자들로부터 직·간접적으로 얻은 정보에 기반을 두고 있다. 나는 해당 사건의 관계자들로부터, 혹은 직접적인 정보를 알고 있는 복수의 사람들에게 정보를 입수했다. 그리고 여러 사람에게 사실 여부를 재차 확인했다.

이 책에 등장하는 모든 대화는 영상 자료와 녹음 파일, 자막, 혹은 당시 상황에 대한 직접적인 정보를 갖고 있는 사람들의 설명에서 가져온 것이다. 그리고 여기에 소개된 모든 이메일과 문자메시지는 내가 직접 확인하거나 전해들은 것이다.

내가 무엇보다 걱정하는 부분은 제보자들의 안전이다. 내게 소중한 정보를 제공해준 모든 분들께 다시 한 번 감사드린다.

류현정(조선비즈 실리콘밸리 특파원)

이 책을 읽고 난 뒤, 나는 애플 창업자 스티브 잡스의 전기를 다시 꺼내 읽어보고 있다. 캘러닉의 꿈이 현실에 조금 더 가까이 다가갔을 때, 그는 잡스와 마찬가지로 자신이 설립한 회사에서 쫓겨나갔다. 예상대로 2017년 우버 이사회의 권력 투쟁 과정과 1985년 애플 이사회의 갈등 과정은 유사한 면이 있었다. 창업자는 경영 자질을 의심을 받았지만 회사를 떠나기를 거부했고, 이사회 멤버와 직원들을 자기편으로 끌어들이기 위해 마지막까지 몸부림쳤다. 잡스는 자신이 패배하리라는 사실을 충분히 짐작했을 때 울음을 터뜨렸다. 그는 곧 쫓겨날 것이라고는 상상도 못했던 시점에 한 잡지와의 인터뷰에서 자신의 운명을 예언하듯 이렇게 말한다.

"나는 항상 애플과 연결돼 있을 겁니다. 인생 전체에 걸쳐 나의 '인생의 실'과 '애플의 실'이 마치 씨줄과 날줄처럼 엮여 융단을 만들어 내길 바랍니다. 한동안은 애플을 떠날 수도 있겠지요. 하지만

나는 언제나 다시 돌아올 겁니다. 내가 원하는 것이 바로 그것이라고 믿습니다."

캘러닉이 모친의 불운한 사고까지 겹친 최악의 상황에서도 우버에서 손 떼지 않으려고 한 이유를 이 인터뷰 내용에서 미루어 짐작할 수 있다. 캘러닉에게도 우버는 돈이나 명예를 넘어서는, 바로 그 자신이었던 것이다. 인생의 실과 평생 동안 엮을 또 다른 실 말이다.

구글의 비전은 '모든 정보의 조직화'였다. 세상의 정보를 체계화해 누구나 유용하게 쓸 수 있도록 만든다는 것. 그리고 창업 20년 만에 구글은 정말 세상의 거의 모든 정보를 찾아볼 수 있는 곳이 되었다. 1994년 온라인 서점으로 출발한 아마존 역시 '모든 것을 파는 상점everything store'으로 거듭났다. 아마존은 1200만 개 이상의 물품을 직접 팔고 아마존 마켓플레이스 셀러들은 3억 개 이상의 상품을 판다.

2009년 설립된 우버는 '세상의 모든 것을 운반하는 회사'가 될 것으로 기대를 모았다. 트래비스 캘러닉 우버 창업자는 승객을 원하는 곳에서 태워 원하는 곳에 데려다 줄 수 있다면, 세상의 모든 것(그게 아이스크림 한 개라고 할지라도)을 적시적소에 전달할 수 있다고 생각했다. 이 비전은 뛰어난 엔지니어들을 흥분시키고 도심의 일상에 지친 소비자들을 열광케 했다. 실제로 우버는 약 80개 국가, 900여개 도시의 차량 호출 시장에 빠르게 진출했다.

나는 트래비스 캘러닉을 많이 만난 한국 기자 중 한 명일 것이다. 2013년 우버 측에 여러 방법으로 연락을 취해 내가 속한 회사의 테크놀러지 콘퍼런스 '스마트클라우드쇼'에 캘러닉을 연설자로 초청했다. 2013년 초만 해도 우버의 시장가치는 1조 원이었다. 그해 7월 31일 키노트 스피치 바로 전날, 캘러닉과의 단독 인터뷰에서 그는 "한숨도 못 잤다"고 말했다. 하지만, 이 책의 제목처럼 그는 '슈퍼펌프드'되어 있었다. 세계에서 가장 큰 도시 중 하나인 서울에 우버 서비스를 출시할 예정이며 큰 투자 협상도 진행 중이라고 했다. 그 투자자는 바로 구글이었다. 그는 이런 상황에 스스로 감격해하는 모습이 역력했다.

그동안 수많은 미국인 경영자를 만나봤지만, 캘러닉만큼 자신의 심경, 의지를 솔직하게 표현하는 사람을 별로 보지 못했다. 그는 도시의 비효율을 제거하겠다고 다짐하듯 이야기했고, 우버를 좋아하는 이용자 덕분에 택시 업계와의 갈등도 극복해나가고 있다고 말했다. 미국 샌프란시스코에 위치한 우버 본사도 가봤다. 우버 운전사가 되기 위해 줄을 선 사람들, 직원들과 뒤섞인 자리에서 일하던 캘러닉 등 본사의 활기찬 풍경이 또렷이 기억난다. 나는 캘러닉이 우버를 떠났다고 해도(사실상 쫓겨났다고 해도) 그의 성장과 변화는 멈추지 않을 것이라고 확신한다.

이 책을 감수하면서 신경 쓴 부분은 승차 공유, 차량 호출, 면허 등 우버의 비즈니스 모델과 관련된 용어였다. 캘러닉은 우버를 공유 기업으로 분류하는 것을 탐탁해하지 않았다. 그는 자율주행 택시를 염두에 두고 차량 공유보다 최적 운송에 더 관심을 뒀다. 나는 또한 번역어를 원문과 비교하며 표현에 지나침이나 모자람이 없는지 확인하기 위해 애썼다.

이 책의 관점에서 대해서는 이견이 있을 수 있을 수 있다. 아마도 캘러닉은 이 책이 투자 거물 빌 걸리의 시각이 반영된 서술이라고 평가할 것이다. 그렇다고 이 책이 캘러닉의 매력이나 뛰어난 능력을 서술하는 데 소홀했던 것은 아니다. 일부에서는 우버와 택시 산업의 갈등, 우버의 울프 문화에만 초점을 맞추며 캘러닉이 인격적으로 결함이 있는 것처럼 묘사하지만, 저자는 창업자의 원대한 비전과 그 이면을 동시에 보여주려고 했다. 인물과 사건의 문맥을 세심하게 이어가는 저자의 서술력 덕분에 모바일 시대 실리콘밸리의 풍경을 다양한 앵글로 볼 수 있다. 상상컨대, 저자는 각종 자료와 밤새 분투하며 실로 방대한 내용을 종합했을 것이다.

실리콘밸리에 연수 특파원으로 있을 때, ex-Googler(전 구글 직원)만큼이나 ex-Uber employee(전 우버 직원)라는 표현을 많이 들었다. 자신은 물론 타인의 경력을 설명할 때 우버에서 근무한 경험은 빠져서는 안 되는 한 줄 이력이었다. 인재들이 우버에 들어와 미친 듯한 성장을 경험한 점, 2017년 무렵 지독한 유명세까지 치렀다는 점 등이 '전직 우버 직원'이라는 간단한 수식어가 많이 쓰인 이유다. 게다가 다가오는 자율주행 시대, '우버 출신'들이 모빌리티 혁신을 꿈꾸는 여러 기업에 흩어져 일하고 있다. 물론 우버가 더 설명할 필요가 없는 브랜드가 되었다는 점이 가장 큰 이유일 것이다. 우버가 없는 샌프란시스코는 상상하기 어렵다.

이 원고를 덮을 때, 두 사람의 말이 동시에 떠올랐다. 기업가의 역할과 정치가의 역할에 대한 주문이다. 2017년 우버 이사회에서 아리아나 허핑턴 〈허핑턴포스트〉 공동창업자가 "큰 성공에는 큰 책임이 따른다"는 말을 했다. 2018년 한국을 방한한 케르스티 칼률라이드Kersti Kaljulaid 에스토니아 대통령은 "첨단 기술의 법적 토대legal space를 만드는 것이 정치가가 할 일"이라고 말했다. 코로나 사태로 국내외 빅테크 기업의 규모가 더 커지고 있다. 분명 그들의 책임이 더 커졌다. 비대면 상황은 디지털화를 가속화시키고 있으며, 4차 산업 혁명이라고 통칭하는 신기술이 예상보다 더 빠른 속도로 전 사회에 파고들고 있다. 기술은 필연적으로 사람들의 이해관계(본질적으로 밥그릇)를 흔든다. 수많은 갈등을 조정하며 더 나은 세상으로 나아갈 수 있을지, 우리 사회의 정치력이 시험대에 오르는 일도 잦아질 것이다.

■ 주

프롤로그

1) Karen Weise, "This Is How Uber Takes Over a City," Bloomberg Businessweek, June 23, 2015, https://www.bloomberg.com/news/features/2015-06-23/this-is-how-uber-takes-over-a-city.
2) Max Chafkin, "What Makes Uber Run," *Fast Company*, September 8, 2015, https://www.fastcompany.com/3050250/what-makes-uber-run.
3) Weise, "This Is How Uber Takes Over a City."
4) Alyson Shontell, "10 Ads That Show What A Circus the War Between Uber and Lyft Has Become," *Business Insider*, August 13, 2014, https://www.businessinsider.com/10-uber-lyft-war-ads-2014-8#heres-a-similar-ad-that-suggests-ubers-are-better-than-taxis-9.

1부 전설의 시작

1장 X의 X제곱

1) Kara Swisher and Johana Bhuiyan, "Uber CEO Kalanick Advised Employees on Sex Rules for a Company Celebration in 2013 'Miami Letter,'" Recode, June 8, 2017, https://www.recode.net/2017/6/8/15765514/2013-miami-letter-uber-ceo-kalanick-employees-sex-rules-company-celebration.
2) Kara Swisher, "Man and Uber Man," *Vanity Fair*, November 5, 2014, https://www.vanityfair.com/news/2014/12/uber-travis-kalanick-controversy.
3) Aileen Lee, "Welcome to the Unicorn Club: Learning From Billion-Dollar Startups," *TechCrunch*, October 31, 2013, https://techcrunch.com/2013/11/02/welcome-to-the-unicorn-club/.
4) Sam Biddle, "'Fuck Bitches Get Leid,' the Sleazy Frat Emails of Snapchat's CEO," *Valleywag*, May 28, 2014, http://valleywag.gawker.com/fuck-bitches-get-leid-the-sleazy-frat-emails-of-snap-1582604137.
5) Jack Morse, "Bros Attempt to Kick Kids Off Mission Soccer Field," *Uptown Almanac*, October 9, 2014, https://uptownalmanac.com/2014/10/bros-try-kick-

kids-soccer-field.

6) Brad Stone, *The Upstarts: How Uber, Airbnb, and the Killer Companies of the New Silicon Valley Are Changing the World* (New York: Little Brown, 2017).

7) "Leadership Priciples," Amazon, https://www.amazon.jobs/principles.

8) "A Leaked Internal Uber Presentation Shows What the Company Really Values in Its Employees," *Business Insider*, November 19, 2014, https://www.businessinsider.com/uber-employee-competencies-fierceness-and-super-pumpedness-2014-11.

2장 캘러닉의 첫 창업

1) Elizabeth Chou, "Bonnie Kalanick, Mother of Uber Founder, Remembered Fondly by Former Daily News Coworkers," *Los Angeles Daily News*, August 28, 2017, https://www.dailynews.com/2017/05/28/bonnie-kalanick-mother-of-uber-founder-remembered-fondly-by-former-daily-news-coworkers/.

2) Chou, "Bonnie Kalanick."

3) Travis Kalanick, "Dad is getting much better in last 48 hours," Facebook, June 1, 2017, https://www.facebook.com/permalink.php?story_fbid=10155147475255944&id=564055943.

4) Kara Swisher, "Bonnie Kalanick, the Mother of Uber's CEO, Has Died in a Boating Accident," Recode, May 27, 2017, https://www.recode.net/2017/5/27/15705290/bonnie-kalanick-mother-uber-ceo-dies-boating-accident.

5) Taylor Pittman, "Uber CEO Travis Kalanick and His Dad Open Up on Life, Love and Dropping Out of School," *Huffington Post*, April 11, 2016, https://www.huffingtonpost.com/entry/uber-travis-kalanick-talk-to-me_us_57040082e4b0daf53af126a9.

6) Swisher, "Bonnie Kalanick."

7) Pittman, "Uber CEO Travis Kalanick."

8) Adam Lashinsky, *Wild Ride: Inside Uber's Quest for World Domination* (New York: Portfolio/Penguin, 2017), 40.

9) Jesse Barkin, "Valley Conference Basketball Honors Top Students," *Los Angeles Daily News*, March 30, 1988, Z10.

10) Chris Raymond, "Travis Kalanick: 'You Can Either Do What They Say or You Can Fight for What You Believe,'" *Success*, February 13, 2017, https://www.success.com/article/travis-kalanick-you-can-either-do-what-they-say-or-you-can-fight-for-what-you-believe.

11) Sarah E. Needleman, "A Cutco Sales Rep's Story," *Wall Street Journal*, August 6, 2008, https://www.wsj.com/articles/SB121788532632911239.

12) Interview with author, 2017.

13) TechCo Media, "Travis Kalanick Startup Lessons from the Jam Pad. Tech Cocktail Startup Mixology," YouTube video, 38:34, May 5, 2011, https://www.youtube.com/watch?v=VMvdvP02f-Y.

14) Stone, *Upstarts*.

15) John Borland, "Well-Scrubbed Business Plan Not Enough for Scour," CNET, January 11, 2002, https://www.cnet.com/news/well-scrubbed-business-plan-not-enough-for-scour/.

16) BAMM.TV, "FailCon 2011. Uber Case Study," YouTube video, 26:18, November 3, 2011, https://www.youtube.com/watch?v=2QrX5jsiico&t=2s.

17) BAMM.TV, "FailCon 2011."

18) BAMM.TV, "FailCon 2011."

19) Rich Menta, "RIAA Sues Music Startup Napster for $20 Billion," MP3newsire.net, December 9, 1999, http://www.mp3newswire.net/stories/napster.html.

20) Matt Richtel, "Movie and Record Companies Sue a Film Trading Site," *New York Times*, July 21, 2000, http://www.nytimes.com/2000/07/21/business/movie-and-record-companies-sue-a-film-trading-site.html.

21) Richtel, "Movie and Record Companies Sue."

3장 2001년, 텅 빈 실리콘밸리

1) "Where Are They Now: 17 Dot-Com Bubble Companies and Their Founders," CB Insights, September 14, 2016, https://www.cbinsights.com/research/dot-com-bubble-companies/.

2) Matt Richtel, "A City Takes a Breath After the Dot-ComCrash: San Francisco's Economy Is Slowing," *New York Times*, July 24, 2001.

3) BAMM.TV, "FailCon 2011."

4) BAMM.TV, "FailCon 2011."

5) Liz Gannes, "Uber CEO Travis Kalanick on How He Failed and Lived to Tell the Tale," D: All Things Digital, November 8, 2011, http://allthingsd.com/20111108/uber-ceo-travis-kalanick-on-how-he-failed-and-lived-to-tell-the-tale/.

6) TechCo Media, "Travis Kalanick, Founder & CEO of Uber. Tech Cocktail Startup Mixology," YouTube video, 34:35, June 14, 2012, https://www.youtube.com/watch?v=Lrp0me9iJ_U.

4장 새로운 경제 원년

1) Stephen Labaton and Edmund L. Andrews, "In Rescue to Stabilize Lending, U.S. Takes Over Mortgage Finance Titans," *New York Times*, September 7, 2008, https://

www.nytimes.com/2008/09/08/business/08fannie.html.

2) U.S. Bureau of Labor Statistics, "More than 75 Percent of American Households Own Computers," *Beyond the Numbers* 1, no 4 (2010), https://www.bls.gov/opub/btn/archive/more-than-75-percent-of-american-households-own-computers.pdf.

3) John B. Horrigan, "Home Broadband 2008," Pew Research Center, July 2, 2008, http://www.pewinternet.org/2008/07/02/home-broadband-2008/.

4) John Doerr, interview with the author, April 3, 2018.

5) Rene Ritchie, "The Secret History of iPhone," iMore, January 22, 2019, https://www.imore.com/history-iphone-original.

6) Brian X. Chen, "iPhone Developers Go from Rags to Riches," *Wired*, September 19, 2008, https://www.wired.com/2008/09/indie-developer/.

7) Interview with author, April 3, 2018.

5장 택시 잡기의 어려움

1) Brad Stone, "Uber: The App That Changed How the World Hails a Taxi," *Guardian*, January 29, 2017, https://www.theguardian.com/technology/2017/jan/29/uber-app-changed-how-world-hails-a-taxi-brad-stone.

2) flourish on Bond's cell phone: Stone, *Upstarts*.

3) Travis Kalanick, "Expensify Launching at TC50!!," *Swooshing* (blog), September 17, 2008, https://swooshing.wordpress.com/2008/09/17/expensify-launching-at-tc50/.

4) TechCo Media, "Travis Kalanick, Founder & CEO of Uber."

5) TechCo Media, "Travis Kalanick Startup Lessons."

6) https://twitter.com/konatbone.

7) Garrett Camp, "The Beginning of Uber," *Medium*, August 22, 2017, https://medium.com/@gc/the-beginning-of-uber-7fb17e544851.

2부 유니콘의 조건

6장 최적의 자리를 찾아라

1) Travis Kalanick (@travisk), "Looking 4 entrepreneurial product mgr/biz-dev killer 4 a location based service. pre-launch, BIG equity, big peeps involved. ANY TIPS??," Twitter, January 5, 2010, 8:14 p.m., https://twitter.com/travisk/status/7422828552.

2) Ryan Graves (@ryangraves), "@KonaTbone heres a tip. emailme :) graves.ryan[at]gmail.com," Twitter, January 5, 2010, 8:17p.m., https://twitter.com/ryangraves/status/7422940444?lang=en.

3) Anita Balakrishnan, "How Ryan Graves became Uber's first CEO," CNBC, May 14,

2017, https://www.cnbc.com/2017/05/14/profile-of-ubers-ryan-graves.html.

4) ryangraves, Tumblr, http://ryangraves.tumblr.com/.

5) ryangraves, Tumblr, http://ryangraves.tumblr.com/post/516416119/via-fuckyeahjay -z.

6) Brian Lund, "From Dead-End Job to Uber Billionaire: Meet RyanGraves," *DailyFinance*, July 3, 2014, https://web.archive.org/web/20140707042902/http://www.dailyfinance.com/on/uber-billionaire-ryan-graves/.

7) ryangraves, Tumblr, http://ryangraves.tumblr.com/post/336093270/dpstyles-crunchie-closeup-aka-the-heisman-of.

8) Ryan Graves, "Into the Infinite Abyss of the Startup Adventure," Facebook, February 14, 2010, https://www.facebook.com/note.php?note_id=476991565402.

9) Michael Arrington, "Uber CEO 'Super Pumped' about Being Replaced by Founder," *TechCrunch*, https://techcrunch.com/2010/12/22/uber-ceo-super-pumped-about-being-replaced-by-founder/.

10) Uber HQ (@sweenzor), Instagram Photo, September18, 2013, https://www.instagram.com/p/eatIa-juEa/?taken-by=sweenzor.

11) Leena Rao, "UberCab Takes the Hassle Out of Booking a Car Service," TechCrunch, https://techcrunch.com/2010/07/05/ubercab-takes-the-hassle-out-of-booking-a-car-service/.

12) Michael Arrington, "What If UberCab Pulls an Airbnb? Taxi Business Could (Finally) Get Some Disruption," TechCrunch, https://techcrunch.com/2010/08/31/what-if-ubercab-pulls-an-airbnb-taxi-business-could-finally-get-some-disruption/.

7장 거물 벤처캐피털

1) GigaOm, "Bill Gurley, Benchmark Capital (full version)," YouTube video, 32:48, December 14, 2012, https://www.youtube.com/watch?v=dBaYsK_62EY.

2) John Markoff, "Internet Analyst Joins Venture Capital Firm," *New York Times*, July 14, 1997, https://www.nytimes.com/1997/07/14/business/internet-analyst-joins-venture-capital-firm.html.

3) Marissa Barnett, "Former Resident Donates $1M to Dickinson," *Galveston County Daily News*, September 6, 2017, http://www.galvnews.com/news/article_7c163944-63ee-5499-8964-fec7ef7e0540.html.

4) Bill Gurley, "Thinking of Home: Dickinson, Texas," *Above the Crowd* (blog), September 6, 2017, http://abovethecrowd.com/2017/09/06/thinking-of-home-dickinson-texas/.

5) "Commodore VIC- 20," Steve's Old Computer Museum, http://oldcomputers.net.

6) Eric Johnson, "Full Transcript: Benchmark General Partner Bill Gurley on Recode Decode," Recode, September 28, 2016, https://www.recod.net/2016/9/28/13095682/bill-gurley-benchmark-bubble-uber-recode-decode-podcast-transcript.

7) "Bill Gurley," Sports Reference, College Basketball (CBB), https://www.sports-reference.com/cbb/players/bill-gurley-1.html and "Bill Gurley Season Game Log," Sports Reference, College Basketball (CBB), https://www.sports-reference.com/cbb/players/bill-gurley-1/gamelog/1988/.

8) Gabrielle Saveri, "Bill Gurley Venture Capitalist, Hummer Winblad Venture Partners," Bloomberg, August 25, 1997, https://www.bloomberg.com/news/articles/1997-08-24/bill-gurley-venture-capitalist-hummer-winblad-venture-partners.

9) Stross, Randall E., *EBoys: The First Inside Account of Venture Capitalists at Work* (Crown Publishers, 2000).

10) Bill Gurley, "Benchmark Capital: Open for Business," *Above the Crowd* (blog), December 1, 2008, https://abovethecrowd.com/2008/12/01/benchmark-capital-open-for-business/.

8장 걸리를 만나다

1) Artturi Tarjanne, "Why VC's Seek 10x Returns," *Activist VC Blog* (blog), Nexit Adventures, January 12, 2018, http://www.nexitventures.com/blog/vcs-seek-10x-returns/.

2) Amir Efrati, "Uber Group's Visit to Seoul Escort Bar Sparked HR Complaint," *The Information*, March 24, 2017, https://www.theinformation.com/articles/uber-groups-visit-to-seoul-escort-bar-sparked-hr-complaint.

3) Andreessen Horowitz, Software Is Eating the World, https://a16z.com/.

4) Richard Florida and Ian Hathaway, "How the Geography of Startups and Innovation Is Changing," *Harvard Business Review*, November 27, 2018, https://hbr.org/2018/11/how-the-geography-of-startups-and-innovation-is-changing.

5) Center for American Entrepreneurship, "Rise of the Global Startup City," Startup Revolution, http://startupsusa.org/global-startup-cities/.

6) Center for American Entrepreneurship, "Rise of the Global Startup City."

7) "From the Garage to the Googleplex," About, Google, https://www.google.com/about/our-story/.

8) "The Effects of Dual-Class Ownership on Ordinary Shareholders," Knowledge@Wharton, June 30, 2004, http://knowledge.wharton.upenn.edu/article/the-effects-of-dual-class-ownership-on-ordinary-shareholders/.

9) Larry Page and Sergey Brin, "2004 Founders' IPO Letter," Alphabet Investor Relations, https://abc.xyz/investor/founders-letters/2004/ipo-letter.html.

10) "Snapchat Spurned $3 Billion Acquisition Offer from Facebook," *Digits* (blog), *Wall Street Journal*, November 13, 2013, https://blogs.wsj.com/digits/2013/11/13/snapchat-spurned-3-billion-acquisition-offer-from-facebook/.

9장 챔피언 마인드

1) Liz Gannes, "Travis Kalanick: Uber Is Raising More Money to Fight Lyft and the 'Asshole' Taxi Industry," Recode, May 28, 2014, https://www.recode.net/2014/5/28/11627354/travis-kalanick-uber-is-raising-more-money-to-fight-lyft-and-the.

2) Andy Kessler, "Travis Kalanick: The Transportation Trustbuster," *Wall Street Journal*, January 25, 2013, https://www.wsj.com/articles/SB10001424127887324235104578244231122376480.

3) Alexia Tsotsis, "Spotted! Secret Ubers on the Streets of Seattle," TechCrunch, https://techcrunch.com/2011/07/25/uber-seattle/.

4) Adam Withnall, "Uber France Apologises for Sexist Promotion Offering Men Free Rides with 'Incredibly Hot Chicks' as Drivers," *Independent*, October 23, 2014, https://www.independent.co.uk/life-style/gadgets-and-tech/uber-france-apologises-for-sexist-promotion-offering-men-free-rides-with-incredibly-hot-chicks-as-9813087.html.

5) Bill Gurley, "How to Miss by a Mile: An Alternative Look at Uber's Potential Market Size," *Above the Crowd* (blog), July 11, 2014, http://abovethecrowd.com/2014/07/11/how-to-miss-by-a-mile-an-alternative-look-at-ubers-potential-market-size/.

6) Travis Kalanick, "Principled Innovation: Addressing theRegulatory Ambiguity Ridesharing Apps," April 12, 2013, http://www.benedelman.org/uber/uber-policy-whitepaper.pdf.

7) Swisher, "Bonnie Kalanick."

8) Travis Kalanick (@travisk), "@johnzimmer you've got a lot of catching up to do... #clone," Twitter, March 19, 2013, 2.22 p.m., https://twitter.com/travisk/status/314079323478962176?lang=en.

9) Interview with former Uber executive who worked closely alongside Kalanick.

10) Swisher, "Man and Uber Man."

11) Liz Gannes, "Uber's Travis Kalanick on Numbers, Competition and Ambition (Everything but Funding)," D: All Things Digital, June 27, 2013, http://allthingsd.com/20130627/ubers-travis-kalanick-on-numbers-competition-and-ambition-

everything-but-funding/.

12) Background interview with early senior employee, San Francisco, 2018.

10장 홈쇼

1) Eric Jackson, "Tellme Is One of the Best Silicon Valley Companies Most People Have Never Heard Of," CNBC, October 23, 2017, https://www.cnbc.com/2017/10/23/tellme-is-the-best-tech-company-most-have-never-heard-of.html.

2) Tomasz Tunguz, "Why Negative Churn is Such a Powerful Growth Mechanism," November 18, 2014, https://tomtunguz.com/negative-churn/.

3부 위기의 시그널

11장 빅브라더와 리틀브라더

1) Jillian D'Onfro, "Google and Uber were like 'Big Brother and Little Brother'. Until it All Went Wrong," CNBC, February 7, 2018, https://www.cnbc.com/2018/02/07/travis-kalanick-on-google-uber-relationship.html.

2) Jack Nicas and Tim Higgins, "Google vs. Uber: How One Engineer Sparked a War," *Wall Street Journal*, May 23, 2017, https://www.wsj.com/articles/how-a-star-engineer-sparked-a-war-between-google-and-uber-1495556308.

3) Charles Duhigg, "Did Uber Steal Google's Intellectual Property?," *New Yorker*, October 22, 2018, https://www.newyorker.com/magazine/2018/10/22/did-uber-steal-googles-intellectual-property.

4) Nicas and Higgins, "Google vs. Uber."

5) Max Chafkin and Mark Bergen, "Fury Road: Did Uber Steal the Driverless Future from Google?," Bloomberg, March 16, 2017, https://www.bloomberg.com/news/features/2017-03-16/fury-road-did-uber-steal-the-driverless-future-from-google.

12장 우버의 성장

1) Felix Salmon, "Why Taxi Medallions Cost $1 Million," Reuters, October 21, 2011, http://blogs.reuters.com/felix-salmon/2011/10/21/why-taxi-medallions-cost-1-million/.

2) Winnie Hu, "Taxi Medallions, Once a Safe Investment, Now Drag Owners Into Debt," *New York Times*, September 10, 2017, https://www.nytimes.com/2017/09/10/nyregion/new-york-taxi-medallions-uber.html.

3) Ginia Bellafante, "A Driver's Suicide Reveals the Dark Side of the Gig Economy,"

New York Times, February 6, 2018, https://www.nytimes.com/2018/02/06/nyregion/livery-driver-taxi-uber.html.

4) Doug Schifter, Facebook, https://www.facebook.com/people/Doug-Schifter/100009072541151.

5) Nikita Stewart and Luis Ferre-Sadurni, "Another Taxi Driver in Debt Takes His Life. That's 5 in 5 Months.," *New York Times*, May 27, 2018, https://www.nytimes.com/2018/05/27/nyregion/taxi-driver-suicide-nyc.html.

6) Emma G. Fitzsimmons, "A Taxi Driver Took His Own Life. His Family Blames Uber's Influence.," *New York Times*, May 1, 2018, https://www.nytimes.com/2018/05/01/nyregion/a-taxi-driver-took-his-own-life-his-family-blames-ubers-influence.html.

7) Stephanie Kirchgaessner, "Threatening Sign Hung Near Home of Italian Uber Boss," *The Guardian*, February 12, 2015, https://www.theguardian.com/technology/2015/feb/12/threatening-sign-italian-uber-boss.

8) Andrew Maykuth, "Uber pays $3.5M fine to settle fight with Pa. taxi regulators," *Philadelphia Inquirer*, April 6, 2017, https://www.philly.com/philly/business/energy/Uber-fine-PA-PUC.html.

9) Text message provided to author by an Uber source.

10) Mike Isaac, "Uber's System for Screening Drivers Draws Scrutiny," *New York Times*, December 9, 2014, https://www.nytimes.com/2014/12/10/technology/ubers-system-for-screening-drivers-comes-under-scrutiny.html.

11) Amazon, Microsoft, and Walmart combined: Borkholder, Montgomery, Saika Chen, Smith, "Uber State Interference."

12) Fitz Tepper, "Uber Launches 'De Blasio's Uber' Feature in NYC with 25 Minute Wait Times," *TechCrunch*, https://techcrunch.com/2015/07/16/uber-launches-de-blasios-uber-feature-in-nyc-with-25-minute-wait-times/.

13) Rosalind S. Helderman, "Uber Pressures Regulators by Mobilizing Riders and Hiring Vast Lobbying Network," *Washington Post*, December 13, 2014, https://www.washingtonpost.com/politics/uber-pressures-regulators-by-mobilizing-riders-and-hiring-vast-lobbying-network/2014/12/13/3f4395c6-7f2a-11e4-9f38-95a187e4c1f7_story.html?utm_term=.4a82cfdcaccd.

14) Anthony Kiekow, "Uber Makes a Delivery to MTC with Hopes of Operating in St. Louis," Fox2now: St. Louis, July 7, 2015, https://fox2now.com/2015/07/07/uber-says-water-bottles-were-symbolic-of-petitions-for-service-in-st-louis/.

15) Alison Griswold, "Uber Won New York," *Slate*, November 18, 2015, http://www.slate.com/articles/business/moneybox/2015/11/uber_won_new_york_city_it_only_took_five_years.html.

13장 언론 친화력

1) Sarah Lacy, "The Horrific Trickle Down of Asshole Culture: Why I've Just Deleted Uber from My Phone," *Pando*, October 22, 2014, https://pando.com/2014/10/22/the-horrific-trickle-down-of-asshole-culture-at-a-company-like-uber/.

2) Mickey Rapkin, "Uber Cab Confessions," *GQ*, February 27, 2014, https://www.gq.com/story/uber-cab-confessions?currentPage=1.

3) Swisher, "Man and Uber Man."

4) "Announcing Uberpool," Uber (blog), https://web.archive.org/web/20140816060039/http://blog.uber.com/uberpool.

5) "Introducing Lyft Line, Your Daily Ride," Lyft (blog), August 6, 2014, https://blog.lyft.com/posts/introducing-lyft-line.

6) Sarah Lacy (@sarahcuda), "it troubles me that Uber is so OK with lying," Twitter, August 20, 2014, 7:01 p.m., https://twitter.com/sarahcuda/status/502228907068641280.

7) "Statement On New Year's Eve Accident," Uber (blog), https://web.archive.org/web/20140103020522/http://blog.uber.com/2014/01/01/statement-on-new-years-eve-accident/.

8) Lacy, "The Horrific Trickle Down of Asshole Culture."

9) Erik Gordon, "Uber's Didi Deal Dispels Chinese 'El Dorado' Myth Once and For All," *The Conversation*, http://theconversation.com/ubers-didi-deal-dispels-chinese-el-dorado-myth-once-and-for-all-63624.

10) American Bar, "Salle Yoo," https://www.americanbar.org/content/dam/aba/administrative/science_technology/2016/salle_yoo.authcheckdam.pdf.

11) Mike Isaac, "Silicon Valley Investor Warns of Bubble at SXSW," *Bits* (blog), *New York Times*, March 15, 2015, https://bits.blogs.nytimes.com/2015/03/15/silicon-valley-investor-says-the-end-is-near/.

12) Johana Bhuiyan, "Uber's Travis Kalanick Takes 'Charm Offensive' To New York City," BuzzFeedNews, November 14, 2014, https://www.buzzfeednews.com/article/johanabhuiyan/ubers-travis-kalanick-takes-charm-offensive-to-new-york-city.

13) Mike Isaac, "50 Million New Reasons BuzzFeed Wants to Take Its Content Far Beyond Lists," *New York Times*, August 10, 2014, https://www.nytimes.com/2014/08/11/technology/a-move-to-go-beyond-lists-for-content-at-buzzfeed.html.

14) Ben Smith, "Uber Executive Suggests Digging Up Dirt On Journalists," *BuzzFeedNews*, November 17, 2014, https://www.buzzfeednews.com/article/bensmith/uber-executive-suggests-digging-up-dirt-on-journalists.

14장 문화 전쟁

1) http://www.thecrazyones.it/spot-en.html.

2) Natalie Kitroeff and Patrick Clark, "Silicon Valley May Want MBAs More Than Wall Street Does," Bloomberg Businessweek, March 17, 2016, https://www.bloomberg.com/news/articles/2016-03-17/silicon-valley-mba-destination.

3) Gina Hall, "MBAs are Increasingly Finding a Home in Silicon Valley," Silicon Valley Business Learning, March 18, 2016, https://www.bizjournals.com/sanjose/news/2016/03/18/mbas-are-increasingly-finding-a-home-in-silicon.html.

4) Uber's list of 14 values, obtained by author.

5) Winston Mohrer (@WinnTheDog), "#Shittybike #lyft," Twitter, July 11, 2018, 7:21 a.m., https://twitter.com/WinnTheDog/status/1017005971107909633.

6) Caroline O'Donovan and Priya Anand, "How Uber's Hard-Charging Corporate Culture Left Employees Drained," BuzzFeedNews, July 17, 2017, https://www.buzzfeednews.com/article/carolineodonovan/how-ubers-hard-charging-corporate-culture-left-employees#wpdMljap9.

7) "What Is the Safe Rides Fee?," Uber, https://web.archive.org/web/20140420053019/http://support.uber.com/hc/en-us/articles/201950566.

8) Bradley Voytek, "Rides of Glory," Uber (blog), March 26, 2012, https://web.archive.org/web/20141118192805/http://blog.uber.com/ridesofglory.

15장 제국을 건설하다

1) Joshua Lu and Anita Yiu, "The Asian Consumer: Chinese Millenials," Goldman Sachs Global Investment Research, September 8, 2015, http://xqdoc.imedao.com/14fcc41218a6163fed2098e2.pdf.

2) Po Hou and Roger Chung, "2014 Deloitte State of the Media Democracy China Survey: New Media Explosion Ignited," Deloitte, November 2014, https://www2.deloitte.com/content/dam/Deloitte/cn/Documents/technology-media-telecommunications/deloitte-cn-tmt-newmediaexplosionignited-en-041114.pdf.

3) Sally French, "China Has 9 of the World's 20 Biggest Tech Companies," Market Watch, May 31, 2018, https://www.marketwatch.com/story/china-has-9-of-the-worlds-20-biggest-tech-companies-2018-05-31.

4) Jessica E. Lessin, "Zuckerberg and Kalanick in China: Two Approaches," The Information, March 25, 2016, https://www.theinformation.com/articles/zuckerberg-and-kalanick-in-china-two-approaches.

5) Amir Efrati, "Inside Uber's Mission Impossible in China," The Information, January 11, 2016, https://www.theinformation.com/articles/inside-ubers-mission-impossible-in-china.

6) Travis Kalanick, "Uber-successful in China," http://im.ft-static.com/content/images/b11657c0-1079-11e5-b4dc-00144feabdc0.pdf.

7) Octavio Blanco, "How this Vietnamese Refugee Became Uber's CTO," CNN Money, August 12, 2016, https://money.cnn.com/2016/08/12/news/economy/thuan-pham-refugee-uber/index.html.

8) Leslie Hook, "Uber's Battle for China," *Financial Times Weekend Magazine*, June 2016, https://ig.ft.com/sites/uber-in-china/.

9) Sanjay Rawat, "Hyderabad Uber Driver Suicide Adds Fuel to Protests for Better Pay," *Outlook*, February 13, 2017, https://www.outlookindia.com/website/story/hyderabad-uber-driver-suicide-adds-fuel-to-protests-for-better-pay/297923.

10) Ellen Barry and Suhasini Raj, "Uber Banned in India's Capital After Rape Accusation," *New York Times*, December 8, 2014, https://www.nytimes.com/2014/12/09/world/asia/new-delhi-bans-uber-after-driver-is-accused-of-rape.html.

16장 애플과의 갈등

1) Ben Smith, "Uber Executive Suggests Digging Up Dirt on Journalists," BuzzFeedNews, November 17, 2014, https://www.buzzfeednews.com/article/bensmith/uber-executive-suggests-digging-up-dirt-on-journalists.

2) Average Joe, "What the Hell Uber? Uncool Bro.," *Gironsec* (blog), November 25, 2014, https://www.gironsec.com/blog/2014/11/what-the-hell-uber-uncool-bro/.

3) "Permissions Asked for by Uber Android App," Y Combinator, November 25, 2014, https://news.ycombinator.com/item?id=8660336.

17장 최고의 방어는 공격

1) Amir Efrati, "Uber's Top Secret 'Hell' Program Exploited Lyft's Vulnerability," *The Information*, April 12, 2017, https://www.theinformation.com/articles/ubers-top-secret-hell-program-exploited-lyfts-vulnerability.

2) Kate Conger, "Uber's Massive Scraping Program Collected Data About Competitors Around The World," Gizmodo, December 12, 2017, https://gizmodo.com/ubers-massive-scraping-program-collected-data-about-com-1820887947/.

3) Colleen Taylor, "Uber Database Breach Exposed Information of 50,000 Drivers, Company Confirms," *TechCrunch*, February 27, 2015, https://techcrunch.com/2015/02/27/uber-database-breach-exposed-information-of-50000-drivers-company-confirms/.

4) Kashmir Hill, "Facebook's Top Cop: Joe Sullivan," *Forbes*, February 22, 2012,

https://www.forbes.com/sites/kashmirhill/2012/02/22/facebooks-top-cop-joe-sullivan/.

5) Hill, "Facebook's Top Cop: Joe Sullivan."

6) Emilio Fernandez, "En Edomex Cazan al Servicio Privado," *El Universal*, May 28, 2015, http://archivo.eluniversal.com.mx/ciudad-metropoli/2015/impreso/en-edomex-cazan-al-servicio-privado-132301.html.

7) Stephen Eisenhammer and Brad Haynes, "Murders, Robberies of Drivers in Brazil Force Uber to Rethink Cash Strategy," Reuters, February 14, 2017, https://www.reuters.com/article/uber-tech-brazil-repeat-insight-pix-tv-g-idUSL1N1FZ03V.

18장 무인자동차 경쟁

1) James Temple, "Brin's Best Bits from the Code Conference(Video)," Recode, May 28, 2014, https://www.recode.net/2014/5/28/11627304/brins-best-bits-from-the-code-conference-video.

2) Biz Carson, "New Emails Show How Mistrust and Suspicions Blew Up the Relationship Between Uber's Travis Kalanick and Google's Larry Page," *Business Insider*, July 6, 2017, https://www.businessinsider.com/emails-uber-wanted-to-partner-with-google-on-self-driving-cars-2017-7.

3) American Trucking Associations, "News and Information Reports, Industry Data," https://www.trucking.org/News_and_Information_Reports_Industry_Data.aspx.

4) National Highway Traffic and Safety Administration, "USDOT Releases 2016 Fatal Traffic Crash Data," https://www.nhtsa.gov/press-releases/usdot-releases-2016-fatal-traffic-crash-data.

5) Duhigg, "Did Uber Steal Google's Intellectual Property?"

6) John Markoff, "Want to Buy a Self-Driving Car? Big-Rig Trucks May Come First," *New York Times*, May 17, 2016, https://www.nytimes.com/2016/05/17/technology/want-to-buy-a-self-driving-car-trucks-may-come-first.html.

7) Mark Harris, "How Otto Defied Nevada and Scored a $60 Million Payout from Uber," *Wired*, November 28, 2016, https://www.wired.com/2016/11/how-otto-defied-nevada-and-scored-a-680-million-payout-from-uber/#.67khcq4w5.

8) Chafkin and Bergen, "Fury Road."

9) Chafkin and Bergen, "Fury Road."

10) From Waymo LLC v. Uber Technologies, 3:17-cv-00939-WHA, and Paayal Zaveri and Jillian D'Onfro, "Travis Kalanick Takes the Stand to Explain Why Uber Wanted to Poach Google Self-Driving Engineer," CNBC, February 6, 2018, https://www.cnbc.com/2018/02/06/travis-kalanick-reveals-why-he-wanted-googles-anthony-levandowski.html.

11) Mike Isaac, "Uber to Open Center for Research on Self-Driving Cars," *Bits* (blog), *New York Times*, February 2, 2015, https://bits.blogs.nytimes.com/2015/02/02/uber-to-open-center-for-research-on-self-driving-cars/.

12) Zaveri and D'Onfro, "Travis Kalanick Takes the Stand."

13) Alyssa Newcomb, "Former Uber CEO Steals the Show with 'Bro-cabulary' In Trade Secrets Trial," NBC News, February 7, 2018, https://www.nbcnews.com/tech/tech-news/former-uber-ceo-steals-show-court-trade-secrets-bro-cabulary-n845541.

19장 순조로운 항해

1) Mike Isaac and Michael J. de la Merced, "Uber Turns to Saudi Arabia for $3.5 Billion Cash Infusion," *New York Times*, June 1, 2016, https://www.nytimes.com/2016/06/02/technology/uber-investment-saudi-arabia.html.

2) Eric Newcomer, "The Inside Story of How Uber Got into Business with the Saudi Arabian Government," Bloomberg, November 3, 2018, https://www.bloomberg.com/news/articles/2018-11-03/the-inside-story-of-how-uber-got-into-business-with-the-saudi-arabian-government.

3) Sun Tzu's Art of War, "6. Weak Points and Strong," no. 30, https://suntzusaid.com/book/6/30.

4) Greg Bensinger and Khadeeja Safdar, "Uber Hires Target Executive as President," *Wall Street Journal*, August 30, 2016, https://www.wsj.com/articles/uber-hires-target-executive-as-president-1472578656.

5) Ryan Felton, "Uber Drivers Ask 'Where Are the Answers?' In Shitshow Q&A," Jalopnik, February 16, 2017, https://jalopnik.com/uber-drivers-ask-where-are-the-answers-in-shitshow-q-a-1792461050.

6) Felton, "Uber Drivers Ask 'Where Are the Answers?' "

7) Emily Chang, "Uber Investor Shervin Pishevar Accused of Sexual Misconduct by Multiple Women," Bloomberg, November 30, 2017, https://www.bloomberg.com/news/articles/2017-12-01/uber-investor-shervin-pishevar-accused-of-sexual-misconduct-by-multiple-women.

8) Susan Fowler, "Reflecting on One Very, Very Strange Year at Uber," *Susan J. Fowler* (blog), February 19, 2017, https://www.susanjfowler.com/blog/2017/2/19/reflecting-on-one-very-strange-year-at-uber.

4부 밝혀지는 민낯

20장 폭풍 3개월 전

1) Sheera Frenkel, "The Biggest Spender of Political Ads on Facebook? President Trump," *New York Times*, July 17, 2018, https://www.nytimes.com/2018/07/17/technology/political-ads-facebook-trump.html.

2) Max Read, "Donald Trump Won Because of Facebook," *Intelligencer*, November 9, 2016, http://nymag.com/intelligencer/2016/11/donald-trump-won-because-of-facebook.html.

3) Mike Isaac, "Facebook, in Cross Hairs After Election, Is Said to Question Its Influence," *New York Times*, November 12, 2016, https://www.nytimes.com/2016/11/14/technology/facebook-is-said-to-question-its-influence-in-election.html.

4) Nicholas Confessore and Karen Yourish, "$2 Billion Worth of Free Media for Donald Trump," *New York Times*, March 15, 2016, https://www.nytimes.com/2016/03/16/upshot/measuring-donald-trumps-mammoth-advantage-in-free-media.html.

5) Biz Carson, "'I Do Not Accept Him As My Leader'. Uber CTO's Explosive Anti-Trump Email Reveals Growing Internal Tensions," *Business Insider*, January 24, 2017, https://www.businessinsider.com/uber-cto-internal-email-donald-trump-deplorable-2017-1.

6) Isaac and de la Merced, "Uber Turns to Saudi Arabiafor $3.5 Billion Cash Infusion."

7) Alex Barinka, Eric Newcomer, and Lulu Yilun Chen, "Uber Backers Said to Push for Didi Truce in Costly China War," Bloomberg, July 20, 2016, https://www.bloomberg.com/news/articles/2016-07-20/uber-investors-said-to-push-for-didi-truce-in-costly-china-fight.

8) Paul Mozur and Mike Isaac, "Uber to Sell to Rival Didi Chuxing and Create New Business in China," *New York Times*, August 1, 2016, https://www.nytimes.com/2016/08/02/business/dealbook/china-uber-didi-chuxing.html.

9) https://www.bloomberg.com/news/articles/2016-07-20/uber-investors-said-to-push-for-didi-truce-in-costly-china-fight.

10) David Streitfeld, "'I'm Here to Help,' Trump Tells Tech Executives at Meeting," *New York Times*, December 14, 2016, https://www.nytimes.com/2016/12/14/technology/trump-tech-summit.html?module=inline.

21장 #우버를 삭제하라

1) Michael D. Shear and Helene Cooper, "Trump Bars Refugees and Citizens of

7 Muslim Countries," *New York Times*, January 27, 2017, https://www.nytimes.com/2017/01/27/us/politics/trump-syrian-refugees.html.

2) Patrick Healy and Michael Barbaro, "Donald Trump Calls for Barring Muslims From Entering U.S.," *New York Times*, December 7, 2015, https://www.nytimes.com/politics/first-draft/2015/12/07/donald-trump-calls-for-banning-muslims-from-entering-u-s/.

3) Jonah Engel Bromwich, "Lawyers Mobilize at Nation's Airports After Trump's Order," *New York Times*, January 29, 2017, https://www.nytimes.com/2017/01/29/us/lawyers-trump-muslim-ban-immigration.html.

4) NY Taxi Workers (@NYTWA), "NO PICKUPS @ JFK Airport 6 PM to 7 PM today. Drivers stand in solidarity with thousands protesting inhumane & unconstitutional #MuslimBan.," Twitter, January 28, 2017, 5:01 p.m. https://twitter.com/NYTWA/status/825463758709518337.

5) Dan O'Sullivan, "Vengeance Is Mine," Jacobin, https://www.jacobinmag.com/2016/11/donald-trump-election-hillary-clinton-election-night-inequality-republicans-trumpism/.

6) Dan O'Sullivan (@Bro_Pair), "congrats to @Uber_NYC on breaking a strike to profit off of refugees being consigned to Hell. eat shit and die," Twitter, January 28, 2017, 8:38 p.m., https://twitter.com/Bro_Pair/status/825518408682860544.

7) Dan O'Sullivan (@Bro_Pair), "#deleteuber," Twitter, January 28, 2017, 9:25 p.m., https://twitter.com/Bro_Pair/status/825530250952114177.

8) The Goldar Standard (@Trev0000r), "done," Twitter, January 28, 2017, 10:50 p.m., https://twitter.com/Trev0000r/status/825551578824396800.

9) Simeon Benit (@simeonbenit), Twitter, January 28, 2017 11:04 p.m., https://twitter.com/simeonbenit/status/825555284428988416.

10) _m_(@MM_schwartz), "@uber Hope I'm not too late to the party #deleteUber," Twitter, January 28, 2017, 11:33 p.m., https://twitter.com/MM_schwartz/status/825562459088023552.

11) Travis Kalanick, "Standing Up for What's Right," Uber Newsroom, https://www.uber.com/newsroom/standing-up-for-whats-right-3.

12) Travis Kalanick, "Standing Up for What's Right."

13) Rhett Jones, "As #DeleteUber Trends, Lyft Pledges $1 Million to ACLU," Gizmodo, January 29, 2017, https://gizmodo.com/as-deleteuber-trends-lyft-pledges-1-million-to-aclu-1791750060.

14) Mike Isaac, "Uber C.E.O. to Leave Trump Advisory Council After Criticism," *New York Times*, February 2, 2017, https://www.nytimes.com/2017/02/02/technology/uber-ceo-travis-kalanick-trump-advisory-council.html?_r=1.

22장 "우버에서 보낸 아주 아주 이상한 한 해…"

1) Johana Bhuiyan, "Uber has Published Its Much Sought After Diversity Numbers For the First Time," Recode, March 28, 2017, https://www.recode.net/2017/3/28/15087184/uber-diversity-numbers-first-three-million.

2) Maureen Dowd, "She's 26, and Brought Down Uber's C.E.O. What's Next?," *New York Times*, October 21, 2017, https://www.nytimes.com/2017/10/21/style/susan-fowler-uber.html.

3) Dowd, "She's 26, and Brought Down Uber's C.E.O."

4) Chris Adams, "How Uber Thinks About Site Reliability Engineering," Uber Engineering, March 3, 2016, https://eng.uber.com/sre-talks-feb-2016/.

5) Megan Rose Dickey, "Inside Uber's New Approach to Employee Performance Reviews," *TechCrunch*, https://techcrunch.com/2017/08/01/inside-ubers-new-approach-to-employee-performance-reviews/.

6) Greg Bensinger, "Uber Shutting Down U.S. Car-Leasing Business," *Wall Street Journal*, September 27, 2017, https://www.wsj.com/articles/uber-confirms-it-is-shutting-down-u-s-car-leasing-business-1506531990.

7) Fowler, "Reflecting On One Very, Very Strange Year at Uber."

8) Fowler, "Reflecting On One Very, Very Strange Year at Uber."

9) Fowler, "Reflecting On One Very, Very Strange Year at Uber."

10) Fowler, "Reflecting On One Very, Very Strange Year at Uber."

23장 주홍글씨

1) Chris Messina (@chrismessina), "This is outrageous and awful. My experience with Uber HR was similarly callous & unsupportive; in Susan's case, it was reprehensible. [angry face and thumbs-down emojis]," Twitter, February 19, 2017, 6:44 p.m., https://twitter.com/chrismessina/status/833462385872498688.

2) Arianna Huffington (@ariannahuff), "@travisk showing me his super cool app, Uber: everyone's private driver uber.com," Twitter, May 30, 2012, 3:23 p.m., https://twitter.com/ariannahuff/status/207915187846656001.

3) Vanessa Grigoriadis, "Maharishi Arianna," *New York*, November 20, 2011, http://nymag.com/news/media/arianna-huffington-2011-11.

4) Lauren Collins, "The Oracle: The Many Lives of Arianna Huffington," *New Yorker*, October 13, 2008, https://www.newyorker.com/magazine/2008/10/13/the-oracle-lauren-collins.

5) Collins, "The Oracle."

6) Collins, "The Oracle."

7) Meghan O'Rourke, "The Accidental Feminist," *Slate*, September 22, 2006, https://

slate.com/news-and-politics/2006/09/arianna-huffington-the-accidental-feminist.html.

8) Maureen Orth, "Arianna's Virtual Candidate," *Vanity Fair*, November 1, 1994, https://www.vanityfair.com/culture/1994/11/huffington-199411.

9) https://www.vanityfair.com/culture/1994/11/huffington-199411.

24장 래리 페이지의 분노

1) John Markoff, "No Longer a Dream: Silicon Valley Takes on the Flying Car," *New York Times*, April 24, 2017, https://www.nytimes.com/2017/04/24/technology/flying-car-technology.html.

2) Daisuke Wakabayashi, "Google Parent Company Spins Off Self-Driving Car Business," *New York Times*, December 13, 2016, https://www.nytimes.com/2016/12/13/technology/google-parent-company-spins-off-waymo-self-driving-car-business.html.

3) Biz Carson, "Google Secretly Sought Arbitration Against Its Former Self-Driving Guru Months Before the Uber Lawsuit," *Business Insider*, March 29, 2017, https://www.businessinsider.com/google-filed-against-anthony-levandowski-in-arbitration-before-uber-lawsuit-2017-3.

4) Waymo LLC v. Uber Technologies.

5) Waymo LLC v. Uber Technologies.

6) Daisuke Wakabayashi and Mike Isaac, "Google Self-Driving Car Unit Accuses Uber of Using Stolen Technology," *New York Times*, February 23, 2017, https://www.nytimes.com/2017/02/23/technology/google-self-driving-waymo-uber-otto-lawsuit.html.

7) Mike Isaac and Daisuke Wakabayashi, "Uber Hires Google's Former Head of Search, Stoking a Rivalry," *New York Times*, January 20, 2017, https://www.nytimes.com/2017/01/20/technology/uber-amit-singhal-google.html?module=inline.

8) Mike Isaac and Daisuke Wakabayashi, "Amit Singhal, Uber Executive Linked to Old Harassment Claim, Resigns," *New York Times*, February 27, 2017, https://www.nytimes.com/2017/02/27/technology/uber-sexual-harassment-amit-singhal-resign.html.

9) Eric Newcomer, "In Video, Uber CEO Argues with Driver Over Falling Fares," Bloomberg, February 28, 2017, https://www.bloomberg.com/news/articles/2017-02-28/in-video-uber-ceo-argues-with-driver-over-falling-fares.

10) Eric Newcomer and Brad Stone, "The Fall of Travis Kalanick Was a Lot Weirder and Darker Than You Thought," Bloomberg Businessweek, January 18, 2018, https://www.bloomberg.com/news/features/2018-01-18/the-fall-of-travis-kalanick-was-

a-lot-weirder-and-darker-than-you-thought.

11) Travis Kalanick, "A Profound Apology," Uber Newsroom, March 1, 2017, https://
www.uber.com/newsroom/a-profound-apology.

25장 그레이볼

1) I've changed my source's name and any specific details about their identity to protect
their anonymity.

2) Mike Isaac, "Insider Uber's Aggressive, Unrestrained Workplace Culture," *New York
Times*, February 22, 2017, https://www.nytimes.com/2017/02/22/technology/uber-
workplace-culture.html.

3) Email redacted for source protection.

4) Documents held by author.

5) The Oregonian, "Portland vs. Uber: City Code Officers Try to Ticket
Drivers," YouTube video, December 5, 2014, 1:53, https://www.youtube.com/
watch?v=TS0NuV-zLZE.

6) Victor Fiorillo, "Uber Launches UberX In Philadelphia, but PPA Says 'Not
So Fast,'" *Philadelphia*, October 25, 2014, https://www.phillymag.com/
news/2014/10/25/uber-launches-uberx-philadelphia/.

7) Documents held by author.

8) Mike Isaac, "How Uber Deceives the Authorities Worldwide," *New York Times*,
March 3, 2017, https://www.nytimes.com/2017/03/03/technology/uber-greyball-
program-evade-authorities.html.

9) Isaac, "How Uber Deceives the Authorities Worldwide."

10) Daisuke Wakabayashi, "Uber Seeks to Prevent Use of Greyball to Thwart
Regulators," *New York Times*, March 8, 2017, https://www.nytimes.com/2017/03/08/
business/uber-regulators-police-greyball.html.

11) Mike Isaac, "Uber Faces Federal Inquiry Over Use of Greyball Tool to Evade
Authorities," *New York Times*, May 4, 2017, https://www.nytimes.com/2017/05/04/
technology/uber-federal-inquiry-software-greyball.html.

12) Mike Isaac, "Justice Department Expands Its Inquiry into Uber's Greyball Tool,"
New York Times, May 5, 2017, https://www.nytimes.com/2017/05/05/technology/
uber-greyball-investigation-expands.html.

13) Harry Campbell, "About the Rideshare Guy: Harry Campbell," *The Rideshare Guy*
(blog), https://therideshareguy.com/about-the-rideshare-guy/.

14) Kara Swisher and Johana Bhuiyan, "Uber President Jeff Jones Is Quitting, Citing
Differences Over 'Beliefs and Approach to Leadership,'" Recode, March 19, 2017,
https://www.recode.net/2017/3/19/14976110/uber-president-jeff-jones-quits.

15) Emily Peck, "Travis Kalanick's Ex Reveals New Details About Uber's Sexist Culture," *Huffington Post*, March 29, 2017, https://www.huffingtonpost.com/entry/travis-kalanick-gabi-holzwarth-uber_us_58da7341e4b018c4606b8ec9.

16) Amir Efrati, "Uber Group's Visit to Seoul Escort Bar Sparked HR Complaint," *The Information*, March 24, 2017, https://www.theinformation.com/articles/uber-groups-visit-to-seoul-escort-bar-sparked-hr-complaint.

17) Efrati, "Uber Group's Visit to Seoul Escort Bar."

26장 치명적인 사건들

1) Mike Isaac, "Uber Expands Self-Driving Car Serviceto San Francisco. D.M.V. Says It's Illegal.," *New York Times*, December 14, 2016, https://www.nytimes.com/2016/12/14/technology/uber-self-driving-car-san-francisco.html.

2) Isaac, "Uber Expands Self-Driving Car Service to San Francisco."

3) Mike Isaac and Daisuke Wakabayashi, "A Lawsuit Against Uber Highlights the Rush to Conquer Driverless Cars," *New York Times*, February 24, 2017, https://www.nytimes.com/2017/02/24/technology/anthony-levandowski-waymo-uber-google-lawsuit.html.

4) Mike Isaac and Daisuke Wakabayashi, "Uber Fires Former Google Engineer at Heart of Self-Driving Dispute," *New York Times*, May 30, 2017, https://www.nytimes.com/2017/05/30/technology/uber-anthony-levandowski.html.

5) Aarian Marshall, "Google's Fight Against Uber Takes a Turn for the Criminal," *Wired*, May 12, 2017, https://www.wired.com/2017/05/googles-fight-uber-takes-turn-criminal/.

6) Mike Isaac, "Uber Releases Diversity Report and Repudiates Its 'Hard-Charging Attitude,'" *New York Times*, March 28, 2017, https://www.nytimes.com/2017/03/28/technology/uber-scandal-diversity-report.html.

7) Efrati, "Uber's Top Secret 'Hell' Program."

8) Kate Conger, "Uber's Massive Scraping Program Collected Data About Competitors Around the World," *Gizmodo*, December 11, 2017, https://gizmodo.com/ubers-massive-scraping-program-collected-data-about-com-1820887947.

9) Paayal Zaveri, "Unsealed Letter in Uber-Waymo Case Details How Uber Employees Allegedly Stole Trade Secrets," CNBC, December 15, 2017, https://www.cnbc.com/2017/12/15/jacobs-letter-in-uber-waymo-case-says-uber-staff-stole-trade-secrets.html.

10) Kara Swisher and Johana Bhuiyan, "A Top Uber Executive, Who Obtained the Medical Records of a Customer Who Was a Rape Victim, Has Been Fired," Recode, June 7, 2017, https://www.recode.net/2017/6/7/15754316/uber-executive-india-

assault-rape-medical-records.

11) Mike Isaac, "Uber Fires Executive Over Handling of Rape Investigation in India," *New York Times*, June 7, 2017, https://www.nytimesdk.com/2017/06/07/technology/uber-fires-executive.html.

12) Mike Isaac, "Executive Who Steered Uber Through Scandals Joins Exodus," *New York Times*, April 11, 2017, https://www.nytimes.com/2017/04/11/technology/ubers-head-of-policy-and-communications-joins-executive-exodus.html.

13) Kalanick, "Dad is getting much better in last 48 hours."

14) Unpublished letter, obtained by author. The original letter is over 4,000 words long.

5부 생존을 위한 투쟁

27장 홀더 보고서

1) Mike Isaac, "Uber Fires 20 Amid Investigation into Workplace Culture," *New York Times*, June 6, 2017, https://www.nytimes.com/2017/06/06/technology/uber-fired.html.

2) Anita Balakrishnan, "Uber Board Member Arianna Huffington Says She's Been Emailing Ex-Engineer About Harassment Claims," CNBC, March 3, 2017, https://www.cnbc.com/2017/03/03/arianna-huffington-travis-kalanick-confidence-emailing-susan-fowler.html.

3) Emil Michael, "Email from Departing Uber Executive," *New York Times*, June 12, 2017, https://www.nytimes.com/interactive/2017/06/12/technology/document-Email-From-Departing-Uber-Executive.html.

4) Entrepreneur Staff, "Read Travis Kalanick's Full Letter to Staff: I Need to Work on Travis 2.0," *Entrepreneur*, June 13, 2017, https://www.entrepreneur.com/article/295780.

5) Henny Sender, "Breakfast with the FT: David Bonderman," *Financial Times*, June 20, 2008, https://www.ft.com/content/569a70ae-3e64-11dd-b16d-0000779fd2ac.

6) "#667 David Bonderman," *Forbes*, https://www.forbes.com/profile/david-bonderman/#27d33dd32fce.

7) JP Mangalindan, "LEAKED AUDIO: Uber's All-Hands Meeting Had Some Uncomfortable Moments," Yahoo! Finance, June 13, 2017, https://finance.yahoo.com/news/inside-ubers-hands-meeting-travis-194232221.html.

8) Comment received in email to author, June 13, 2017.

28장 투자자 연합 전선

1) Mitch and Freada Kapor, "An Open Letter to The Uber Board and Investors,"

Medium, February 23, 2017, https://medium.com/kapor-the-bridge/an-open-letter-to-the-uber-board-and-investors-2dc0c48c3a7.

2) Dan Primack, "How Lightspeed Responded to Caldbeck's Alleged Behavior," *Axios*, June 27, 2017, https://www.axios.com/how-lightspeed-responded-to-caldbecks-alleged-behavior-1513303291-797b3d44-6b7d-4cd1-89ef-7e35782a32e6.html.

3) Katie Benner, "How Uber's Chief Is Gaining Even More Clout in the Company," *New York Times*, June 12, 2017 https://www.nytimes.com/2017/06/12/technology/uber-chief-travis-kalanick-stock-buyback.html.

4) Alex Konrad, "How Super Angel Chris Sacca Made Billions, Burned Bridges and Crafted the Best Seed Portfolio Ever," *Forbes*, April 13, 2015, https://www.forbes.com/sites/alexkonrad/2015/03/25/how-venture-cowboy-chris-sacca-made-billions/#17b4e9866597.

29장 벤처캐피털의 역습

1) Lori Rackl, "Get A First Look at the 'New' Ritz-Carlton Chicago, $100 Million Later," *Chicago Tribune*, July 19, 2017, https://www.chicagotribune.com/lifestyles/travel/ct-ritz-carlton-chicago-renovation-travel-0730-20170718-story.html.

2) Sara Ashley O'Brien, "Arianna Huffington: Sexual Harassment Isn't a 'Systemic Problem,' At Uber," CNN Business, March 23, 2017, https://money.cnn.com/2017/03/20/technology/arianna-huffington-uber-quest-means-business/index.html.

3) Mike Isaac, "Inside Travis Kalanick's Resignation as Uber's C.E.O.," *New York Times*, June 21, 2017, https://www.nytimes.com/2017/06/21/technology/uber-travis-kalanick-final-hours.html.

30장 쿠데타 그 이후

1) Letter obtained by author.

2) Eric Newcomer, "Uber's New CEO Short List Is Said to Include HPE's Meg Whitman," Bloomberg, July 25, 2017, https://www.bloomberg.com/news/articles/2017-07-25/uber-s-new-ceo-short-list-is-said-to-include-hpe-s-meg-whitman.

3) Eric Newcomer, "GE's Jeffrey Immelt Is on Uber's CEO Shortlist," Bloomberg, July 27, 2017, https://www.bloomberg.com/news/articles/2017-07-27/ge-s-jeffrey-immelt-is-said-to-be-on-uber-ceo-shortlist.

4) Mike Isaac, "Uber's Search for New C.E.O. Hampered by Deep Split on Board," *New York Times*, July 30, 2017, https://www.nytimes.com/2017/07/30/technology/

uber-search-for-new-ceo-kalanick-huffington-whitman.html.

5) Mike Isaac, "Uber's Next C.E.O.? Meg Whitman Says It Won't Be Her," *New York Times*, July 27, 2017, https://www.nytimes.com/2017/07/27/technology/ubers-next-ceo-meg-whitman-says-it-wont-be-her.html.

6) Meg Whitman (@MegWhitman), "(1/3) Normally I do not comment on rumors, but the speculation about my future and Uber has become a distraction.," Twitter, July 27, 2017, 10:04 p.m., https://twitter.com/megwhitman/status/890754773456220161.

7) Meg Whitman (@MegWhitman), "(2/3) So let me make this as clear as I can. I am fully committed to HPE and plan to remain the company's CEO.," Twitter, July 27, 2017, 10:04 p.m., https://twitter.com/MegWhitman/status/890754854632787969.

8) Meg Whitman (@MegWhitman), "(3/3) We have a lot of work still to do at HPE and I am not going anywhere. Uber's CEO will not be Meg Whitman." Twitter, July 27, 2017, 10:05 p.m., https://twitter.com/megwhitman/status/890754932990763008.

9) Mike Isaac, "Uber Investor Sues Travis Kalanick for Fraud," *New York Times*, August 10, 2017, https://www.nytimes.com/2017/08/10/technology/travis-kalanick-uber-lawsuit-benchmark-capital.html.

10) Mike Isaac, "Kalanick Loyalists Move to Force Benchmark Off Uber's Board," *New York Times*, August 11, 2017, https://www.nytimes.com/2017/08/11/technology/uber-benchmark-pishevar.html.

11) Cyrus Farivar, "How Sprint's New Boss Lost $70 Billion of His Own Cash (and Still Stayed Rich)," *Ars Technica*, October 16, 2012, https://arstechnica.com/information-technology/2012/10/how-sprints-new-boss-lost-70-billion-of-his-own-cash-and-still-stayed-rich/.

12) Andrew Ross Sorkin, "A Key Figure in the Future of Yahoo," Dealbook, *New York Times*, December 13, 2010, https://dealbook.nytimes.com/2010/12/13/a-key-figure-in-the-future-of-yahoo/.

13) Walter Sim, "SoftBank's Masayoshi Son, the 'Crazy Guy Who Bet on the Future,'" *Straits Times*, December 12, 2016, https://www.straitstimes.com/asia/east-asia/softbanks-masayoshi-son-the-crazy-guy-who-bet-on-the-future.

14) Dana Olsen, "Vision Fund 101: Inside SoftBank's $98B Vehicle," PitchBook, August 2, 2017, https://pitchbook.com/news/articles/vision-fund-101-inside-softbanks-93b-vehicle.

31장 대할인 행사

1) Steve Blank, "Why GE's Jeff Immelt Lost His Job: Disruption and Activist

Investors," *Harvard Business Review*, October 30, 2017, https://hbr.org/2017/10/why-ges-jeff-immelt-lost-his-job-disruption-and-activist-investors.

2) Sheelah Kolhatkar, "At Uber, A New C.E.O. Shifts Gears," *The New Yorker*, April 9, 2018, https://www.newyorker.com/magazine/2018/04/09/at-uber-a-new-ceo-shifts-gears.

3) https://www.newyorker.com/magazine/2018/04/09/at-uber-a-new-ceo-shifts-gears.

4) Jeff Immelt (@JeffImmelt), "I have decided not to pursue a leadership position at Uber. I have immense respect for the company & founders. Travis, Garrett and Ryan.," Twitter, August 27, 2017, 11:43 a.m., https://twitter.com/JeffImmelt/status/901832519913537540.

5) Kara Swisher, "Former GE CEO Jeff Immelt Says He Is No Longer Vying to Be Uber CEO," Recode, August 27, 2017, https://www.recode.net/2017/8/27/16211254/former-ge-ceo-jeff-immelt-out-uber-ceo.

6) Mike Isaac, "Uber Chooses Expedia's Chief as C.E.O., Ending Contentious Search," *New York Times*, August 27, 2017, https://www.nytimes.com/2017/08/27/technology/uber-ceo-search.html.

7) Mike Isaac, "Uber Sells Stake to SoftBank, Valuing Ride- Hailing Giant at $48 Billion," *New York Times*, December 28, 2017, https://www.nytimes.com/2017/12/28/technology/uber-softbank-stake.html.

8) Katie Benner and Mike Isaac, "In Power Move at Uber, Travis Kalanick Appoints 2 to Board," *New York Times*, September 29, 2017, https://www.nytimes.com/2017/09/29/technology/uber-travis-kalanick-board.html.

9) Katie Benner and Mike Isaac, "Uber's Board Approves Changes to Reshape Company's Power Balance," *New York Times*, October 3, 2017, https://www.nytimes.com/2017/10/03/technology/ubers-board-approves-changes-to-reshape-power-balance.html.

32장 캘러닉 지우기

1) Rachel Holt and Aaron Schildkrout, "180 Days: You Asked, and We're Answering," Uber, https://pages.et.uber.com/180-days/.

2) Dara Khosrowshahi, "Uber's New Cultural Norms," LinkedIn, November 7, 2017, https://www.linkedin.com/pulse/ubers-new-cultural-norms-dara-khosrowshahi/.

3) Mike Isaac, "Uber's New Mantra: 'We Do the Right Thing. Period.,'" *New York Times*, November 7, 2017, https://www.nytimes.com/2017/11/07/technology/uber-dara-khosrowshahi.html.

4) Geoffrey A. Fowler, "I Was Team #DeleteUber. Can Uber's New Boss Change

My Mind?," *Washington Post*, May 11, 2018, https://www.washingtonpost.com/news/the-switch/wp/2018/05/11/i-was-team-deleteuber-can-ubers-new-boss-change-my-mind/?utm_term=.affb048f5b91.

5) Priya Anand, "Uber to Spend Up to $500 Million on Ad Campaign," *The Information*, June 5, 2018, https://www.theinformation.com/articles/uber-to-spend-up-to-500-million-on-ad-campaign.

6) Jessi Hempel, "One Year In, The Real Work Begins For Uber's CEO," *Wired*, September 6, 2018, https://www.wired.com/story/dara-khosrowshahi-uber-ceo-problems-lyft/.

7) Anthony Levandowski, "Pronto Means Ready," Medium, December 18, 2018, https://medium.com/pronto-ai/pronto-means-ready-e885bc8ec9e9.

8) Mark Harris, "Inside the First Church of Artificial Intelligence," *Wired*, November 15, 2017, https://www.wired.com/story/anthony-levandowski-artificial-intelligence-religion/.

9) Daisuke Wakabayashi, "Why Google's Bosses Became 'Unpumped' About Uber," *New York Times*, February 7, 2018, https://www.nytimes.com/2018/02/07/technology/uber-waymo-lawsuit.html.

10) Eric Newcomer, "Inside the Abrupt End of Silicon Valley's Biggest Trial," *Bloomberg*, February 9, 2018, https://www.bloomberg.com/news/articles/2018-02-09/inside-the-abrupt-end-of-silicon-valley-s-biggest-trial.

11) Daisuke Wakabayashi, "Uber and Waymo Settle Trade Secrets Suit Over Driverless Cars," *New York Times*, February 9, 2018, https://www.nytimes.com/2018/02/09/technology/uber-waymo-lawsuit-driverless.html.

슈퍼펌프드

우버, 위대한 기회는 왜 최악의 위기로 돌변했는가

초판 1쇄 2020년 9월 21일
초판 2쇄 2020년 9월 22일

지은이 | 마이크 아이작
옮긴이 | 박세연
감수 | 류현정

발행인 | 문태진
본부장 | 서금선
책임편집 | 정다이   편집2팀 | 김예원 정다이 김다혜
교정 | 윤정숙

기획편집팀 | 김혜연 이정아 박은영 오민정 허문선 송현경 박지영
마케팅팀 | 김동준 이주형 김혜민 김은지 정지연   디자인팀 | 김현철
경영지원팀 | 노강희 윤현성 정헌준 조샘 최지은 김기현
강연팀 | 장진항 조은빛 강유정 신유리

펴낸곳 | ㈜인플루엔셜
출판신고 | 2012년 5월 18일 제300-2012-1043호
주소 | (06040) 서울특별시 강남구 도산대로 156 제이콘텐트리빌딩 7층
전화 | 02)720-1034(기획편집) 02)720-1024(마케팅) 02)720-1042(강연섭외)
팩스 | 02)720-1043 전자우편 | books@influential.co.kr
홈페이지 | www.influential.co.kr

한국어판 출판권 ⓒ㈜인플루엔셜, 2020
ISBN 979-11-91056-14-3 (03320)